Ostfriesland

Band 2

Ostfriesland

Band 2

Menschen
Schicksale
Natur
Landschaft

EIN
LESEBUCH

Herausgegeben von der
Ostfriesischen Landschaft
zu Aurich

schlütersche
Verlagsanstalt und Druckerei

CIP-Kurztitelaufnahme der Deutschen Bibliothek

Ostfriesland: Menschen, Schicksale, Natur, Landschaft;
e. Lesebuch / hrsg. von d. Ostfries. Landschaft zu Aurich.
[Red.: Frank Scholz in Zusammenarbeit
mit Richard Ahlrichs . . .]. —
Hannover: Schlütersche.

(Veröffentlichungen des Ostfriesischen Kultur- und Bildungszentrums [KBZ], Institut der Ostfriesischen Landschaft)

NE: Scholz, Frank [Red.]; Ostfriesische Landschaft 2 (1986).

ISBN 3-87706-032-3

Gefördert durch die Oldenburgische Landesbank AG

Der Verlag dankt allen Rechtsinhabern für die freundliche Abdruckgenehmigung der nach dem Urheberrecht geschützten Beiträge zu diesem Buch. Da in einigen Fällen die Inhaber der Rechte nicht zu ermitteln waren, werden rechtmäßige Ansprüche nach Geltendmachung durch den Verlag abgegolten.

Druck: Schlütersche Verlagsanstalt und Druckerei — GmbH & Co. —, Hannover

VORWORT

Vor knapp zwei Jahren habe ich für den ersten Band „OSTFRIESLAND: Natur, Landschaft, Menschen, Schicksale — ein Lesebuch“ das Vorwort schreiben dürfen. Damals formulierte ich unter anderem:
„Eine Auswahl vorzunehmen, bedeutet immer, eine Entscheidung für das eine und gegen ein anderes zu treffen, und wird von daher auf Zustimmung wie auf Ablehnung stoßen (. . .) Ich wünsche den ausgewählten Texten eine weite Verbreitung und dem Leser viel Freude.“
Heute weiß ich, daß das viel gekaufte Buch in der gesamten Bundesrepublik große Zustimmung gefunden hat — auch bei den Kritikern. Es hat den Lesern Freude bereitet. In Gesprächen und Briefen wurde deutlich, daß das Buch in vielen Menschen liebe Erinnerungen weckte, daß es neben Zerstreuung und Unterhaltung Wissenswertes über Ostfriesland und seine Menschen offenbarte.
Möge der vorliegende Band ebenso positiv aufgenommen werden wie der erste!
Einmal mehr fühle ich mich zu Dank verpflichtet, den ich von Herzen gerne ausspreche. Ich danke allen, die zu dem vorliegenden Werk beigetragen haben: den Autoren und Verlegern, die den Abdruck ihrer Texte gestattet haben, den Bearbeitern, die die Zusammenstellung der Texte besorgt haben, dem Land Niedersachsen, das die Veröffentlichung über einen Verlag genehmigt hat, der Schlüterschen Verlagsanstalt und Druckerei, die diese Veröffentlichung unternommen hat, und nicht zuletzt der Oldenburgischen Landesbank, ohne deren Druckkostenzuschuß es allein bei einem Materialband für den Unterrichtsgebrauch in den ostfriesischen Schulen geblieben und nicht auch zu dieser Drucklegung in Buchform für einen größeren Leserkreis gekommen wäre.

Peter Elster
Präsident der Ostfriesischen Landschaft

EINLEITUNG

Der vorliegende Band braucht letztlich keine Einleitung — er spricht für sich. Dennoch können ein paar kurze Hinweise vielleicht dazu beitragen, das Buch „ins rechte Licht zu rücken".

Vor wenigen Monaten habe ich, von einem Autor und seinem Verlag um meine Meinung zu einem mir vorgelegten Aufsatz über Ostfriesland gebeten, etwa geantwortet, daß alles Dargestellte zwar richtig, sprachlich geschickt sei und von dem Bemühen getragen erscheine, möglichst aspektreich und anschaulich über Ostfriesland zu informieren, daß jedoch — und das gehe auch gar nicht anders — bestimmte Sachverhalte und Gesichtspunkte nicht angesprochen seien. Ich schlug vor, der Abhandlung einen kurzen Vorspann zu geben, der ihren Stellenwert einschätzen helfen kann. Schließlich selbst um diesen Vorspann ersucht, schrieb ich u. a.:

„Die Wirklichkeit des heutigen Ostfriesland hat viele Seiten und ist vielgestaltig und widersprüchlich wie unser Leben überhaupt: Ostfriesland ist grünes Touristenland und von Umweltzerstörung befallene Region; es ist strukturschwache ‚Provinz' und von volksnaher Kultur durchtränktes Gemeinwesen; Ostfriesland hat eine der höchsten Arbeitslosenquoten im gesamten Bundesgebiet, und die Zahl der Drogenkonsumenten im Verhältnis zur Gesamtbevölkerung des Gebietes erreicht einen niederschmetternden ‚oberen' Rangplatz in der Bundesrepublik Deutschland, aber Ostfriesland hat keine Slums, keine besonders auffällige ‚Drogenszene'; Ostfriesland . . ."

Ich erwähne diese Episode hier an dieser Stelle, weil in ihr so viele Parallelen zu dem vorliegenden Buch angedeutet sind.

Auch unser Buch, das aus einer dreiteiligen Veröffentlichung entstanden ist, die vom Ostfriesischen Kultur- und Bildungszentrum zum Gebrauch an Schulen erarbeitet worden war, und das Texte etwa ab dem Entstehungsjahr 1850 enthält, zeichnet nicht die Wirklichkeit Ostfrieslands in den vergangenen 150 Jahren nach. Wie sollte es das auch? Es wirft Schlaglichter auf Ostfriesland, seine Natur, seine Landschaft, seine Menschen, Schlaglichter auch auf die „ostfriesische Textlandschaft".

Auch unser Buch soll (und hoffentlich empfindet der Leser das so) aspektreich und anschaulich informieren. Diese Informationen, in allen Fällen geschrieben von Ostfriesen oder von Ostfrieslandkennern, zielen nicht darauf ab, das gegenwärtige Ostfriesland mit seinen Problemen (die nicht nur seine Probleme sind!) darzustellen. Darum ging es hier nicht.
Viele Texte sind gekürzt, was durch (. . .) gekennzeichnet ist, einige haben Überschriften erhalten, die von den Autoren nicht vorgesehen waren, da es sich um Bruchstücke aus einem größeren Ganzen handelt, manche Texte sind zum besseren Verständnis mit Kommentaren versehen worden.
Die literarischen Kommentare hat Herr Dr. Jürgen Byl verfaßt, wofür ich ihm auch an dieser Stelle nochmals herzlich danke.
Im übrigen darf ich es mir mit den Danksagungen leichtmachen, indem ich mich diesbezüglich denen des Herrn Präsidenten der Ostfriesischen Landschaft anschließe.

Frank Scholz

Dr. Frank Scholz
(Leiter des Ostfriesischen Kultur- und Bildungszentrums 1979 bis 1986)

INHALT

Natur und Landschaft

Ostfrieslands Landschaftsformen

RUDOLF BIELEFELD

1. Ostfriesland gliedert sich in einen insularen und einen festländischen Teil. Die *Inseln* liegen in einer westöstlich streichenden Reihe; sie bilden nicht die letzten Reste des alten Küstensaumes, sondern sind spätere Sandaufstäubungen. Die zwischen den einzelnen Inseln gelegenen Sunde, die die Nordsee mit ihrer Vorhalle, dem Wattenmeere, verbinden, werden Seegaten genannt. Die Dünen, die an den gefährdeten Stellen durch sorgfältige Bepflanzung mit Dünengras („Helm", *Ammophila arenaria Lk.*) noch durch Menschenhand besonders befestigt werden, geben den Inseln einen natürlichen Schutz gegen die beutegierigen Wellen. An dem so sehr bedrohten Nordwestsaume der Inseln gesellen sich dazu noch kostspielige künstliche Trutzwerke — Ringmauern, die zugleich zu Spazierwegen eingerichtet sind (Borkum, Norderney, Spiekeroog und das oldenburgische Wangeroog) — und Strandbefestigungen, rechtwinklig vom Strande aus ins Meer hineingebaute, gewaltige Steindämme, Buhnen genannt, die auch den heftigsten Sturmfluten Stand zu halten vermögen.

2. Das *Wattenmeer* ist so seicht, daß es zur Zeit der Ebbe an manchen Stellen von Menschen und Vieh durchwatet werden kann. Jahrzehntelang fuhr von Hilgenriedersiel die Post durchs Watt nach Norderney. Das Land ist gegen das Wattenmeer mit einem hohen Schutzwalle, dem Deiche, umgeben, der es gegen Überschwemmungen schützt. Vom Deiche aus hat man einen schönen Überblick über das Watt mit den Inseln als Hintergrund und das fruchtbare Marschland, das wie ein kostbares Band die ganze ostfriesische Halbinsel am Meeressaum umgürtet. So bildet die Küste weitaus den schönsten Teil unserer Heimat!

3. Die fruchtbare, aber fast baumlose *Marsch* mit ihren wogenden Kornfeldern und ihrem prächtigen grasenden

Vieh bietet sich dem Auge in einheitlichem Bilde als eine große Ebene dar, die nur hie und da von sanft ansteigenden Hügeln, den Warfen, unterbrochen wird, die teils frei im Gelände liegen, teils aber Häuser, einzelne auch Kirchen tragen oder selbst mit ganzen Ortschaften besiedelt sind. Diese in alter Zeit von Menschenhand aufgebauten Hügel dienten als Zufluchtsort zum Schutze gegen die andrängende Flut, als das Land noch nicht die Schutzwehr der Deiche besaß. Die Marsch ist von zahllosen Gräben durchschnitten, die die Ländereien umfriedigen und zugleich der Abwässerung dienen.

4. Ein bedeutend wechselvolleres Bild zeigt die *Geest,* obwohl sie an Fruchtbarkeit und Wohlstand ihrer Bewohner der Marsch nachsteht. Die Geest ist die einzige Bodenart, die den Wald beherbergt, der besonders in der Mitte Ostfrieslands, in der Umgebung Aurichs, auch wuchtige Eichen und prächtige Buchen aufzuweisen hat. Die Häuser sind meist von einem schönen Obstgarten umgeben, und die Dörfer gewähren in der schönen Jahreszeit, von Busch und Hain manchmal malerisch umrahmt, oft ein anmutiges Bild.

5. Zwischen Marsch und Geest liegt in einigen Gegenden noch das Gebiet der *Meeden* (d. i. Mähden, weil sie gemäht werden). Es ist eine große, wiederum baumlose Ebene, die von einer mehr oder weniger mächtigen Schicht von Wiesentorf bedeckt ist, der von den Bewohnern Darg genannt wird. Es ist das Gebiet der *Niederungs-* oder *Wiesenmoore.* Diese oft von flachen Landseen unterbrochene, an Siedelungen arme Grasebene, in der nur in der Nähe der Dörfer noch ein von niedrigen Deichen umfriedigtes Kornfeld anzutreffen ist, das durch Schöpfmühlen von Überschwemmungen freigehalten wird, ist im Sommer kurze Zeit von zahlreichen fleißigen Menschen belebt. Im Juli erscheinen die Sensenmänner, um die Meede, die nur einen Grasschnitt liefert, zu mähen. Einst übernachteten sie in weißen Zelten, welche in großer Zahl besonders in der Gegend von Forlitz und Blaukarken über die weitgedehnte Wiesenfläche wie ausgestreut erschienen. Jetzt leisten Mähmaschinen die früher von Menschenhand verrichtete Arbeit. Bald ist das Heu heimgebracht. Ein neuer Graswuchs, das „Ettgrön", sproßt hervor, und der Bauer

treibt nun im Nachsommer das Rindvieh auf diese dann meist schon feuchten und schwammigen Flächen, die im Winter manchmal zu einem großen Teil überschwemmt werden.

6. Wie hier zwischen Geest und Marsch die Niederungsmoore, die sich als Dargschicht unter die ganze Marsch, ja unter das Wattenmeer und die Inseln bis in die Nordsee hinein fortziehen, dem Geestboden aufgelagert sind, so weiter landeinwärts das Hochmoor, das ebenso eine baumlose Fläche bildet wie die Wiesenmoorlandschaft der Meeden. Als schwarzbraune, mit Heide bewachsene, oft unabsehbare Fläche dehnt sich das Hochmoor als große Einöde vor unsern Augen aus, ohne Baum, ohne jede Siedelung. Der Mensch baute sich seine dürftigen und manchmal einsamen Dörfchen als Moorkolonien auf den äußersten Vorsprüngen der Geest, oder er kanalisierte das Moor, grub den Torf ab, lockerte und düngte den Boden und verwandelte dadurch das vom Moor entblößte Geestland in ertragreiche Gärten und Kornfelder. *So schuf er die Fehne,* die mit ihren Kanälen, sauberen Häusern und wohlgepflegten Gärten stets ein so anziehendes Bild menschlichen Fleißes darbieten.

Wenn wir auf den Inseln den Dünensand und die darunter lagernde Dargschicht durchstechen, treffen wir allenthalben auf den Geestboden, der ebenso unterhalb der Dargschicht, die das Wattenmeer und die Marsch unterlagert, zum Vorschein kommt. Dieselben Lagerungsverhältnisse zeigen die Gelände des Wiesenmoores und des Hochmoores. *Allenthalben finden wir zuunterst den Geestboden, der die Grundlage und den Mutterboden des ganzen Gebietes bildet. Hochmoor, Wiesenmoor, Marsch und Dünensand sind ihm als jüngere Bildungen aufgelagert.* Wir müssen uns daher zuerst mit der Frage der Entstehung und Beschaffenheit des Geestbodens beschäftigen, wenn wir unsere Heimat richtig verstehen lernen wollen.

Ostfriesland, das schöne Nordseeland

GERHARD SIEBELS

Alle kennen die Ostfriesischen Inseln, ihre Dünen, den unvergleichlichen Strand, die See.

Wer aber kennt ihr grünes Gegenüber, Ostfriesland, das weiträumige Küstenland hinter dem „goldenen Reif" der Deiche? Früher sicherlich nur wenige Landfremde! In unserer unruhigen Zeit finden aber immer mehr Besucher den Weg dorthin und sind überrascht von der wohltuenden Stille und der herben Schönheit dieses Nordseelandes. Wer dies Land kennenlernt, wird es liebgewinnen. Die Schönheit seiner Inselkette, der Geest-, Marschen- und Moorlandschaften ist unendlich viel reicher und tiefer, als es bei dem ersten Anblick scheinen mag. Sie verdient es, erschlossen zu werden!

Manch schöner Wanderweg führt durch die reizvolle Parklandschaft der wallheckenreichen Geest mit ihren schattigen Wäldern, stillen Heiden und Binnendünen und den jahrtausendealten Gastdörfern inmitten uralten Kulturlandes, das voller Abwechslung und Gegensätze ist.

Wo einst sich schier endlose Moorwüsten breiteten, grüßen den Wanderer heute allenthalben schmucke Siedlungen inmitten ertragreichen Kulturlandes. Was hier unter unsäglichen Mühen und niederdrückender Arbeit einem wenig günstigen Boden abgerungen wurde, ist in Worten nicht auszudrücken, das ist allenfalls von den arbeitsharten Gesichtern der Moorbauern abzulesen.

Da sind die eigenartigen Fehnsiedlungen mit ihren langen Häuserzellen an den Kanälen, die immer wieder durch eine Fülle schöner Bilder überraschen. Da ist Wiesmoor, die großartige Schöpfung moderner Hochmoorkultur. Sein Torfkraftwerk, die Gewächshausanlagen riesigen Ausmaßes — die größten des Kontinents —, die Freilandkulturen und Pflanzenzuchteinrichtungen sind das Reiseziel eines nie abreißenden Stromes von Menschen aus dem In- und Ausland.

Noch ist nicht alles Moor urbar gemacht. Wer die ziehende Schwermut und die Trauerstimmung urwüchsiger Moorlandschaft oder die herkömmliche Moorarbeit, das Torfstechen und die Urbarmachung des Ödlandes, kennenlernen will, hat dazu reichlich Gelegenheit. Noch findet man mancherorts einsame Seen und Kolke — dunkle Augen im Moor —, noch balzt der Birkhahn hier, nisten die Mooreulen und Weihen in der Heideeinsamkeit. Noch immer erglüht die Heide zur Herbstzeit in ihrer stillen Schönheit, fluten die Silberwellen des Wollgrases über das Moor.

Ganz anders, aber nicht weniger reizvoll sind die Meeden, die Hammriche, wie man hierzulande die Niederungsmoore nennt — wasserreiche Landstriche mit schilfumgürteten Seen und Wasserblänken voller Wunder und Stille und einer zauberhaften Blütenpracht vor der Mahd, deren Heuduft jedem Besucher unvergeßlich bleibt.

Vom Seedeich aus überschaut der Wanderer zwei Welten: Meer und Marsch. Landeinwärts breitet sich ein mit Fruchtbarkeit gesegnetes Bauernland. Schier unübersehbar erscheint das Grün der Wiesen und Weiden, auf denen gepflegte Rinderherden grasen — die höchsten Milcherträge Deutschlands werden hier erzielt! Schwer und trächtig stehen die Feldfrüchte auf den Äckern, und auf den Höfen sitzt ein stolzer, selbstbewußter Bauernschlag. Es ist ein hartes Volk mit einem durch nichts zu erstickenden Lebenswillen, das hier ausgehalten, um jedes Stück Land mit dem Meer in furchtbaren Kämpfen gerungen hat! Hier gab es im Mittelalter keine Hörigkeit. Der Friese war frei.

Welche Abwechslung bietet selbst das völlig ebene Marschenland! Da ragen hinter dem Grün mächtiger Windbäume behäbige Einzelhöfe hervor, drängen sich auf hoher Warf die Häuser ganzer Dörfer in enger Rundsiedlung zusammen, da ziehen sich an Schlafdeichen und dunklen Tiefs, in denen sich malerische Brücken, Deichtore und Mühlen spiegeln, lange Hufendörfer entlang, da schmiegen sich verträumte Sieldörfer an den Deich. — Eine reiche, gepflegte Landschaft, über die sich ein weiter Himmel mit prächtigen Farbtönungen und Wolkenbildungen spannt, wie er feuchten Küstenländern eigen ist.

Vor dem Deich liegt das Watt im Spiel der Gezeiten, ein amphibisches Reich, weder Land noch Meer. Zur Ebbezeit hinterlassen die abfließenden Wasser eine graue Öde, trügerische Schlicke und Sande, Wasserlachen und Priele in buntem Wechsel. Vielerlei Getier bevölkert dann den schlammigen Grund, den reichgedeckten Tisch für ungezählte Seevögel, bis die Flut kommt und alles wieder untertaucht, zuweilen auch das höhergelegene, aber noch nicht deichreife grüne Vorland am Deich, den Heller, das Neuland von morgen.

Am Wattenrand, eben noch vom Festland her sichtbar, reiht sich die Kette der Ostfriesischen Inseln, Eilande, die Wind und Woge im Wechsel der Gezeiten aufbauten. Groß ist die Zahl der ferienfrohen Menschen, denen alljährlich die See zu einem unvergeßlichen Erlebnis und einem Quellborn der Erholung wird: Da lockt ein herrlicher Strand mit sauber gewaschenen Sanden und dem endlosen Auf und Ab der Dünen; da beglückt den Erholungssuchenden das heilkräftige Bad in der salzigen Flut, und mit ungeminderter Kraft strahlt die Sonne durch die reine Luft! Ein immer wieder erregendes Bild bietet die See mit ihrer Unruhe und ihrer Unendlichkeit. Zutiefst spürt man hier in wunderbar wechselndem Licht Urkraft und Schönheit der Natur. Und erfrischend und wohltuend wirkt der reine Atem der See, das von den Gezeiten beeinflußte Klima.

Sonne, Sand und Wind, Wolken und Wellen, Dünen und Deiche, schwermütige Moore, abwechslungsreiche Wallheckenfluren und Wälder und inmitten wogender Kornfelder, weiter Wiesen und Weiden das backsteinrote Friesenhaus mit seiner warmen Heimeligkeit — das ist *Ostfriesland*, dessen stille Schönheit ausgebreitet liegt, dich ruft!

8000jährige Geschichte der ostfriesischen Wattküste

Karl-Heinz Sindowski

Das ostfriesische Wattgebiet mit seiner vorgelagerten Düneninselkette ist eine seit mindestens 2000 Jahren ständig in ostgerichteter Umwandlung begriffene Landschaft, die durch Küsten- und Inselschutzmaßnahmen unter menschlicher Kontrolle gehalten werden muß. Das Werden dieser dreigeteilten Insel-Watt-Marschen-Landschaft ist aus dem Schichtenaufbau ihrer heutigen und ehemaligen Watten (Marschen) ablesbar. Die Geschichte der Watten ist, in runden Zahlen ausgedrückt, 8000, die der Inseln 3000 Jahre alt.

Nordsee und Küstengebiet

Bereits vor 95 000 Jahren (Eem-Warmzeit) lag vor der heutigen ostfriesischen Küste ein dem jetzigen ähnliches Schlick- und Sandwatt. Diese eemzeitliche Nordsee verschwand jedoch bald wieder, weil ihre Wassermassen durch die Inlandeisbildung der nachfolgenden Weichsel-Eiszeit gebunden wurden. Das Nordseebecken fiel folglich trocken und blieb 85 000 Jahre lang Festland. Auch noch vor 9000 Jahren war der Boden der heutigen südlichen Nordsee mit Niedermooren bedeckt, weil der Nordseespiegel noch unterhalb Normal Null (NN) — 50 m lag. Mit zunehmender Erwärmung schmolz jedoch das Inlandeis der Nordhalbkugel schnell ab, und die Verbindung der Nordsee zum offenen Weltmeer wurde wiederhergestellt. Durch freiwerdende Schmelzwässer und Kommunikation mit dem Weltmeer füllte sich das Nordseebecken wie eine Badewanne, und der Nordseespiegel stieg zügig an. Verständlich, daß bei einem solchen allmählichen Vollaufen Geländeunterschiede des Bodens wie Rinnen, Senken und Rücken den Zeitpunkt der Überflutbarkeit bestimmten. So erreichte die Nordsee um 7000 v. Chr. das NN — 43-m-Niveau der Doggerbank und erschien um 6000 v. Chr. im heutigen ostfriesischen Küstengebiet mit einem Spiegelstand von NN — 30 m.

Das ostfriesische Küstengebiet stellte, ehe die Nordsee es berührte, eine durch zahlreiche nach Norden offene Rinnen zerschnittene, leicht nach Norden gekippte Geestfläche dar. Diese starke höhenunterschiedliche Gliederung bestimmte den um Jahrtausende unterschiedlichen Zeitpunkt der Überflutbarkeit und der ihr nachfolgenden Wattbildung. So wurden die Rinnen bereits ab 6000 v. Chr., die Rinnenränder und tiefergelegenen Geestflächenteile ab 2500 v. Chr. und die höheren Geestflächen bis hin zum Geestrande erst ab 1600 v. Chr. überflutbar.

Das vor der ersten Nordsee-Überflutung weitverbreitete Niedermoor wich vor dem ansteigenden Nordseespiegel auf immer höhere Geestflächen aus und bildete das Küstenrandmoor. Infolge leichter Nordsee-Spiegelschwankungen konnte sich das Moorwachstum während solcher kurzfristigen Stillstände auf die vorher abgelagerten Wattflächen wieder ausdehnen. Es entstand so eine Wechselfolge von Wattklei- und Torflagen, die eine geologische Gliederung und Altersdatierung des Küstengeschehens durch Pollenanalyse und 14C-Bestimmung ermöglicht und Gemeinsamkeiten in der Entwicklung der west-, ost- und nordfriesischen Küste aufzeigt.

Rinnenwatt im Zeitraum 6000—2600 v. Chr.

Der Nordseespiegel stieg in diesem Zeitraum um 20 m an. Die Wattbildung blieb auf die Rinnen beschränkt, in denen meist schilfdurchwurzelte Schlicke des Süß- und schwachen Brackwasserbereiches abgelagert wurden. Die Wattabsätze dieses Zeitraumes gliedern sich heute in vier durch Schilftorflagen unterteilte Kleischichten (Baltrum-Schichten) in lagunenartiger Ausbildung. Beiderseits der Wattrinnen wuchsen Kiefern-Birken-Bruchwälder oder Niedermoore. Die weiten Geesthochflächen waren mit baumbestandener Heide oder Hochmoor bedeckt.

Kleinflächenwatt im Zeitraum 2600—1700 v. Chr.

Der Nordseespiegel stieg jetzt nur noch langsam. Im Wattcharakter trat eine allmähliche Änderung ein, weil sich das Watt infolge Verfüllung der Rinnen mit Wattabsätzen auszudehnen begann. Dieses nunmehr kleinflächige Schlickwatt war durch größere Geestinseln und -halbinseln, auf denen das Moorwachstum des Küstenrandmoores weiterging, untergliedert.

Die Wattabsätze dieses Zeitraumes bestehen aus zwei durch einen zwischengelagerten Torf getrennte Kleischichten (Dornum-Schichten) in vorwiegend lagunenartiger Ausbildung.

Großflächenwatt im Zeitraum 1700 v. Chr. bis Chr. Geb.

Der Nordseespiegel erreichte jetzt die bis Normal Null hochgelegenen Geestflächen, folglich dehnte sich das Watt großflächig bis zum heutigen Geestrand aus. In diesem Zeitraum entstand also der Unterbau der heutigen Marschgebiete. Als Folge eines stärkeren Seewasser-Einflusses und stärkerer Gezeitenströmungen nahm der Sandgehalt in den Wattschlicken zu. Voraufgegangene hydrographische Veränderungen im See-Wattgebiet führten zu einer teilweisen Ausräumung der mit Klei-Torf-Absätzen verfüllten Rinnen und einer nachfolgenden Neuverfüllung mit Rinnensanden. Der bis dahin vorherrschende lagunenartige Wattcharakter schlug in den heutigen, vom Meer bestimmten um, entsprechend die Schlickablagerung im schwach brackischen Bereich in eine Sandsedimentation im brackisch-marinen Bereich.

Seit etwa 800 v. Chr. bildeten sich einzelne hochwasserfreie Sandplaten vor Geestvorsprüngen oder über Untiefen des Watts, aus denen bis zur Zeitwende Düneninseln entstanden (z. B. Borkum, Juist, Langeoog).

Die Wattabsätze dieses Zeitraumes bestehen aus zwei Kleischichten, die durch einen markanten Torf getrennt werden (Midlum-Schichten). Ab 2000 v. Chr. blieb ein Teil dieser Wattoberfläche hochwasserfrei, so daß ein auf Flachsiedlungen bewohnbarer Marschenstreifen entstehen konnte.

Um die Zeitwende kommt die ostfriesische Küste ins Blickfeld antiker Forscher (Plinius, Strabo). Damals war die ostfriesische Inselkette im Urtyp vorhanden. Vor der Emsmündung lag auf dem Juister Watt die mindestens 1600 ha große Hallig Burchana, die sich infolge Laufveränderung der Osterems und der Memmertbalje zur karolingischen Hallig Bant mit etwa 700 ha verkleinerte und im 18. Jahrhundert (nach vorherigem umfangreichen Torfabbau zur Salzgewinnung) als Resthallig Bant verschwand.

Watt unter menschlichem Einfluß von Christi Geburt bis heute

Nach der Zeitwende, spätestens 200 n. Chr., stieg der Nordseespiegel nach einem 300- bis 400jährigen Stillstand, der die auf Flachsiedlungen bewohnbare Marsch ermöglichte, wieder an. Das Watt lag nunmehr hinter einer Düneninselkette, auf deren Seegaten sich die Wattentwässerung einspielte und bevorzugt die alten Rinnen benutzte. Die Marschenküste war durch eine Anzahl natürlicher Buchten gegliedert, deren Entwässerungsbaljen in alten Rinnen verliefen. Die meisten dieser Buchten sind heute abgedeicht (Buchten von Wybelsum, Campen, Sielmönken, Hilgenriede, Nesse und Dornum sowie die Harlebucht).

Als Folge der vorherrschend west-östlichen Meeresströmungen im Vorstrand- und Inselgebiet verschoben sich die Inseln mit ihren Seegaten ostwärts. Das Wattentwässerungsgesetz mußte den Seegaten als dessen Vorflutern folgen. Durch die Lageveränderungen der Inselkette wurde auch zeitweise die Marschenküste in Mitleidenschaft gezogen. Diese Verlagerungstendenz nach Osten, z. T. auch nach Südosten, ist besonders bei den Inseln Baltrum, Spiekeroog und Wangerooge stark ausgeprägt, während Borkum, Juist und Langeoog sehr lagestabil sind.

1398 wurden alle ostfriesischen Inseln erstmals namentlich genannt — es waren damals noch acht Inseln; denn zwischen Juist und Norderney lag Buise. Diese im 16. Jahrhundert verschwundene Insel war einst eine Großinsel, die wahrscheinlich im 12. Jahrhundert durchriß. Ihr Westerende behielt den Namen Buise, ihr Osterende wurde Norder nye oog (Norderney). Ähnliche Schicksale des Durchreißens drohten zeitweise Juist (1651—1717) und Wangerooge (1850—1855). Während die übrigen ostfriesischen Inseln flächenmäßig fast unverändert blieben oder an Länge zunahmen, hat sich die einstige Großinsel Baltrum in den letzten 300 Jahren um 3 km verkürzt und wurde zur kleinsten ostfriesischen Insel.

Um die Zeitwende mußten die Flachsiedlungen durch künstlich aufgeschüttete Wurtsiedlungen ersetzt werden, weil sie nicht mehr sturmflutsicher waren. Ab 800 setzte der Küstenschutz durch Deichbau ein und um 1300 war in Ostfriesland bereits eine durchlaufende Seedeichlinie als Gemeinschaftsdeich vorhanden.

Die größte historische Küstenveränderung seit der allgemeinen Bedeichung wurde durch die Katastrophenflut von 1362 ausgelöst. Die ganz oder größtenteils abgedeichten natürlichen Buchten wie Dollart, Leybucht, Dornumer Bucht, Harlebucht und Jadebusen wurden wieder zu offenen Einbruchsbuchten. Über 170 000 ha bedeichtes

Marschenland gingen in Ostfriesland durch diese Marcellusflut verloren. Nachfolgende Sturmfluten (1374, 1509, 1570) erweiterten diese Einbrüche. Besonders folgenschwer war die Cosmas- und Damianflut von 1509 im Dollartgebiet für die bedeutende Handels- und Reedereistadt Emden, weil ihr Hafen durch eine Emslaufverlagerung vom Emsfahrwasser abgeschnitten wurde.

Alle diese großen Meereseinbrüche erfolgten stets in natürliche Buchten, gleichgültig, ob diese bereits ganz oder teilweise abgedeicht waren. Eine wesentliche Rolle spielen dabei die durchs Watt in die natürlichen Buchten ziehenden Baljen, die meist in bereits alt angelegten Rinnen verlaufen. Diese Baljen gestatten, wenn Baljen- und Sturmrichtung nahezu gleichsinnig sind, den schnellen Durchmarsch großer Wassermassen und deren gebündeltes Auftreffen auf die Deichlinie, so daß es zu einem gezielten Einbruch in die natürliche Bucht kommt. Beeinflußt wird dieses Geschehen nur in seinem Ausmaß durch klimatisch-hydrographische (säkular ansteigender Sturmflut-Wasserstand, Sturmflut-Stauhöhe vor den Deichen) und menschliche Faktoren (Höhe und Stärke der Deiche, Niveauabsenkung des später überfluteten Hinterlandes durch Entwässerung und Moorabbrennen).

Bis ins 16. Jahrhundert waren Deichhöhe und Deichstärke diesem Sturmflutandringen in den Buchten nicht gewachsen. Außerdem verhinderte häufig menschliches Versagen infolge politischer, finanzieller oder Arbeitskräfte-Schwierigkeiten eine rechtzeitige und sinnvolle Abdeichung von Einbrüchen. Die damalige Technik des Deich- und Sielbaues war nicht in der Lage, Baljen zu durchdeichen. Die Einbrüche wurden deshalb durch Einlegedeiche umrahmt, die bei der nächsten gezielten Sturmflut durchbrachen. So zieht ein Einbruch den nächsten, meist tieferen nach sich, bis das wiederüberflutete Areal der natürlichen Bucht flächenmäßig soviel flaches Watt enthält, daß der Einfluß der Einbruchsbalje schwindet und eine weitflächige Aufschlickung einsetzen kann. Wurde dieser in den einzelnen Einbruchsbuchten zu verschiedenen Zeiten, aber stets nach ihrer Maximalausdehnung einsetzende Vorgang nicht oder nur in großen Zeitabständen durch

Sturmfluten unterbrochen, setzte eine zügige Landrückgewinnung und Abdeichung ein.

Die Entwicklung der wichtigsten ostfriesischen Einbruchsbuchten zeigt nun folgendes Bild:

Dollart

Im 12. Jahrhundert verlandet und gegen die Ems abgedeicht. 1362 Einbruch bis zum Reiderländer Geestrand mit Überflutung von 63 500 ha. 1509 Beseitigung sämtlicher Deichlinien und Maximalausdehnung: im Südwesten mit Scheemda-, im Südosten mit Winschoten-Teilbucht. Ab 1600 zügige Landrückgewinnung, bis heute Reduzierung auf ein Viertel seiner Maximalausdehnung.

Leybucht

Um 1300 noch teilweise offen. 1362—1374 Einbrüche bis zum Geestrand mit Überflutung von 65 600 ha: nach Südwesten Canhusener Teilbucht, nach Nordosten Marienhafer Einbruch, nach Norden Norder Teilbucht. Bis 1498 Abdeichung der Canhusener Teilbucht und des Marienhafener Einbruches. Ab 16. Jahrhundert Bedeichung der Norder Teilbucht. 1950 vorläufiger Abschluß durch den Störtebekerdeich. Planung einer vorläufigen Schließung.

Harlebucht

Um 1300 noch weitgehend offen. 1362 tiefe Einbrüche bis zum Geestrand mit Überflutung von 7000 ha: nach Westen Esenser, nach Südwesten Burhafer und nach Süden Wittmunder Teilbucht. Bis Ende des 17. Jahrhunderts 11 500 ha Landrückgewinnung. Heute völlige Abdeichung.

Jadebusen

Anfang des 12. Jahrhunderts völlig abgedeicht. 1164 Einbruch nach Südwesten bis zum Geestrand mit Überflutung von 5000 ha. 1334 Einbrüche nach Süden (Friesische Balje) und Nordosten zur Weser (Heete). 1362 Erweiterung des alten Südwest-Einbruches zum Schwarzen Brack und zweiter Durchbruch zur Weser (Ahne-Lockfleth). 1509 Einbrüche im Wilhelmshavener Raum mit 3200 ha Landverlust. Ab 1550 energische Landrückgewinnung. 1523 und 1594 Teilbedeichung der Friesischen Balje. 1615

Abriegelung des Schwarzen Bracks (erste bekannte Durchdeichung einer Balje durch den „Ellenserdamm"). 1643 Schließung von Heete und Ahne-Lockfleth. 17. bis 20. Jahrhundert Einengung auf seine heutige Gestalt unter Abdeichung von 4000 ha Marsch.

Die fortschreitende Bedeichung beschwor eine neue Gefahr für die Küste herauf. Der natürliche Flutwasserspeicher „Watt" wurde zunehmend eingeengt, so daß bei Sturmfluten die Stauwasserhöhen vor den Deichen ständig anstiegen, folglich die Deichhöhen mehrmals den geänderten Verhältnissen angepaßt werden mußten. In den Seegaten erhöhte sich infolge des in seinen Ursachen wahrscheinlich recht heterogenen „säkularen" Anstieges der mittleren Tidewasserstände und Veränderungen der Seegatgestaltung die Durchflußgeschwindigkeit des Ebbwassers, so daß sich die Sandversorgung der Inselwestköpfe aus den Riffbögen bei einigen Inseln durch Ostverlagerung seiner Riffanlandezonen verschlechterte. Auf den Inseln Borkum, Norderney, Baltrum, Spiekeroog und Wangerooge mußte deshalb seit Mitte des 19. Jahrhunderts zum aktiven Inselschutz durch Strand- und Dünenbefestigung der Westköpfe übergegangen werden. Der Untergang des Seebades Wangerooge 1854/55 war eine eindringliche Warnung.

Neben Küsten- und Inselschutz muß nunmehr auch der Umweltschutz dafür Sorge tragen, daß die ostfriesische Insel-Watt-Marschen-Landschaft trotz Massentourismus und fortschreitender Industrialisierung erhalten bleibt.

Abend am Deich

Rieks Janssen-Noort

Willst du dem unfreundlichen Lärm des Alltages entfliehen? — Dann gehe hinaus, an einem lauen Sommerabend, zum grünen Deich am Strom, und du wirst die Ruhe finden, nach der sich jeder sehnt!

Du glaubst, daß dich auch an dem endlos dahinziehenden Deich keine lautlose Stille erwartet? — Das mag sein, denn überall ist Leben. Aber es pulst dort auf eine Art, daß es dich verlocken muß, selber ganz still zu sein und, alles andere vergessend, nichts weiter zu tun, als zu lauschen!

Hör nur das Raunen des Abendwindes, der nach der Hitze des Tages frisch und erquickend ist wie der Atem des Meeres. Leise huscht er zu dem knorrigen Weidenbaum, der wie ein einsamer Riese aus vergangener Zeit über den Deich schaut. Durch seine Blätter geht ein Flüstern, das dir erzählt von stürmischen Tagen und überschäumenden Fluten, die begierig wie ein Nimmersatt das Land zu schlucken drohten und doch an dem Deich zerbrechen mußten.

Und du verstehst die Sorglosigkeit der frohgestimmten Jungen und Mädel, die nach ihrem Tagewerk an dem Deich zusammengekommen sind und, begleitet von den Tönen einer Mundharmonika, ihre Lieder singen.

Spürst du, wie das Klingen und Jauchzen auf deine Umwelt übergeht? — Sieh, dort steckt patschig ein Frosch seinen Leib aus dem Schlot hervor und bläst voller Lebenslust seine eigenen Noten dazu.

Selbst die sonst so behäbige schwarzbunte Kuh fällt brummend, und doch keineswegs den harmonischen Gleichklang störend, lustig in das Konzert mit ein, worauf ein „Reitmeeske", das vorhin singend durch das Schilf hüpfte, ein Weilchen schweigt und verwundert zuhört.

Die Sonne, die in der Ferne versunken ist, hat einen roten Schein zurückgelassen, in dem friedlich und ohne sonderliche Eile eine Wolkenbank treibt.

„Avendrot brengt mooj Weer in't Boot!" sagen die jungen Leute und ziehen plaudernd in das nahe Dorf, wo sich die

Alten nach einem kleinen „Prootje“ vor der Haustür schon zur Ruhe begeben. — „Denn mörgen is al froeh weer Dag!“

Du siehst, wie das grüne Gras, in das sich allerlei bunte Blumenköpfchen kuscheln, mütterlich behutsam von dem Wind zum nächtlichen Schlummer gewiegt wird.

Und dein Ohr vermeint schon das Klingen der glitzernden Sensen zu hören, die nun bald, vorsorgend für den Winter, die geleerten Scheunen füllen werden.

Jetzt vernimmst du schwere Stiefelschritte. Ein Fischer, bepackt mit Netzen, stapft auf dem im Laufe der Jahre von seinen Füßen ausgetretenen schmalen Kleipfad über den Deich hinweg zum Siel, wo das Boot liegt.

Klirrend löst sich die Kette, und die in der Dämmerung verhallenden Riemenschläge künden, daß selbst in solchen Stunden, die eigentlich der Ruhe dienen, unzählige Menschen rastlos tätig sind.

In der Nähe faucht eine Katze, die sich über den tiefen Flug einer Fledermaus erschrocken hat. Und auf einer abgelegenen „Plaatse“ bellt ein Hund.

Dann ist auch das verklungen. — Aber noch im Traum hörst du den nimmer müden Wind raunen, der dich zurücklocken möchte in die wunderbare Welt der Deiche!

Auf den Deichen

Johannes Kleinpaul

Beim Lesen des folgenden Textes ist mitzubedenken, daß er um 1900 entstanden ist.

Deus mare, friso litora fecit.

Es wogt und wallt an Deich und Düne
die Flut und wälzt sich wild zum Strand.
Der Friese oben hat das kühne
und trotz'ge Aug' zur See gewandt;
die Rechte hält den wackern Spaten,
er überschauet sein Revier,
und ruft: „Geschätzt sind meine Saaten,
hie, blanker Hans, ich trotze Dir!"

H. Harberts

Wer auf den schattigen und schön gepflasterten Landstraßen durch das fruchtbare Gefilde der Marschen Ostfrieslands — es sei, wo es sei — dahinmarschiert, oder mit dem Dampfer außen daran vorbeifährt, erkennt, daß die ganze lange Küstenlinie ein lückenloser grüner Deich einfaßt, von dem man nicht weiß, woher er kommt und wo er endet, und der uns freilich leider auch — vom Lande, wie von der See — allenthalben jede weitere Aussicht versperrt, bis wir ihn direkt erklimmen.

Wenn wir das tun, erleben wir dann oft eine große Überraschung, denn die kolossale Länge der im Verhältnis dazu wenig hohen und ewig gleichen Uferrampe macht es, daß sie, namentlich von fern, fast wie ein gerader Strich erscheint, bis wir oben von der Deichkappe einen Überblick über ihre Formung gewinnen. Deshalb kommt es uns ganz unvermutet, wenn wir den Deich beim Larrelter Siel, bis Wybelsum, oder am Greetsieler Hafentore ersteigen, daß er dort und anderswo riesige Buchten umspannt, von denen wir bis dahin nichts ahnten.

In diesem „goldnen Reif" — die Bauern meinen freilich, sie könnten „mit silbernen Pflügen" ackern, müßten sie ihn nicht bauen und erhalten! — hat Ostfriesland jetzt eine feste Grenze.

Früher war das anders. Ostfrieslands Küste ist Anwachs, indem das Meer jahrhundertelang hier seinen Schlick ansetzte, den es freilich oft viel rascher, manchmal binnen einer einzigen Sturmnacht, wieder fortriß. Und so gehts heute noch, Schritt vor Schritt, in völlig geregeltem Gange. Es ist eine ganz eigentümliche Vegetation, die sich zuerst auf den grauen, fetten, vor den Deichen abgelagerten Klei vorwagt: ihre Pioniere sind der „Krückfuß" und die blaue Meerstrandaster, die „Sülte". Darauf stellen sich der Strandwegerich, der Dreizack und das Quellgras ein, die zusammen eine dichte Grasnarbe bilden, den nahrhaften „Queller". Mit dieser Bewachsung erfolgt zugleich eine weitere Erhöhung des Watts, indem sich neuer Schlick zwischen den Pflanzen verfängt, und die Anwohner befördern dies noch durch Dazwischenlegen von Gräben, die das Vorland entwässern und deren Inhalt von Zeit zu Zeit ausgehoben und ebenfalls zur Aufhöhung der dazwischen liegenden Beete verwandt wird.

Anders in jenen Zeiten, da noch der Meerflutenschwall, von Herbst- und Winterstürmen gejagt, ungehindert weithin über das ganze Land herbrauste und die Bewohner fortwährend an ihrem harten Leben und geringen Eigentum bedrohte.

Der ältere Plinius, kurz nach Christi Geburt, entwirft ein Bild von ihrem armseligen Dasein: Hier steigt und fällt der Ozean zweimal binnen Tag und Nacht, einen unermeßlichen Landstrich überflutend, so daß man bei diesem ewigen Kampfe der Natur nicht weiß, ob die Gegend zum festen Lande oder zum Meere gehört. Und Tacitus kennzeichnet die Bewohner, die er schon bestimmter die Friesen nennt, vor allem als kühn im Angriff und tapfer in der Abwehr. Sie waren häuslich — sie wußten den schwer errungenen Besitz zu schätzen, achteten deshalb auch das Eigen anderer — und sie liebten den Frieden: der unablässige Kampf mit den Elementen nahm ihren Sinn und ihre Kräfte völlig in Anspruch.

Wie haben nun die einzelnen, die natürlich nicht daran denken konnten, das ganze weite Land mit *einem* Deiche zu umwallen, zunächst ihre Heimstätten gesichert?

Sie schaufelten, wozu gewiß die Vollkraft ganzer Geschlechter gehörte, den im langen regnerischen Winterhalbjahre fast fließend nassen, im Sommer aber steinharten Kleiboden zu oft erstaunlich großen, hohen Warften auf, auf denen sie dann ihre Habe, ihr Vieh, bargen, wie Plinius schreibt, Schiffenden ähnlich, wenn die Flut alles um sie her bedeckt, Schiffbrüchigen aber, wenn sie zurückgeht. Ganze Dörfer und alle größeren Bauerngüter der Marsch liegen noch jetzt auf so mühsam geschichteten künstlichen Hügeln; aber diese blieben noch lange ein „betrüglicher Grund", bis angeblich zuerst 642 auf Betreiben des halb sagenhaften Friesenkönigs Aldegill ein Deich zu bauen versucht ward.

Was die Chronisten von Sturmfluten und Sturmflutschäden berichten

Die Sturmfluten beschädigen den Deich

HARM WIEMANN/FRIEDRICH DOEDENS

(. . .)
Uns sind Schilderungen von einigen Sturmfluten aufgezeichnet worden.

Die Fluten haben an der Nordseeküste die großen Buchten entstehen lassen: den Dollart, den Jadebusen, die Leybucht, um die wichtigsten zu nennen.

Ein großer Einbruch scheint durch die Marcellusflut vom 16. Januar 1362 erfolgt zu sein. Neue Sturmfluten rissen mehr Land weg. Zwischen 1425 und 1430 sind große Gebiete des Reiderlandes verlorengegangen.

Am 26. oder 27. September 1509 erreichte der Dollart durch eine sehr große Sturmflut die größte Ausdehnung. Darüber berichtet der Chronist Eggerik Beninga: „Bei Menschen Gedenken hat es kein höheres Wasser gegeben. Es ging wohl eine Tonne hoch über alle Deiche, wodurch ein großer Schaden angerichtet wurde. Schade an Menschen, Kühen, Häusern und Land. Viele Menschen ertranken, und im Emsigerland blieben nicht viele Kühe lebens.

Es hat sich wirklich ereignet, daß im Altamt (ein Teil der jetzigen Provinz Groningen) ein Stück Land, worauf 10 oder 12 Kühe weideten, mit den Tieren über eine halbe Meile Weges getrieben ist. Als das Wasser wieder gefallen ist, hat es sich auf ein anderes Stück Land gesetzt. Daraus ist ein großer Zwist entstanden zwischen dem, worauf sich das Land gelegt hatte. Es ist auch wahr, daß sich Eichen und andere Bäume aus der Erde gehoben und von ihrem Platz getrieben wurden. Sie haben sich an andere Bäume gesetzt und sind so stehen geblieben, ohne von der Traurigkeit zu wissen. Noch im Jahre 1580 sah man einen solchen Eichbaum im vollen Wachstum. Desgleichen sind etliche Leute mit kleinen Häusern, die zwischen Ständern gezimmert waren, mit Schweinen, Schafen und anderen Tieren ein großes Stück weggetrieben, die doch zuletzt, als das Wasser sich wieder verlief, gerettet wurden."

Mag dieser Bericht auch im allgemeinen abenteuerlich und unwahrscheinlich anmuten, so klingt doch darin die Größe der Flut an.

Im Jahre 1717 wurde die Küste wiederum von einer gewaltigen Sturmflut heimgesucht. Wir lesen darüber den folgenden zusammenfassenden Bericht:

„Nachdem es mehrere Tage vor Weihnachten (1717) stark und anhaltend aus dem SW. geweht hatte und dadurch viel Wasser durch den Kanal in die Nordsee getrieben war, wandte sich am heiligen Abend der Wind westlich, wurde mit Sonnenuntergang NW., ließ aber dann allmählich nach. Niemand ahnte daher in Emden die drohende Gefahr, um so weniger, als der Mond im letzten Viertel stand, und die nächste Flutzeit (der Gezeiten) erst gegen 7 Uhr des nächsten Morgens eintreten mußte. Alles — namentlich die Bewohner der von gewöhnlichen Fluten weniger bedrohten Stadtteile — legte sich ganz unbesorgt zu Bette.

Da erhob sich unerwartet nachts zwischen 1 und 2 Uhr der Sturm wieder mit unerhörter Wuth aus dem NW. Die See schwoll rasch zu solcher Höhe an, daß schon kurz nach 2 Uhr das Wasser durch die ganze Stadt strömte. Die Fluten sollen an einzelnen Stellen mehrere Fuß über die Deiche hinweggegangen sein. Letztere vermochten dem Andrang der Wogen nicht zu widerstehen und brachen an vielen Stellen. Mit reißender Schnelligkeit ergoß sich das wildtobende Wasser in die weiten, offenen Ebenen, so daß in kurzer Zeit alles ringsumher einer aufgeregten See glich.

Aus dem ersten tiefen Schlaf wurden die sorglosen Bewohner mitten in der finsteren Nacht aufgeweckt durch das Heulen des rasenden Sturmes, das Rollen des Donners, das Getöse der einbrechenden Wogen. Noch schlaftrunken erheben sie sich, um nach der Ursache des Unerhörten zu forschen. Kein Stern leuchtet ihnen, einzelne Blitze nur durchzucken den finsteren Himmel. Doch nur zu bald wird ihnen das Unglück klar, aus dem warmen Bett sich erhebend steigen sie in das kalte Wasser. Von dem immer höher steigenden Wasser überrascht, müssen viele, halb oder fast ganz nackend, auf Böden und Balken, wohin sie sich gerettet, die Nacht zubringen, zähneklappernd vor Kälte, kämpfend gegen den Tod, Hunger und Durst. Und als endlich die Nacht des Schreckens vorüber war und das heißersehnte Tageslicht anbrach, brachte dieses keinen Trost, sondern zeigte nur das Unglück in seiner ganzen Größe. — Nicht wie sonst fiel das Wasser um die Ebbezeit, sondern der volle drei Tage unausgesetzt wüthende Orkan trieb immer neue Wogen gegen die Küste — so lange blieb die See überall stehen.

Halbe Häuser, Dächer, Sparren, Bretter, Schränke, Betten, auf denselben Menschen und Menschenleichen, Vieh, Heu, Stroh, Kornhaufen, alles schwamm im buntesten Gemisch durch die Straßen.

Hier hatten Menschen die Dächer der Häuser, dort aus dem Wasser vorragende Bäume oder Balken erklettert, manche im bloßen Hemde. Schauernd vor Kälte mußten sie ohne Nahrung nicht stunden-, nein tagelang ausharren. Mattigkeit und Kälte schwächte endlich die erstarrten Glieder, bis sie in die Tiefe sanken. Ihr Hülfegeschrei war verhallt unter dem donnerartigen Brausen des Sturms und der Wogen. — Das Schicksal derer, welche sich auf die Böden gerettet hatten, war wenig besser. Ohne Feuer, ohne Lebensmittel, oder mit dem Wenigen, was ihnen mitleidige Nachbarn auf Stangen durch die Dachluken zugereicht, mußten sie ausharren in den kalten Winternächten, ohne Trinkwasser mitten im Wasser quälenden Durst leiden.

Diese Sturmflut erstreckte sich längs der ganzen südlichen und östlichen Nordseeküste. Am schwersten wurden Groningen, Ostfriesland, Jever und Oldenburg mitgenommen. Auf einer Strecke von etwa 20 Meilen Länge wurden mindestens 75 Quadrat-Meilen (. . .) überströmt, an manchen Stellen 5, 6, 8, 10, ja 14 Fuß über die gewöhnlichen Fluten. Im Amt Emden stieg sie noch 2 Zoll höher als um Allerheiligen 1570, wie aus dem Merkzeichen am Thurm zu Suderhausen zu ersehen ist.

Schwer litt die Stadt Emden. Mit Ausnahme der Deichstraße, des höchsten Punktes der Stadt, welcher vor Jahrhunderten ein Deich gewesen sein soll, war die ganze Stadt überströmt, in den meisten Häusern hatte das Wasser 3 bis 4 Fuß hoch gestanden, in manchen noch höher. Tiefe Löcher waren in die Straßen gerissen. In dem schwer getroffenen Amt Esens allein ertranken 842 Menschen, in den aneinandergrenzenden Orten Dornumer- und Westeraccumersiel blieb von den meisten Häusern keine Spur, fast alle Einwohner waren umgekommen. Ein Haus in Wirdum trieb mit fünf Menschen ganz nach dem Moor hinter Ochterbur, wo es in Trümmer ging. Solcher Unglücksfälle finden wir in den Spezialberichten hunderte.

Schrecklich war der Anblick des Landes nach dem Abzug des Wassers. Fast überall sah man auf den Feldern Leichen. Hier sah man Mütter, welche noch im Tode das Kind umklammert hielten, dort vor Kälte erstarrrte Menschen in den Bäumen hängen, andere in verschlammten Gräben stecken. Hier lagen die Leichen einzeln, dort in Gruppen, unweit Dornum waren bei einem Steg sogar 30 angetrieben. Überall sah man auf dem platten Lande Trümmer von Häusern, Brücken, Stroh, Heu, Torf, Haus- und Ackergeräte, vermischt mit Viehkadavern. Noch im Sommer darauf fand man Leichen beim Aufräumen der angeschwemmten Heu- und Strohhaufen im Schlamm, oder in Gräben. Fast keine Familie gab es in dem angegebenen Küstengebiete, welche nicht das Leben eines oder mehrere Angehörigen betrauerte.

Hierzu kam noch für die Überlebenden vielfach Noth an Lebensmitteln und Nahrung für Menschen und Vieh, sowie der Mangel an Feuerung und Trinkwasser, und außerdem die Sorge und Angst vor neuen Fluten. Denn die Deiche waren fast alle zerrissen. Durch viele in ihnen entstandene Grundbrüche drang täglich das Wasser wieder ein, niedrige Gegenden blieben monatelang ein See. Große Kolke waren an vielen Stellen entstanden.

Jahre lang dauerte es, ehe die Deiche vollständig wieder geschlossen werden konnten. Neue Fluten, namentlich während der ersten Jahre, zerstörten das mühsam Wiederhergerichtete, überschwemmten von Neuem das Küstengebiet, so zehnmal im Jahre 1718, dreimal 1719, fünfmal 1720, wo besonders die Flut vom 31. Dezember schwere Verheerungen anrichtete. Erst im Jahre 1725 wurden im Emdener Amt die Hauptdeiche vollendet. Fast 1 Million Thaler sollen für die ostfriesische Küste allein auf den Deichen verwandt sein, ungerechnet die von den Bewohnern selbst unentgeltlich geleistete Arbeit."

Die Allerheiligenflut von 1570 und ihre Spuren in Ostfriesland

THEODOR JANSSEN

Allerheiligendag
Vriesland wol beklagen mag!

Am 2. November 1970 sind es vierhundert Jahre her, daß die südliche Nordseeküste durch die sogenannte Allerheiligenflut eine große Naturkatastrophe erlebte. Vielleicht kann man ihr nur die Marcellusflut von 1362, die „Große Manntränke", an die Seite stellen, mögen auch spätere Fluten, so die Weihnachtsflut von 1717, die Februarflut von 1825 und die Fluten von 1906 und 1962 wegen ihrer größeren zeitlichen Nähe stärker im Bewußtsein der heutigen Menschen haften geblieben sein. Der Emder Pastor Gerhard Outhof, der Chronist der Weihnachtsflut von 1717, schließt seine Betrachtung über das 150 Jahre vor seiner Zeit stattgefundene größere Ereignis mit der Feststellung, *daß diese Allerheiligenflut eine der größten, wenn nicht die größte ... seit Noah ... war, besonders wenn man ihre Ausdehnung über so viele Länder berücksichtigt. Darum nennen einige sie auch die kleine Sündflut*[1]*) (...)*

Wie die Flut von 1570 verlief, ist aus den überkommenen Berichten einigermaßen gut zu übersehen. Sie wird Allerheiligenflut genannt, weil sie am 1. November (nach dem Julianischen Kalender!) begann. Sie dauerte aber noch am 2. November an und wurde daher zeitweise auch Allerseelenflut genannt.

Es mag auch interessieren, wann an diesen Tagen Ebbe und Flut unter normalen Umständen hätten eintreten müssen. Aus der Mondstellung (...) kann gefolgert werden, daß rechnungsmäßig am 1. November 1570 etwa um 13.30 Uhr Hochwasser hätte sein müssen. Das folgende Niedrigwasser hätte um 20.00 Uhr und das dann wieder folgende Hochwasser am 2. November gegen 2.00 Uhr nachts eintreten müssen. Zu diesem letzten Zeitpunkt scheint die Katastrophe auch ihren Höhepunkt erreicht zu haben.

Wie die Berichte sagen, kam am Abend des 1. November ein schwerer Sturm aus Nordwesten auf, der zwei volle Tage („Etmalen") anhielt. Die lange Dauer der Stürme ist für die Herausbildung hoher Wasserstände besonders günstig. Bei der ersten Flut wird schon viel Wasser gegen die Küste getrieben und durch Windstau bei der folgenden Ebbe am Zurückfließen gehindert sein. Die nächste Flutwelle aber kann sich bei fortdauerndem Sturm in dem gestauten Wasser voll entwickeln und extreme Höhen erreichen. (Diese Erscheinung war auch bei der Flut von 1962 zu beobachten.) Hierzu kam 1570 noch, daß die Sturmflut in die Springzeit fiel. Wie eine heutige Rechnung ergibt, war am 29. November 1570 vormittags um 9.00 Uhr Neumond. Da wir an der ostfriesischen Küste mit einer Springverspätung von drei Tagen rechnen müssen, traf das Maximum der Springflut mit der Sturmflut zusammen.

So war es kein Wunder, daß bei dem Höchststand der Flut in Friesland das Wasser 11 Fuß über Maifeldhöhe (= Höhe

---

1) Gerhard Outhof: Verhaal van alle de hooge Watervloeden ... Emden 1718.

des gewachsenen Landes) stand und 7,5 Fuß tief gehende Schiffe über die Marsch, die einem Meer mit daraus herausragenden Kirchtürmen glich, dahintrieben.

Ein Augenzeuge, der Pastor ROTHE aus Eckwarden im Butjadingerland, berichtete[2]) über den Verlauf der Flut: *Den 1. November war es ein grausames, kalt regenhaltiges Ungewitter und der Wind ging heftig aus Nordwesten ... Gegen Nachmittag ward der Sturm heftiger, die Häuser erzitterten und viele Dächer zerrissen. Die Flut stieg bis zur halben Höhe der Deiche. Mit dem Eintreten der Ebbezeit lief das Wasser nicht ab, sondern blieb auf seiner Höhe stehen. Viele an der Küste wohnenden Leute besorgten daher eine hohe Flut und brachten aus Vorsorge ihre besten Sachen auf den Boden, die meisten jedoch überließen sich sorglos dem Schlafe. Um Mitternacht, drei Stunden vor der höchsten Flutzeit, überstieg das Wasser die Deiche oder zerriß sie und wälzte sich landeinwärts.*

Aus Brabant, Antwerpen, Flandern, Seeland und Holland, ebenso aus den Küstenstrichen östlich von Ostfriesland, aus dem Land Wursten, von Hamburg, Dithmarschen und dem Küstenland bis herauf nach Dänemark, liegen Berichte vor von den Verheerungen, die das Wasser anrichtete und von dem Schrecken, den es verbreitete. Zeitgenossen schätzen die Gesamtverluste an Menschenleben auf 400 000.

Zwischen Vlie und Lauwers (den Grenzen *Frieslands:* Das Seegatt zwischen den Inseln Vlieland und Terschelling heißt noch heute Vliestrom, und Lauwers heißt das Grenztief gegen Groningen) allein ertranken 20 000 Menschen und im Groningerland sah es nicht viel anders aus. Aus Friesland stammt auch der diesem Artikel vorgesetzte „Jahrvers".

Wenden wir uns aber noch einigen Begebenheiten in Ostfriesland zu! Eine Erdscholle mit einem Haus und Birken darauf — sie soll nach OUTHOF im Groningerland abgetrieben sein — wurde im Reiderland angeschwemmt und auf einem Stück Weideland neben einer Kirche abgesetzt.

---

[2]) Nach O. Klopp: Ostfr. Geschichte, Osnabrück 1854, Bd. I, S. 443.

Der Eigentümer des Weidelandes verlangte den Abbruch des Hauses. Das Gericht entschied dahin, jeder solle zufrieden sein so, wie es Gott geschickt hätte. Das Haus könne stehen bleiben, aber der Platz müsse dem Reiderländer bezahlt werden[3]).

Eine Gedenktafel im Turm der (. . .) Kirche in Suurhusen (. . .) — sie wurde 1866 erneuert — gibt einen lebendigen Eindruck von dem Geschehen vor 400 Jahren im westlichen Ostfriesland:

Im Jaer 1570 na Christi Gebort
Im gantzen Vrieslande
Geliker Not is nyt gehoert.
In November am ersten tho Middernacht —
dat idt geschach,
Voele Menschen un Vhe mit Husen men driven sach.
O Godt, wat was overal ein drovich Beclach!
Backbant un omtrent dat wal bekennen mot,
Mannich Man dar verlos beide, Guet un Bloeth.
Suderhusen was nyt vri deser Not;
De Thoren vernam met voele Huser de grote Vlot,
Noch dede nemant de anderen trou noch gueth. —
Had Aemden un Norden dit vorhen alsoe geseen,
Dat voor eer Porten nyt bleef de rechte Sten,
Se hadden mit Ernst joe wol geboecht er Knen.
De Vloet maect al slicht,
Wol ist, die t' Ende sicht.

Daraus, sagt Outhof, sei zu ersehen, daß das Wasser selbst an die verhältnismäßig hoch gelegene Stadt Aurich herangekommen sei, weil Bagband und Walle[4]), dieses an der einen und jenes an der anderen Seite von Aurich lägen. Wie in Emden und Norden, so stand das Wasser auch in Esens *eine Elle hoch in allen Pforten* und strich in dieser Höhe *auch über der Brücken am Hause Esens.* Wir wissen dies durch einen Brief, den der Kanzler Jost Wetter gleich nach der Flut (am 6. November) an den Grafen Erich von Hoya schrieb. (. . .) Darin heißt es auch, daß das Wasser abends um neun Uhr durch alle Toren der Stadt gelaufen

[3]) Nach C. Woebcken: Deiche und Sturmfluten. Bremen-Wilhelmshaven 1924, S. 88.
[4]) Eine andere Lesart besagt, daß „wal“ = „wohl“ ist. (. . .)

sei, daß es noch im Lande stände, und der Benser Siel fortgerissen sei. Die Reste dieses Siels wurden 1967 bei Deicharbeiten wieder aufgefunden; die näheren Fundumstände sind in dem in der Fußnote angeführten Artikel beschrieben.

Gerade im Harlingerland und hier wieder im Amt Esens waren die Folgen der Flut katastrophal. Nicht nur der Benser Siel ging verloren, sondern auch die Ortschaften Oldendorf und Bense mußten ausgedeicht werden. Es wurden ganz neue Deiche gezogen, und viel Ackerland, das eine ganze Weile noch außendeichs bewirtschaftet wurde, mußte dem Meere preisgegeben werden. Dies geht auch aus mehreren Stellen der sogenannten Weinkaufprotokolle des Amtes Esens hervor. Da heißt es z. B. 1581 von Ostbense: Himme Mensen *ist gestorben. Ein großer Teil des* (45 Diemat — 1 Diemat = 1,57 ha — großen) *Landes liegt außerhalb des Deiches. Dazu ist es mit den Soden* (für den Bau des neuen Deiches) *abgestochen*, oder 1573 aus Ostbense: Rike Lubben, *der Sohn von* Lubbe Riken, *erhält seines Vaters Herdstätte* (56 Diemat) *für 80 Thaler in Weinkauf. Das Land liegt außerhalb des Deiches.* Und eben dieser Lubbe Riken ist auch in einer Aufstellung *der durch die Allerheiligenflut von 1570 angerichteten Schäden im Amte Esens* (. . .) aufgeführt, wo es heißt: Lubbe Riken *hefft verloren 3 Enters, 7 Swine, 24 Schape.*

Es ist wohl kein Zufall, daß sich gerade das Schadensverzeichnis des Amtes Esens erhalten hat, denn hier schlug das Schicksal besonders hart zu. Zwei Beispiele aus Oldendorp mögen das belegen: Dirick Johansen *hefft verloren Huß und Gudt; dartho sin Wyff mit ein Kint; erdrenckt VI Koye, ein Twenter, III Enters, II Perde, II Schape, VII Swine; garnichts beholden. und:* Poppe Hicken *mit III Kinder erdrenckt; dat Huß wechgedrewen; verloren II Koye, IX Schape, V Swine: garnichts gebleven.*

Eine Aufstellung für das ganze Harlingerland nach G. Outhof (a. a. O., S. 306) möge diese düstere Schilderung beschließen:

Menschen verdronken	796
Huyzen weggedreeven	270
Peerden verdronken	411

Ossen verdronken	115
Koejen verdronken	1841
Twenters/of tweejaarige beesten	445
Enters/of eenjaarige beesten	916
Voolen of Veulen	961
Zwynen	1336
Schaapen	1438
Kalvers	13.

Hollsand

Johann Schoon

Euch schuf die Unrast, Kinder der Moräne,
Jahrtausende wies euch der Wind den Lauf.
Die Nordwestwölfe bleckten ihre harten Zähne,
und hetzten euch zu Tal und wieder dünengleich zuhauf.

Der Wechsel ebbte ab zum Kiefernfrieden,
zum ewig-gleichen, ewig-stillen Land.
Und glücklich ist, wem immer es beschieden,
bei dir zu weilen, Eiland grüner Ruh — Hollsand.

Die Gletscher der Eiszeit schmolzen in dem wärmeren Klima der folgenden Zeiträume, riesige Ströme gruben sich in den Boden, tiefe Schluchten, gewaltige Täler rissen die Schmelzwasser in die Erde der Grundmoräne. Aber im Laufe der Jahrtausende versiegten die Flüsse. Ihr Bett wurde ausgeblasen, die lockeren, leichten Sande vom Winde fortgewirbelt, weit über die Umgegend verstreut. Trokkene Jahre folgten. Sie saugten den letzten Rest Feuchtigkeit aus den Sanden, nahmen ihnen die Schwere und hetzten sie mit dem Glutatem der Winde über die Ebene. Eine Erdbarre sperrte den Flugsanden den Weg, in rieselndem Wandern entstanden die Dünen. Ruhelos, windgepeitscht türmten sie sich, wurden abgeschliffen und wuchsen erneut in die Breite und in die Höhe.

Auf die Trockenzeit folgte wieder ein Klimawechsel. Mannigfache Pflanzen siedelten sich an, der ewig wandernde

Sand begrünte und befestigte sich. Anspruchslose Gräser und vor allem die Heide fanden ihre Nahrung in der Kargheit der hellen Sande. Weithin verzweigte sich ihr Wurzelgeflecht. Es hielt die feinen Körnchen fest und endete ihre Wanderung. In der Gluthitze des Hochsommers verdorrte das Grün der Kuppen. Die leichte Erde fand keinen Halt mehr, sie wurde hochgerissen, aber die Masse der Dünen war gebannt. In der Feuchte des Herbstes, dem Schnee des Winters und der Nässe des Frühlings erstarrte das Wandern wieder. Langsam, im Laufe der Jahrtausende wuchs die Humusschicht.

Vor 4000 Jahren begann die Trockenperiode der Bronzezeit. Es wurde wärmer, die riesigen Moore und Sümpfe schrumpften, Torfmoos und Flechten schwanden. Heide, Bentgras und Heidecker, Flugbirken und Kiefern, Pflanzen der Steppe und der Trockenheit siedelten sich an. Abgelegene Kultstätten: Hilgenholt, Barkebusch, Sandbülten und andere konnten auf Pfaden über Sumpf und Morast erreicht werden, wo früher ein Schritt seitab das Versinken bedeutete. Das Wild zog sich in die unwegsamsten Brüche zurück. Die Haustiere der Menschen fanden Weide in der Wildnis. Viehtrifft und -verbiß zerstörten wieder die Dünennarbe, der Sand begann zu wandern. Hoch türmten sich die Hügel, der Flugsand begrub die karge Humusschicht, die letzten kümmerlichen Pflanzen erstickten. Über ein Jahrtausend währte die Trockenzeit.

Die Schmelzwasser der polaren Eismassen füllten die Weltmeere. Schwere Stürme, durch den Zusammenprall kalter und warmer Luftschichten erzeugt, trieben die Fluten gegen die Küsten des Festlandes. Die Landbrücke nach England brach. Die Nordsee, bislang ein Binnenmeer, wurde Busen des Ozeans. Seeklima bestimmte den Jahresrhythmus der Küstenländer. Der Schwamm der Moore saugte sich wieder voll, auch die Dünen kamen zur Ruhe. Buschwald, windgepflanzt, siedelte sich an. Der Mensch half nach, er ästete die Bäume, er pflanzte neue in regelmäßigen Abständen, vor allem die ertragreichen Nadelhölzer. Der Wald war Gemeindebesitz, Weide und Holznutzung für die umliegenden Ortschaften, bis auch er verdoppelt wurde.

Es ist etwas Seltsames um den Geruchssinn. Verschüttete Erinnerungen, Erlebnisse und Zeiten, die längst ins Unterbewußtsein zurückgesunken waren, ruft er eindringlich wach. Der würzige Geruch eines brennenden Tannenzweiges läßt uns an Weihnachten denken, der Duft eines Bratapfels erinnert uns an wohlig-warme Winterabende, Ruch von Teer an Schiffe. Harzig-herber Rauch knisternder Kiefernzapfen malt mir das Bild von Hollsand.

Hollsand — hohler Sand der Wanderdünen —, seit ich dich kennenlernte, bin ich dir verfallen. Oft war ich Gast in dem Blockhaus eines Bekannten, der in Hollsand ein größeres Waldgebiet besaß. Ich schaute diese abgelegene Oase der Ruhe im jungen Grün des Frühlings, im Widerschein des sirrenden Sandes unter den Wärmewellen des Hochsommers, im Sturm des Herbstes und im stiebenden Schnee des Winters. Verkehrsfern war damals der Busch, staubig waren die Zufahrtswege bei Trockenheit, schlammig in nassen Zeiten. Aber vergessen war die stundenlange, beschwerliche Fahrt, wenn wir endlich in Hollsand anlangten. Wir fanden dort Ruhe und Frieden, Entspannung für Körper und Seele.

Nach jahrelanger Abwesenheit sah ich Hollsand im Kriegsjahr 1944 wieder. Ein Waldbrand, von spielenden Kindern angelegt, hatte dort gewütet. Um mich war verbrannte Erde, über mich hin zogen die Bombengeschwader nach der Jadestadt. Tod und Vernichtung überall.

Jetzt führt mich mein Weg wieder vorbei. Ich fahre den Sandweg im östlichen Teil. Es ist dunstig, unsichtig. Die Siedlungshäuser stehen undeutlich, schattenhaft am Wege. Ich biege in den Busch ein, am „Kugelberg“ vorbei in die Welt der Dünenstille. Buscheichen im schütteren Laub, rankzweigige Lärchen, dünnkronige Birken säumen den Randwall. Hohe Kiefern stehen unbewegt in einer Senke. Hügelauf, hügelab führt der Weg, vorbei an einer Lichtung, bestanden mit Heide und Blaubeersträuchern. Fichtennadeln federn unter meinem Fuß. Wurzelgeflecht rillt den Pfad, Kiefern und Fichten sperren ihn. Vor mir steigen Dünen. Ich finde einen schmalen Pfad, verliere ihn wieder und muß dann immer neue Dünen überqueren. Steil fällt eine Dünenwand, eine eigentümlich verknorrte Kiefer klammert sich mit knotigen, weitgreifenden Wurzeln an ihren Abhang. Rutschender Sand unter ihren Füßen will sie mitreißen, aber ihr Fasergeflecht hält sie. Gnomenhaft geformte Knorren und Stümpfe ballen sich um mich. Eine Schonung füllt das Tal; hier ist kein Weg mehr. Ich umschreite sie, mein Rad schiebe ich mühsam über Wurzeln und dürres Astgewirr. Es wird nebelig. Meinen Kompaß habe ich nicht mit. Die Windrichtung kann ich nicht ermitteln, es regt sich kein Blatt. Die Nordseite der Bäume ist am stärksten mit Moos bewachsen, heißt eine alte Wanderregel. Aber diese hungerdürren Stämme sind überall bemoost. Irgendwo muß ich aber doch wieder aus dem Busch herauskommen.

Endlich ein freier Platz. Silber- und Glanzpapier liegen verstreut umher. Hier ist wohl der Elfen Reich, hier tanzen sie in stillen Mondnächten. Ein großes, hölzernes Schild steht am Rande: „Naturschutzgebiet, Rauchen und Mitbringen von Fahrrädern verboten. S. V. N." Du kannst beruhigt sein, alter Sandvater Nebelkönig (so deute ich die Buchstaben S. V. N.), ich rauche grundsätzlich nicht im Walde. Aber mein Rad konnte ich doch nicht im Stich lassen, das mußt du doch einsehen. Vom Waldweg komme ich auf eine gute Straße. Halbrechts werden die Umrisse eines Hauses sichtbar. Ich entziffere ein Plakat: „Gaststätte Holle-Sand im Naturschutzgebiet." Nun ist die Verzauberung fort, der Tanzplatz der Elfen war ein Sportplatz, die Silberflitter sind Zigarettenhüllen. Der „Sandvater Nebelkönig" existiert auch nicht, die Unterschrift bedeutet: „Sport-Verein Neufirrel."

Hier ist also unsere ruhelose Zeit in die zeitlose Ruhe des Hollsand eingebrochen. Aber die einzigartige Schönheit dieser Welt bleibt doch von dieser kleinen, nichtssagenden Einbuchtung unberührt.

Die Inselkröte

Eine nachdenkliche Betrachtung zu einem heiteren Gedicht

Alf Depser

Es ist nur ein kleines Krötchen,
sandgrau, einen gelben Streifen
auf dem borkenblattgen Rücken
huscht es flink und seltsam rührig
nachts ums Haus und durch die Dünen.

Selten wird am hellen Tage
es dein Auge je erblicken.
Morgens nur die Spur im Sande
zeugt von langen Wanderwegen
in den stillen Sommernächten.

In der Dunkelheit geborgen
vor dem scharfen Möwenschnabel
eilen sie zum Strand in Scharen.
Rätselhaft erscheint dies Treiben:
Ob sie dort wohl Nahrung suchen!

Nur im Lenz, bevor die Schwalben
und noch andre Frühlingsboten
künden von den wärmern Tagen,
klingt des Abends dir ihr Lied hell.
Unsre „Inselnachtigallen" lassen alsdann
ihre Stimmen, aus dem See und allen
Tümpeln, wie fernes Geläut erschallen.

Bufo calamita, so steht's im Brehm und so lautet der zoologische Fachname dieser, fast nur auf den Inseln vorkommenden kleinen Krötenart[1]). Er ist etwas seltsam und abwegig, denn es handelt sich bei den Rufen, die im beginnenden Frühling weithin klingen, um anderes als um Klagelieder und, wenn auch im menschlichen Bereich auf dem Gebiete der Liebe zuweilen von Kalamität die Rede

[1]) Nach dem in dieser Zeitschrift 1970/1 erschienenen Artikel von K. Rettig über das Vorkommen der Kreuzkröten in Ostfriesland findet sich diese, wenn auch in kleinerer Anzahl als bei uns auf Juist, in sandigen Gegenden der Geest.

sein kann, so wollen wir's unseren Kröten doch zugute halten, wenn sie in der Paarungszeit von ihren Gefühlen so lauthals Kunde geben.

Trotzdem aber wollen wir es unseren Fachgelehrten gerne nachsehen, wenn ihre Namensgebung nicht so ganz der wirklichen Natur entspricht. War es nicht sogar ein römischer Dichter, ein besonderer Kenner der Liebe, Ovid, der das Froschgeschlecht geradezu verleumdete, wenn er sie in seinen Metamorphosen andichtete: Quamvis sunt sub aqua , maledicere temtant (Obwohl sie unter Wasser sind, versuchen sie dennoch zu schmähen). Nun, es handelte sich um eine Fabel[2]) und abgesehen von der hübschen Lautmalerei des Froschgequakes, hat uns diese vielleicht doch noch etwas zu sagen, denn es sind heute nicht nur habgierige Bauern, welche die Gottheit schmähen und sogar das reinste und heiligste Element der Alten, das Wasser, trüben und verschmutzen.

Die Gefahr und Möglichkeit, daß man sich nach weiterer rücksichtsloser Ausbeutung der Natur im Sumpfe sehr primitiver Verhältnisse wiederfindet, ist gegeben. Nach dieser mythologischen Abschweifung zurück zum Thema der Namensgebung. Leider hat die moderne Namensgebung auf zoologischem wie auf botanischem Gebiet mancherlei Haken, die sich einer vom Lebensganzen ausgehenden biologischen Betrachtungsweise hemmend entgegenstellen. Der gebräuchliche Name unserer Inselkröte ist „Kreuzkröte". Es bleibt nachzudenken, woher er kommt, ob von der Zeichnung auf dem Rücken des Tieres oder von den im Gedicht erwähnten Spuren im Sand, die man an Schönwettertagen morgens auf den zum Strand führenden Dünenpfaden beobachten kann. Sie scheinen dann in der Tat nachts an den Strand zu pilgern, nur im Dunkeln, denn nur selten bin ich in der Morgendämmerung einer begeg-

---

[2]) Da eine allgemeine Kenntnis der genannten Fabel nicht vorausgesetzt werden kann, folgt hier eine kurze Zusammenfassung derselben: Latona, die Göttin, hatte sich mit ihren beiden Kindern verirrt und kam müde und durstig an ein Wasser. Sie wollte trinken und baden, was man damals noch ohne Bedenken überall konnte, aber in der Nähe arbeitende Bauern hinderten sie daran, als wäre das Wasser ihr Eigentum, trübten und verschmutzten sogar das reine Wasser, indem sie mit ihren kotigen Stiefeln hineinwateten. Als alles Bitten nichts half, verfluchte sie die Göttin: Aeternum, stagno, dixit, vivatis in isto! — „So lebet denn ewig im Sumpfe!" und verwandelte sie in Frösche.

net. Die Frage nach dem „Wozu“ dieser ungewöhnlichen Exkursion hat Dr. Otto Leege mit der wohl richtigen Vermutung beantwortet, daß sie dort am Strand den von der zurückgehenden Flut verbliebenen kleinen Krebschen usw. nachstellen. Irgendein Ernährungsmangel in der kargen Inselnatur wird so ausgeglichen.

Am Tage sind sie auch selten zu finden, verkriechen sich im Sand und in den Löchern der Dünen. Nur im Dämmern kann man sie ums Haus huschen sehen, sehr schnell und behende im Vergleich mit anderen Kröten ihrer Art, so daß die erschreckte Frage von Badegästen nach Mäusen fast berechtigt ist. Aber keine Angst, das ist selten, sie bleiben Einzelgänger, den Sommer über, bis sie sich nach Eintritt der kalten Tage tief in den Sand einwühlen, vielleicht sogar auf Grundwassertiefe, um so in der Bodenfeuchte zu überwintern. Erst im April erscheinen sie wieder und sind dann wirklich für uns die endgültigen Frühlingsboten. Man atmet auf, wenn der Westwind erstmalig ihren hellen Chor vom Hammersee herüberträgt. Freilich, ob dafür „Geläut“ das richtige Wort ist, steht dahin. Wem der Balzruf der Nachtschwalbe, den man in Heidewäldern im Frühling oft hören kann, bekannt ist, könnte daran erinnert werden. Da dieser dem einsetzenden Triller der Nachtigall ähnelt, wäre auch die sonst scherzhafte Bezeichnung „Inselnachtigallen“ doch ein wenig gerechtfertigt. Dazu bleibt aber festzustellen, daß unsere Kreuzkröten nicht nur des Abends oder des Nachts rufen, sondern zu jeder Tageszeit, und am lautesten, wenn Regenwetter in Aussicht ist. Das geht bis in den Juli hinein, und die wie Perlketten alle Ufer zierenden Laichschnüre und später das schwarze Gewimmel der Quappen zeugen davon, daß trotz des härteren Daseinskampfes, dem das Tierchen auf der Insel ausgesetzt ist, die Art nicht ausstirbt, vorausgesetzt allerdings, daß die Umweltbedingungen erhalten bleiben.

Langeoog

Berend de Vries

Spuren sucht ich im Sande und fand sie nicht.
Längst hat ewiger Wind meine Knabenstapfen verweht.
Im grauen Arm der Düne lieg ich windgeborgen.
Warm scheint die Frühlingssonne mir ins Gesicht.
Durch geschlossene Lider seh ich meines Bluts purpurne
Landschaft.
Laut ruft das Meer am nahen Strand.
Wind raunt in fahlen Gräsern am Dünenkopf.
Ich lausche, und die Zeit vergeht . . .
Oh heilig Meer! O heilige Sonne!
O Ewig-Wind! O Düne gut und grau!
Seht, ich schmiege mich in die Urmutterwiege
Und lausche. Ihr seid in meines Bluts
Purpurner Landschaft.
Die Zeit vergeht . . . Die Zeit vergeht . . .
Bald ist auch diese Spur verweht.

In't Moor

Hinrich Schoolmann

Wenn buten in de Natur dat Grönen un Bleihen anfangt un dat Landvolk sük an 't Butenwark maakt, denn geiht't ok bold van Törfgraven. In fröher Tieden fungen de Lü dar al in de Märt mit an. Dotieds weer d'r noch völ Moor. Man dat is nu meest vörbi. De Tied, van de Annette v. Droste-Hülshoff seggt: „O schaurig ist's, übers Moor zu gehn, wenn es wimmelt vom Heiderauche", de weer insmal. Vandaag hört dat wiede, düstere Moor mit de hulende Moorhexen un de wippende Sülpeter verklungen Tieden an.

Dar, war wi fröher wahnden, weer rund um uns to Moor un Haid. Up uns Keierpaden, de haast sünner Enn in 't Wiede gungen, kunnen wi völ sehn. Dar weer eerstmal de Haid, de in de Winter kahl worden weer, un de sük in 't Vörjahr mit neei Grön utblömen dee, un de in de Laatsömmer so moi bleihde un dat hele wiede Land mit 'n roden Schien avertruck. Eerst kweem de Erika, de Böhnerhaid, war de Lü Böhners to Pottschoonmaken van maken deen, un denn kweem ok bold de Bessemhaid an 't bleihen, de darum so nömt word, wiel de Lü dar Haidbessems van binnen deen. Mit Böhners un Heidbessems trucken de Moorlü dör de Dörpen up d' Sand un verdeenden sük dar 'n bietje mit bito.

Wenn de Haid bleihen dee, denn leeg 'n Rök van Hönnig un dat Summen van ungetellde Immen in de Lücht. Up mennig Städen stunn ok de Pijünt, dat Bentgras. In de Sömmer mussen wi hen to Bentplücken. Dat taaje, harte Gras sneed uns Fingers un Hannen kört un farv uns de Hannen blau. Dat Gras wur denn up 't Huusdack utbreddt to drögen. Wenn 't drög weer, wur 't to Bessems bunnen, war de Frolü hör Kökens mit utfägden. De enkelde Halms wurden ok to Piepschoonmaken bruukt un de Frolü prebeerden darmit, of de Mählpüt gaar weer of neet.

In de ofgraven fuchtige Lägden kunn man grote Flarren Wullgras sehn, wat mit sien witte Mützen van dat düster Moor ofstook. Man de intressanteste Plant, de wi up 't Moor funnen, weer de „Sonnentau", de up de Baversied van sien runne Bladjes Drüsenhaaren mit rode Koppen hett. Disse Drüsenhaaren gäven 'n pickergen Saft van sük, de in de Sünn as Dau blinkert. Wenn nu 'n Mügg of 'n anner lüttjet Deer van disse Daudrüppen anlockt word un sük up dat Blad daallett, denn word 't van de Drüsenhaaren fasthollen un inspunnen. Denn word 't van de Saft, de ut de Haarkoppen kummt, uplöst un van de Plant upsogen. Wenn de Plant dat Deer verdaut hett, kamen de Haaren wär aver Enn, de harte Resten, de neet verdaut worden könen, worden van de Wind verweiht, un dat Blad is wär van nejen klaar to 'n Fangst.

Bi uns Keierkes mussen wi uns aber ok in acht nähmen, denn dotieds geev 't noch Adders in 't Moor. Wiel de Slang de Klör van sien Umwelt annimmt, kann se licht aversehn worden, un wenn en to nah an so 'n Deer herankummt, of't mit de Foten anrögen of träden deit, denn bitt 't mit sien Gifttannen to. Un dat kann gefahrelk worden, wenn neet glieks Hülp bi d' Hand is.

Darintägen is de Eevtask 'n ungefahrelk un klook Deer. Wenn wie een fangen wullen, denn smeet 't de Stert of, de sük denn up de Grund herumringeln dee, un in de Tied, in de wi dar acht up geven, weer de Eevtask al lang in de hoge Haid verswunnen.

Voßsporen hebb ik as Jung in 't Moor blot to Wintertied funnen, wenn d'r Snee leeg, man Hasen un Patrisen geev 't to anner Tieden genoog. Hen un her kregen wi ok woll mal 'n Moorhenn to sehn, man de weren dotieds al van 't Moorbrannen wied weg verdräven worden. Nu 't Moor meest ofgraven un kultiveert is, sünd se dar averhoopt neet mehr to finnen. Haidrobientjes geev 't in mien Kinnertied in 't Moor 'n heel bült. Se nüsselden in de Haid, un de Jungen wurden van uns lockt. Darto bruukde man 'n anspitzden Pahl un 'n Kast, de apen weer un de up de Pahl fastmaakt wur. De Pahl wur in de Grund staken un dat Nüst mit de Jungen in de Kast leggt. De Ollen foorden nu de Jungen in de Kast wieder. De wur immer 'n Enntje wieder na Huus tobrocht, un de Ollen kwemen immer achteran un foorden dat Junggood, ok denn noch, wenn wi de Kast an de Huusmür uphangen harren. Haidrobientjes weren gode Singers un 't heet, dat se sük mit Knaarjes paaren laten.

Vandaag is dat all anners. War wollehr dat wiede Moor weer, dar süggt man nu Gras- und Koornland. Un war fröher de Haidleverke tirilieren un de Moorhahn kullern dee, dar findt man nu Vögels ut de Meeden: Kiviet, Greta, Bäverbuck un annern. Un sovöl mehr de Minsk de Moorgrund in Kultur brengt, sovöl mehr verannert sük dar ok de Welt van Plant und Deer.

In 't Moor

Toni Wübbens

Still liggt dat Moor, van nahrends her een Lut,
Blot Immen summen in dat Heidekrut.
Un in de Middagssünne liggt so warm
De Heide, as een Kind in Moders Arm.

Dat is de stillste Stünne van de Dag,
Wo alles drömt un nicks sück rögen mag.
Man ut de Rüsken glitt dat geel un bunt,
De Adder sünnt sück up de warme Grund.

Do geit dat as een Bewern dör de Lücht,
Keen Tiekje kruppt, keen Bottervögel flüggt.
Keen Vögel singt, dat is so swöl un still,
As wenn up all's een Bann sück leggen will.

De Mus, de ewkes noch hör grise Rock
Hett putzt, de kruppt verbiestert in hör Lock.
Still liggt de Heid, van nahrends her een Lut,
Blot Immen summen in dat Heidekrut.

Das Meer im Moor

CASSEN LENGERT

Mitten in dem düstern Moore,
traumversonnen liegt ein Meer,
schlummert schon seit Ewigkeiten,
kaum beachtet rings umher.

Doch getreulich hält dies Märchen
mit den Jahreszeiten Schritt,
lacht im Frühling liebesselig,
macht die Pracht des Sommers mit,

grollt im Herbste wild und drohend,
schläft im Winter lächelnd ein,
um für eine kurze Weile
ganz für sich allein zu sein.

Warum bleibst bei diesem Schauspiel
du so sinnend immer steh'n?
Rat' ich recht? — Du hast jeweilen
nur dein Spiegelbild geseh'n.

In 't Moor to Winterstied

RICHARD AHLRICHS

Up de Weg na 't wiede Moor
is van Minsk und Deer kien Spor.
In de weke, witte Snee
mahlt verlaten blot mien Tree.
Richelpahlen an de Sloot
drapen meest een lütje Hoot.
Up de rusteg Stiekelwier
geigt de Ostwind: Klirr, klirr, klirr.

Moorland liggt in 'n witte Droom,
blot an Padd, in Dannenboom
sitt een Krei un krakt un klagt,
Winterwelt hum nich behagt.
Schlechte Tied, o düre Tied,
un dat Vörjohr liggt noch wiet!

Krummhörn

Tammo Meyer

Unser Heimatland grenzt im Westen an die Emsmündung, die hier so breit ist, daß man das jenseitige Ufer von Holland nur bei hellem Wetter sehen kann. Vor Jahrhunderten sah es in dem westlich von Emden gelegenen Teile, dem Krummhörn, ganz anders aus als heute. Damals gab es noch keine festen Deiche, und die Meeresflut strömte ungehindert über das Land. Auch teilte sich die Ems von Emden ab in mehrere Arme und bildete größere und kleinere Inseln, unter denen Burchana, von dem Borkum und Juist noch Reste bilden, die größte war.

Die Menschen hatten hier damals traurige Wohnungen. Zum Schutze gegen die Fluten hatten sie Hügel aufgeworfen oder Baumstämme in die Erde gerammt, worauf die Wohnungen standen. Zur Zeit der Fluten waren die Menschen dann voneinander geschieden und nur auf ihre einfachen Schiffe angewiesen, die aus ausgehöhlten Baumstämmen bestanden. Auf den Abhängen der Warfen, wie man die Hügel nannte, konnte man nur mühsam etwas Gemüse ziehen; die meiste Nahrung mußte ihnen das Meer mit seinem unendlichen Reichtume an Fischen geben. Im Laufe der Zeit ward das aber anders. Die immer wiederkehrenden Fluten und Überschwemmungen hinterließen einen fruchtbaren Niederschlag, den fetten Schlamm, durch den das Erdreich immer mehr erhöht und die Flüsse eingeengt wurden. So entstand allmählich das trockene Land, und wo sonst die Wellen brausten, da rauschte nun das Korn im Winde und bot den Menschen andere Beschäftigung und Lebensweise.

Auf dem Boden, der auf diese Weise von dem Meere gebildet war und allmählich durch Deiche gegen die andringenden Fluten gesichert wurde, wuchs das Korn in einer Fülle, wie man es sonst nirgends antraf. Die Fruchtbarkeit des Bodens gab einer so großen Anzahl von Menschen ihren Lebensunterhalt, daß bald Dorf an Dorf sich reihte und die Gegend jetzt so dicht bevölkert ist, daß man kaum eine halbe Stunde oder oft noch weniger zu gehen hat, um von einem Dorfe zum andern zu gelangen. Immer mehr Land wurde im Laufe der Zeit dem Wasser entrissen, und nur einige Namen erinnern uns heute noch an die einstige Herrschaft des Meeres, z. B. Aland, Sielmönken, Visquard, Woquard, Upleward, Loquard, Dykhusen, olle Diek u. a.

Aber gutwillig ließ das Meer es sich nicht gefallen, daß es immer weiter zurückgedrängt und ihm ein Stück nach dem andern entrissen wurde. Von Zeit zu Zeit erhob es sich in gewaltiger Wut, durchbrach die nur notdürftig errichteten Deiche und Dämme und verschlang wiederum ein Stück nach dem andern. Durch solche Fluten wurde manches Dorf von den Wellen begraben, und Tausende von Menschen und Tieren verloren dabei ihr Leben. Da zu diesen Unglücksfällen auch noch Kriege sich erhoben, so konnten die armen, bedrängten Menschen nicht an die Befestigungen der Deiche denken, und immer größer wurde die Gefahr des nahen Meeres.

Erst als wieder Ordnung im Lande waltete, verband man sich gegenseitig zur Abwendung der Gefahr. Eine feste Deich- und Sielordnung wurde gegeben, der sich jedermann zu unterwerfen hatte. Fortan galt es, die bessernde Hand an den Deichen zu halten, und immer mehr wurde an der Befestigung der Deiche gearbeitet, so daß sie uns jetzt einen ziemlich sicheren Schutz gegen das Wasser gewähren. Im Jahre 1825, am 4. Februar, durchbrach noch einmal das Wasser die Deiche, aber seit dieser Zeit sind sie in einer Höhe und Stärke wiederhergestellt, daß selbst höhere Fluten wie die vom 27. Januar 1901 und vom 13. März 1906 nicht imstande waren, sie zu durchbrechen. War früher der Fuß des Deiches gegen Abspülung des Wassers nur durch Strohbestickung geschützt, so hat man ihn jetzt durch Mauerwerk aufs beste befestigt. Dieser Deichbau legt dem Lande die größten Lasten auf; aber was von den Deichen umschlossen wird, ist in seiner Kostbarkeit auch der größten Anstrengung wert.

Wegen der allmählichen Gewinnung des Bodens haben die Ländereien zuweilen eine sehr unregelmäßige Umgrenzung und die zu ihnen führenden Wege mitunter ganz seltsame Windungen erhalten. Oft glaubt man, dem Ziele schon recht nahe gekommen zu sein, da plötzlich bringt uns eine neue Biegung des Weges in eine ganz andere

Richtung. Ebenso krumm wie die Wege sind auch die Kanäle, welche den Krummhörn nach allen Richtungen hin durchziehen und die Dörfer untereinander und mit Emden verbinden. Ob der Krummhörn seinen Namen von seinen krummen Wegen und Kanälen erhalten hat oder von der krummen Ecke *(hörn)*, welche sich bei der Knock in die Ems hineinstreckt, so daß „Krummhörn" das Land hinter der krummen Ecke oder *hörn* bedeutet, wollen wir unentschieden lassen.

Mein Aurich

Rotraut Herlyn

Beim Lesen dieses Textes ist mitzubedenken, daß er Erinnerungen aus der Zeit etwa um 1950 beinhaltet.

Sie ist zusammengewürfelt aus lauter roten Backsteinhäuschen mit weißgetünchten Dachfirsten und liegt in einem Kranz einsamer Misch- und Nadelwälder hineingebettet, so daß man vergißt, wie endlos hier die weite, windüberspülte Ebene ist. Die Stadt hat nur einen einzigen Glokkenturm. Den ganzen Tag lang und die Nacht hindurch schickt er das tiefe Summen und Dröhnen seiner metallenen Münder über die niedrigen Dächer.

Um die Mittagszeit, wenn die kleinen engen Straßen von Menschen übersprudeln, steigt zierlich und behaglich heller Rauch aus allen Schornsteinen. Hier wird noch auf den althergebrachten, umständlichen Feuerherden gekocht. Dennoch ist die Küche niemals zu warm, weil auch die Sommer in dem nördlichen Landstrich immer kühl bleiben.

Die kleine Stadt hat ungezählte reinliche Bäckerläden, in denen man neben würzigen schwarzen Bauernbroten die landesüblichen Spezialitäten kaufen kann: Schneckenkuchen aus schwerem, süßem Teig, Korinthenstuten und Teekuchen (. . .)

Der Ort versteckt sich abseits der großen Verkehrsstraßen in seinem grünen, waldigen Nest. Die Hochmoore im

Norden liegen am Ende der Welt in tiefer, schweigender Einsamkeit. Ein gelber Sandweg verläuft sich in die Sommerbläue des Himmels, Kuckucksruf tropft in die Stille und beschwört die Vergänglichkeit der Zeit, Brombeeren glühen dunkel in den Büschen am Wege. Hier wird der schwarze, braune und ockerfarbene Torf gestochen, der Hauptbrennstoff für Stadt und Land. Unwirklichkeit und Wirklichkeit reichen einander schwesterlich die Hand. (...)

Kleine, liebe Stadt — wann warst du eigentlich am hübschesten? Nicht im kühlen nördlichen Frühling, der in deiner Gegend heranweht wie der Seufzer eines Verliebten, nicht an den wenigen backofenwarmen Sommertagen, wenn die Sonne am Himmel brennt, ein flacher, frischgeputzter Messingteller, und auch nicht im tiefen, versonnenen Herbst, der dir unerwartet ein farbkräftiges Brokatkleid schenkt.

Am liebsten hatte ich dich, du kleine Stadt, an jenen ersten überfrorenen Wintertagen ohne Sonne, die wie ein Pizzikato Häuser, Dinge und Menschen berühren. Steil und genau gezeichnet steigt der neblige Rauch aus den Schornsteinen der vielen gemütlichen Häuserchen. Die weiß getünchten Dachfirste geben ein Gefühl von wohl bedachter Ordnung. Vielleicht, es ist so um „Sünnerklaas" herum, der bekanntlich am 6. Dezember gefeiert wird, kreiseln ein paar verlorene Schneeflocken vom Himmel, gerade nur soviel, daß man an Weihnachten denkt.

Die Luft schmeckt frisch und spritzig. In allen Bäckerläden türmen sich leckere „Klaaskerls" aus Spekulatius- und Semmelteig. Das winterliche Behagen, das in den altertümlichen Häusern nistet, scheint auch die schmalschultrigen Straßen ganz zu durchdringen.

An Adebars Horst

Fritz Siedel

(. . .)

Man kann ihn so leicht nicht übersehen, unseren stattlichen schwarz-weiß-roten Storch; denn fast wie ein Haustier hat er sich freiwillig den Menschen angeschlossen. Kein Wunder daher, daß er so gut und gründlich in seinen Lebensäußerungen erforscht ist, wie kaum ein anderer Vogel (. . .)

Wer in unsern Nordseeraum kommt, dem fällt sofort eine merkwürdige Eigenart der hiesigen Langbeine auf. In Ostfriesland brüten alle Störche auf Bäumen! Schon mancher hat sich Gedanken darüber gemacht, wie die ostfriesischen Adebars zu so einem abweichenden Brutplatz kommen. Dabei ist die Sache recht einfach. Damit das vom Dach in die Zisterne laufende Regenwasser nicht verschmutzte und dem guten Ostfriesentee einen schlechten Geschmack geben konnte, wurde das Wagenrad für das Storchnest hierzulande nicht auf dem Giebel, sondern auf einer der Eschen am Hof angebracht. Weil Adebar darauf angewiesen ist, daß die Menschen ihm eine Nestunterlage vorbereiten, blieb ihm also weiter nichts übrig, als wieder jener „Baumbrüter“ zu werden, der er zum großen Teil auch im Osten Europas ist (. . .)

Storchnester sind große, gewichtige und oft sehr alte Bauten. Man braucht gar nicht an jenes auf dem Turm in Langensalza zu denken, das vier Jahrhunderte überdauerte. Solche, die Jahrzehnte alt sind, kann man überall aufspüren. Zu großer Höhe und entsprechendem Gewicht wachsen sie deshalb heran, weil sie jedes Jahr neu ausgebessert und ergänzt werden, vor allem im Frühjahr. Noch gegen Ende April, während vom Weibchen schon gebrütet wurde, sah ich den Storch vom Nest heruntergleiten und in unmittelbarer Nestnähe Baumaterial zusammensuchen. Dabei wurde Stück für Stück in den Schnabel genommen, so daß allmählich ein großer Packen zusammenkam. Adebar kümmerte sich dabei nicht im geringsten um den stattlichen Hahn und die vielen Hühner. Unbekümmert stolzierte er zwischen ihnen hindurch und zupfte an allen

Dingen, die für die Auspolsterung des Nestes geeignet sein konnten. Ja, er zerrte sogar an einer großen Papiertüte, einem Zementsack. Doch als das Papier beim Anheben heftig raschelte, erschrak er und ließ es liegen. Es gab genug anderes, nicht so „erschröckliches" Baumaterial! Alles machte die luftige Reise hinauf zum Nest: Stroh und Papier, dürre Zweige und Grassoden, einmal sogar auch ein ganzes vorjähriges Vogelnest. Wie bei manchen Greifvögeln ist es auch beim Storch üblich, nicht nur im Frühjahr am Nest zu bauen. Auch bei späteren Flügen zum Horst wird Baumaterial mitgenommen — selbst wenn die Jungen schon ausfliegen oder gar ausgeflogen sind! (. . .)

Dieser stattliche Vogel, der da mit ruhiger Sicherheit vor mir brütete, hat kaum noch natürliche Feinde. Doch neben der fortschreitenden Trockenlegung ist die „Verdrahtung" der Landschaft zu einer großen Gefahr für ihn geworden. Ein Drittel aller Ringfundmeldungen aus dem Bundesgebiet geht nämlich auf Unglücksfälle an Telefon- und Starkstromleitungen zurück. In Horsten verunglückte vor Jahren ein Storchenpaar, weil man durch ihren ständig benutzten „Luftwechsel" eine Stromleitung geführt hatte. Die Forderung der Heimatvereine an die Technik, die Stromleitungen unterirdisch zu verlegen, muß von den Storchfreunden intensiv unterstützt werden! (. . .)

Nachdem die vier Jungen geschlüpft waren, hockte ich wieder voller Erwartung in meinem Schirm. Jeder der Altvögel schien jetzt das heftige Verlangen zu spüren, die Kleinen zu betreuen. Als ich anlangte, deckte das Weibchen die Jungen. Doch es dauerte nicht lange, bis das inzwischen viel vertrauter gewordene Männchen auf dem Nest landete. Die Storchenmutter machte allerdings keinerlei Anstalten, sich ablösen zu lassen. Der Storchenmann mußte ihr kräftig mit dem Schnabel in den Rücken stoßen, damit sie aufstand, abflog und ihm die Betreuung der Jungen überließ. Nun mußten die Kleinen mit den noch hilflos pendelnden Köpfen gefüttert werden. Bei Storchens ist das eine einfache Sache. Vom ersten Tage an wird die Nahrung nämlich von den Altvögeln auf den Nestboden gewürgt. Aufpicken müssen die Jungen ihr Futter selber! (. . .)

Ein Samenkorn

Jann-Dieken Frieling

Die vorliegende Fassung enthält Korrekturen des Autors, die er im Oktober 1982 angebracht hat.

Ein Samenkorn,
für die Ernte gesät,
keimte,
wuchs von früh bis spät,
trank den Regen,
den eine Wolke brachte,
sog die Wärme,
wenn die Sonne lachte,
ließ sich wiegen
im sanften Wind,
umsorgen und pflegen,
als wär es ein Kind,
bis sich die Pracht
einer Blüte zeigte,
ein kurzes Befruchten,
die Ähre sich neigte,
das Wunder geschah,
erneut wurde wahr,
ein Samenkorn
tausend neue gebar.

Neun Zehntel von diesen
gespendet für's Brot,
damit die Menschheit
nicht leidet Not,
und auch noch die Tierwelt
wird davon satt,
weil's Korn sich
für alle geopfert hat.
So wird's in der Folge
der Jahre bleiben,
egal, welche Jahreszahlen
wir schreiben,
und wenn die Erde
bleibt gesund,

wir sie
nicht selber schlagen wund,
so wird,
so lange Menschen leben,
es stets 'ne Saat
und Ernte geben.

Februar

Arend Dreesen

Februarje, oll Vaartje!
Wo dat figelt un fleit!
Dat hett man so'n Aartje,
Wo de Flöegels dat sleit!
Kiekher, kiekher, kiekher!
Spraa is dr wär!
Kiek-her!
Wat wullt du noch mähr?
Deiwär! Kiek-her!
Spraa sitt vöer Döer.

Dat glimmert, dat sgillert,
As'n Paustärt so bunt;
Dat trillert un pillert
Un dat Möehlnwark geiht rund:
Kiekher, kiekher, kiekher!
Spraa is dr wär!
Kiek-her!
Nu söergt man neet mähr!
Deiwär! Kiek-her!
Spraa sitt vöer Döer.

Oll Vaartje, laat't weihen
Flocken krüz un Flocken kwär!
Kannst Hagelköerls saien,
Dat helpt di niks mähr:
Kiekher, kiekher, kiekher!
Spraa is dr wär!
Kiek-her!
Helpt di niks mähr:
Deiwär! Kiek-her!
Spraa sitt vöer Döer.

Störmnacht

Siegfried Bokelmann

Häl laat noch springt dä Wind ümt Huus.
Man 't Kindje slöppt so söt as Puus
int däpe, wäke Nüst.

Vant Dack daal klötert Pan üm Pan. —
Wi blievt tausamen: duk di an!
Gliek geiht dä Störm tau Rüst.

Vöerjahr

Arend Dreesen

Höer ji't Kinner? Nu word't Vöerjahr!
Bookfink krüült un Drossel sleit,
Hooch up't Nüst steiht all de Oojvaar,
Höert man, wat he klappern deit!

Süh! As Wulken langs de Häven
Döer de hoge blaue Lücht
Seiln dr Blutters, swieren, swäven —
Seeher kummt dr'n Aantenflücht.

Rootbost, höer! Is fien ant Dichten;
Un Fründ Lüüntje up de Hill
Mutt ins wär sien Sünden bichten,
Ehr sien Leevst hum frejen will.

Kunterbunt word't an de Dieken;
Bi elk Plaats un bi elk Kaat
Röppt un löppt dat na Siensglieken —
Heel Natur draggt Hochtiedsstaat.

Harwst

Toni Wübbens

Wenn kolt de Wind ut Noorden weit,
De Regen tegen de Ruten fleit,
De Seedaak up de Meeden liggt,
Un öwer de Diek de Wildgoos flüggt,
Denn kummt de Harwst, denn word dat kolt,
Denn föhl 'k so recht, ick worde old.

De Blömkes sünd nu all verbleit,
De wi in 't Vörjahr hebben seiht;
In 'n Tuun is alles wöst un leer,
keen Störk fleit up das Schündack mehr;
De Winter kummt mit Snee un Ys,
Un wat de saat, dat hollt he wiß.
Min Hart dat is so mö un still,
Lat dat man kömen, so as Gott will.
De Störk de findt sück woll wer her,
Un ook de Blömkes bleihen wer,
Doch of min Og se noch kann sehn,
Dat weet de leve Gott alleen.

November

Hinrich Schoolmann

De Klenner, de eenmal 'n heel dicken Buuk harr, is nu man nett mehr so 'n Spirrelfink bläven. Dat Jahr geiht to Enn, un immer mehr verdüstert sük sien Gesicht. Dat Läben buten in de Natur is d'r her, 'n kollen Harvstwind weiht aver 'n kahl Feld, un de Moorfro spinnt almetz 'n dichten Sleier van Daak aver hör eensam Riek, aver de Averblievsels van 'n wollehr groot Riek, wat neet oftokieken weer.

De meeste Bomen hebben hör Loov verloren, un wenn an sünnige Dagen de Sünnenstrahlen dör de Boomkronen schienen, denn is upstünds mit Harvstgold an de Boomtakken geen Staat mehr to maken.

Ok de Rook van Tuffelfüren, de Utgang September un in de Oktober aver 't Land truck, is nu verweiht. In de Tunen süggt man noch Dahlien un Asters, de Harvstblömen, in bunte Klören, man ok hör Tied is d'r bold her. Hen un her fallt noch een van de lesde Winterappels van 'n Boom mit 'n dumpen Slag up de Grund.

Bold liggen de Tunen still un löss as 'n Danzsaal na 'n groot Fest. Aver dat kahle Feld weiht de Wind, un hier un dar süggt man noch 'n Draak in de Lücht stahn. 't is al laat, wenn de Sünn so hooch steiht, bit se dör de Fensterruten kickt, un de Lü up 't Land, de 's abends noch warhen moten, nähmen 'n Schienfatt mit, wenn 't düster Maan is.

Dat Butenwark is daan un dat Jahr maakt Fierabend. Hen un her sünnt sük noch de Eer, man mit leverla maakt de Novembermaant in de grote Tuun van de Natur de Dör to. Denn is 't all ut un dood, un noch 'n Settje, denn deckt de Winter dat all mit 'n witt Laken to.

'n dunkern un griesen Maant is de November. Neet alleen darum, dat Volkstrürdag, Bußdag und Dodensönndag in sien Tied fallen. Grau un van Daak verhangen sünd völ van sien Dagen, he geiht in 'n gries Kleed aver dat starvende Land. Un disse Daak drückt swaar up Husen, up Acker un Land, up Haid un Moor un up dat Minskengemöt. He liggt uns as 'n fuchtig un kold Dook um Liev un Leden, maakt uns de Aam kört un swaar un Minsken up Straten un Wägen unsäker.

Novemberdaak. He lett uns to Tieden man 'n lüttjen Welt. He maakt ut elker Ding, ut Boom un Struuk, ut Minsk un Huus 'n groten bleken Scharr. De Toppen van hoge Bomen verlesen sük in dat dicke Grau, dat lett, as wenn d'r geen Begünn un geen Enn in is, as wenn se in de wiede Unennelkheid herutgahn. Un midden mank de griese Daak en Weihen un Swajen, en Springen un Duken, as wenn dar spökachtige Gestalten sük umfamen, lösslaten un utnannerglieden, danzen un swäven. Wenn du an so 'n Abend bi de Wille Ackers tüsken Upgant un Fehnhusen vörbikummst, denn süggst du ok dar graue Scharren sük tägennanner smieten, mitnanner ringen un an de Grund stöten, un wenn du wangloovsk büst, denn hörst du Stennen un Jammern, Rären un Hulen, un 'n Gedrüs, as wenn Sabels of Pieken tägennanner anhauen worden. Dat sünd de Geister van de veerdusend Mannen, de dar vör Jahrhunnerten in de Kamp tüsken Ocko tom Brook un Focko Ukena hör Läben laten mussen und de geen Ruh finnen. 'n Koppel Dodenvögels flüggt mit 'n heesterg Gerär as 'n Scharr dör de Daak, un 't is all so unwürrelk, as wenn all Lecht in Düsternis vergahn sull.

An sückse Abends, in Daak un Düster, of wenn de Wind ruug un kold aver 'n kahl Land weiht, aver Straten un Wägen fägt, de Kronen van de Bomen dörschüddelt un um de Huushörns huult, denn is 't am besten in d' Hörn bi 't Für. De Tieden, war de Lü um diesse Tied wollehr nananner hengungen to nabern, sünd vörbi. Radio un Fernkieker gäven ok de Landlü 'n annern Tiedverdriev an de lange Abends. Un de utwussen Kinner gahn hör egen Wägen, nett as wi dat ok mal daan hebben.

So ist dat in de November, völ Wind un Daak un minn Sünnenschien. Man achter all dat Dunker luurt de Sünn, de eenmal wär mit golden Strahlen Daak un Düster utnannerjaggt.

Menschen und Gesellschaft in Ostfriesland

Ostfriesland als Kulturlandschaft

Hajo van Lengen

Ostfriesland ist ein Begriff geworden: für die einen als ein Erholung verschaffendes Gebiet, für die anderen als eine der Entwicklung bedürftige Region. Aber seine Eigenart und Unzeitgemäßheit ist wenig begriffen worden. Ostfriesland ist eine fremde, ungewohnte Welt von einer elementaren Kultur, in der die Menschen Land und Meer in den Griff bekommen haben. Ihre Zeichen sind flächendeckend, nicht herausragend. Nicht überdauernde Kunstgebilde, Prachtbauten eines vergangenen Hochadels oder Großbürgertums türmen sich hier auf, sondern höchstens vorübergehende Naturgebilde, Wellenberge und Wolkengebirge eines stürmischen Nordwest. In diesem Land war der Grundbesitz, das Eigenerbe, ist der Hausbesitz, das Eigenheim das Maß und Ziel aller Dinge — kein Wert, der erhaben ist, aber ein Wert, der die Menschen hier erhoben hat: befreit und verpflichtet. Der stete Kampf mit dem Wasser in Marsch und Moor, der Deichbau und die Entwässerung, Fehnkultur und Moorkolonisation haben Land und Leute gebunden und entbunden. Eine merkwürdige Mischung von Hartnäckigkeit und Dynamik, von Seßhaftigkeit und Mobilität kennzeichnet diese ländliche Welt am Meer.

Es ist nicht viel, was dem Durchreisenden auf dem Wege zur Küste und zu den Inseln ins Auge springt und seinen Blick festhält: gerade Asphaltstraßen und Wasserläufe, weites Grünland und rote Backsteinhäuser, blauer Himmel mit weißen Wolkengebilden. Der Blick wird zum Schweifen und Übersehen verführt. Aber bei näherem Hinsehen bietet Ostfriesland mehr als diese einfarbigen Flächen und dieses einfältige Muster. Ostfriesland, diese von Wasser und Wind getriebene Naturlandschaft der

Inseln und Watten und diese gegen Wasser und Wind geschaffene Kulturlandschaft der Marsch und Geest, hat ein Gesicht mit vielfältigen Zügen.

Uns Heimat

August Dreesen

Is 'n Ostfrees in de Frömde alleen,
kann he Moders Breepott nee sehn,
word he dat Heimweh nöit heel quiet,
is ook de Frömde so moi un so wiet.
Man höert he denn 'n ostfreeske Taal,
wo blied sleit hum dat Hart tomal.
Denn steiht vöer hum dat ostfreeske Land,
de hooge Dieken an de Waterkant,
höert, wo de Bulgen de Diek rupslan,
he süggt de Sünn wär unnergahn
so rot, as stunn de Häven in Brand,
sien Sgien geiht aver See un Land.
De Fisskutters tuckern wär na binnen,
dat se höer Stä in de Hafen finnen.
He süggt de Weiden, dat swartbunt Veeh,
dat riepe Korn, de rode Klee.
Hier stahn de Boomen, van Nordwind bagen
as Minsken, de vöel Stuurs all dragen.
Dat Land is faaken swor un groff,
dat farvt sück up de Minsken off.
Bevöer wi fast in 't Hart een sluuten
besnüffeln wi hum van binnen un buuten.
Wenn Ostfreesen binanner kamen,
hollen se fast un troo tosamen,
denn umslutt höer as 'n faste Band
de Leev to uns Ostfreesenland.
Wenn wi nu ook buutenlands läven,
wor se uns Brot un Arbeit gäven,
will'n wi uns Heimat doch noit vergäten,
wor wi an Moders Breepott säten,
wor Vader uns de Hinterst vull slaan,

wiel wi so vöel Undöögt dahn.
Wi hollen hoch uns Moderspraak,
uns Plattdüütsk is uns Hartensaak.
Heimat — Ostfreesland, wi hem'n di leev,
wat weer'n wi doch arm, wenn 't di nee geev!

Berühmte Ostfriesen

Ewald Christophers

In Ostfriesland und Butjadingen, im Land hinterm Deich, und das mag manchen verwundern, kam auch so mancher zur Welt, der weit über die Grenzen des Landes bekannt und in einigen Fällen sogar berühmt wurde.

Erinnert sei an Rudolf Eucken, den Philosophen aus Aurich (1846 bis 1926). Er war Professor in Basel und Jena. 1908 erhielt er den Nobelpreis für Literatur. Er bekämpfte den einseitigen Intellektualismus. „Maß der Erkenntnis ist der Gehalt des geistigen Lebens." Ihn bemühte sich Eucken zeit seines Lebens zu erfassen. Er setzte seine Methode der unpersönlichen naturwissenschaftlichen gegenüber. „Es gilt, die Seele des Menschen aus den Ketten einer dem Technischen verfallenen Scheinkultur zu befreien." Eucken bemühte sich um die geistige Zusammenarbeit der Völker.

Da ist der ebenfalls Auricher Rudolf v. Ihering (1818 bis 1892), ein bedeutender Rechtsgelehrter, dessen Einfluß bis in die Gegenwart reicht. Er entwickelte sich zum ersten Vertreter eines juristischen Naturalismus, der das Recht aus der Wirklichkeit der Gesellschaft von Ursache und Wirkung her erklärt.

Da ist der aus Detern gebürtige Bernhard Harms (1876 bis 1939), ein Volkswirtschaftler. Harms gründete 1911 das Institut für Weltwirtschaft an der Universität Kiel, das er von 1914 bis 1933 leitete. Seit 1964 verleiht die Gesellschaft den mit 10 000,— DM dotierten „Bernhard-Harms-Preis".

Da sind die Himmelbeobachter Vater und Sohn, David und Johann Fabricius (1584 bis 1615) in dem kleinen ostfriesischen Bauerndorf Osteel. Wo vor allem Johann Fabricius im Jahre 1611 seine sensationelle Entdeckung der Sonnenflecken machte. Sein Bericht, den er darüber herausgab, liest sich bei aller Wissenschaftlichkeit wie ein Roman: „Im Anfang begann ich sehr an der Richtigkeit der Beobachtung zu zweifeln, wenn nämlich ein Wolkenschleier mir die Sonne verdeckte, so daß ich meinte, daß die vorüberfliegenden Wolken so etwas wie einen Flecken auf der Sonne vortäuschten. Wohl zehnmal wurde die Beobachtung mit niederländischen Fernrohren verschiedener Größe wiederholt, endlich wurde ich dessen gewiß, daß der Flecken nicht durch die Wolken verursacht sei. Jedoch wollte ich mich nicht auf das deutliche Zeugnis meiner Augen verlassen. Ich rief meinen Vater herbei. Jeder von uns ging mit seinem Fernrohr an den Sonnenstrahlen entlang, vom Sonnenrande allmählich bis zur Sonnenmitte vor, bis das Auge — an die Sonnenhelligkeit gewöhnt — die ganze Sonnenscheibe zu überblicken uns gestattete."

Ein gefährliches Unternehmen. So sah sich Johann Fabricius gezwungen, um nicht durch die direkte Sonnenbeobachtung das Augenlicht zu verlieren, eine Art Camera Obscura zu bauen, indem er oben auf dem Kirchturm zu Osteel in einem verdunkelten Raum durch eine enge Öffnung das Sonnenbild auf einem Bogen Papier auffing. Nunmehr begann eine systematische Beobachtung, wurden über Wochen Beobachtungsreihen aufgestellt, die schließlich letzte Gewißheit gaben: die Flecken sind auf der Sonne, und die Sonne dreht sich um ihre eigene Achse.

Der Bericht über diese Entdeckung mußte unter den Gelehrten der damaligen Zeit Aufsehen erregen, großes sogar. Doch nichts von alledem geschah. Weder in der Literatur, noch im Briefwechsel von Zeitgenossen tauchte der Name Johann Fabricius auf. Dafür aber behaupteten andere, sie seien die Entdecker der Sonnenflecken. Den Ruhm von Vater und Sohn Fabricius aber konnten sie damit nicht schmälern.

Auf dem Friedhof in Osteel ist den beiden ostfriesischen Forschern 1895 von der Naturforschenden Gesellschaft zu Emden ein Denkmal errichtet worden, das die Urania mit

der Sonnenscheibe darstellt. An der Vorderseite das Wappen des Fabricius.
Da gibt es in jüngster Zeit den ostfriesischen Holzschneider Hinrikus Bicker aus Riepe. Seine Bilder kommen aus einem bäuerlichen Lebensgefüge, das von jeher geprägt wurde durch die Freude am Fantasieren und am Fabulieren, am Rankengewächs und an der wiederkehrenden Linie des Ornaments. Die Blätter sprechen für sich selbst. Sie sind nicht intellektuell, mehr intelligibel, einfach und unkonventionell bis in die schmalhohen Formate hinein. Noch das kleinste Stückchen Abfallholz verwandelt sich unter seinen Händen in anzuschauenden Sinn. Und dieser Sinn ist nicht reflektiert, sondern da als reale Wirklichkeit.

Das Echte seiner Arbeiten erhält seinen besonderen Ausdruck in der Technik des Holzschneidens. Immer hat die Grafik, zumal der Holzschnitt, etwas Handwerkliches an sich. Das Ursprüngliche des Werkstoffbearbeitens gibt jedem Blatt das Unmittelbare, Ehrliche, das wirklich Werkhafte. Und es ist nicht von ungefähr, daß Zeiten, die um neue Formen und Ausdrucksmöglichkeiten ringen, sich auf den handwerklichen Uranfang aller Kunst besinnen.
In dem kleinen Dorf Riepe ist Hinrikus Bicker zu sich selbst, zu seinem Werk und damit in des Wortes eigentlichen Sinn zur Welt gekommen. Das zeigt sich überall in seinen Problemen und Motiven, die er darzustellen versucht. Aus einem ursprünglichen bildnerischen Trieb heraus erwachsen die Bilder. Im Mittelpunkt der Aussage steht fast immer der Mensch. Bickers Gestaltungen sind weder modern noch abstrakt, sie sind echte Volkskunst, die nichts zu tun hat mit dem Heimatkunstrummel geschäftstüchtiger Kunstgewerbler. Auffallend ist Bickers Hang zu religiösen Themen. Auch außerhalb Ostfrieslands ist Hinrikus Bicker kein Unbekannter mehr. Bilder von ihm wurden in fast allen großen Städten der Bundesrepublik Deutschland, in den USA und nicht zuletzt in den Niederlanden gezeigt. Hinrikus Bicker ist Ostfriese. Die tiefe Zuneigung zur Heimat und der christliche Glaube sind die Quellen seiner Kunst.

Da gibt es den 1895 in Rodenkirchen geborenen Maler Franz Radziwill. Sein Interesse für die Malerei erwachte nach dem 1. Weltkrieg. 1920 zog er nach Berlin und gründete dort zusammen mit Schmidt Rotluff, Heckel und Pechstein eine Künstlergemeinschaft. 1921/22 wurde Dangast, am Jadebusen, seine zweite Heimat. Radziwill gehört heute mit zu den bedeutendsten modernen Malern unserer Tage.

Internationaler Ruhm wurde ihm indessen erst in den letzten Jahren zuteil, als die allgemeine Kunstentwicklung dem „Surrealismus" der 20er Jahre neue Aufmerksamkeit schenkte und dabei an Erfindungen, Vorstellungen, Ideen anknüpfte, die ein Radziwill seit Jahrzehnten schon schöpferisch praktizierte.

Und nicht zuletzt sei erinnert an Johann Christian Reil, den Mediziner aus Rhaude (1759 bis 1813). Reil erforschte den Bau des zentralen Nervensystems und trat für eine schonende Behandlung seelisch Kranker ein. Seine Lehren prägten die Naturphilosophie.

In den Freiheitskämpfen, 1813, organisierte er das Lazarettwesen der verbündeten Truppen Preußens, Österreichs, Rußlands auf dem linken Elbufer. Er starb 1813 als Opfer seiner Tätigkeit an Hospitaltyphus zu Halle.

Goethe, der nie in Friesland war, verdankt Reil seine Kenntnisse vom Deichbau und der Landgewinnung. Und so heißt es dann in Faust II:

„Und dieses Leben sollt ihr billig kennen
das Land wohl kennen, dem es angehört
das immer da in seiner Fluren Mitte
den deutschen Biedersinn, die eig'ne Sitte
der Freiheit längsten Sproß genährt:
das meerumschlungene Land voll Gärten,
Wiesen
den reichen Wohnsitz jener tapferen Friesen."

Alte demokratische Einrichtungen

Ewald Christophers

Das öffentliche Leben im friesischen Bereich war von Anfang an genossenschaftlich organisiert, denn gegenüber der Urgewalt des Meeres galt der einzelne nicht viel. Das galt bereits zur Zeit der Warfen oder Wurten und erst recht beim Deichbau. Doch auch als Seefahrer und Händler waren die Bewohner aufeinander angewiesen. So zeigte das Zusammenleben der Küstenmenschen schon früh erste Ansätze demokratischen Verhaltens. Das fand seinen schriftlichen Niederschlag vor allem in den alten Rechten und Deichordnungen. Zwar in einer geradezu poetischen Sprache, waren sie dennoch hart und verpflichtend. Und vieles von den friesischen Rechtssätzen fand Jahrhunderte später Eingang in die ebenfalls genossenschaftlich aufgebauten Deichachten und Deichbände. Bis in unsere Tage. Sie sind die höchste Stufe verantwortlicher Selbstverwaltung.

Eine demokratische Einrichtung war auch die Theelacht zu Norden, die heute noch in der Theelkammer „unner dat olle Rathuus to Nörden" die Tradition pflegt. Eine der ältesten Bauerngenossenschaften Europas, die gemeinsam eingedeichtes Land auch gemeinsam nach einer eigenen Agrarverfassung nutzte und verwaltete. Die Anteile der Genossen heißen „Theele". Auch heute noch — wenn auch nur symbolisch — wird in der Theelkammer im Frühjahr und Herbst jeden Jahres die Erbpacht unter den „Arfburen" verteilt. Das geschieht nach altem Brauch bei einem eigens gebrauten und in Zinnkannen am offenen Herdfeuer erwärmten Genfer Bier, getrunken aus Buchsbaumbechern beim Schmauchen von Krüllschnitt aus Tonpfeifen.

Bewahrerin und Hüterin alter friesischer Überlieferungen ist bis auf den Tag die „Ostfriesische Landschaft", die ihren Sitz in Aurich hat. Sie ging hervor aus den ostfriesischen Landständen. Das läßt sich bis in das 16. Jh. zurückverfolgen. Ihre Wurzeln aber gründen noch tiefer und reichen zurück bis in jene Zeit, als vor über 700 Jahren die Geschworenen am Upstalsboom zusammenkamen. Das

Wappen der Landschaft, das ihr 1678 von Kaiser Leopold I. verliehen wurde, zeigt noch heute in stilisierter Form einen grünenden Baum, daneben einen geharnischten Krieger, ein Symbol friesischer Freiheit. Auf dem niedrigen Hügel, dem „Boombarg", in dem Dorf Rahe — jetzt Ortsteil von Aurich — sollen einst drei Eichen gestanden haben. Upstalsboom bedeutet Baum auf einem „Upstal", auf einer erhöhten Stelle. Diese Stelle dürfte, wie Funde beweisen, bereits in vorgeschichtlicher Zeit Bedeutung gehabt haben.

Friesland war damals in viele selbständige Gebiete (Terrae) aufgeteilt, die im Upstalsboombund ihre gemeinsame verbindende Vertretung fanden. Die aufkommende Macht der Häuptlinge aber brachte schließlich diesen Bund zum Erliegen. 1327 tagte die letzte friesische Landesversammlung am Upstalsboom.

Auf diese Tradition nun geht die „Ostfriesische Landschaft" zurück und knüpfte sie auch dort 1945 nach dem Zusammenbruch aller Werte und Vorstellungen nach dem 2. Weltkrieg wieder an, mit einer vom Lande Niedersachsen garantierten eigenen Verfassung als Anstalt des öffentlichen Rechts, mit dem Präsidenten, den Landschaftsräten und den von den Kreistagen und der Stadt Emden gewählten 49 Mitgliedern der Landschaftsversammlung ein Kulturparlament, das die Geschicke Ostfrieslands mitbestimmt, eine einigende Klammer, der nach der Verwaltungs- und Gebietsreform — der Regierungsbezirk wurde aufgelöst und zu Oldenburg geschlagen — erhöhte Bedeutung zukommt.

Als Vertretung der Ritter, Bürger und Bauern gegenüber dem Landesherrn nahm die „Landschaft" einst Einfluß auf die politische Entwicklung der Grafschaft und des späteren Fürstentums. Nach dem Aussterben des Fürstenhauses, 1744, ließ auch Friedrich der Große, der Ostfriesland über Nacht übernahm, die „Ostfriesische Landschaft" bestehen, engte aber ihre Rechte mehr auf eine rein landeskulturelle Arbeit ein. Es blieben Deich- und Sielwesen, Landgewinnung und Kultivierung, Straßen- und Kanalbau. Seit den 30er Jahren unseres Jahrhunderts hat sich die „Landschaft" mehr und mehr heimatkulturellen Aufgaben zugewandt. Neben der Landschaftsbibliothek mit der Von-Derschau-Bücherei gibt es das Forschungsinstitut für den friesischen Küstenraum, ferner angegliedert die archäologische Landesaufnahme und das KBZ, das Kultur- und Bildungszentrum, das in erster Linie den Schulen zur Verfügung steht. Ferner wirkt ein Heer von ehrenamtlichen Mitarbeitern in neun Arbeitsgruppen mit: Familienkunde und Heraldik, Wissenschaft und Schrifttum, Kunst und Kunsthandwerk, Bauerntum, Naturschutz und Landschaftspflege, Volkskunde und Brauchtum, Museen — Büchereien — Archive, Baudenkmalpflege und Vorgeschichte. Mitverwaltet von der „Landschaft" wird die Ostfriesische Landschaftliche Brandkasse, die alte Feuersozietät für die ostfriesischen Städte und Flecken, bei der jeglicher Grundbesitz pflichtversichert ist.

Das heutige Gebäude der „Ostfriesischen Landschaft", am Bürgermeister-Müller-Platz in Aurich, ist jüngeren Datums. Im niederdeutschen Renaissancestil wurde es von 1897 bis 1900 errichtet. Prunkstück ist der Fürstensaal, hier finden noch heute die Versammlungen statt. Das Deckengemälde zeigt die 3 Kurien, Ritterschaft, Städte und Bauernstand. Von den Wänden blicken die Bildnisse der Landesherren vom ersten ostfriesischen Reichsgrafen bis zum letzten König von Preußen und deutschen Kaiser herab. Und so sind zu den Landschaftsversammlungen die Repräsentanten der Monarchie und der heutigen Demokratie friedlich vereint.

Der Historiker Professor Dr. Heinrich Schmidt meint: „Die ‚Ostfriesische Landschaft' ist auf dem besten Wege, jetzt erst recht und in verstärktem Maße ein institutionelles Zentrum eines spezifischen ostfriesischen Selbstverständnisses zu werden." Und der Rechtswissenschaftler Prof. Dr. von Unruh folgert: „Der Kampf um das Recht prägte Ostfrieslands Geschichte. Dieser Kampf schuf eine von genossenschaftlichem Denken beherrschte politische Ordnung und entwickelte zugleich ein ausgeprägtes Empfinden der Menschen für persönliche Ansprüche, aber auch für die Notwendigkeit, die Belange des einzelnen mit denen der Allgemeinheit auszugleichen."

Friesische Freiheit, Upstalsboom und Sieben Seelande

Hajo van Lengen

Nach der Eingliederung Frieslands in das Fränkische Reich blieb es zwar um 800 ein einheitliches Rechtsgebiet, wurde es aber kein einheitliches Verwaltungsgebiet. Es wurden vielmehr friesische Teile mit angrenzenden sächsischen Teilen zu neuen Einheiten verbunden mit Schwerpunkten im Hinterland. So waren für das westliche Ostfriesland die münsterschen Bischöfe und westfälischen Grafen, für das östliche Ostfriesland die bremischen Bischöfe und sächsische Grafen zuständig. Diese Nord-Süd-Ausrichtung erfolgte offensichtlich nach handels- und wirtschaftspolitischen Gesichtspunkten. Emden und Jever wurden zu wichtigen Zielpunkten und Umschlagplätzen. Diese Gebietszuschnitte erwiesen sich jedoch unter wehrpolitischen Gesichtspunkten als ungünstig, als im 9. Jh. die Normannen die Küstengebiete heimzusuchen begannen. Diese laufenden Angriffswellen erforderten eine ständige Verteidigungsbereitschaft an der Küste. Die Abwehr wurde daher den Friesen selbst übertragen. Zu diesem Zweck wurde ihr Gut gegen Zahlung eines Anerkennungszinses an den König als freies Eigen und Erbe erklärt und brauchten sie dem allgemeinen Reichsaufgebot nicht Heerfolge zu leisten. Die Friesen bekamen also mit ihrer Spezialaufgabe einen Sonderstatus, der sie miteinander verband.

Als der wilde Normanne sich gegen die Jahrtausendwende ausgetobt hatte, brauste der „blanke Hans" gegen Land und Leute auf: die eiserne Kette der Stützpunkte gegen die Normannen wurde abgelöst von dem „goldenen Ring" des Deichwerks gegen die Fluten. Landesverteidigung lebte als Küstenschutz weiter; das Eigentum verpflichtet nun zum Deichbau, der umgekehrt die Eigentums- und Freiheitsbildung verstärkte und erweiterte. Das hohe Mittelalter kennt hier nur freie Friesen und unterscheidet nur zwischen Besitzenden und Besitzlosen. Die allen Friesen gleiche persönliche Freiheit beinhaltete nicht gleiche politische Rechte und Pflichten; sie bemaßen sich nach den

Eigentumsverhältnissen an Grund und Boden. Neben der Verteidigung des Landes nach außen besorgten die Friesen auch die Sicherung des Friedens nach innen weitgehend selbst. Aus anfänglicher Mitbestimmung entwickelte sich eine Selbstbestimmung der Friesen gegenüber der Fremdbestimmung durch die Grafen. Sie setzten eigenes Recht, zunächst für ganz Friesland allgemein, sodann für jedes Friesland besonders. Gemeindebildung und Ratsverfassung setzten sich gegen Herrschaftsbildung und Grafschaftsverfassung durch, so daß schließlich eine Vielzahl von freien friesischen Landesgemeinden mit jährlich wechselnden Konsuln an der Spitze die politische Landschaft an der südlichen Nordseeküste bestimmte.

Friesisches Recht und Friesische Freiheit waren die Frucht gemeinsamer Anstrengungen. Ihr Schutz erforderte immer wieder gemeinsames Handeln. Das Instrument war ein Landfriedensbund der sich selbst poetisch als „Sieben Seelande" bezeichnenden Frieslande, die „tota Frisia" als eine Art „friesische UNO", die vom 12. bis 15. Jh. in kritischen Zeiten immer wieder bemüht wurde. Dann trafen sich jährlich am Dienstag nach Pfingsten Delegierte friesischer Landesgemeinden am Upstalsboom bei Aurich, um gemeinsame Probleme zu erörtern und zu lösen. Der Upstalsboom wurde daher zum Symbol der gemeinfriesischen Freiheit und Identität.

Die Fehne

Rudolf Bielefeld

(. . .)
Durch Fehnanlagen das Moor zu kolonisieren, haben wir von unsern fleißigen Nachbarn, den Niederländern, gelernt, die *in der Provinz Groningen die ersten Fehne gegründet haben.* Gegen Ende des 14. Jahrhunderts fing die durch Handel und mancherlei Rechte wohlhabend und mächtig gewordene Stadt Groningen an, Kanäle nach den zu ihrem Besitze gehörenden, benachbarten Hochmooren zu graben, wozu das Bedürfnis an Heizstoffen in dem holzarmen

Lande die erste Veranlassung gab. Es wurde ein Kanal bis ans Moor gegraben, dann im Moore gleich ein ganzes Netz von Haupt-, Seiten- und Nebenkanälen („Haupt-, In- und Achterwieken") angelegt, das sowohl der Entwässerung als auch der Torfgewinnung und der Verbindung mit der Stadt dienen sollte. So wurde das Abgraben des Moores (die Austorfung), die Wegbarmachung und zugleich die landwirtschaftliche Verwertung der ausgetorften Flächen durch die Veenkultur vorbereitet. Man teilte das Moor in einzelne Kolonate ein und gab diese an Erbpächter aus, die durch strenge Vorschriften zur Bebauung des Kolonats mit einem Wohnhause, Urbarmachung des ausgetorften Bodens, Verbesserung der Äcker und Wiesen durch zweckmäßige Düngung und zum Zusammenschluß zu Gemeinden verpflichtet und angehalten wurden. So entstanden in der Provinz Groningen Oude und Nieuwe Pekela, Zuidbroek, Wildervank, Veendam, Sappemeer und Stadskanaal. Die Provinz Drenthe folgte mit der Gründung von Hoogeveen; in Overijssel entstand Dedemsvaart. *In Ostfriesland war es die Stadt Emden, welche 1633 mit der Gründung Großefehns den Anfang machte,* der dann bis 1829 noch 15 weitere Fehngründungen gefolgt sind, welche, ihrem Gründungsjahr entsprechend, folgende Reihe bilden:

1633 das Großefehn gegründet von den vier Emder Bürgern Claas Berends, Gerd Lammers, Simon Thebes und Cornelius de Rekener.

1637 Lübbert Cornelius gründet Lübbertsfehn.

1639 Hüllenerfehn von R. Pott aus Emden gegründet. Es hieß daher zuerst Pottsfehn, wurde aber später nach den Unebenheiten des Bodens (Hüllen) Hüllenerfehn genannt.

1647 Boekzetelerfehn vom Bürgermeister Swalve und P. Harsebroek in Emden gegründet.

1660 Albert und Coords Jobus gründen das Neue Fehn.

1660 Stiekelkamperfehn vom damaligen Besitzer des Komturgutes Stiekelkamp gegründet.

1736 Warsingsfehn und Rorichmoor von Dr. Warsing gegründet.

1746 Der Staat gründet das Spetzerfehn, das er darauf 1751 an eine Privatgesellschaft vererbpachtet.

1754 Regierungsdirektor Jhering gründet das Jherings-fehn.

1763 Ostrhauderfehn gegründet vom Oberamtmann von Glan.

1769 Westrhauderfehn und Rhauderwieke ebenfalls von von Glan gegründet.

1780 Lammert Harms Aden und seine Teilhaber gründen das Ihloerfehn.

1794 die Norder Fehnkompanie gründet das Norderfehn.

1825 Nordgeorgsfehn gegründet vom Staat.

1825 Südgeorgsfehn ebenfalls vom Staat gegründet.*)

1829 Holterfehn, die jüngste Fehnanlage, auch vom Staate gegründet.

Dazu kommt noch gleich jenseits der ostfriesischen Grenze die große *Fehnanlage von Papenburg*, 1675 durch den bischöflich Münsterschen Drost Diedrich von Velen gegründet; sie ist unmittelbar an die Ems angeschlossen und im Jahre 1860 zur Stadt erhoben worden(. . .)

---

*) Georgsfehn benannt nach *Georg IV.* August Friedrich, 1820—30 König von Großbritannien und Hannover, geb. 1762, gest. 1830, in dessen Regierungszeit die beiden Fehne gegründet wurden.

Die Fehne und ihre Griepeltied

Herbert Röhrig

Beim Lesen dieses Textes sollte bedacht werden, daß er 1927 veröffentlicht worden ist.

Die Fehne sind wohl die eigenartigste Form ostfriesischer Siedlungen. Der Butenlanner ist überrascht von den kilometerlangen Ortschaften, die sich oft ohne alle Nebenstraßen in einer Reihe rechts und links an einem Kanal hinziehen. Hier und da vermitteln meist hölzerne Zugbrücken den Weg über den Kanal, in deren Nähe sich dann wohl eine Mühle erhebt, vielleicht auch ein Gasthaus und Kaufläden, denn hier ist ein Brennpunkt des Verkehrs. Wenn auch die Häuserzeilen oft endlos sich dehnen, so bieten doch die Fehne eine Fülle schöner und eigenartiger Bilder, und gerade hier wird man der ganzen Besonderheit der ostfriesischen Landschaft inne.

Vor drei Jahrhunderten wurden die Fehne von unseren fleißigen Nachbarn, den Niederländern, übernommen, und das von der Stadt Emden gegründete Großefehn war das erste auf heimischem Boden. Sie dienen der Urbarmachung der Moore, und zwar sind sie die günstigste Art dieser Betätigung. Von irgendeinem natürlichen Wasser-

lauf her wird eine Rinne ins Moor gegraben und in deren Mitte ein Kanal ausgehoben; rechts und links schließen sich Fahrwege an, an denen sich die im Anfang bescheidenen Häuser der Kolonisten erheben. Diese letzteren beginnen nun mit dem Abgraben des Torfes und dem Anbau des gewonnenen Bodens, bringen mit dem „Binnenfahrer“, einem kleinen Segler, den Torf in die Stadt und dafür Dünger oder guten Boden zur Verbesserung des eigenen wieder mit heim.

So hat das Netz der Fehne mit seinen Nebenkanälen, den In- und Achterwieken, eine sehr erhebliche volkswirtschaftliche Bedeutung für Ostfriesland, die nicht zuletzt in der großen Zahl derjenigen Fehntjer besteht, die als tüchtige Seeleute die Schiffe bemannen.

Einst hatten die Fehne eine Zeit trauriger Leiden durchzumachen, von der noch heute an manchem Winterabend beim „Abendprootje“ erzählt wird: das war die „Griepeltied“.

Es ging den Fehntjern schon schlecht, als Napoleon 1806 die Handelssperre verhängte, denn da wurde der größte Teil ihrer Seeschiffe von den Engländern gekapert, und der Rest lag in fremden Häfen und brachte nichts ein. So war die Haupterwerbsquelle der Fehne abgeschnitten, und ihre Lage wurde von Jahr zu Jahr trauriger.

Aber es wurde noch schlimmer, als Ostfriesland im Jahre 1810 als Departement der Ostems zu Frankreich kam, denn jetzt sollten die freien Friesen französische Soldaten werden! Auch Matrosen brauchte man, und da allein auf den Fehnen befahrene Schiffer zu finden waren, sollten diese die für sie furchtbare Zahl von vierhundert Mannschaften stellen.

So wurde der in Aurich sitzende Präfekt mit Reklamationen bestürmt, und er beging die Unvorsichtigkeit, fast die gesamten Schiffer aus den Fehnen um Timmel gleichzeitig vorzuladen. Sie zogen gemeinsam los, in jedes Wirtshaus am Wege wurde eingekehrt, und als sie in der Stadt ankamen, bildeten sie eine wilde, tobende Schar, die sich inzwischen mit Knüppeln bewaffnet hatte. Kaum hatten die Verhandlungen im Schlosse begonnen, als die Leute den Tumult auch schon anfingen, einer schlug mit seinem

Prügel auf den Tisch, ein anderer warf die Tischglocke durch das Fenster, ein dritter zertrümmerte den Kronleuchter im Saale, alle drohten, schrien und lärmten, so daß der Präfekt es vorzog, das Feld zu räumen. Draußen auf dem Schloßplatze ging es ihm nicht besser, vielmehr kam er erst recht ins Gedränge und mußte über den Graben fliehen. Dann aber holte er Militär, und dieses zerstreute die Aufsässigen, die widerstandslos auseinanderstoben.

Doch von dem verrufenen Schwarzeweg, dem heutigen Moordorf, waren schon einige verwegene Kerle zur Stelle, die Unordnung witterten und ihren Vorteil dabei suchten. Als aber einer von ihnen bei einem Ladenraub verhaftet wurde, liefen die anderen davon. Auch einer der Fehntjer, Focke Frerichs, der geblieben war und prahlend in einem Gasthaus saß, wurde festgenommen.

Triumphierend waren die Schiffer heimgekehrt, aber sie hatten zu früh gejubelt. Schon nach wenigen Tagen schickte der Präfekt Militär, das zwar diesmal von den bewaffneten Fehntjern blutig zurückgeschlagen wurde, dem aber eine starke Abteilung folgte, um die Schuldigen gefangenzunehmen.

Die am meisten Beteiligten konnten sich noch schleunigst retten und im Hochmoor verbergen; etwa zwanzig Schiffer, die aber den Aufruhr am wenigsten mitgemacht hatten, wurden ergriffen und nach Aurich geschleppt. Ein Kriegsgericht trat zusammen und verurteilte den armen Focke Frerichs sowie den Moordorfer zum Tode, die übrigen zu Galeerenstrafen.

Am nächsten Morgen geschah die Erschießung, die dem Frerichs erst nach mehreren Salven einen qualvollen Tod brachte, nachdem er noch im Sterben seinen ständigen Verteidigungsschrei gerufen hatte: „Mien Hanne hebben nicks verbrooken, mien Mund hedd mie 't andaan."

Wie eine dumpfe Schwüle lagerte es jetzt über den Fehnen, und das Gewitter ließ nicht lange auf sich warten. In einer stürmischen Juninacht drangen plötzlich in jedes Haus zwei Franzosen und verhafteten die Männer aus den Betten heraus, wobei es nicht ohne Wunden und Widerstand abging. Die Gefangenen wurden zu zwei und zwei aneinander gefesselt nach Timmel gebracht, wo man die Schiffer aussuchte, die anderen laufen ließ. Hierbei mußte der deutsche Maire von Großefehn mitwirken, der zuletzt aber selbst vortrat und meldete: „Ich will heute nicht als Lügner dastehen, ich bin auch ein Seemann." Darauf wurde auch er festgenommen, später aber auf höheren Befehl, den seine tapfere Frau erwirkt hatte, freigelassen.

Die Schiffer wurden in elfwöchigem anstrengendem Marsche nach Toulon gebracht, wo sie als Matrosen dienen mußten.

Nun war bitterste Not auf den Fehnen, die Männer waren fortgeschleppt, gefangen, erschossen oder mußten sich wie gehetzte Tiere verstecken. Aller Verdienst hörte auf, Schiffahrt und Torfgewinnung standen still. Erst eine Bittschrift der Fehntjerfrauen, die ein hierher gesandter kaiserlicher Kommissar befürwortete, und eine weitere, die eine Abordnung übergab, milderte den Zorn Napoleons, der sich schließlich entschloß, die eingezogenen Schiffer nach Haus zu entlassen.

Denen, die in jener Griepelnacht noch hatten flüchten können, war es fast am schlimmsten ergangen. Während ihre Angehörigen wegen ihrer Flucht böse drangsaliert wurden, fristeten sie irgendwo in der Verborgenheit ihr Leben. Einer der Anführer des bewaffneten Widerstandes, Jan Zacharäs, wurde besonders verfolgt und verkroch sich nach mannigfachen Abenteuern in einer Höhle, die er sich im Moore gegraben hatte. Freunde brachten ihm bei Nacht und Nebel Stroh und einige Decken und versorgten ihn von Zeit zu Zeit mit dem Nötigsten. So mußte er zwei Jahre aushalten, bis ihm einer seiner Getreuen die Erlösungsstunde, die Ankunft der Russen, verkündete.

Da rannte er, struppig und zerlumpt wie er war, nach Aurich, wo eben der Präfekt von den Kosacken abtransportiert wurde, und wollte in namenloser Wut mit ihm abrechnen. Doch die Russen hielten ihn zurück, und er brauchte dem Gefangenen nur noch die Fäuste nachzuschütteln, denn mit der Griepeltied der Fehne war es für immer vorbei.

Die Moorkolonien

Rudolf Bielefeld

(. . .)
Im Jahre 1765 erließ Friedrich der Große das Urbarmachungsedikt, das die ausgedehnten Hochmoore Ostfrieslands für Staatseigentum erklärte, und auf Grund dessen jedem, der in der Bebauung des Moores sein Brot suchen wollte, ein hinreichendes Stück Moor gegen geringe Erbpacht als Eigentum überwiesen werden sollte. So fing man an, auf Grundlage des sich später so verhängnisvoll zeigenden Moorbrennens das Moor zu kolonisieren, indem bald eine große Zahl neuer Ansiedler sich Moorflächen anweisen ließ. Es waren ausnahmslos arme Leute, die die dichtbevölkerten Geest- und Marschdörfer verließen und sich am Rande des landwirtschaftlich noch niemals benutzten Moores ansiedelten, um es zu bebauen und zu kolonisieren. So wurden im Laufe eines Jahrhunderts in Ostfriesland 82 Moorkolonien gegründet, die als weitläufige Reihensiedlungen allesamt große Flächen bedecken. Diejenigen von ihnen, deren Gründungsjahr man anzugeben vermag, sind folgende:

Wiesedermeer, 1733 ausgetrocknet; 1740 ließen sich hier die ersten Kolonisten nieder; Firrel 1764; Hopels 1766; Rinzeldorf (bei Potshusen) 1770; Wagnersfehn*) (bei Esens) 1771 (. . .); Bargerfehn (bei Hollen) 1772; Bußboomsfehn (bei Filsum) 1772; Lammersfehn 1773; Kiefeld (bei Hesel) 1775; Siebestock 1779; Zwischenbergen (. . .) und Fiebing 1783; Klinge (bei Ihrhove) 1785; Voßbarg 1787; Wiesederfehn 1796; Ludwigsdorf 1798; (. . .) Tannenhusen 1802; Schwerinsdorf 1803; Stapel 1804; Bernuthsfeld 1806 (. . .); Oltmannsfehn 1813; (. . .) Neufirrel 1822.

*) Manche Moorkolonien heißen Fehne, obgleich sie keine Fehne sind.

Auf nach Ostfriesland!

Ulrich Freyhoff

Die Vitalienbrüder segelten westwärts. Zunächst war es Edo Wiemken, Häuptling von Rüstringen, der sich ihrer bediente. Er hatte sich an der Stelle, wo heute Wilhelmshaven steht, eine feste Burg gebaut: die Sibetsburg. Von hier aus führte er seine Schläge wider die Bremer und Oldenburger. Über diese Festung schrieben die Lübecker noch 1433, als die Hanse endlich die Seeräuber auch aus der Nordsee vertrieben hatte: „Ein mächtiges Schloß, von wo aus der Kaufmann und der gemeine Mann zur See vor alters und lange Jahre bis herzu gröblich beschädiget ist.“

Bremer und Engländer hatten bereits mehrfach Klage erhoben, daß Edo Vitalier beherbergte. Man hatte im Jahre 1398 fast 10 000 rheinische Gulden zur Bekämpfung der Seeräuber ausgegeben. Aber auch damit war man kaum Herr der Plage geworden. Edo mußte zwar den Bremern die Zusicherung geben, die Vitalier binnen acht Tagen zu entlassen und nie wieder Seeräuber aufzunehmen. Er erklärte sich auch bereit, alles geraubte hansesche Gut, das er noch besaß, herauszugeben. Aber ein voller Erfolg der Hanse war das nicht, denn nun verbündeten sich die friesischen Häuptlinge an der Ems mit den Vitaliern. Auch Edo Wiemken leistete ihnen, wenn auch versteckt, immer noch Vorschub.

Im Broekmerlande hatten die tom Broeks die Geschicke des Landes als Häuptlinge in die Hand genommen. — Ritter Ocko tom Broek, der im Jahre 1391 in Aurich von seinen Gegnern erschlagen worden war, hatte seinen beiden Söhnen Witzeld und Keno ein großes Herrschaftsgebiet hinterlassen. — Schon sieben Jahre später war der tom Broeksche Besitz um das Dreifache erweitert worden. Er umfaßte die ostfriesischen Inseln und reichte auf dem Lande bis zur Außenjade. Auch Edo Wiemken konnte den Machtbereich der tom Broeks nicht einschränken, da ihm Witzeld gewachsen war. Doch mußten immer wieder Feinde im Innern des Landes bekämpft werden. Hier war es besonders Probst Hisko Abdena von Emden, der den beiden tom Broeks zu schaffen machte. Auch von außen her drohten den Friesen Gefahren. Die Bremer und Hamburger im Osten, der Graf von Holland, Albrecht von Bayern, im Westen, griffen immer wieder habgierig nach der Emsmündung, die mit ihrem fruchtbaren Hinterland als wertvoller Besitz lockte. Namentlich gegen diese Feinde half nur eine starke Macht auf See. Was lag da näher, als die Vitalienbrüder aufzunehmen und ihnen gegen einen Anteil an ihrem Raubgute sicheren Unterschlupf zu gewähren? Hier wusch eine Hand die andere. Die wilden Gesellen griffen den Feind auf See an, wo sie ihn fanden, und brachten dazu noch reiche Beute mit heim, die den eigenen Reichtum nur immer noch vergrößern konnte.

Die Seeräuber wiederum waren auf ihren Vorteil bedacht und nahmen Dienst bei fast allen friesischen Häuptlingen. Insbesondere Probst Hisko Abdena von Emden sah sie als guten Schutz für seine Stadt und seinen Hafen an.

Die Broekmerländer hatten ihnen sogar einen festen Stützpunkt in Marienhafe eingeräumt. Marienhafe war zu damaliger Zeit ein bedeutender friesischer Marktort, in dem Güter aus allen Himmelsrichtungen ihren Besitzer wechselten. Heute kündet von der damaligen Bedeutung Marienhafes nur noch seine alte wehrhafte Kirche, deren großer viereckiger Turm den Schiffen als Seezeichen diente. Mit seinen sechs Stockwerken, von denen heute nur noch drei stehen, ragte er etwa 60 Meter hoch in den Himmel. Seine Mauern waren unten bis zu drei Meter stark und aus Back- und Tuffsteinen gefügt. An der gewaltigen Turmmauer führten zwei kleine Treppentürme in die oberen Stockwerke. Der Raum über dem Erdgeschoß wird heute „Störtebekerkammer" genannt, weil die Sage erzählt, daß hier der Seeräuber gehaust haben soll. Das große, 34 Meter lange Mittelschiff, daß sich an den Turm nach Osten hin anschloß, war 21 Meter hoch und ursprünglich von zwei Seitenschiffen flankiert. Es entsprach dem Brauch der Zeit, die Kirche wie eine Burg zu befestigen. Die Fenster waren deswegen nur klein und lagen recht hoch. Innerhalb der dicken Mauern waren sie durch Laufgänge verbunden (. . .)

Um die Kirche dehnte sich ein weiter, runder Platz aus, der mit einer starken Mauer befestigt war. In diese hatten die Vitalienbrüder vier dicke, überwölbte Tore hineingebaut und die Mauer selbst noch verstärkt und erhöht. So bildete die Kirche mit ihrem befestigten Hof, auf dem der Markt abgehalten wurde, eine starke, schier uneinnehmbare Festung, die den Vitaliern sicheren Unterschlupf gewährte.

An hohen kirchlichen Feiertagen wallfahrteten die Menschen aus dem ganzen Lande dorthin. Diese Tage waren gleichzeitig Markttage. Marienhafe war durch ein schmales Tief, das heute noch „Störtebekertief" heißt, mit der damals viel weiter ins Land reichenden Leybucht verbunden. Bis kurz vor seinen kleinen Hafen konnten die großen Schiffe fahren. Dann wurden ihre wertvollen Lasten auf kleine Boote umgeladen und, wie es heißt, bis unmittelbar vor die Kirche gebracht. Hier fand der Markt statt, und es mag sein, daß die Kirche selbst auch als Lagerraum für die Güter gedient hat.

Die Auswirkungen der Kontinentalsperre auf Ostfriesland (1806 bis 1813)

Französische und holländische Gesetze verbieten den Handel mit England

Harry Pladies

In jahrelangen Kriegen und zahlreichen Feldzügen besiegte Frankreich die Großmächte des europäischen Festlandes. Österreich, Preußen und Rußland wurden gezwungen, sich mit Frankreich zu verständigen und zu verbünden. Von allen bisherigen Gegnern blieb als einziger England unbesiegt. Es war der stärkste Feind des Kaiserreiches Frankreich.

Vergebens hatte Napoleon versucht, das Inselreich in Land- und Seeschlachten zu bezwingen. Sein Feldzug in Ägypten (1798/99) scheiterte. Pläne für eine Eroberung Englands wurden ausgearbeitet, konnten aber nicht verwirklicht werden. In der entscheidenden Seeschlacht von Trafalgar (Oktober 1805) vernichtete die englische Flotte unter Admiral Nelson die verbündete französisch-spanische Flotte. Mit dem Schwert war England nicht mehr zu besiegen.

England trieb auch während des Krieges einen regen Handel mit den nicht von Frankreich beherrschten Ländern des Festlandes. In den Häfen der Nord- und Ostsee lagen zahlreiche englische Schiffe vor Anker, die Kolonialwaren und Erzeugnisse der englischen Textil- und Eisenindustrie zum Festland brachten. Für die Rückfahrt nach England wurden sie vor allem mit Getreide und Holz beladen.

Napoleon versuchte, den gesamten Handel und Verkehr zwischen England und dem europäischen Kontinent zu unterbinden. Dadurch wollte er das bedeutendste Handels- und Industrieland der damaligen Zeit wirtschaftlich schwer schädigen und in Not und Armut stürzen. Die Kontinentalsperre sollte England in die Knie zwingen.

Im Dezember des Jahres 1806 wurden die Bestimmungen über die Kontinentalsperre in dem von holländischen

Truppen besetzten Ostfriesland bekanntgegeben. Napoleon hatte im eroberten Berlin folgendes Gesetz erlassen:

„Über die Britischen Inseln wird die Blockade verhängt.

Jeder Verkehr und Briefwechsel mit den Britischen Inseln ist verboten. Briefe und Pakete, die nach England oder an einen Engländer gerichtet oder in englischer Sprache geschrieben sind, sollen durch die Post nicht befördert, sondern beschlagnahmt werden.

Jeder englische Staatsangehörige, gleich welchen Standes oder welcher Art, wird zum Kriegsgefangenen gemacht.

Jeder Handel mit englischen Waren ist verboten. Jede Ware, die einem Engländer gehört oder aus englischen Fabriken und Kolonien kommt, wird für ‚gute Prise' erklärt.

Kein Schiff, das aus England oder seinen Kolonien kommt, darf in einen Hafen des Festlandes einlaufen."

Louis Bonaparte, König von Holland, erließ zu diesem Gesetz genaue Anweisungen. Von Stund an konnten keine Schiffe ohne einen besonderen vom König unterzeichneten Erlaubnisschein aus einem holländischen oder ostfriesischen Hafen aussegeln. Sie durften nur Häfen des Kaiserreiches Frankreich und Häfen verbündeter oder neutraler Länder anlaufen. Jede Verbindung mit England und jedes Zusammentreffen mit englischen Schiffen waren strengstens verboten. Holländische Beamte durchsuchten alle ein- und auslaufenden Fischerboote nach verbotenen Waren. Die Postvorsteher mußten Pakete und Briefe, die aus England kamen oder nach England geschickt werden sollten, der Polizei übergeben. Holländische Gendarmen und Zöllner, „Commisen" genannt, wachten darüber, daß diese Anordnungen genau eingehalten wurden.

In Ostfriesland gab es nur noch wenige Schiffe, die mit königlicher Sondererlaubnis hinaus aufs Meer fahren konnten. Ihre Ziele lagen vor allem an der Westküste Schleswig-Holsteins, in Dänemark und Norwegen. Aber auch diese noch offenen Seewege wurden bald versperrt. Napoleon ließ jedes Schiff, das mit englischen Schiffen, mit den Britischen Inseln oder mit englischen Kolonien in

Berührung gekommen war, beschlagnahmen. Die Engländer übten Vergeltung für diese Maßnahme. Sie blockierten immer schärfer die Nordseeküste und brachten alle Schiffe auf, die zwischen den unter französischer Kontrolle stehenden Häfen verkehrten.

Im Januar 1808 wurde befohlen, sämtliche Häfen des Königreiches Holland, zu dem auch Ostfriesland gehörte, allen Handelsschiffen zu verschließen, „sie mögen Namen haben wie sie wollen und ohne alle Ausnahmen". Auf jedem auslaufenden Fischerboot sollte ein Soldat mitfahren.

Damit war der ostfriesische Seehandel endgültig vernichtet. Der einzige Ausweg, Seefahrt und Handel zu treiben, blieben Schmuggel und Schleichhandel.

Schmuggler und Händler durchbrechen die Sperre

Trotz der strengen Sperrmaßnahmen und der Überwachung der Küsten unternahmen zahlreiche ostfriesische Schiffe Schmuggelfahrten nach Helgoland, das damals zu England gehörte. Die Felseninsel war ein starker Stützpunkt für englische Kriegsschiffe, die von hier aus den Seekrieg gegen Frankreich in der Nordsee führten. Helgoland war außerdem ein bedeutender Stapelplatz für englische Kolonial- und Fabrikwaren. Diese Güter wurden z. T. in Geleitzügen von 30 bis 40 Handelsschiffen unter dem Schutz englischer Kriegsschiffe auf die Insel gebracht. Zeitweise sammelten sich dort so viele Waren an, daß die Lagerhäuser nicht ausreichten, um sie aufzunehmen. Unter freiem Himmel mußten sie gestapelt werden. Bedeutende Handelshäuser aus England, Deutschland und Holland hatten auf Helgoland ihre Büros errichtet. Oft ankerten 300 bis 400 kleinere und größere Schiffe vor der Insel. Darunter befanden sich manchmal bis zu 90 ostfriesische Binnenschiffe, Küstenfahrer und Fischerboote.

Bald nahm der Handel trotz der französischen Verbote solch einen Umfang an, daß die Insel den Beinamen „Klein-London" erhielt.

Es gab kaum Orte an der Küste und auf den Inseln Ostfrieslands, von denen aus nicht Schmuggelfahrten unternommen wurden. Selbst kleine Schiffe, die früher nur auf der Ems, im Wattenmeer oder auf den Kanälen fuhren, wurden jetzt für eine Seefahrt ausgerüstet. Stadt- und Landbewohner, Kaufleute, Bauern und Handwerker, Reiche und Arme, Alte und Junge, Männer und Frauen — sie alle nahmen in irgendeiner Form am Schmuggel oder am Schleichhandel teil. Eine Fahrt nach Helgoland war für jeden ein großes Abenteuer. Wagemut, Vorsicht und Verschwiegenheit gehörten dazu, wenn das Unternehmen gelingen sollte. Mancher, der früher nicht den Mut gehabt hatte, ein Schiff für eine größere Seereise zu besteigen, wagte sich jetzt aufs Meer.

Nach Einbruch der Abenddämmerung verließen dunkelgekleidete Gestalten die Häuser. Sie schlichen, jedes Geräusch vermeidend, davon. Hin und wieder blieben sie stehen und hielten nach holländischen Posten Ausschau. Auf Umwegen, über Felder und Wiesen, erreichten sie den kleinen Sielhafen, oder sie gingen zum Strand, wo ihr Boot an abgelegener Stelle versteckt lag. Im Schutze der Nacht stießen sie leise vom Land ab und ließen sich mit dem Ebbstrom aufs Meer hinaustreiben. Erst wenn sie sicher waren, daß sie von den Wachen nicht mehr entdeckt werden konnten, setzten sie die Segel. In schneller Fahrt ging es nun aufs Meer hinaus, dem Ziel, Helgoland, entgegen.

Frühmorgens erreichten sie die Insel. Sofort wurden die Geschäfte getätigt. In den großen Lagern wählten die Schmuggelfahrer die begehrten englischen Waren aus: vor allem Kaffee, Zucker, Tee, aber auch Textilien und Metallwaren. Sie prüften die Qualität und handelten um den Preis. Die Käufer bezahlten nicht immer mit barem Geld. Viele hatten Fleisch, Getreide, Butter und Käse vom Festland mitgebracht. Die englischen Händler tauschten ihre Waren gerne gegen Lebensmittel ein, denn diese wurden im eigenen Lande dringend benötigt. Einige Schiffer verhandelten mit Kaufleuten aus Bremen und Hamburg, aus Leipzig und Frankfurt am Main und übernahmen für sie den Warentransport zum Festland.

Nachdem die Geschäfte abgeschlossen waren und das kostbare Gut sicher auf den Schiffen verstaut lag, nutzten die Schiffer die Zeit bis zur Abfahrt für eine kurze Erholungspause. Man traf sich in einer Gastwirtschaft mit seinen Freunden. Bei einer guten Tasse Kaffee, einem „Koppke" Tee oder auch bei einem starken Grog aus echtem Rum mit Zucker sprach man über die Geschäfte und tauschte Erfahrungen aus.

Kurz vor Sonnenuntergang verließen die vollbeladenen Schiffe die Insel, um sich auf die gefahrvolle Heimreise zu begeben. Zunächst blieben die ostfriesischen Schiffe in einer Gruppe beisammen und fuhren — oft unter dem Schutz kleiner englischer Kriegsschiffe — dem Festland entgegen. Schon weit vor den Inseln trennten sich ihre Wege. Nun mußte jeder Schiffer allein auf sich gestellt die heimatliche Küste erreichen. Aufmerksam hielt man Ausschau nach holländischen oder französischen Wachschiffen; jeder Begegnung mußte man sorgsam ausweichen.

Einige Boote nahmen Kurs auf die Inseln. Die meisten segelten über das Wattenmeer zum Festland. Doch sie waren noch nicht in Sicherheit, denn auf den Deichen konnten holländische Wachen stehen. In einiger Entfernung von der Küste unterbrachen die Schiffe ihre Fahrt. Die Mannschaft wartete auf ein mit Freunden verabredetes Signal. Das kurze Aufleuchten einer brennenden Laterne war meistens das Zeichen dafür, daß an Land keine böse Überraschung zu befürchten war. Erst dann wurde die Fahrt fortgesetzt. Helfer standen bereit, um das Schiff zu entladen. Sie brachten die Schmuggelwaren schnell an Land und versteckten sie sicher vor dem Zugriff der holländischen Beamten in Dachkammern, Ställen, Ziegeleien oder im Freien, in Gruben oder im Buschwerk.

Andere Schmuggler übernahmen den Weitertransport der Waren zu den Bestimmungsorten. In einer der folgenden Nächte, möglichst bei wolkenbedecktem Himmel, ging der Schmuggelzug landeinwärts. Das war nicht weniger gefährlich als die Fahrt nach Helgoland und die Landung an der Küste.

Durch ganz Ostfriesland waren von Ort zu Ort die Landwege und -straßen genau vorgeschrieben, auf denen Kaufmannswaren befördert werden durften: von den Sielorten nach Aurich, Norden und Emden, von hier weiter über

Leer nach Münster und ins oldenburgische Land. Jeder Transport bei Dunkelheit war verboten. Selbst in Dörfern überwachten Gendarmen und Commisen den Verkehr, um den Schmuggel ins Binnenland zu verhindern.

Die Schmuggler schlossen sich oft zu Gruppen zusammen, um sich bei Gefahr besser verteidigen oder sich dem Zugriff einzelner Wachposten entziehen zu können. Kleinere Warenmengen beförderten sie auf dem Rücken. Ihr Weg führte über Gräben, über Felder und Weiden. Auf schmalen Fußsteigen schlichen sie entlang. Größere Warenmengen wurden mit Pferd und Wagen transportiert. Einige dieser Transporte gingen weit über die Grenzen Ostfrieslands hinaus. Mühsam quälten sich die Fuhrleute mit ihren schwer beladenen Wagen über abgelegene, schlechte Wege, alle Ortschaften meidend. Vor ihnen her gingen Kundschafter, die vor Gefahren warnen sollten. Im Morgengrauen rastete der Schmuggelzug bei eingeweihten Bauern oder an abgelegenen Stellen. Erst in der nächsten Nacht ging es weiter.

Die Schmuggler fürchteten nicht nur holländische Beamte und Soldaten. Auch eigene Landsleute bedrohten die verbotenen Warentransporte. Sie handelten nach dem Grundsatz: „Geschmuggelte Waren zu rauben, ist kein Verbrechen!" Mancher Einheimische lauerte dem Schmuggelzug auf und verlangte als Lohn für seine Verschwiegenheit Kaffee, Tee, Zucker oder andere begehrte Waren. Die Schmuggler kauften sich los, denn sie wollten ungehindert und ohne Aufsehen ihres Weges ziehen. Hin und wieder kam es sogar zu regelrechten Raubüberfällen. So überfielen Einwohner aus Hinte und einigen Nachbarorten einen Warentransport. Kaffeeballen wurden aufgeschnitten und der Inhalt in mitgebrachte Säcke umgeschüttet. Am nächsten Morgen sammelten Einwohner, die nicht am Überfall beteiligt waren, die Reste auf. Die Geschädigten hüteten sich, den Überfall anzuzeigen, mußten sie doch selbst mit schwersten Strafen rechnen.

Nicht nur Kaufleute nahmen Schmuggelwaren ab. Auch andere, die früher nie etwas mit dem Handel zu tun gehabt hatten, kauften und verkauften jetzt verbotene Waren. Das war auch nicht ungefährlich, denn jedermann mußte immer mit Kontrollen rechnen. Die Waren wurden heimlich nur an gut bekannte Personen verkauft.

Auf die Dauer blieben den Holländern die Schmuggelfahrten nicht verborgen. Deshalb erließ der König von Holland strengere Vorschriften: Kanonenboote besetzten die Emsmündungen. Immer mehr Gendarmen und Zöllner überwachten auch die kleinsten Häfen bei Tag und Nacht. Streifen auf den Deichen beobachteten die gesamte Küste.

Nur Inhaber eines besonderen Passes durften auf die Inseln reisen. Wer Waren ins Land schmuggelte und mit ihnen handelte, mußte mit harten Strafen rechnen. Je nach der Schwere des Vergehens verhängte das Gericht Geldstrafen, Gefängnis, Verbannung aus dem Königreich und als schwerste Strafe die Zwangsverschickung auf eine Galeere. In jedem Falle wurden Waren und Transportmittel — Schiff, Wagen, Karren, Pferde oder andere Lasttiere — beschlagnahmt.

Trotzdem fanden die Schmuggler weiterhin Mittel und Wege, verbotene Waren ins Land zu schaffen. Mit Vorsicht und List umging man die Wachen. Man fälschte Erlaubnisscheine für Küstenfahrten und Landtransporte. Gendarmen, Zöllner, selbst Offiziere der Kanonenboote konnten bestochen werden. Dorfbewohner veranstalteten Feste und Feiern, zu denen sie holländische Beamte einluden. Zur gleichen Zeit wurden Schmuggelschiffe entladen, Transporte zusammengestellt und auf den Weg gebracht.

Nicht alle Schmuggelfahrten brachten Erfolg. Einige Schiffe gingen bei stürmischer See unter. Gendarmen und Zöllner beschlagnahmten manches Schiff, manches Fuhrwerk samt Ladung. Diese Fahrzeuge und Waren wurden meist umgehend für einen hohen Preis versteigert (. . .)

Weil das geschäftliche Wagnis so groß war, und die Maßnahmen gegen den Schmuggel immer strenger wurden, stiegen die Preise für englische Waren ständig an. Baumwolle, Stoffe, Farben, Metallwaren, besonders aber Kaffee, Tee und Zucker waren wesentlich teurer als in der Zeit vor der Kontinentalsperre. Die einheimischen Produkte kosteten dagegen wenig. So zahlte man für 1 Pfund Kaffee so viel wie für 21 Pfund Rindfleisch, für 1 Pfund einfachen Tee so viel wie für 15,5 Pfund Butter. Für 1 Pfund Kandis konnte man 22 Pfund einheimisches Roggenbrot erhalten.

Schmuggel und Schleichhandel milderten nicht die wirtschaftliche Not im Lande. Sie brachten aber manchem Ostfriesen hohen Gewinn. Auf diese Art von Geschäften traf das Sprichwort zu: „Wie gewonnen, so zerronnen!" Ein Mann konnte an einem Tage Tausende von Gulden gewinnen. Er konnte aber schon eine Woche später sein Schiff oder seine Waren verlieren und ein armer Mann sein.

Strenge Kontrollen und schwere Strafen beenden Schmuggel und Schleichhandel

Ostfriesland wurde 1810 als „Departement der Ost-Ems" eine Provinz des Kaiserreiches Frankreich. Mit den französischen Truppen rückten auch einige hundert Zöllner, „Douanen" genannt, in Ostfriesland ein. Sie lösten die holländischen Beamten ab, die nach Meinung der Franzosen die Schmuggler zu nachsichtig behandelt hatten.

Im Herbst 1810 begannen Douanen und Soldaten auf Befehl des Kaisers Napoleon im Lande nach englischen Waren zu suchen. Diese sollten beschlagnahmt und öffentlich verbrannt werden. Auf einer Liste waren über 100 verschiedene Artikel aufgeführt, die als englische Erzeugnisse galten (. . .)

Viele Ostfriesen wurden unruhig, denn fast jeder besaß Gegenstände, die als englische Erzeugnisse gelten konnten. Die Besitzer versteckten diese Dinge in Truhen und Schränken, auf Dachböden, in Schuppen und Ställen, Stadtbewohner schafften ihren gefährdeten Besitz auf Bauernhöfe in der Umgebung.

Die Soldaten und Douanen durchsuchten streng und gründlich sämtliche Läden, viele Stadthäuser und Bauernhöfe. Sie beschlagnahmten dabei auch solche Waren, die zwar auf der Liste standen, nicht aber aus englischen, sondern aus deutschen, holländischen oder sogar französischen Fabriken stammten.

Die in Emden beschlagnahmten Güter lagerten im Magazin der Kaserne und sollten am 26. Dezember 1810 verbrannt werden. Zwei Kompanien bewaffneter Soldaten standen bereit, als die Waren herausgeholt, gezählt und vom Stadtwaagemeister in Gegenwart zahlreicher Zeugen gewogen wurden. Douanen warfen alles auf vier große Wagen, die in Begleitung der Soldaten zum Stadtwall fuhren. In der Nähe des Gelbe-Mühlen-Zwingers brannte bereits ein Feuer. Ballen und Pakete mit Textilien wurden aufgeschnitten, der Inhalt ins Feuer geworfen und verbrannt. Die restlichen Güter sollten am nächsten Tag um 10 Uhr verbrannt oder vernichtet werden.

Trotz der strengen Bewachung der Küste durch kaiserliche Marine, Polizei, Douanen und Soldaten gab es immer noch heimliche Verbindungen nach Helgoland und mit englischen Schiffen. Deshalb wurden neue Anordnungen erlassen, die den Schmuggel endgültig unterbinden sollten. (. . .)

Jeder, der diese strengen Befehle nicht befolgte und weiterhin schmuggelte, mußte von nun an mit der Todesstrafe rechnen (. . .)

Douanen und Soldaten führten alle Anordnungen unnachsichtig durch. Schmuggel und Handel mit verbotenen Waren lohnten nicht den Einsatz des Lebens. Der Schleichhandel hörte auf.

Die Kontinentalsperre wird aufgehoben

Gleich nach Beginn der Befreiungskriege erließ Friedrich Wilhelm III., König von Preußen, das Gesetz wegen der „Aufhebung des sogenannten Kontinentalsystems“:

> „Nachdem Wir uns veranlaßt gefunden haben, uns von der Allianz mit Frankreich loszusagen, finden Wir zugleich für nöthig, hiedurch zu erklären:
>
> Daß jede Einschränkung, worunter der Handel auch in unseren Staaten infolge des sogenannten Kontinentalsystems bisher gelitten hat, nunmehro gänzlich aufhören und den Schiffen und Waren aller befreundeter Länder und neutraler Nationen der Eintritt in unsere Häfen und Länder ohne irgendeine Ausnahme und ohne Unterschied hierfür freistehen soll.
>
> Alle französischen Waren werden dagegen nicht nur zum Verbrauch, sondern auch zum Durchgange in unse-

ren und von unseren Armeen zu besetzenden Ländern hiemit gänzlich verboten."

Die Kontinentalsperre war damit aufgehoben, aber Ostfriesland blieb noch eine französische Provinz. Der Schiffsverkehr ruhte, die Seeleute waren zur Untätigkeit gezwungen oder mußten in der französischen Marine Kriegsdienst leisten. Es verging fast noch ein Jahr, bis ostfriesische Schiffe wieder ungehindert aufs Meer hinaussegeln konnten.

Ein Leeraner Handelshaus in schwerer Zeit (1806)

FRIEDEMANN RAST

Er begann den Handel also, wie angedeutet, verblüffenderweise mit einem Sortiment, dem das Haus J. Bünting & Comp. *im wesentlichen* bis ins Jahr ihres 175. Jubiläums treu blieb. Und er eröffnete seine Firma in *eben jenem* Gebäude an der Leeraner Brunnenstraße, welches bis heute das Stammhaus des von ihm begründeten Unternehmens geblieben ist! Diese bislang unbekannte Tatsache ließ sich aus den wenigen erhalten gebliebenen Grundbuch-Aufzeichnungen zweifelsfrei ermitteln. Daß in dem altehrwürdigen Geschäftshaus laut Firmenarchiv sogar einstmals „die Bierbrauerey (!) exercirt" worden sein muß, sei nur als Kuriosität angemerkt . . . Vielleicht hatte es sich mit dem (damals niedrigen!) Haus deswegen so verhalten, weil die Kaufleute und Krämer Leers eigentlich eher in der „Peperstraat" ansässig waren, der heutigen Rathausstraße. Die „Brunnen"straße trägt ihren Namen bis heute übrigens deswegen, weil sie sich „zwischen beiden Pütten" erstreckte: holzverkleideten hohen Wasserpumpen mit mächtigem Schwengel, die jeweils auf der Ecke zur Heisfelder-/Osterstraße (heute Mühlenstraße) und zur Kirchstraße standen.

Es hat den Anschein, als wären die Geschäfte des jungen Kolonialwarenhändlers und Tabaksfabrikanten Johann

Bünting von Anbeginn an gleich recht gut gegangen; wie sonst soll man es erklären, daß er — anders als sonstige Leeraner Neugründungen jenes Jahres 1806 — auf Jahre kein einziges Inserat in die „Wöchentlichen Ostfriesischen Anzeigen und Nachrichten" einrücken ließ? Ob er sich allerdings dieses Erfolges uneingeschränkt freuen konnte, muß angesicht der bedenklichen politischen Entwicklungen der Zeit als fraglich erscheinen. Preußen hatte nämlich seine Neutralität gegenüber Frankreich aufgegeben und war bekanntlich von Napoleon prompt binnen kürzester Zeit in der Schlacht bei Jena und Auerstädt (14. Oktober 1806) vernichtend geschlagen worden. Noch im selben Oktober rückten holländische Truppen in Ostfriesland ein; es fiel im Juli 1807 an das neu gegründete Königreich Holland unter Louis Napoleon und galt ab 1808 als dessen 11. Departement. Die Holländer auch in Leer — das war angesichts der nahen, stets sehr durchlässigen Grenze eigentlich noch nichts Besonderes. Mit den Niederländern konnten sich die Leeraner auch sprachlich ohne weiteres verständigen. Diese Fähigkeit müssen die Kaufleute Leers nun zielstrebig genutzt haben, denn es gelang ihnen, die neuen Herren zur Abschaffung des verhaßten Emdener Stapelrechts zu bewegen — mit jenem Anarchronismus hatte es am 17. Juni 1808 ein für allemal ein Ende! Neu war aber leider auch der scharfe Geist der Unterdrückung und Reglementierung, welcher in der „holländischen Zeit" unter französischer Regie politisch und wirtschaftlich die freiheitsgewohnten Ostfriesen aufs Ganze zu lähmen begann.

Daß sie nicht allesamt stillhielten, kann man verstehen. Und so fühlte sich das „Königlich Holländische Gouvernement" zu Emden im Januar 1807 gemüßigt, das Volk ausdrücklich zu warnen,

> „sich aller boshaften und ärgerlichen Gespräche, Verbreitung falscher Gerüchte und Zusammenrottirungen, als auch des Singens von Ruhe-stöhrenden Liedern, und alles desjenigen, was auf irgend eine Art die öffentliche Ruhe stöhren könnte, auf das sorgfältigste zu enthalten".

Es hätte der kaufmännischen Nüchternheit Johann Büntings gewiß widerstrebt, bei der neuen Obrigkeit dergestalt Anstoß zu erregen! Sein Augenmerk galt vielmehr den erfreulicheren Entwicklungen in seiner Privatsphäre: Am 7. Januar 1807 verlobte er sich mit Eta Klopp, der Tochter des Leeraner Bürgers Wilko (Wilke) Klopp. Dieser betrieb in größerem Umfang (deswegen auch als „Fabrikant" bezeichnet) das einträgliche und hochangesehene Gewerbe eines „Blaufärbers" oder „Schönfärbers"; Zusammenhänge mit der regen Leinenweberei Leers liegen auf der Hand. Am 20. August des gleichen Jahres wurde bereits geheiratet. Damit war unter keineswegs verheißungsvollen Zeitumständen der Beginn jener familiären Verbindung gelegt, welche der Firma J. Bünting & Comp. bis in die Gegenwart hinein ihre Stabilität verlieh! Daß in der Führung des Hauses schließlich nur noch Träger des Namens Klopp übrigbleiben würden, war zu Beginn der Firmengeschichte natürlich nicht vorherzusehen . . .

Die Familie Klopp stammte, wie Bünting, ursprünglich aus dem Oldenburgischen, freilich aus Zetel in der „Friesischen Wehde". Brune (Bruno) Ottjes Klopp, 1702 in Zetel geboren, war der erste Träger dieses Namens gewesen, welcher sich in Leer niedergelassen und hier als Kaufmann Fuß gefaßt hatte. Man hatte ihn sogar 1761 zum Bürgervorsteher gemacht! Im übrigen bot die Familie Klopp im 18. Jahrhundert geradezu Musterbeispiele unverwechselbar ostfriesischer Namensgebung: Brune Ottjes Ehefrau war eine Ike Weyers, beider Kinder hießen Hilke, Otje, Weyert, Etje und Wilko; Wilko heiratete Talle Onnen, Tochter von Onne Dirks Onnen und Antje Evers . . . Als der Neuzuwanderer Bünting in die Familie einheiratete, war diese in der dritten Generation in Leer ansässig und vergleichsweise vermögend. Sicherlich war die Eheschließung für ihn deswegen auch in pekuniärer Hinsicht ein Gewinn.

Das konnte jedoch nicht darüber hinwegtäuschen, daß die Zeiten für seine Geschäfte schlechter und schlechter wurden. Ursache war die von Napoleon verfügte und durch seinen Bruder am 15. Dezember 1806 in Haag für die hiesige Küste verkündete Kontinentalsperre gegen das

Königreich England — praktisch die Lähmung sämtlicher Schiffsbewegungen an der Nordsee, bis hin zur Kontrolle sogar der Fischerboote! Auch wenn Anfang 1807 einige Lockerungen für den ostfriesisch-niederländischen Schiffsverkehr zugestanden wurden, müssen die Folgen für den Handel und die Versorgung der Bevölkerung verheerend gewesen sein. „Notwehr"-Maßnahmen der ostfriesischen Kaufleute, die größtenteils als Eigner von „Parten" gemeinschaftlich auch Schiffe bereederten, waren die Antwort: Es wurden in den Hafenorten kräftig Geleitpapiere gefälscht, und der Schmuggel blühte.

Die geschmuggelten Waren aber ließen sich mit außerordentlichem Gewinn verkaufen! So profitabel war der Schmuggel, daß es heißt, sogar des Kaisers eigener Bruder Louis Napoleon habe insgeheim daran partizipiert . . .

Über die Folgen von Johann Büntings Beteiligung an derlei illegalen, aber nur zu begreiflichen Handlungsweisen existieren in der Firmen- und Familienüberlieferung dramatische, aber wohl übertriebene Berichte. Daß er in der Wahrung seiner Interessen kein „weißer Rabe“ war, kann man glauben, zumal auch das Tabakgeschäft von den Franzosen aufs schwerste beeinträchtigt worden war. Das kurzlebige Königreich Holland war nämlich — angeblich wegen seiner Laxheit in der Kontrolle der Kontinentalsperre — 1810 im französischen Kaiserreich aufgegangen, so daß auch die Ostfriesen ab 1. Januar 1811 direkte Untertanen Napoleons wurden. Das bescherte ihrer Heimat als „Departement Ost-Ems“ eine Verwaltungs-Neugliederung in Arrondissements, Kantons und Mairien, Schwärme fremdsprachiger Soldaten, Zollfahnder und Geheimpolizisten, und nicht zuletzt die Einführung einer „Tabak-Regie“: die rigorose Überführung von Herstellung, Vertrieb und Verkauf in ein staatliches Monopol.

Der einzige, der in Leer als konzessionierter „Debitant“ offiziell Tabak verkaufen durfte, war ein gewisser J. H. Wilhelms. Bünting konnte und wollte den (zweifelhaften) Titel eines „Kaiserlichen Tabacks-Verkäufers“ nicht gewinnen. Alle frei vorhandenen Tabake mußten abgeliefert werden, ja, es waren Belohnungen für das Aufspüren versteckter Tabaksmengen und die Denunziation von „Contrebandiers“ (Schmugglern) ausgesetzt. Daß Johann Bünting gegen die lachhaft peniblen Bestimmungen der Tabaksregie verstieß, ist denkbar. Vielleicht hatte sich auch ein Schiff, an dem er Anteile besaß, als Blockadebrecher versucht und war aufgebracht worden. Jedenfalls geriet er allem Anschein nach nun um des Geschäfts willen mit der französischen Obrigkeit aneinander.

Er sei — inzwischen Vater von drei Kindern — Ende 1811 auf die Festung Groningen gebracht worden, von dort gar nach Frankreich verschleppt, und erst im November 1813 heimgekehrt, so heißt es. Und fast melodramatisch liest sich die Geschichte von einem tapferen Besuch Eta Büntings und ihrer Kinder bei dem verzagten Eingekerkerten in Groningen ... Aber die Stadt gehörte zum „Departement West-Ems“, wo man gar nicht für seine Aburteilung und Festsetzung zuständig gewesen wäre; die holländischen Gefängnisakten geben auch keinen Aufschluß über seine Inhaftierung. Demgegenüber steht aber fest, daß er daheim „vermöge öffentlichen notariellen Kaufcontracts" vom 28. Mai 1812 (die sechsjährige Pacht war inzwischen abgelaufen) beim „Ausmiener" Schelten in Leer für 8000 holländische Gulden das Geschäftshaus Brunnenstraße 37 samt Laden und Garten kaufte und „zufolge notarieller Quittung" vom 23. Juni 1813 den „Kaufschilling" in bar bezahlte.

Für eine Notzeit ein stolzer Preis, und ein Zeugnis bemerkenswerten Vertrauens in die Zukunft überdies!

Selbstbewußtsein und Gottvertrauen waren ihm gleichwohl auch bitter nötig, denn mehreren Aufzeichnungen zufolge wurde Bünting noch Mitte 1813 wegen (angeblicher oder tatsächlicher) Zollvergehen von einem französischen Ausnahmegerichtshof („Prevotalgericht"), seltsamerweise in Valenciennes, zur Zwangsarbeit in Ketten verurteilt.

Unterdessen wurde ihm im August 1813 daheim das vierte Kind geboren (es wurden insgesamt elf). Das Leben ging weiter! Vor allem aber war der Glücks-Stern Napoleons deutlich gesunken: Seine „große Armee" hatte in Rußland ein Desaster erlitten, die Befreiungskriege hatten begonnen, in der Völkerschlacht bei Leipzig (16. bis 19. Oktober 1813) wurden die Franzosen bekanntermaßen vernichtend geschlagen. Im November rückten Kosaken, als Befreier bestaunt und gefeiert, auch in Leer ein — die Bedrückung hatte ein Ende! Im gleichen Monat noch wurde Bünting begnadigt, so daß er von Valenciennes (nahe der heutigen französisch-belgischen Grenze) heimkehren und sich an die Reorganisation der Firma machen konnte.

200 Jahre Steinbömer & Lubinus Rauchtabakfabrik Norden

Friedemann Rast

(. . .)
Was die staatliche Zugehörigkeit mit der Gründung einer doch ganz privaten Tabakfabrik zu tun hat, zeigt ein Blick auf die Innenpolitik Friedrichs des Großen nach dem Siebenjährigen Krieg. Der Sieg der Preußen ist teuer erkauft: die Staatskassen sind leer, viele Männer in den Schlachten gefallen, das Land ausgeblutet — wahrhaft keine gute Voraussetzung, um die Großmachtposition des Staates zu wahren! Also heißt die Parole des Königs seit dem Hubertusburger Frieden von 1763 „Rétablissement" (Wiederaufbau). Vor allem braucht Preußen Menschen, um sich in seiner Stellung zu behaupten, denn: „Es ist ausgemacht, daß in der Anzahl der Untertanen der Reichtum eines Staates besteht", so sagt Friedrich II. Weil sich — so seine Theorie — die Bevölkerung am ehesten durch Fabriken vermehren läßt, müssen Fabriken angelegt und begünstigt werden, und zwar planmäßig und durch staatliche Initiative. Steigerung der Inlandsproduktion sowie Bevölkerungsvermehrung haben die erklärten Ziele der Verwaltung zu sein, und so erhält im Sommer 1764 auch die preußische Kriegs- und Domänenkammer in Aurich die „Geschäftsinstruktion", „. . . daß in den Städten und Flecken Ostfrieslands mehrere Fabriquen etabliert, mehr Fremde und Handwerker ins Land gezogen, auch das platte Land mit mehreren Tagelöhnern bebaut (werden soll) und daß es hierbei nicht so sehr auf den Reichthum der Fremde(n), als auf mehrere Menschen im Lande ankommt". Es ist wahr, eine blühende Provinz ist Ostfriesland nicht gerade gewesen, als der große Friedrich es im Mai 1744 nach dem Aussterben des glücklosen einheimischen Fürstenhauses Cirksena in Besitz nehmen ließ. Die langen inneren Auseinandersetzungen zwischen den Herrschern und den mächtigen Landständen hatten die allgemeine Entwicklung des Landes derart stagnieren lassen, daß die Ostfriesen selbst es mit einer gewissen Er-

leichterung begrüßten, nun mit den Preußen eine starke Zentralgewalt ins Land zu bekommen. Auch die Stadt Norden beeilte sich, dem König durch zwei Bürgermeister, zwei Ratsherren und zwei Vertretern der (freilich noch kleinen) Bürgerschaft ihren Huldigungseid zu leisten.

Und so ist die Obrigkeit nun auch bemüht, Norden in die allgemeine Wirtschaftsförderung mit einzubeziehen. Zahlreich, detailliert und sehr fürsorglich sind seit 1763/64 die Schreiben der Auricher Kriegs- und Domänenkammer an den Magistrat von Norden. Der wichtigste Brief in der Vorgeschichte der Gründung von Steinbömer & Lubinus (die wir hier nicht aus den Augen verloren haben!) stammt vom Beginn des Jahres 1766:

Von Gottes Gnaden, Friedrich, König in Preußen, Marggraf zu Brandenburg, des Heil. Röm. Reichs Ertz-Cäm. und Churfürst etc.

Unseren gnädigen Gruß zuvor. Hochgelahrte Erbahre und Weise, liebe Getreuen! Da unsere allerhöchste, zum wahren Besten des Landes gereichende Absichten dahin gehen, Kaufleute, Künstler, Professionisten und Handwercker in die Provintz mehr und mehr herein zu ziehen, auch deß halb, zur Beförderung solcher Etabliszement, in denen verschiedentlich publicirten Edicten wesentliche Vortheile für dergleichen anziehende Persohnen allergnädigst bewilliget und festgesetzet haben; indeßen dennoch an verschiedenen Orten in der hiesigen Provintz Mangel erscheinet, zumahlen an Professionisten und Handwercker, welche doch, bey tüchtiger Arbeit, ihr Brod wol würden haben können, ohne daß die Eingeseßene nötig haben, das Geld für die Waare außer Landes zu verschicken: Als(o) wollen wir, daß Ihr ohne Verzug und aufs allerspäteste binnen 14 Tage eine Designation zur hies. Cammer einsendet, welche von der Art Leute, wie obenerwehnet, Eures Orts fehlen, dem publico aber dienlich wären, und wenn sie sich ansetzten, der apparence nach, Ihr Brod finden könten, da wir dann das weitere, um dergleichen ins Land zu ziehen, veranlaßen werden. Sind Euch mit Gnade gewogen. Geben Aurich d. 25. Febr. 1766.

Das ist ein landesherrlich-wohlmeinendes, aber auch partienweise sehr resolutes Schreiben, und man tut im Norder

Rathaus gut daran, sich sorgfältig zu überlegen, „welche von der Art Leute, wie obenerwehnet“ in der Stadt noch fehlen. Gewiß wird bei der rasch anberaumten Sitzung der Honoratioren manch eine der in diesem Jahrhundert gebräuchlichen langen Tonpfeifen mit gutem Kanaster zur Erleichterung des Denkens gefüllt, und beim geruhsamen Schmauchen kommt urplötzlich einem der Stadtväter — gepriesen sei sein leider unbekannter Name — die Idee:

Norden braucht seine eigene Tabaksfabrik! Denn freilich wird hier im Ort schon lange Tabak geraucht, aber der muß bislang aus den Niederlanden importiert werden (wohin die Stadt per Schiff wesentlich bessere Verkehrsverbindungen hat als auf dem Landwege ins Binnenland). Das Geld, welches man hier und in der Umgebung für den Rauch- und Schnupftabak ausgibt, wandert somit seit jeher ins Nachbarland. Dieser Regierungserlaß hier will es ja gerade unterbinden, „das Geld für die Waare außer Landes zu verschicken“. Natürlich, es wäre viel besser, eine „Fabrique“ gleich an Ort und Stelle zu haben — und den Lokalstolz wird es auch heben, einheimischen Tabak genießen zu können. Darum teilt der hohe Magistrat der Auricher Kriegs- und Domänenkammer seinen Wunsch mit, „Professionisten“, die sich auf die Fabrikation von Tabak verstehen, in der Stadt Norden zu sehen.

Auf welche Weise nun die preußische Obrigkeit „das weitere“ veranlaßt, geht aus unseren Quellen nicht hervor. Möglich, daß es eine öffentliche Ausschreibung in dem Teile Preußens mit bereits vorhandener Tabakindustrie gibt — eben im Ravensberger Land und damit auch in Enger —, möglich aber auch, daß Justus Friedrich Steinbömer direkt „von oben“ einen Wink bekommt. Denn schon sein Großonkel, ein reicher Kaufherr und der Bürgermeister in Vlotho an der Weser, hatte als Mitglied der Berliner Kaufmannschaft gute Beziehungen in der Hauptstadt.

Das brauchen wir aber gar nicht bis ins einzelne zu wissen. Viel wichtiger ist, daß Steinbömer nunmehr beschließt, nach Norden in Ostfriesland überzusiedeln, um sich dort mit einer eigenen Tabaksfabrik selbständig zu machen. Dort winken steuerliche Präferenzen, dort bietet ein Seehafen die Möglichkeit, Rohtabak anzulanden, und vor allem ist dort 1766 nicht das staatliche Tabakmonopol Preußens eingeführt worden. Das ist wiederum typisch für Ostfriesland unter preußischer Herrschaft: So wie es sich auf allen möglichen Gebieten Sonderrechte bewahrt hat — die Freistellung seiner jungen Männer vom Kriegsdienst ist nur eines davon —, so auch in der Tabakbranche. Fabrikation und Verkauf wird in ganz Preußen durch die „General-Tabaksadministration" reglementiert — nur hier an der Nordseeküste nicht!

Wann Steinbömer ferner zum ersten Male mit Lubinus Fühlung aufnimmt, wie er überhaupt darauf kommt, ihn zum Geschäftspartner zu wählen, ist uns gleichfalls unbekannt. Wahrscheinlich gibt eine Studienbekanntschaft ihrer beider Väter von der Universität Halle her den Ausschlag. Sei dem wie dem sei — jedenfalls haben sich Justus Friedrich Steinbömer und Johann Heinrich Lubinus 1768 geeinigt, das Wagnis gemeinsam zu unternehmen und die erste Tabaksfabrik Nordens zu gründen.

Lubinus führt in diesem Jahre 1768 wegen der Konzessionierung der Schnupf- und Rauchtabaksfabrik sowie deren Befreiung von „Lasten" den Schriftverkehr mit der Kriegs- und Domänenkammer in Aurich — sein künftiger Kompagnon ist noch nicht im Lande —, es gibt Reisen von Ostfriesland nach Enger und von Enger nach Ostfriesland, eine ganze Reihe von Besprechungen und Verhandlungen da und dort und hier, bis die Etablierung der neuen Firma Steinbömer & Lubinus in Norden endgültig gesichert ist. (...)

Die am 21. Januar 1771 im städtischen Weinhause stattfindende Auktion sieht die Herren Steinbömer und Lubinus als Interessenten. Beim Bieten ist ihnen allerdings lediglich ein Teilerfolg beschieden, weil sie nur den Zuschlag für das Nebengebäude (Preis: 1420 Gulden) erhalten; Wohnhaus und Garten fallen dem Müller Reentje Janssen zu. Gerade darauf aber kommt es im geschäftlichen Interesse den beiden Tabaksfabrikanten an; darum nehmen sie privat Verhandlungen mit Janssen auf. Und richtig gelingt es ihnen, schon am 11. Februar für die beträchtliche Summe von 5279 Goldgulden auch den Rest dieses Grundstükkes zu erwerben. Ein solch großer Kauf läßt sich nicht ohne einen Kredit tätigen. Den bekommen sie aber reichlich, und zwar von Reentje Janssen: 4000 Reichstaler in Gold — das entspricht grob gerechnet 10 000 Goldgulden. Auch nach Abzug der an den Müller abzuführenden Kaufsumme bleiben hiervon noch einige tausend Gulden übrig, und die lassen sich vortrefflich in die Fabrik investieren. Denn die Verlegung der Tabakproduktion nach dem Grundstück am Neuen Weg verlangt den Ankauf neuer „instrumenta und materialia", die Einstellung zusätzlicher Arbeitskräfte und auch sonst noch allerlei, was bei der Expansion eines Unternehmens notwendig wird. Weil aber gleich drei Haushalte auf einmal von der Firma leben müssen — zwei Gebrüder Lubinus und Steinbömer mit ihren Frauen — und der Betrieb in dieser erst kurzen Zeit des Bestehens seinen Absatzraum noch nicht sehr hat erweitern können, ist der Kleinhandel mit den fabrizierten Tabaken und dem via Bremen aus Tecklenburg eingeführten Leinen nach wie vor unerläßlich. Unvorhergesehenerweise aber wird dieser Ladenverkauf zum großen Ärgernis, zum Gegenstand eines hitzigen Rechtsstreites mit der Norder Krämer- und Wandschneidergilde — ein Zusammenstoß von unvoreingenommenem, durchaus modernem Erwerbssin bei Steinbömer & Lubinus auf der einen und kleinlichem, traditionalistischem Kleinstädtergeist bei den ortsansässigen Krämern auf der anderen Seite! Die Norder Kaufleute sehen es mit Ärger und Argwohn, daß Steinbömer und Lubinus als ihre Konkurrenten Tabak und Leinen im kleinen in ihrem Ladengeschäft verkaufen, ohne Mitglieder der Gilde zu sein. Die Krämer pochen auf eine Klausel ihrer 1651 erlassenen und 1690 bestätigten Zunftrolle, die besagt, daß der Handel „en detail" mit Waren aller Art nur den Angehörigen der Gilde erlaubt sein soll — und die Tabaksfabrikanten besitzen die Mitgliedschaft darin nun einmal nicht! Darum erheben die Elterleute der Gilde, J. Schatteburg und D. R. Tillmann, beim Magistrat offiziell Klage gegen den nach Ansicht der Zunft illegalen Kleinhandel von Steinbömer & Lubinus. Auf dem Rathause ist man in peinlicher Verlegenheit: Die bisherigen Handelsgepflogenheiten am Orte scheinen den Klägern recht zu geben — andererseits aber sagt die Zunftrolle der Krämer über den Modus des Tabakhandels gar nichts aus. 1690 war in Norden die Fabrikation von Tabak ja noch nicht bekannt gewesen.

Der Magistrat kann und kann sich darüber nicht einigen, ob den Tabaksfabrikanten nun der Kleinhandel erlaubt ist oder nicht; daher schickt er die „Denunciations-Acta der Crämer-Gilde-Elter-Leute wider Steinböhmer et Compagnie" nach Aurich und erbittet bei der für die „Wirtschaftsplanung" ohnehin maßgeblichen Kriegs- und Domänenkammer über die umstrittene Zunftrollenclausel „allerhöchste Interpretationem authenticam zur Richtschnur". Das geschieht im Hinblick auf künftige Fälle — denn es siedeln sich in dieser Zeit auf obrigkeitliches Geheiß ja auch andere Manufakturen in Norden an — aber auch zur Klärung des vorliegenden Streites.

Vorsichtshalber hat der Magistrat jedoch den Fabrikanten den Tabaksverkauf „en Detaille" bis auf weiteres verboten. Diese Maßnahme bedroht die junge Firma ernsthaft; sie hat schließlich einen hohen Kredit aufgenommen und muß, wie gesagt, die Familien der drei Besitzer und ihrer Arbeiter ernähren.

Amtsverwalter, Bürgermeister und Rat von Norden bitten die Regierung in Aurich also um rasche Entscheidung des Falles,

weil der Fabricanten Steinböhmer und die Gebrüdern Lubini Verkauff aus ihren Häusern bei Kleinen provisorie sistiert geworden. Also, wenn jemand in oder außer der Stadt wohnhafft der Art (Tabak) itzt kauffen (würde) wollen, sie vorerst solche abweisen müßen. Daher nicht blos gegenwärtig, sondern auch fürs Künfftige für selbige (Fabrikanten) daraus Abgang und Nachtheil, bevor in Ansehung derer so außer der Stadt wohnen, also Bauer, Arbeiter etc: so nur einmal in der Woche, oder in 14 Tagen bis 4 Wochen etc: in der Stadt kommen und ihre Waaren einkauffen, welche entweder gar nicht, oder doch erst nach langer Zeit erfahren, daß der Verkauff von Taback in Kleinen an die Compagnie wieder frei gegeben, also das provisorische (Verbot) aufgehoben sey.

Dieses Schreiben ist datiert vom 13. November 1773. Nach hinreichender Prüfung antwortet die Kriegs- und Domänenkammer nur zehn Tage später:

Auf Euern allerunterthänigsten Bericht und Anfrage vom 13. hujus (dieses Monats), mit welchem Ihr die Denunciations-Acta der dortigen Crämer-Gilde-Elterleute wieder den Steinböhmer et Comp: und Lubinus sen: daselbst eingesandt habet, machen wir Euch hierdurch bekant, daß bey Ertheilung der Zunfft-Rollen, über dergleichen zu verkauffende Waaren von Crämern immerhin der Hauptzweck des Landes-Herrn sey, diejenige Eingesessene im Lande, welche dergleichen Waaren selbst fabriciren, zu favorisieren um dadurch mehrere zu ermuntern Fabriquen anzulegen, damit das Fabrique Lohn im Lande profitiret werde (das soll wohl heißen, daß der Gewinn aus den Fabriquen wieder der inländischen Wirtschaft zugute kommt), und nicht nach der Fremde gehe. Es stehet also (. . .) feste, daß alles was von denen (. . .) Waaren in der Stadt und dem Amte Norden selbst gemachet wird, auch von denen Fabricanten, ohne daß sie brauchen in der Zunft zu seyn, sowohl im Kleinen, als im Großen verkauffet werden könne (. . .) Wann nun Steinböhmer, Lubinus et Cons. diese Fabrique zusammen treyben, und in comp: stehen, so kann ihnen auch der Handel en detail mit ihrem fabricirten Tabac nicht gewehret werden. Es ist also das provisorische Verboth gleich aufzuheben und ihnen die Freyheit zu laßen, ihren fabricirten Tabac, sowohl im Kleinen, als im Großen verkauffen zu mögen, ohne daß sie deshalb nötig haben, die Zunft mit zu halten. Was aber sonst die Convenance, oder Schicklichkeit anbetrifft, so wäre freylich, wenn sich die Norder Crämer es einen rechtlichen Ernst seyn laßen wolten, der Fabricanten-Tabac in Ruf zu bringen, und bestens zu verhandeln, füglicher, wann Fabricanten nur den Absatz en gros für sich behielten, den Debit (Verkauf) in Kleinen aber den Crämern überließen, und ihnen deshalb bey Verlaßung aus der Fabrique im Preise favorisirten (es ist wohl gemeint, daß die Fabrikanten den Einzelhändlern durch günstige Einkaufspreise des Tabaks entgegenkommen sollten). Indeßen ist dieses nur eine Convenients-Regel, worunter man selben die Hände nicht binden kann, doch sind wir versichert, sie werden dieses, wenn ihr Toback erst überall bekannt ist, und die hinlängliche renommé erworben hat, selbst ihrem Interesse zuträglich halten.

Wegen des Tecklenburger Leinwandes aber habet Ihr billig (richtig) decretiret, und müssen sie damit nicht im Kleinen handeln (. . .)

Obwohl der Leinenverkauf demnach verboten wird, ist dieser Bescheid für die Firma zweifellos ein Erfolg. Die Obrigkeit ist eindeutig auf ihrer Seite.

Es spricht indes für die Klugheit der Fabrikanten, daß sie den Streitfall auch persönlich mit dem Krämern auf diplomatische Weise regeln: Justus Friedrich Steinbömer tritt knapp einen Monat später — am 17. Dezember — in ihre Zunft ein, wofür er die recht hohe Aufnahmegebühr von 37 Gulden 16 Stüber zahlt. Weil er nunmehr „Gildebruder" ist, bleibt es nicht aus, daß die übrigen „Brüder" bald Steinbömer-Tabak verkaufen ... Wie hilfreich für die Ausdehnung des Absatzes! (...)

Steinbömer & Lubinus haben bereits Anfang 1816 mit den hannoverschen Behörden zu tun, als sich deren neue Verwaltung in Aurich noch gar nicht recht etabliert hat. Die Firma entdeckte bei einer Norder Krämersfrau, daß sie irgendwelche fremden Tabake minderer Qualität mit gutem Steinbömer-Tabak vermengt und verkauft hat. Dagegen erstatten die Fabrikanten Anzeige wegen „Verfälschung" ihrer Erzeugnisse. Das in dieser Angelegenheit am 3. April 1816 ausgesprochene Urteil ist recht hart, für uns aber köstlich zu lesen (leicht gekürzt, aber in Original-Schreibweise):

Urteil in fiskalischen Untersuchungs Sachen wider den Krämer Hinrich S. Janßen und dessen Ehefrau Hieltje Hilen zu Norden.

Erkennt der Königlich Großbrittanisch hannöverschen privisorisch bestätigten Ober-Landes-Gerichts-Commission 1ter Senat den Untersuchungs Acten zu folge für Recht:

1) *daß die Hieltje Hielen wegen dringenden Verdachts betrüglicher Weise fremden Toback in dem mit dem Wapen der Steinbömer et Lubinus'schen Fabrique gezeichneten Tobacks Papieren gethan und verkauft zu haben, in eine Geldstrafe von 25 Rtlr Courant zu bestrafen.*
2) *daß der Hinrich S. Janßen wegen Verdachts einer Theilnahme an diesem Verbrechen, von der Instanz loszusprechen.*
3) *daß die 5 Pfund unter Beschlag genommenen Toback zu conficiren, und den Norder Armen Anstalten zu verabfolgen (...)*

Entscheidungsgründe

Die Mitinculpatin Hieltje Hielen hat bekannt, daß sie von 10 Pfund Steinbömerschem No 1 Toback welchen sie am 27. Januar 1815 gekauft, 7 bis 7,5 Pfund auf dem oberen Boort ihres Kramladens in gelben Paqueten vergessen, daß sie diesen Toback beym Reinigen im April oder Mai 1815 von dem Boort genommen, ihn feucht gefunden, ihn aus dem Paquet heraus genommen, und selbigen mit anderem Toback vermenget, den sie bald hier bald dort zu 18 bis 19 Schaf per Pfund von angeblich unbekannten Menschen gekauft hat, und solchen wieder zusammen in das nemliche Steinbömersche Papier, mit dem Fabrikwapen hereingeschüttet, zusammen gebunden, u. so von diesem Toback 2 bis 2,5 Pfund für Steinbömerschen No 1 Toback verkauft hat (. . .) Die Angabe der Denunciatin, weshalb sie fremden Toback in die Paquete gefüllt haben will, nemlich weil sie von ihrem Ehemann Vorwürfe befürchtet, daß sie den theuer eingekauften Steinbömerschen Toback vergessen, und habe verderben lassen, (. . .) ist höchst unwahrscheinlich, besonders da geständlich Nachfrage nach diesem Toback gewesen. Nicht weniger unwahrscheinlich und unglaublich ist es nach dem Befunde, daß überhaupt — außer in zwei Paqueten — feuchter Toback gewesen, da hievon in Tüten von dünnem Papier keine Spuhr vorhanden. Zu diesem kömmt nun noch, daß der darin gefüllte Toback nach dem Gutachten der Sachverständigen, weil schlechtern Toback wie der Steinbömersche No 1 Toback genommen, mithin es auch von aller Wahrscheinlichkeit entfernt ist, daß der schlechte Toback eben so theuer, wie der Steinbömersche eingekauft ist, um so mehr, als Denunciatin keinen einzigen Verkäufer desselben hat angeben können. Diese Umstände liefern solche erhebliche Beweise für die betrügliche Absicht gegen Denunciatin, daß sie nahe an einer Ueberführung gränzen, weshalb bey der Anwendung einer außerordentlichen Strafe kein Bedenken obwalten kann (. . .)

In diesem Falle soll die Strafe nach dem Betrage des den anderen zugefügten Schadens festgesetzet werden (. . .) Indeß ist, da durch einen Betrug und eine Verfälschung, wie die vorliegende, das Publicum betrogen ist, und die Fabrique der Denuncianten in schlechten Ruf kommen kann, das Verbrechen von mehrerer Wichtigkeit, und soll (. . .) die ordinaire

Strafe des qualificirten Betruges verschärft, ja um die Hälfte erhöhet werden (. . .)

Im Hause der Krämersleute dürfte es vor und nach der Urteilsverkündung nicht ohne handfesten Ehestreit abgegangen sein . . . (. . .)

Die Ostfriesen haben sich, wie gesagt, unter der hannoverschen Herrschaft von Anfang an nicht wohl gefühlt, und auch bei den Beamten und Offizieren des Königreichs fand die abgelegene Provinz (das „hannoversche Sibirien") kaum Gegenliebe. Die wirtschaftlichen Verhältnisse sind zudem längst nicht so gut, wie sie es zur Zeit der Preußen waren, und schließlich kann seit 1815 von einer Respektierung der alten ostfriesischen Sonderrechte keine Rede mehr sein. Kein Wunder also, daß man sich angesichts solcher „Drangsalierung" durch die Hannoveraner in Ostfriesland nach den guten alten Zeiten von 1744 bis 1806 sehnt. Die Träume und Sehnsüchte gehen noch weiter zurück bis in die Epoche der legendären „Friesischen Freiheit" im Mittelalter, als sich — nach der verklärenden Geschichtsauffassung dieser Zeit — freie Friesen auf ihren Things am „Upstalsboom" bei Aurich selbst regierten und allen fremden Zwingherren trotzten . . . Upstalsboom-Sehnsüchte und antihannoversche Gefühle kommen den Ostfriesen damals aus einem Herzen. Daß sich politische Ansichten zu dieser Zeit durchaus mit dem Tabakrauchen verbinden lassen, erweist ein „Upstalsboom"-Porzellanpfeifenkopf. In Minaturgröße, schön bunt bemalt, zeigt auf der Vorderseite des Pfeifenkopfes ein Vater seinem bei ihm stehenden Sohne die Upstalsboom-Eichen als mahnendes Freiheitssymbol. Deutlich genug ist ein Spruch auf der Rückseite:

Schöne Zeit, wo bist du? Kehre wieder!
Ach nur in dem Feenland der Lieder
lebt noch Frisias Freiheits-Spur.

Schon diese wenigen Andeutungen lassen es verständlich erscheinen, daß die „Revolution" von 1848 in Ostfriesland geradezu begeisterte Anhänger findet. Man glaubt, die nationale Einigung sei nahe herbeigekommen. Erwartet wird die Wiederkehr der alten „goldenen" Freiheit, diesmal aber nicht nur der Friesen, sondern aller Deutschen.

In diesem Sinne feiern ostfriesische Liberale die Paulskirchen-Nationalversammlung mit dem emphatischen Ausruf, dort werde nun ein „Upstalsboom für ganz Deutschland" errichtet. Fortschrittsgewißheit und Euphorie herrschen vor, auch in Norden.

Hier konstituiert sich ein „Bürger-Verein", und erstmals dürfen Norder Bürger wegen der Aufhebung der Pressezensur eine eigene Zeitung herausgeben. Die erste Ausgabe dieses „Norder Stadtblatts" vom 27. Mai 1848 ist mit folgendem „Programm" überschrieben:

Es lebe die Bewegung!
(. . .) den in Paris, Berlin, Wien usw. stattgefundenen Bewegungen haben wir zu verdanken, daß wir frank und frei jetzt unsere Gedanken aussprechen und an das Tageslicht fördern dürfen.
Laßt uns denn von diesem Rechte Gebrauch machen und unser Blatt benutzen, um offen und wahr uns zu besprechen, Mißbräuche zu rügen, zeitgemäße Wünsche auszudrücken, aber laßt uns auch die freie Presse nicht mißbrauchen und nicht diejenigen tadeln und verletzen, die noch nicht den Geist der Zeit begriffen und noch fest am alten hängen (. . .)
Es lebe die zeitgemäße Reform!
Es lebe Gemeinsinn und Eintracht!

Eindrucksvoll manifestieren sich „Gemeinsinn und Eintracht" in der Norder Bürgerwehr. Das ist eine am 16. Mai dieses Jahres von der Regierung wegen der Feindseligkeiten des Deutschen Bundes mit Dänemark sowie wegen befürchteter innerer Unruhen befohlene Miliz. Alle Bürger vom 25. bis 50. Lebensjahr sind zum Waffendienst verpflichtet, ausgenommen die Invaliden, Tagelöhner, Empfänger von Armenunterstützung und die „eines gemeinen Criminalverbrechens" Angeklagten. Diese Truppe hat mit 450 Mann Bataillonsstärke. Die Soldaten tragen grüne Röcke, Wachstuchkappen mit schwarz-rot-gelben Kokarden und vom „Bataillons-Fähnrich" aufwärts Schärpen. Schwarz-rot-gelb (gold) ist noch vom Bundestag in Frankfurt zur Nationalflagge erklärt worden, und sie wird mit Enthusiasmus und Überzeugung getragen. Überhaupt fassen die politisch „erwachsenen" Bürger ihre eigene

Streitmacht ganz anders auf als die Obrigkeit, die bestimmt hatte:

Der Zweck der Bürgergarde ist thunlichste Mitwirkung zur Aufrechterhaltung der bestehenden Gesetze und namentlich der Ruhe und Sicherheit in der Stadt und deren nächsten Umgegend.

Die Herrschenden Hannovers wünschen sich offensichtlich eine Hilfstruppe zur Stützung ihrer wankenden Herrschaft, in Norden — und auch anderenorts — aber fassen die Bürger ihre „Streit"-Macht als Beitrag zur erhofften Einigung des Vaterlandes auf, und darum bringen sie für die Aufstellung und Ausrüstung der Bürgerwehr erhebliche finanzielle Opfer, von dem Zeitaufwand für Exerzier- und Schießübungen gar nicht zu reden. Die organisatorische und militärische „Seele" des Ganzen ist der Kommandant dieser Norder Truppe — niemand anders als Konsul Arend Wilhelm Steinbömer. Seine unermüdliche Schaffenskraft findet an der Tabakherstellung nicht ihr Genüge: Es ist eine große Zeit, und sie erfordert Großes. Steinbömer, im Zweispitz und mit goldenen Epaulettes auf seinem grünen Uniformrock, ist überall und kümmert sich um alles — vom Erarbeiten eines eigenen Exerzierreglements über den preisgünstigen Ankauf von Gewehren (gebrauchten freilich nur!) und Piken sowie der Einkleidung „seiner Leute" bis hin zur Aufstellung eines eigenen Musikkorps. Am 6. August dieses Jahres soll von der gesamten Bürgerwehr dem Reichsverweser Erzherzog Johann von Österreich gehuldigt werden. Dies ist der Tag des Triumphes für Steinbömer: Unter klingendem Spiel reitet er inmitten seiner nunmehr ganz eingekleideten und ausgerüsteten Soldaten durch die Stadt, eskortiert von seinem Adjutanten und von dem ihm unterstellten Hauptmann Jan ten Doornkaat Koolman. Die Nationalfarben flattern, die übrigen Bürger feiern „ihre" Truppe mit Hochrufen und alle sind sie hochgestimmt. Noch höher aber schlagen aller Herzen, als die Bürgerwehr auf ihrem Exerzierplatz in Lintel zum eigentlichen Zweck dieses Parademarsches kommt und in brausende Hurrarufe auf den Reichsverweser ausbricht.

Allerdings: Zu viel mehr kommt sie auch nicht. Die Notwendigkeit zu „Einsätzen" will und will sich nicht einstellen. Einmal allerdings heißt es in der Stadt, ein dänisches Kriegsschiff liege vor Norddeich. Sogleich wird die Trommel auf dem Markt gerührt, um die Bürgerwehr zusammenzurufen. Gilt es etwa, durch heldenmütigen Kampf einen feindlichen Invasionsversuch zu vereiteln? Als nunmehr die „Stunde der Bewährung" gekommen zu sein scheint, hat die Tapferkeit bei vielen Bürgerwehrangehörigen freilich derart rapide abgenommen, daß sie lieber auf dem Marktplatz abwarten und nur die ganz Mutigen nach Norddeich ziehen lassen. Als die schließlich mit einigem Zittern und Zagen über die Deichkrone lugen, ist kein Feindesschiff mehr in Sicht. Welch ein Glück! Die Erleichterung ist so groß und so allgemein, daß der Abend dieses gefahrvollen Tages mit einem gewaltigen Zechgelage endet.

Sonst aber ist die Bürgerwehr trotz des vielen in sie investierten guten Willens, vor allem ihres Kommandanten, nicht mehr als ein Zierrat. Kein Wunder, daß sie schließlich kritisiert wird. Einem jungen Kandidaten der Theologie, dem späteren Leipziger Professor Hoelscher, bleibt es vorbehalten, der Bürgerwehr gar ein Spottlied zu dichten, das bald zum Norder Gassenhauer wird:

Sonntags, wenn die Kirch' geschlossen
Und die Leute sind zu Haus,
Horch', dann hört man Trommelschläge,
Uns're Bürger rücken aus.
Norden, Ostfrieslands ält'ste Stadt,
Die so tapf're Krieger hat.

Dann geht's durch die Klosterstraße,
Jeder nimmt sich fein in acht,
Wird dafür zum großen Spaße,
Von Vernünft'gen ausgelacht.
(Refrain: Norden . . .)

Ist dann jemand auch was pucklich,
Oder hat ein schiefes Bein,
Ach, das kümmert alles wenig,
Er muß doch ein Krieger sein.
(Refrain)

Auf dem Schauplatz, nah' bei Lintel,
Wird von allen Halt gemacht,
Und verschärft mit Kriegsgeschrei
Vivat lebe Hoch gebracht.
(Refrain)

Auch in Norden kehrt nach und nach wieder „Ruhe“ ein. Welche Erleichterung das im städtischen Rathaus gegeben hat, zeigt der Geschäftsbericht des Norder Magistrats über „Allgemeine Stimmung und etwaige Störungen der öffentlichen Ruhe und Ordnung“ vom Dezember 1848.

Die allgemeine Stimmung bessert sich seit einigen Wochen augenscheinlich, so sehr auch von einigen Exaltirten auf Erregung der Masse hingearbeitet wird. Selbst im Bürger-Vereine scheint jetzt die gemäßigte Partei die Ueberhand zu gewinnen, welcher es bisher nur an kräftigen Führern gefehlt zu haben scheint, um den Sieg davon zu tragen.

Also: eine Revolution findet nicht statt — die „Sturmeswochen“ sind vorbei.

Am 8. April 1857 verbietet ein Gesetz des Innenministeriums die Bürgerwehr, und auch die einst freie Presse wird wieder gleichgeschaltet.

Von den letzten Israeliten in Ostfriesland

Bernhard Uphoff

Der Zusammenbruch des uralten jüdischen Volkes ist aus der biblischen Geschichte bekannt. Im Jahre 70 eroberte der Römer Titus Jerusalem, nahm den Juden, wie die Bekenner der mosaischen Religion nach ihrem allein übrig gebliebenen Stamme Juda allgemein genannt wurden, die Selbständigkeit und führte Hunderttausende in die Sklaverei. Der Rest des Volkes verstreute sich in alle Winde. Seine weitere Geschichte führte ins Leid. Fast überall wurden die Vaterlandslosen befeindet, bedrückt, vom ehrenden Erwerb zurückgewiesen, mit Abgaben und Zöllen überbürdet. Früh kamen sie auch nach Deutschland. Schon im 4. Jahrhundert wohnten sie in Köln. Die älteste jüdische Gemeinde Deutschlands soll sich in Worms befunden haben. Von bischöflichen und kaiserlichen Beamten wurden sie den anderen Bürgern gegenüber gleichgestellt. Nach den Kreuzzügen nahm zuerst Kaiser Heinrich IV. sie im Landfrieden von 1103 unter kaiserlichen Schutz. Allerdings wurden die dafür zu zahlenden Abgaben allmählich die Hauptsache, während der Schutz gegen Mord, Plünderung und Volkshaufen nur sehr unzureichend gewährleistet wurde. Der Kaiser übertrug, belehnte oder verpfändete das Schutzrecht auch an andere. Der Jude erlangte dadurch einen Anspruch auf sicheres Geleit. Städtisches Bürgerrecht erwarb er nicht. Er durfte keine städtischen oder sonstigen Ämter bekleiden und war von kaufmännischen Genossenschaften und handwerklichen Innungen ausgeschlossen. Es blieb ihm allein der Kleinhandel und — begünstigt durch das christliche Zinsverbot — der Geldverleih. Erst die Reichspolizeiordnung von 1530 forderte vom Juden „ziemliche Hantierung und Handarbeit". Doch wurde er auch jetzt nur sehr selten zu bürgerlichen Berufen oder Handwerken zugelassen.

So dürften die ersten Juden auch durch den Handel nach Ostfriesland gekommen sein. Andere mögen, wie so viele Landesfremde, durch politische und kirchliche Wirren hierher verschlagen sein. Die sehr alte jüdische Gemeinde in Emden erhielt auf diese Weise im 16., 17. und 18. Jahrhundert Zuwachs durch portugiesische oder spanische Flüchtlinge (. . .)

In ihrer fortgesetzten Geldnot konnten auch die ostfriesischen Herrscher jüdische Hilfe nicht entbehren. Wiederholt wird von „Hofjuden" berichtet, obwohl die allgemeine Abneigung gegen die Juden selbst vor einer so fortschrittlichen Stadt wie Emden keinen Halt machte und sich gegen die fürstlichen Absichten wandte, den Juden in der Münze und anderen wirtschaftsbestimmenden Organen Einfluß zu verschaffen. Als Edzard II. das ostfriesische Münzwesen neu ordnen wollte, beklagte der Emder Rat sich am 2. Januar 1589 über der Juden „vngerechtcheit vnd wucher", daß Ihro Gnaden „selbst keine gutte Muntzen sunder der Juden zuthen beynach habhaft sein konnen". Sie haben es deswegen „woll gudt vnd notig" angesehen, daß die Juden „in Ir. Gn. Stadt vnd lande nitt geduldet, sondern vorwysen wurden" (. . .)

Nur vereinzelt finden sich in den Stadt- und Kirchenbüchern Hinweise auf Juden, was auf ihre geringe Zahl schließen läßt. Stets kennzeichnet sie bei namentlicher Erwähnung der Zusatz „Jude" oder „Schutzjude". Der älteste bisher bekannt gewordene Schutzbrief für zwei Auricher Juden stammt aus dem Jahre 1592. Auch Ulrich II. stellte 1645 Schutzbriefe aus und Georg Albrecht gab am 2. September 1708 ein Generaljudengeleit. Auch hiernach gab es in seinem Herrschaftsbereich nur wenige Juden (. . .) Der in Kirchendingen sonst duldsame Alte Fritz bediente sich wiederholt der Juden in seinen Geldgeschäften, hatte aber sonst einen entschiedenen Widerwillen gegen sie und behandelte sie sehr hart. Er untersagte ihnen wieder alle bürgerlichen Gewerbe, das Bürgerrecht und unterschied zwischen außerordentlichen und ordentlichen Schutzjuden. Der ordentliche Schutzjude durfte den Schutz vererben, der außerordentliche genoß den Schutz nur für seine Person auf Lebenszeit. Zusätzliche Rechte oder Vererbung auf mehrere Kinder bedangen erhöhtes Schutzgeld. In der Regel hatte ein ordentlicher Schutzjude an den König 200 Reichstaler zu zahlen. In der Stadt Emden betrug dieser Satz 80 und in den Herrlichkeiten nur 60 Reichstaler. Übertraten Juden die Rechtsordnungen, so wurde in der Regel auf Landesverweisung, aber auch auf Ketten- und Todesstrafe erkannt (. . .)

Erst das holländische Regime stellte die Juden den übrigen Landesbewohnern gleich. Eine Ordnung vom 23. Februar 1808 hob alle Geleits-, Schutzgelder und Sonderbelastungen auf und sicherte den Juden freien Erwerb von Besitz, Häusern und Gründen. In Amsterdam entstand für den gesamten Bereich des Königreichs Holland ein Oberkonsistorium aller israelitischen Gemeinden. Die ostfriesischen Judengemeinden hatten dazu 550 Gulden beizutragen. Nun wurde auch in Aurich ein mosaischer Tempel gebaut und am 13. September 1811 eingeweiht. Zu dieser Zeit wohnten in Ostfriesland bei rund 120 000 Einwohnern 286 jüdische Familien mit 1320 Köpfen (. . .)

Seitdem nahm die Zahl der Juden nur noch der Kopfzahl nach zu, während die Verhältniszahl von 11 bis 13 vom Tausend zur Gesamtbevölkerung nicht mehr überschritten wurde. Im Jahre 1848 gebot das Rabbinat Emden über 11 Gemeinden mit 2200 Seelen, nämlich Emden (767), Aurich (344), Norden (297), Neustadtgödens (197), Leer (196), Weener (142), Wittmund (109), Dornum (68), Jemgum (42), Bunde (34) und Esens (4) (. . .)

Die Durchschnittszahl wurde also außerordentlich stark überschritten und erreichte in den Flecken Neustadtgödens und Dornum höchste Spitzen des Reichsgebiets überhaupt.

Mit der sich weiter entfaltenden Gewerbefreiheit und der vollen Freizügigkeit setzten sich die Juden auch in mehreren Landgemeinden fest. Eine letzte umfassende Übersicht über diese Ausbreitung vor den Verfolgungen des Naziregimes gibt die Volkszählung vom 16. Juni 1925. Ostfriesland hatte damals (ohne Wilhelmshaven) bei 265 114 Einwohnern 2336 Juden oder 9 von Tausend gegenüber 5 in der Provinz Hannover. Davon lebten rund vier Fünftel, nämlich 1896, in den Städten und der Rest, 440, in Landgemeinden. Es wohnten in Emden 700 (oder 22 auf Tausend), Aurich 398 (65), Leer 289 (24), Norden 231 (21), Weener 149 (36), Esens 76 (34) und Wittmund 53 (22) Juden. Verhältnismäßig hatten Aurich, Weener und Esens die meisten Juden.

In den Landgemeinden saßen Juden in Norderney 88, Bunde 70, Dornum 58, Neustadtgödens 25, Marienhafe 24, Oldersum 22, Loga 17, Ostgroßefehn 13, Kirchdorf 12, Jemgum 9, Sandhorst und Upgant-Schott je 8, Süderneuland I und Warsingfehn je 7, Hamswehrum, Harsweg, Jheringsfehn und Rhaudermoor je 6, Carolinensiel, Westrhauderfehn, Woquard je 5, Gödens, Hinte, Spetzerfehn je 4, Stapelmoor, Wirdum je 3, Firrel, Horsten, Ihrhove, Juist je 2 und Arle, Bunderhammrich, Flachsmeer, Nermoor, Osteel, Remels, Westerholt je 1.

Ganz offensichtlich wurden einige Gemeinden besonders bevorzugt und überragten, von Neustadtgödens abgesehen, alle bis dahin in Ostfriesland bekannten Verhältniszahlen. In Dornum wohnten nun auf 1000 Einwohner berechnet 80 Juden, in Neustadtgödens 44, in Marienhafe 40, in Bunde 35, in Woquard 26, in Oldersum 19.

Dementsprechend hatten die Israeliten an mehreren Orten kleine Synagogengemeinden und Schulen errichtet. Ihre Synagogen wurden, soweit sie nicht bereits anderen Zwecken zugeführt waren, im Jahre 1938 zerstört. Zu dieser Zeit bestanden noch jüdische Schulen in Aurich (Lehrer Moses), Emden (Hirschberg und Gottschalk), Leer (Popper) und Norden (Klein) (. . .)

Auch sie wurden immer mehr bedrängt. Die Polizei überwachte jetzt allgemein die Juden scharf und immer schärfer. Jeder Umzug mußte dem Regierungspräsidenten gemeldet werden. Dieser forderte am 8. Dezember 1938 von den Landräten und dem Emder Oberbürgermeister vollständige Verzeichnisse aller anwesenden Juden. Im Herbst 1939 wurde eine erneute Übersicht verlangt. Diese letzte Sammlung überstand durch Zufall die kurz vor der Kapitulation vorgesehene Verbrennung auf dem Aktenscheiterhaufen. Polizeilich erzählt das Heftchen in nüchternster Amtssprache das Schicksal der letzten Israeliten in Ostfriesland. Ihre Zahl war schon auf 697 abgesunken, wovon 216 in Emden, 172 in Aurich, 162 in Leer, 97 in Norden und 50 in Wittmund wohnten. Der, außer dem Kreise Aurich, angeführte Familienstand bezeichnet von 525 Juden 276 als verheiratet, 190 als ledig, 49 als verwitwet und die restlichen 10 als getrennt oder geschieden bzw. ohne Angabe. Bei 272 Juden ist das Geburtsdatum angegeben. Es waren 36 unter 18 Jahre, 185 zwischen 18 bis 69 Jahre und 51 über 70 Jahre alt. Über die verhältnismäßig wenigen sogenannten Mischlinge berichten besondere Listen.

Den ostfriesischen Familienforscher werden die vorkommenden Familiennamen, ihre Häufigkeit und ihr Bereich interessieren. Sie seien hier (ohne Vornamen) gebietsweise abclich mit der Zahl des Vorkommens wiedergegeben:

Aurich, Stadt: 155, Ahron 1, Altberger 2, Braun 1, Cohen 7, Engländer 2, Frank 3, Hartog 5, Hartogsohn 1, Heß 5, Hiller 1, Hoffmann 12, de Jonge 1, Katz 3, Knurr 2, Kussel 2, Leers 4, Pelz 1, Rosenthal 2, Samson 10, Seckels 4, Stoppelmann 2, von der Wall 3, Wallheimer 10, Watermann 1, Winter 2, Wolff 54, Wolffs 14.
Jheringsfehn: 5, van Lengen 1, Weinthal 4.
Kirchdorf: 3, Wallheimer 3.

Ostgroßefehn: 6, Löwenstein 1, Wolffs 5.
Leer, Stadt: 100, Amram 1, Cohen 2, Feilmann 4, Fiebelmann 2, Frank 3, Gans 1, Grünberg 6, Haas 1, Hammerschlag 2, Hermann 2, Hesse 2, Hirschberg 7, Landsberg 3, de Levie 3, Levy 3, Mergentheim 2, Pels 1, Polak 2, Roseboom 13, Rosenberg 8, Übel 1, Urbach 2, Vorzanger 1, de Vries 22, Weinberg 2, Wolffs 2, Zilversmit 2.
Bunde: 4, Heß 4.
Jemgum: 6, Cohen 6.
Loga: 7, Menkel 2, Mindus 3, Rosenboom 2.
Oldersum: 3, Cohen 2, Polak 1.
Stapelmoor: 1, Lazarus 1.
Warsingsfehn: 3, Driels 3.
Weener: 37, Arons 2, Boley 1, Gerson 1, Jacobs 1, de Jonge 13, Israels 1, Löwenstein 5, Meyer 2, Pels 1, de Vries 6, Weinberg 4.
Westrhauderfehn: 1, Koch 1.
Norden, Stadt: 77, Altgenug 11, Aschendorff 6, Cleef 1, Cossen 2, Emanuel 1, Goldschmidt 1, Heymann 2, Karl 2, Klaber 2, Lemmersmann 2, Löwenstein 4, Marchand 1, Netheim 2, Posner 1, Rose 1, Samson 3, Schönthal 12, Schulenklopper 6, Stahl 2, Verständig 1, von der Wall 3, Weinberg 5, Wolff 5, Würzburg 1.
Dornum: 8, Abrahams 1, Weinthal 6, Wolffs 1.
Marienhafe: 7, Katzenberg 1, Schönthal 3, Wolff 3.
Upgant-Schott: 3, Dirks 1, Schönthal 2.
Woquard: 2, Seligmann 2.
Wittmund, Stadt: 11, Cohen 3, Löwenstein 3, Wolff 5.
Esens, Stadt: 30, Driels 3, Levy 6, Meyer 1, Schiff 2, Sternberg 4, Weinthal 14.
Neustadtgödens: 9, Cohen 2, Stein 2, de Taube 4, Weinbg. 1.
Emden, Stadtkreis: 216, de Beer 3, ten Brink 4, Bundheim 2, van Cleefs 2, Cohen 3, Gans 3, Glös 3, Gossels 12, Gottschalk 5, Hartogsohn 7, Hein 1, Hoffmann 2, Italiener 3, Karseboom 2, Kriss 3, Langer 2, Lemmersmann 1, Mindus 3, Müller 5, Nordheim 4, Nordheimer 2, Nußbaum 2, Pels 12, Philipson 2, Philippstein 5, Polak 8, Rose 4, Rosemann 1, Rosengarten 2, Sase 1, Schleier 2, Seligmann 10, Stein 7, Steinberg 2, Utitz 1, Valk 17, Visser 11, von der Walde 23, Watermann 1, Weinberg 4, Windmüller 3, Wolff 7, Wolffs 1, von der Wyk 18.

Dieser letzten Erfassung folgen eine Anzahl Veränderungen, bis der Regierungspräsident am 12. April 1940 gewissermaßen als Schlußbericht letztmalig ein Verzeichnis der „noch wohnenden Juden“ anordnet. Erschreckend eindeutig sind die kurzen Meldungen über das Schicksal dieser letzten Israeliten in Ostfriesland. Es melden:

am 16. April 1940 der Landrat in Norden: namentlich 11 Juden aus der Stadt (9 Sielstraße 23, 2 Kleine Neustraße 6), „weitere Juden sind sowohl in der Stadt Norden als auch im Kreise Norden nicht wohnhaft“,

am 18. April 1940 der Landrat in Aurich: „Im ländlichen Bezirke des Kreises sowie in der Stadt Aurich sind keine Juden mehr wohnhaft“,

am 19. April 1940 die Stadt Emden: 13 Mischlinge und 164 Juden, deren Los die Wohnungsangaben andeuten: 24 waren Webergildestraße 40—43, 38 Schoonhavenstraße 11—14 und 56 Klaas-Tholen-Straße 19 zusammengepfercht,

am 21. Mai 1940 der Landrat in Wittmund: „Im Kreise Wittmund ist nur noch der Jude Alfred Weinberg in Neustadtgödens wohnhaft“,

am 28. Mai 1940 der Landrat in Leer: Liste mit 26 Mischlingen und drei Volljuden. Das Aktenheft schließt mit diesen Meldungen. Der Leidensweg der Juden ging weiter bis zur Neige.

Focko Ukenas Entscheidung

Willrath Dreesen

Der folgende Text ist dem Drama „Sturmflut“ entnommen.

In wenigen Jahren erwuchs das Werk des aus Norden stammenden Willrath Dreesen, von 1902 bis 1910, während er sich als Student in Bonn aufhielt. Mit einem Gedichtband („Meer, Marsch und Leben“, 1902) hatte es begonnen, ein Balladenband (Eala freya Fresena“, 1906) folgte, dann erschien der Roman „Ebba Hüsing“, schließlich ein Drama „Sturmflut“,

1910. Mit einem Band „Gedichte" schloß das Werk ab. Willrath Dreesen wandte sich dann praktischen Aufgaben zu.

Der junge Willrath Dreesen war ein Mensch mit besonderer Leidenschaft. Er hatte gierig die literarischen Strömungen der Zeit aufgefangen. Sein Ehrgeiz war es, das typisch Ostfriesische einer großen deutschen Bevölkerung nahezubringen. Tatsächlich fand er unter Literaten und Gelehrten viel Anerkennung — ganz im Gegensatz zum Echo in seiner Heimat, das ziemlich schwach blieb, ja fast ganz fehlte.

Dreesen hatte sich eine große Figur der ostfriesischen Geschichte zum Helden erkoren: den Leeraner Häuptling Focko Ukena, den er als überaus streng, machthungrig, aber doch erdverwachsen schilderte, als einen Menschen, in dem Gefühle sich zurückhaltend äußerten, sofern es um zarte Dinge ging, die aber vor Glut und Lust überschäumten, wenn es Dinge wie Freiheit, Rechtschaffenheit, Macht betraf. So ist auch der Titel zu verstehen: Focko fühlt sich berufen, die Sturmflut an der Küste zu dämmen, die Sturmflut der dauernden Bruderkämpfe der ostfriesischen Häuptlinge zu bezwingen und schließlich mit der Sturmflut in der eigenen Brust, seinem maßlosen Ehrgeiz, fertig zu werden. Keines dieser Werke gelingt ihm, am Ende sind die Deiche gebrochen, das Einigungswerk unter den Häuptlingen zerrinnt ihm, und der persönliche Ehrgeiz ist gebrochen. Schreckerregend tötet er am Ende seinen schärfsten Rivalen und dann sich selbst. Sterbend brechen aus ihm die Schlußworte des Dramas:

„Laß strömen, Kind. Wein nicht, du sollst es wissen,
Daß dieses Herz für Frieslands Wohl verblutet.
Denn wüten müßt' ich sonst, ich könnt' die Sturmflut
Nicht bänd'gen in der Brust. — Im Elend leben,
Das, Herz, ertrügst du nicht."

Wenn man dazu erfährt, daß diese Worte bei der Uraufführung in Bonn am 2. Dezember 1911 von dem berühmten Heldendarsteller Emil Jannings ausgesprochen, ja herausgebrüllt worden sein müssen, kann man sich vielleicht die erschütternde Wirkung dieses Dramas vorstellen; gerichtet sind die Worte an die andere starke Figur des Dramas, Fockos Tochter Theda, 1911 dargestellt durch die Schauspielerin Agnes Traub. Ein Stück also, was eine große Aufnahmebereitschaft seitens des Publikums verlangt, Einsicht auch in die dunklen Seiten des Ostfriesischen Nationalcharakters, dessen Sturheit, Streitlust, Unnachgiebigkeit. Nur hier wird nicht wie in den üblichen Lustspielen die Hartnäckigkeit in der Form eines griesgrämigen Alten komisch wiedergegeben, sondern realistisch, wenn auch pathetisch überhöht, in einer tragischen Figur, die zum Untergang bestimmt ist. Ab erstem Auftritt des Focko Ukena spürt man etwas von diesem Verhängnis, das am Ende zum Untergang führen muß. Zur Wirkung des Dramas gehört auch sein strenger Aufbau in vier Akten, seine große Personenzahl (20 Figuren stehen allein auf dem Theaterzettel), seine schwere, balladeske Sprache und seine rhythmische Gestaltung in klassischen Blankversen, wie man sie zum Beispiel aus Schillers „Wilhelm Tell" kennt. Dreesens Drama bildet eine Art Gegenstück zum „Tell", besonders in den Massenszenen, die in der ostfriesischen Variante aber eher die Zwietracht offenbaren, die Eigensinnigkeit der Menschen, anstatt ihren Willen zur Einheit und Gemeinsamkeit, der zweifellos auch vorhanden ist. So bildet Willrath Dreesens „Sturmflut" eine künstlerische Gestaltung des ostfriesischen Schicksals . . .

Personen:

Focko Ukena aus Leer
Enno Cirksena von Greetsiel
Ulrich Cirksena
Edzard Cirksena Ennos Söhne.
Imel Allena von Rheide friesische Edle.
Imel, sein Sohn
Wibet von Esens
Wiard von Loppersum
Frerich von Larrelt
Siebo Papinga
Theda Ukena, Fockos Tochter
Der alte Gerd, ein Bauer in Fockos Haus
Der rote Michel, Anführer der Vitalienbrüder in Greetsiel
Dirk Heiken
Klaas Uven Bauern.
Jan Tammen
Erzbischof Nicolaus von Bremen
Graf von Hoya
Graf von Teklenburg

Ritter Heineke von Alten
Bunzlau, kaiserl. Abgesandter
Mägde des Focko Ukena
Bauern und Bauernweiber

Zeit: um 1430

(. . .)

Zweiter Akt.

Oberes Burggemach, weiß getünchte Wände. Im Hintergrunde links ein breites Fenster, durch welches man Meer und Himmel sieht; rechts eine Tür, eine zweite Tür in der rechten Seitenwand. Links eine Herdstelle, davor Armstühle. Nach vorn zu ein zweites Fenster. In der Mitte des Gemaches ein Tisch mit streiflehnigen Armstühlen. Focko Ukena und Theda am hinteren Fenster.

Theda.

Du magst nun sagen, was du willst: es ist so:
Seit jenem Tag bist du verwandelt ganz.
Ich denk' mir, so mußt du gewesen sein,
Als ich ein Kind noch war: unruhig, düster.
Kaum zwing' ich dir ein müdes Lächeln ab.
Die schöne Zuversicht, das helle Leuchten,
Die Herbsttagsklarheit deines ganzen Wesens,
Die ist getrübt. Wie unter schwerem Druck
Gehst du durchs Haus und auch am Meer sogar.

Focko Ukena.

Ich wollt', es gäbe Sturm.

Theda.

Und deine Deiche?

Focko Ukena.

Sie würden halten.

Theda.

Bist du so gewiß?

Focko Ukena.

Und wenn auch nicht: ich trag' die Stille nicht.
Ersticken muß ich sonst. — O jener Tag,
An dem ich stand so hoch wie nie, der legte

Mir eine Last aufs Herz — Sag', hab' ich je
Von meiner Jugend dir gesprochen.

Theda.

Nein.
Jedoch ich fühl': du denkst nicht gern an sie.

Focko Ukena.

Nun, du bist Blut von meinem Blut und darum
Wirst du begreifen, was ich sag'. — Ich bin
Nie jung gewesen. — Ja, schau nicht verwundert.
Mich fand die Mutter hinterm Deich. Die Mägde
Sagtens dir wohl. Und durch die ganze Jugend
Bog das den Kopf mir tief, daß, wenn man fragte,
Wer ist sein Vater, jeder lachend sagte:
Von Möwen ward er an den Deich gebracht.
Dann lief ich stracks ans Meer, klagte den Wellen,
Schrie in den Wind, fluchte den weißen Möwen,
Weil Sie mich legten an den Deich und nicht
Ins breite Prunkbett einer Herrenfrau.

Theda.

Und jetzt bist du der erste Mann in Friesland!
Und bist's durch eigne Kraft, nicht durch Geburt.

Focko Ukena.

Nicht ganz durch eigne Kraft. Nicht minder doch
Durch deine Mutter. Schon als Knabe wußt' ich,
Des reichen Häuptlings Tochter, dessen Stall
Mir Tummelplatz war, die wird einst mein Weib.
Nie war ich unbekümmert froh, nie lacht' ich,
Mein Aug' hing nie beglückt am Kindertand,
Sah immer nur aufs schwindelhohe Ziel.
Je tiefer man den Kopf mir bog, so stolzer
Schnellte er drauf empor. Und Stuf' um Stufe
Klomm ich hinan. Ich ward des Häuptlings Eidam.
Doch tot war alles Weiche mir im Herzen,
Und auch mein Weib sah nie mich lachen, außer
Wenn ich im Sturm am Deich stand neben ihr.
Sie starb, als du kamst. Fünfzehn Jahre lang
War dann mein Leben Schlacht und Einsamkeit.
Nichts war im Herzen als die wilde Ehrsucht.
Da hört' ich einmal lachen dich im Hof;

Sieh', an dem Tag ging mir die Sonne auf
Und schmolz des Herzens hart gewordne Rinde.
Dein Kinderlachen brachte mir die Jugend,
Der nie erlebten Kindheit süßen Zauber.
Das läuterte der Ehrsucht düstres Feuer,
Und nur die Freude an der Macht blieb mein.
Es freute mich, zu wissen: einmal kommt
Der Tag, da du dem Land den Frieden bringst.
Das ließ den andern Herrn mich lachend trotzen,
Ganz ohne Haß, wie'n übermüt'ger Knabe.

Theda.

Und jetzt — was tat ich dir, daß dich mein Lachen
Nicht froh mehr macht?

Focko Ukena.

Der unglücksel'ge Tag,
Da ich den Bremer schlug, der weckte wieder
Der Jugend Finsternis; ich seh' nichts mehr
Als dieser Friesenherren Haß und Hochmut,
Ich seh', wie sie, wenn ich den Rücken kehre,
Noch immer lachen über mich, den Bankert,
Von Möwen an den Deich gebracht. Und wachsend
Und immer weiter fressend glüht mir wieder
Das wilde Feuer in der Brust, die Machtsucht.
Nicht Freude macht's mir mehr, von meinen Bauern
Geliebt zu sein und meine Kraft zu kennen,
Ich will sie winselnd mir zu Füßen sehn,
Die Herrn, die kaum, worauf sie stolz sind, wissen.
Herr will ich werden über sie!

Theda.

Laß lodern!
Laß fressen nur das Feuer. Und wenn alles,
Was adlig sich in Friesland nennt, verzehrt wird —
Was soll's? Du willst nicht Herr nur sein. Du willst
Auch Frieslands Frieden.

Focko Ukena (lächelnd).

Wenn ich Krieg entflamme
Und alle Edlen, die sich mir nicht beugen,
Vernichte, alle —?

Theda.

Einer wird dir folgen:
Herr Ulrich Cirksena.

Focko Ukena.

Und tut er's nicht?

Theda.

So tritt ihn nieder. — Sieh, wenn du es wolltest
Allein für dich, so würd' um diesen einen
Auf meinen Knien ich bitten dich: tu's nicht.
Doch wenn das Äußerste sollt' nötig sein
Für das gemeine Wohl, so will ich nicht,
Daß einst es heißt von Focko Ukens Tochter:
Weil sie zu schwach war, lag das Friesenland
Noch hundert Jahr in Bürgerkrieg und Elend.

Focko Ukena.

Du bist des Uken Tochter. — Doch ich scherzte,
Ich zwing' sie so, daß keiner sich wird rühren.

Theda.

So ist vom Kaiser endlich Botschaft da?

Focko Ukena.

In diesen Tagen muß der Bunzlau kommen.
Wenn überhaupt er kommen wird. Genug!
Ich seh' den Papinga im Hof. Am Abend
Erfährst du mehr. — Noch eins, wenn heut' der Imel,
Der junge Allena, nach dem ich sandte,
Kommt auf den Hof — empfang' ihn wohl. Ich habe
An ihm zu sühnen seines Vaters Tod. (Ab.)

Theda.

An ihm zu sühnen! An dem Allena?
Soll ich das nennen: edlen Herzens Pflicht?
Oder verdammenswerte Schwäche? — Schwäche?
Ließ diese rasche Tat in seiner Brust,
Als sie heraussprang, eine Stelle offen?
Und sucht er sie durch Sühne zuzustopfen?
Dann bleibt gefährlich dieser Bruch uns immer,
Wie in dem Deich, den einmal brach die Sturmflut,
Das schwerverheilte Loch gefährlich bleibt,
Wenn man mit Sand es stopfte. — (Geht hinaus.)

Focko Ukena
(kommt im Gespräch mit Siebo Papinga).
Ich weiß nicht, was ihr wollt! Wartet doch ab,
Bis ich von selbst das Schwert vom Haken reiß'.

Siebo.
Damit der Wolf den Winter durch sich pflegt
Und uns der Strauß im Frühjahr doppelt schwer wird!

Focko Ukena.
Mag er sich pflegen. Tu doch ich's nicht minder.
Was kümmert's mich, wenn euch der Buckel juckt.
Ich hab' mein' Ruh' und will nicht mehr.

Siebo.
Du mußt!
Ich bin dein Freund, du weißt's, und rat dir gut.

Focko Ukena (lacht).
Ich will nicht! — Und ich kann nicht. Steh doch auf
Und sieh dort durch das Fenster. — Siehst du nichts?
Wann war der Bauer froher bei der Arbeit,
Der furchtbar schweren, seinen Hof zu schützen,
Als jetzt, da er gewiß ist: eh' die Deiche
Nicht völlig fertig sind, reißt nicht der Löwe
Die Peitsche von der Wand, den Wolf zu hetzen.

Siebo.
Seltsamer Mensch! Was schert dich nur das Volk!
Ich spür' nur immer Lust, einmal zu rühren
In dem Ameisenhaufen. Einmal nur,
Wie wir's als Knaben machten: mit den Stöckchen
So einen Strich durch ihren losen Bau —
Was war das für ein Krabbeln! Tausend ja!
Was wollten diese Kerle, diese Bauern
Im Kribbelkrabbel durcheinanderpurzeln,
Trät unsereiner ihren Deich zusammen.

Focko Ukena.
Der Witz ist schlecht geraten! — Kurz und gut:
Ich reiß' den Bauern von der Arbeit nicht,
Und den ten Brok zu schlagen, eh's mir paßt.
Wann das wird sein — ich weiß nicht. Erst will ich
Den Seedeich breit und hoch und fest gebaut sehn.

Siebo.

Ist das dein letztes Wort?

Focko Ukena.

Mein letztes.

(. . .)

Das Schicksal der Häuptlingsburgen

JAKOB RAVELING

Was ist aus den einstmals so zahlreichen Burgen geworden? (. . .)

Von den 130 Burgen sind nur recht wenige übriggeblieben. Nur 12 der ehemaligen Wasserburgen sind, mehr oder weniger gut erhalten, heute noch in unserer Heimat zu finden.

Die meisten dagegen sind völlig vom Erdboden verschwunden, und man weiß von ihnen nur noch aus alten Urkunden, aus Flurnamen, aus Sagen und mündlichen Überlieferungen. Wie konnte das geschehen?

Viele Burgen wurden schon während der Kämpfe, die ihre Besitzer untereinander führten, zerstört; denn wenn ein Häuptling eine fremde Burg, meist durch langwierige Belagerung und oft unter viel Blutvergießen, erobert hatte, dann wurde sie „geschleift". Man stieß die Mauern ein und machte die Gräben unbrauchbar, damit sie nicht so bald wieder als Verteidigungsanlage benutzt werden konnte. Sehr oft wurden auch die Steine der Burg — die ja in jener Zeit sehr wertvoll waren — abgefahren und zur weiteren Verstärkung der Mauern und Wälle der eigenen Burg benutzt.

Auch außerhalb des Landes gab es Feinde. Die Häuptlinge jener Jahrhunderte sahen es als ihr gutes Recht an, ihre Macht auf jede Art zu erweitern. So betrieben und unterstützten sie den Seeraub. Sie gewährten (. . .) Seeräubern Schutz und stellten ihnen ihre Burgen als Stützpunkte zur Verfügung. Dies führte zu schweren Fehden mit den Hansestädten, die Kriegsschiffe mit Truppen nach Ostfriesland schickten. Erfahrene und rauhe Krieger, denen die Bauern und Kriegsknechte der ostfriesischen Herrlichkeiten nicht gewachsen waren, eroberten eine Reihe von Burgen und machten sie dem Erdboden gleich, so die Attenaburg in Norden und die Burgen der tom Brooks in Wittmund und Aurich.

Um das Jahr 1500 überzogen Söldner des Herzogs von Sachsen das Land mit Krieg. Viele Burgen fielen in dieser „sächsischen Fehde" den fremden Landsknechten in die Hände und wurden abgebrannt und geschleift. Die starke Hand der Cirksenas befriedete schließlich das Land. Sie dehnten ihre Macht über ganz Ostfriesland aus, so daß die Fehden im Innern abnahmen und ruhigere Zeiten eintraten. Doch mit der Vervollkommnung der Waffen verloren die kleinen Burgen ihre Bedeutung. Da sie auch den Wohnansprüchen ihrer Besitzer bald nicht mehr genügten, wurden die meisten nicht wieder aufgebaut. Man ließ sie verfallen oder baute moderne Gebäude auf ihre Fundamente.

Das eigentliche „Burgensterben" aber begann mit dem Regierungsantritt Friedrichs d. Gr. Viele Burgen, die bis dahin noch gut erhalten waren und von früherer Tatkraft und Baukunst zeugten, wurden auf Befehl des neuen Landesherrn, der ihre weitere Erhaltung als Verschwendung ansah, dem Boden gleichgemacht, so die Burgen in Greetsiel, Wittmund, Emden und Berum.

Manche Burgen, die dieses Burgensterben überstanden, sind in den letzten Jahrzehnten der Geldknappheit oder der Gedankenlosigkeit der Menschen zum Opfer gefallen. Die Burgen in Grimersum und Oldersum sind langsam zusammengefallen und abgetragen worden. Der letzte Krieg vernichtete die Klunderburg in Emden und fügte der Lütetsburg schwere Schäden zu. So blieben uns nur noch wenige Zeugen aus ferner Vergangenheit. Alle Ostfriesen sollten mithelfen, diese letzten zu erhalten.

Für das Volk in den Ortschaften waren die Burgen zu allen Zeiten Stätten der Hoffnungen und Träume, des Hassens, aber auch der Liebe. Mit ihnen beschäftigte man sich, wenn man am Abend im Schummern an den Herdfeuern der Holz- und Lehmhäuser saß und sich von den Vorkommnissen des Tages erzählte. Da blieb es nicht aus, daß Gutes und Böses, das man zu berichten wußte, verschönt oder verschlimmert wurde. So entstanden die Sagen, die heute noch erzählt werden, die manches überliefert haben aus jenen fernen Tagen, manche geschichtliche Tatsache aber auch verdrehen und verfälschen.

Wat uns oll Maid ut hör Jögde vertellde

Rudolf Bruns

Uns oll Maid heede Geesk'anna. Se is över sestig Jahr in uns Familje west. Hör Leven weer Deenen.

Geesk'anna keem 1836 to Welt. Do weern de Tieden man heel schofel. Brot, Zucker, Solt un all dat anner, wat de Minsk to't Leven bruukt, weer baldadig dür un dat Geld betüün. De arm Lü leevden domals noch meest van Tuusk. Geesk'annas Olln weern ok heel arm. Se rackerden sück in't Moor up en lüttje Kolonistenstee of un harrn dat Huus vull Kinner. Dorüm gung't bi hör besünners sünig to. Dat Middageten wur in dat billigste Fattungel kakt, de Tuffels wurn in Ölje braden, un up Brot gaff't blot Spittelkees of ok Ölje. Dit wur ok noch mit en Höhnerfehr drövergrient. Botter — nee, dat weer neet för de arm Lü. Dat wur na de Koopmann brocht un annerswat dorför intuusket, wat nödiger weer. Ok dat Swien, dat se uptrucken, keem neet in hör Pott. Dat wur hakenschoon na de Stadt verköfft. All Jahr keem to de Schlachtetiet en grode Ledderwagen över't Land fahren un sammelde de Swiene van de arme Lü in. Dor laggen denn de dode Deern in en grode Hopen up de apen Wagen un reckden bedrövt hör widde, verstümmelde Been' in de Lücht, so as wullen se de Not van de arme Minsken vör Gott un alle Welt anklagen. Pootjes, Kopp un Bloot weer dat eenzigste, wat achterbleef. — Beter gung dat domals al de Burn. De haarn tominnsten noog to eten, un well van disse en gode Hart in de Bost harr, de harr elke Middag een of twee van de Schoolkinner ut de arme Familjen an sien Disk sitten. So en Burnhuus harr Geesk'anna ok an Hand. Se gung 'smiddags na hör Unkel to. Man se muß wat för de Kost doon. Se muß 'snamiddags up de Kohje passen. Man dorför kreeg se denn naast ok noch'n gode Knuust Brot mit dicke Botter drup, un dat weer denn wat för hör! Harr Geesk'anna hör Dennsten bi hör Unkel dahn, denn weer dat noch lang nix mit Leddiglopen. Denn muß se tohuus mit togriepen. Man dat kunn ok wesen, dat hör Moder hör denn Stück of wat Docken

Flaß up de Rügge bunn, hör en Kruuk in de Hand gaff un tegen hör se: „So, mien Kind, nu stappke noch man even na Loog (Loga) to un tuuske för dat Flaß Ölje un Herings in!“ Un denn tuffelde Geesk'anna up hör bloode Foten los — 10 km wiet, 20 km hen un torügg! Un wenn se denn weer up Huus angung, denn leep se de halve Weg in Drafft — so freide se sück up dat Stückje Soltherng, dat't an de Avend bi ruug Tuffels gaff.

De mojste Tiet weer för Geesk'anna in hör Jögde de Schooltiet. Na de School is se bannig geern hengahn. Se kunn ok best leern. Besünners fix weer se in Relgion. Dat kunn wi laterhen noch woll marken: Se harr in hör hoge Ollerdoom noch mehr Sprökjes un Gesangen in Kopp as mennig Pastor. Relgion stunn ja domals ok bavenan. Mit besünner Höge vertellde Geesk'anna alltiets van „Judica“. Dat weer fröher för de Kinner dat mojste Fest in't heele Jahr. Wenn disse hoge Fierdag vör de Döre stunn, denn see de oll Mesterohm in de School tegen hör: „So, Kinnerkes, nu makt jo to mörgen so nüüt, as ji man könt!“ Un dat deen se denn ok. De Schoh wurn mit Ölje un Schienfattswartsel blank maakt, un de Wichter harrn dat besünners drock: Se lehnden sück van de Burnfroon in't Dörp sovöl Gold- un Sülversmuck tosamen, as se man kriegen kunnen. 'savends dee Moder denn noch hör Best, de Wichterkes moj to maken: Se wickelde hör, ehr se up Bett gungen, dat Haar mit Teeloot ut Teekisten in, dat se over Nacht de Kopp vull Krullerkes kregen. Un wenn denn an anner Dag de Deerns mit de Jungs in de Karkgang vör de Banken stunnen, denn weer mit dat kruse Haar, de glennde Schoh un mit all de tinkelnde Kettjes, Spangen, Ohrbümmels un Ringen an de Lief een noch mojer as de anner. So moj weern se denn, dat na de Karkfier de oll Mesterohm sien Froo reep un tegen hör see: „Hmm, Froo, nu mußt doch even mien nüte Kinnerkes bekieken!“ Un de Wichter dreihden sück denn vör de Mesterke as de Pauluuns. —

Kasjen und Amke, Knecht und Magd auf einem Marschenhof

WILHELMINE SIEFKES

Der folgende Text wurde dem Roman „Kasjen und Amke“ entnommen.

Kasjen und Amke haben es nicht so leicht miteinander, wie sie es sich als verliebte junge Leute vorgestellt haben, er, der pflichteifrige Knecht, sie, die freiheitshungrige Magd. Ihr Lebensweg führt sie durch die drei bestimmenden Landschaftsbilder Ostfrieslands, die schwere, fruchtbare Marsch, die leichte, freundliche Geest, das düstere, armselige Moor. Der Roman spielt, wie die meisten Werke von Wilhelmine Siefkes, in der Zeit von Anfang des Jahrhunderts bis in die 20er Jahre, also bis in die Epoche der beginnenden Industrialisierung hinein, die in Ostfriesland bekanntlich später einsetzte als anderswo.

Der strebsame Kasjen erkennt bald, daß die Ehe, in die beide ziemlich rasch hineinfinden, nur den Schein von Zusammengehörigkeit vermittelt: „War er nicht im Grunde sehr allein, auch jetzt noch, wo er verheiratet war?“ In seinem Lebensweg schildert die Autorin, wie sie es auch sonst oft getan hat, den Versuch der Befreiung eines einfachen Menschen aus den Ketten verschiedener Abhängigkeiten, von der Naivität zum Bewußtsein, das hier, bei Kasjen Kasjens, unter dem Einfluß einiger älterer weiser Ratgeber, in eine tiefe, wenn auch undogmatische, Religiösität mündet: „Die Grenze — klang es in ihm — dahinter ist Er. Ließ sich der Weg dahin doch noch finden, der Weg in die freie Welt?“ Das ist der Grundgedanke, wie er in vielen Werken der Autorin immer wieder auftaucht und wie man ihn ähnlich in einem späteren Gedicht wiederfindet, das so endet:

„Güntsiets von Anfang un Enne
steiht groot de Ewigkeit.
Of dahen Himmel un Hölle
mit uns geiht?“

Neben dieser menschlichen Problematik, welche den Roman durchzieht, bietet er eine große Menge farbiger Genrebilder aus dem Leben der einfachen Menschen: die Arbeit auf einem Marschenbauernhof, die Tätigkeit der Moorleute, die Fronar-

beit der Fabrik, aber auch hellere Bilder wie die Hengstkörung, den Gallimarkt, die Eß- und Trinkgewohnheiten, die Wohnungseinrichtungen, das Tun in Haus und Hof. Im ganzen erhält der Leser ein farbiges Gesamtbild des ostfriesischen Dorf- und Kleinstadtlebens. Der Roman ist zwar hochdeutsch geschrieben, aber die meisten Dialoge sind plattdeutsch. Aus diesem letzteren Grunde eignet sich gerade dieses Werk von Wilhelmine Siefkes gut für alle, die sich etwas ins Plattdeutsche einlesen wollen.

Es war Sonntag nachmittag. Die Marsch lag in ihrem grünsten Kleid unter einem grauen Himmel und lauschte der Stille, die auf Feiertagsschwingen einherflog.

Kasjen Kasjens hatte einen Rundgang über die ausgedehnten Weiden gemacht und kam vor einen Graben, über dessen ansehnliche Breite ein Holzsteg führte. Drüben lag das Meedland. Noch ein paar Wochen, dachte er, dann würde hier die Arbeit losgehen.

Er trat auf die schmale Brücke und legte die Arme, die in sauberen blaubunten Buseruntjeärmeln steckten, auf das wacklige Geländer. Seine Augen gingen prüfend über den Graswuchs, und während er mit Genugtuung feststellte, daß sich die Mahd doch besser lohnen würde, als man es angenommen hatte, wenn der Juni nur Wärme und Trokkenheit brächte, überließ er sich dem Gefühl, für die nächsten Stunden nichts zu müssen — ein Zustand, den er sich ab und zu mal gefallen ließ. Sein Blick wanderte über die Flächen in dieselbe Ferne, in die am ersten Tag Amkes junger Mut sich lahm gelaufen hatte, und auch er, dessen Augen Tag für Tag an dem hafteten, was seine Hände vor sich zu bringen hatten, sah zum erstenmal bewußt ein Stück Unendlichkeit.

Staunen weitete ihm das Herz, und etwas wie Ehrfurcht stand darin auf: „Land — bit an de Hemel —!" murmelte er.

Er schob die Mütze nach hinten und fuhr sich durch das kurzgeschnittene Haar. Hier Bauer sein — Jungejunge! Das ist wie ein König — dachte er.

Der Sonntag war ohne Sonne, aber die Luft war seltsam weich und durchsichtig. Lautlos lag die Ebene, der Wind, der sonst hier ungehindert tollte, schlief so sanft, daß man nicht seinen Atem spürte, und Lerchengesang, dem Himmel näher als der Erde, schwang zart klingend in der Luft. Das Vieh war wohl rein der Verzauberung der Stunde erlegen, die schwarzweißen Tupfen leuchteten aus dem satten Grün, als wären sie hineingewachsen.

Ich sollte einmal wieder nach Hause gehn, dachte Kasjen unvermittelt, mal an einem Sonntag. —

Mitten in dieser freien Weite überfiel ihn die Vorstellung von wallumhegten Kampen, von weißen Sandpfaden, von Ackerland hinter hohen Hecken, von Menschen, die zur Heimat gehörten.

Langsam wandte er sich um in die Richtung, wo der Deich das Blickfeld begrenzte. Und ihn kam die Lust an, da hinauf zu gehen. Eine halbe Stunde Weg war es, aber Kasjen brauchte länger mit seinem Schlenderschritt, der zum Sonntag gehörte.

Ach, dachte er, was sollte er auch daheim. Tante Sievertje — ja, nach der müßte er sich mal umsehen, aber sonst . . .

Er beschleunigte den Schritt, um der Stimmung zu entrinnen, die ihn überfallen hatte.

Anders war es da oben auf der Deichkappe, ein frischer Luftzug war spürbar, und alles lag nahe und unverhüllt: das Wasser, das mit flinken Wellen vorbeizog, der Emsdeich gegenüber, an dem Tiere grasten, sogar die Stadt, obwohl sie eine Stunde entfernt war. Der Kirchturm des nahen Fleckens stand hoch über kleinen Häusern, und Mühlenflügel ruhten in der Sonntagsstille. Kasjen sah ein Ziel: der Deich schlängelte sich darauf zu, er brauchte nur seine Füße voreinanderzusetzen, um in den Ort zu kommen, den er noch nicht kannte.

Er hatte das Gefühl, der atembeklemmenden Einsamkeit des Unermeßlichen entronnen zu sein. Da müssen stolze Menschen sein, verstand er plötzlich, die nur achten, wer Herr über weiten Raum ist. Er sah Bauer Esders Augen vor sich: waren sie nicht auch wie diese Ferne?

Da waren links die ersten Häuser der Ortschaft, schier tröstlich wollte ihm ihr nahes Beieinander erscheinen. Es wird Zeit, daß man mal wieder unter Menschen kommt, ermunterte er sich. Er stieg vom Deich herunter und steuerte auf eine der winkligen Straßen zu mit der frohen

Neugier dessen, der einen fremden Ort betritt zu keinem andern Zweck, als um ihn kennenzulernen.

Diese Neugier plagte auch die kleine Magd Amke. Sie hielt ja täglich Umschau, und wenn ihr Blick die Bäume der Landstraße entlang wanderte, dann endete er immer bei den vielen Häusern und dem Turm, dessen Dach rund wie ein aufgespannter Schirm war, und den beiden Mühlen, die mit vier Armen winkten. In einer guten halben Stunde konnte man dort sein, wußte sie von Fentje, und sie hatte auch ihr Versprechen, daß sie einmal Sonntags dahinaus keiern würden. Aber die Große war noch nicht soweit gekommen, und soviel Mut hatte Amke nicht aufgebracht, allein den Weg in diese Fremde zu wagen.

Die beiden Mädchen saßen an diesem Nachmittag im Kuhstall, dessen rote Steine vor Sauberkeit leuchteten, dicht bei der Hintertür, die weit offen stand, ein dunkler Rahmen um das Bild einer Landschaft in Grün und Grau, wenn man über das Braun des umfangreichen Misthaufens hinwegsah, der da gleich um die Ecke als Beweis des Reichtums dieses Hofes prangte. Diese frühen Sonntagnachmittagsstunden gaben in der Regel die Zeit her, um die eigene Kleidung und Wäsche in Ordnung zu halten; für solche persönlichen Notwendigkeiten schenkte die Woche keine Muße. Fentje setzte gerade einen Flicken auf die stark mitgenommene blauwollene Schürze, während Amke sich mühte, ein großes Loch im Hacken ihres Strumpes zu stopfen. Sie müsse die Fäden nicht so fest zusammenziehen, belehrte die Großmagd sie mit einem mißbilligenden Seitenblick. „Dat sücht ja ut —!“

„Och wat!“ Amke drehte die beanstandete Stelle flink herum und suchte einen neuen Schaden, nicht ohne erst einen Seufzer nach draußen zu schicken: „So moj un warm —“.

Ja, so wäre Schafwolle immer, sagte Fentje.
Amke schmetterte ihr hellstes Lachen heraus.
„Wat lachst al weer?“ fragte Fentje.
Schafwolle, kicherte sie, sie meinte doch das Wetter!

„O so!“ lachte nun auch die andre. Es wäre bald Melkabend, und dann könnten sie ja mal ins Dorf gehen.

„O ja!“ So schnell war Amke wohl noch nie mit dem Melken fertig geworden; sie erzählte es der ollen Swarten und der dicken Bunten und noch einigen andern Kühen, mit denen sie besondere Freundschaft hielt, daß sie gleich ausgehen würde. Sie flocht sich auch auf Fentjes Geheiß noch einmal den dicken Zopf, aus dem sich gleich wieder kurzes Geringel freimachte. Und dann zogen beide ihr Jackje an und banden die Sonntagsschürze über den Fiefschaftenrock, der in vielfachen Kräuseln bis auf die blanken Schuhe herabfiel. So zogen sie los.

Amke sah vergnügt zu der Großen auf, die sie um einen guten Kopf überragte. „O!“ rief sie und zeigte auf eine Kette aus blauen Glasperlen, die ihr plötzlich in die Augen schien. Fein — drei Reihen und ein goldenes Schloß! So eine möchte sie auch haben!

„Ja“, lachte Fentje, „mußt sehn, dat du en goode Gallmarktsbrügen kriggst!“ Amke funkelte der Spaß aus den Augen: ob denn schon bald Gallimarkt wäre.

„He, Wicht, wenn Oktober is —“, klärte die andre sie auf.

„Dat is noch lange hen, wat? Man ik frei mi dar nu al up!“ rief Amke.

Sie kamen an die Straße, und die Kleine dachte an den Tag, da sie hier von Martens Wagen abgestiegen war. Wenn sie nach rechts abbogen, kamen sie zur Stadt. Schade, daß das so weit war!

„Wat wullst du dar denn?“ wollte Fentje wissen.
Da wäre ihre Schwester in Ellermanns Gasthof, meinte sie. Die könnte sie doch mal an einem freien Sonntag besuchen, sagte Fentje.
„Ja —“, kam es zögernd, „man allennig.“
Fentje lachte: „Büst du dann noch en Puppke, dat die eene bi de Hand faten mutt?“

„Nee!“ Amke warf den Kopf zurück, ihr war, als ob sie zusehends wüchse: warum sollte sie das nicht können, sie brauchte keinen zu fragen, dabei hatte ihr auch die Frau nichts zu sagen! Berauschend war diese Erkenntnis des Selbständigseins, und mit federndem Schritt ging sie vorwärts.
Sie kamen an die ersten Häuser. Der Ort war nicht groß, er hatte aber immerhin ein paar gepflasterte Straßen.

Es war allerhand Jungvolk unterwegs, sie hatten so ihre verschiedenen Treffpunkte. Auf der Brücke über dem Tief stand eine Gruppe Burschen; sie redeten laut und prahlend, als die beiden Mädchen vorübergingen, und einer rief etwas hinter ihnen her.

„Wat see de?“ fragte Amke und sah sich verstohlen um.

„Och, lüttje Knechten! Mußt di nich um kümmern!“ sagte Fentje wegwerfend.

Sie streiften durch die schmalen Straßen, hier und da blieben sie vor einem Ladenfenster stehen, das kaum größer als die übrigen, aber meist vorgebaut war. Amke bewunderte buntgeblümte Stoffe, die als städtische Mode schüchtern Eingang suchten.

„Dat is nix för unsereen“, tat Fentje sie verächtlich ab, die wären viel zu dünn, es ginge nichts über Selbstgesponnenes und Gewebtes.

„Mag wall —.“ Amke stach das Rosenmuster doch mächtig in die Augen. Sie möchte wohl solch ein Kleid haben!

„Moin, Fentje!“ rief es hinter ihnen. Es gab eine laute Begrüßung mit ein paar stattlichen Mädchen, die in der Umgebung dienten. Und nachdem Amke als die neue lüttje Maid, der doch mal etwas gezeigt werden müßte, vorgestellt war, zogen sie zu vieren eingehakt weiter. Sie kamen an ein Siel und in eine Straße, die nur an einer Seite Häuser hatte, deren Giebel wie freundliche Gesichter mit blanken Augen aufs Wasser schauten. Denn drüben lag der Emsstrom in seinem breiten Bett, und einen Arm streckte er bis an die Sielmauer aus, um auf ihm kleine Fahrzeuge dicht an den Ort heranzutragen, Kähne mit Torf und Gemüse und Fisch. Das wäre die Mühde, sagte Fentje und wies auf den Emsarm.

Amkes Augen fuhren lebhaft hin und her. Eine Ziegelei und gegenüber noch eine und soviel Steine am Ufer aufgestapelt! Die würden alle verkauft, wurde sie belehrt, und dann kämen Schiffe und holten sie weg.

„Dar kummt al en Schipp!“ rief Amke, und die Mädchen lachten: „Dat is ja dat Fährboot, dat brengt de Lü van een Siet na de anner!“

Amke hatte schon wieder etwas endeckt, sie stieß Fentje an: „Kiek, dar steiht Kasjen!“

„So? Laat hum doch", tat Fentje gleichgültig, und es fiel keinem auf, daß ihre roten Wangen sich einen Ton dunkler färbten.

Kasjen hatte schon eine Weile auf der grünen Böschung gestanden, es war unterhaltend, dem Wasser zuzuschauen, das, wie der Fährmann ihm erzählte, eben den tiefsten Ebbestand hatte und nun unaufhaltsam die Schlammstreifen der Ufer, die es für geraume Zeit preisgegeben hatte, wieder in Besitz nahm. Hier und da kreuzten Segelboote, die bei dem schwachen Wind kaum von der Stelle kamen, sie wollten wohl nichts weiter als dahintreiben zwischen Himmel und Flut.

Kasjen ging das gegen seine tatfrohe Natur; ihm sagten mehr die Ruderboote zu, die mit jedem Schlag ins Wasser ein Stück vorwärtsschossen. Er schlenderte nach dem Steg hin, an dem das Fährboot anlegte.

Da kam einer von den Aussteigenden gradewegs auf ihn zu: „Kasjen, büst du dat?"

„Ja", sagte Kasjen und freute sich nicht wenig, als er Lammert Lammers erkannte, der ihn damals überredet hatte, in die Marsch zu gehen. Ein Stück Heimat stand unvermutet vor ihm.

Ob er nach Hause gewesen wäre, wollte Kasjen wissen. Nein, sagte er, nur nach der andern Seite der Ems. Aber vor ein paar Sonntagen. Kasjen war ganz Aufmerksamkeit: „Wo was dat dar dann?

„Will ik di vertellen, kumm man." Lammert war ebenso froh wie er, „wi drinken en Lüttje mitnanner!"

Sie gingen nebeneinander dem Ort zu, und Kasjen sah die Mädchen gar nicht, an denen er dicht vorbeischob. Vielleicht tat er auch nur so, weil es ihm peinlich war, sie anreden zu müssen.

Amke war enttäuscht; sie hätte für ihr Leben gern gewußt, wer der fremde Mann war, mit dem der große Knecht so bekannt tat.

„Gott", sagte Fentje, „de kennt doch ok Lü! Dat geiht uns ja nix an."

„Warum nich? Ik mag gern alls weeten!" verteidigte sich Amke.

„So?“ lachte die andre, „dann will ik di man seggen, dat wi bi lüttjen na Huus mutten!“

Auf dem Heimweg malte die Kleine sich aus, wieviel schöner das Leben wäre, wenn man als Bauernfrau auf die Welt gekommen wäre. Dann würde sie immer bloß tun, was sie wollte.

„Ik bün bange, dann deest du nix!“ meinte Fentje trocken. Sie stritt das gar nicht ab: was brauchte man denn auch viel zu tun, wenn man zwei Mägde vor sich hätte.

„Man unse Frau deit doch alltied wat“, warf Fentje ein.

„Ja, unse —“, sie warf verächtlich die Lippen auf, so eine wollte sie auch nicht sein!

O ha, lachte Fentje, dann möchte sie nicht bei ihr dienen!

Wieso? wunderte sie sich, bei ihr sollten es alle gut haben! Fentje schüttelte den Kopf über solche Gedankenflüge, sie befaßte sich nicht mit so abwegigen Wünschen (. . .)

Arbeit und Technik

Ein Walfangschiff wird ausgerüstet

HEINRICH DIRKS/WOLFGANG SCHÖNINGH

Am 10. August 1657 nahen wieder zwei Walfänger dem Emder Hafen. Wie am Vortage sind fast alle Einwohner an der Anlegestelle, um sie freudig zu empfangen. Doch die Besatzungen bringen die Nachricht mit, daß fünf der im Frühjahr ausgefahrenen neun Emder Schiffe „in 't Yis vergaan" sind. Viele Emder Grönlandfahrer haben damit den Seemannstod gefunden. Großes Leid kehrt in der Stadt ein. Es ist so herzzerreißend, daß die Frauen und Mütter in tiefem Schmerz aufschreien. Die Anlegestelle der Walfänger soll damals den Namen „Schreyers Hoek" erhalten haben. Den Mut der Emder kann aber dieser Schicksalsschlag nicht brechen. Im folgenden Jahr sollen 10 Schiffe nach Spitzbergen auslaufen.

Auch Jürgen Siekmanns Lebenstraum kann das Ereignis nicht beeinflussen. Seit Jahren war es sein innigster Wunsch, einmal Walfänger zu werden. Er sah sich als Schiffsjungen, als Matrosen, als Harpunier in den Weiten des Eismeeres. Er träumte davon, wie seine Schaluppe den Wal zielsicher jagte, wie er den Wurf auf das ungeheure Tier anbrächte und die andern Seeleute seinen Mut und seine Treffsicherheit bewunderten.

Jürgen ist arm und hat keine Eltern mehr. Der Seemann eines Walfangschiffes muß seine Ausrüstung mitbringen. Für einen Schiffsjungen kostet sie 26 Gulden. Das ist viel Geld. Wie kann ein Waisenkind es jemals erwerben? Nie, dachte Jürgen, sollte sein Traum sich erfüllen!

Im April 1658 steht der Junge aber auf dem Deck des Walfängers „De Jonas van Embden" und schaut froh auf den regen Betrieb im Hafen. Das große Glück ist doch zu ihm gekommen. Das Gasthaus hat ihm für seine Ausrüstung 22 Gulden geschenkt. Die restlichen 4 Gulden stiftete die „Diakonie der hussittenden Armen". Jürgen wußte sich vor Freude nicht zu lassen, als er die Nachricht erhielt.

Voller Glück war er zum Deich gestürmt und hatte auf das blanke Wasser geblickt. Dort war bald seine Welt! Er jubelte hell auf vor Seligkeit. Auch von der drückenden Armut wird ihn die Spende befreien. Als Walfangmatrose wird er später in der Heimat ein geachteter Mann sein. Wenn er sich Mühe gibt, kann er sogar Harpunier werden. Er gilt dann ebensoviel wie ein Schiffsoffizier. Die meisten Kommandeure haben sich vom Schiffsjungen hochgearbeitet. Warum kann er nicht auch Glück haben? Der Himmel hat ihm jetzt schon die größte Gabe gewährt. Nach Jürgens Meinung ist das Schwerste auf seinem Lebensweg bereits geschafft.

Tage harter Arbeit liegen hinter ihm, und er hat gemerkt, daß Seemannsleben kein Herrenleben ist. Ein Schiffsjunge muß gehorchen und arbeiten. Als Junge einer Seehafenstadt wußte er das aber vorher. Während der letzten Tage hat das Schiff einen großen Teil der Ausrüstung gefaßt. Zuerst war der Torf gekommen, der in der Kombüse als Brennstoff gebraucht wurde. Mit den Matrosen mußte er Korb auf Korb voll herantragen, um ihn anschließend aufzustapeln. An den nächsten Tagen folgten die Fanggerätschaften. 50 Leinen, 100 Pfd. Vorgänger, 1 Schlepptau, Taue, Blöcke, 60 Lanzen, 60 Harpunen, 25 Harpunenstökke, Messer, Beile, Eishaken und sonstiges Eisenwerk wurden verstaut. Jürgen hatte das Tauwerk bestaunt. Er war schon oft in den Emder Seilereien gewesen und hatte gehört, daß der Hanf aus den Häfen der Ostsee stammte. Die vorderste Leine, die an der Harpune befestigt war, nannte man Vorgänger. Sie war aus allerstärkstem, bestem Hanf, weiß, nicht mit Teer bestrichen. Daher blieb sie geschmeidig, ließ sich in der Kälte des Nordmeeres gut rollen und behinderte den Wurf nicht. Sie war ungefähr 6 Faden (36 Fuß) lang. Ihr folgte eine Leine aus sehr gutem Hanf, nur wenig gedreht und mit Teer bestrichen. Die ganze Walfischleine wog ungefähr 170 Pfund.

Jürgen besah sich eingehend eine Harpune. Sie glich einem Pfeil, war aus gutem Stahl und 3 Fuß lang. Ihre Widerhaken waren 8 Fuß lang. Spitze und Seitenwände des Pfeiles waren messerscharf geschliffen. Die Harpunenschaft endete in einer trichterförmigen Aushöhlung, die mit Bindfaden bewickelt war. In diese paßte der 6 bis 8 Fuß lange

Harpunenstock, den man wegen des besseren Schwunges benutzte. Mit ihm konnte man weit und gerade auf das Fangtier werfen. Gewöhnlich fiel er schon während des Wurfes oder gleich nach dem Eindringen des Pfeiles wieder ab.

Die Mannschaft verpackte auch die Wurf- und Stoßlanzen. Die letzteren waren die eigentlichen Mordwaffen, mit denen man den Walen den Todesstoß versetzte. Da waren Speckmesser, Speckforken und andere Eisengeräte an Bord gebracht worden. Alles lag wohlverstaut im Schiff.

Heute soll der Proviant übernommen werden. 42 Seeleute wird das Schiff bei seiner Ausreise haben. Da man vorher nicht weiß, wie lange die Fahrt dauert, muß der Vorrat reichlich bemessen werden. Ein harter Arbeitstag steht daher bevor. Jürgen streckt die Arme, die ihm von der ungewohnten Anstrengung der letzten Tage noch schmerzen. Am Kai stehen schon die Schlachter und Händler mit ihren Wagen voller Ware. Soeben kommt der Equipagemeister, dem die Ausrüstung des Schiffes untersteht. Der Boekhouder ist bei ihm, um im Auftrage der Kompanie alle Rechnungen, die der Equipagemeister vorher abzeichnet, zu bezahlen. Seine Buchführung ist auch deshalb wichtig, weil die Gesellschaft für alle aus dem Ausland kommenden Materialien und für den Torf keine Verbrauchssteuern zu entrichten braucht. Auch die Tonnenreifen aus Utrecht, bei denen die Fracht teurer kommt als der Einkauf, sind zollfrei. Beim Fleischproviant entrichtet die Reederei der Stadt für 1 Schwein nur sechs Schilling, für 1 Stück Großvieh (Kühe oder Ochsen) einen halben Taler Akzise.

Nun kommt Leben in die Reihe der wartenden Händler. Jeder will gerne als erster fertig werden. Aber der Equipagemeister bestimmt die Reihenfolge. Zuerst sollen Fleisch und Speck verladen werden. Gründlich werden alle Waren geprüft. 8 Tonnen Fleisch, 1000 Pfund Speck und 1000 Pfund Stockfisch nimmt das Schiff mit. Solange der Walfang blüht, brauchen die Bauern in der Krummhörn keine Sorge um Abnehmer für ihr Mastvieh zu haben!

Da pfeift der Steuermann die erste und zweite Wache an Deck. Die Händler bringen ihre Waren bis ans Schiff, wo sie von den Matrosen übernommen werden. Jetzt hat Jürgen keine Zeit mehr, neugierig in die Gegend zu schauen. Er bekommt gleich zu spüren, daß er der jüngste Schiffsjunge ist. „To Jung, maak to!" heißt es immer wieder, und meistens wird dieser Ruf durch einen derben Schlag bekräftigt. Jürgen ist froh, wenn er nicht gar einen Tritt bekommt. Er kann nicht schnell genug die Lasten hinuntertragen in den Laderaum und dann zurück nach oben flitzen.

Immer wieder klettert er wie die Matrosen die steile Leiter hinauf und hinunter, so daß ihm bald der Schweiß in dicken Tropfen über den Oberkörper läuft. Nach dem Speck werden 4 Tonnen Butter, 500 weiche Brote, 20 Faß Hartbrot, 6 Tonnen graue und 6 Tonnen gelbe Erbsen, 2 Tonnen Bohnen und eine große Menge Grütze verstaut. Jürgen ist froh, wenn der Equipagemeister eine Ware länger untersucht oder sogar Einwendungen macht. Dann kommt es am Kai wohl zu erregten Auseinandersetzungen, wobei der Händler die Güte seiner Ware preist. Das gibt dann immer eine kleine Atempause, in der Jürgen sich von dem stickigen Dunst des Laderaumes erholen kann. Als der Steuermann endlich die Wache abpfeift, sinkt er erschöpft an die Back. Er hat kaum noch die Kraft, das Essen zu holen, welches der Smutje gekocht hat. In einigen Tagen sollen die Schaluppen und die Reservesegel übernommen werden. Dann müssen die Quardeelen, die Fässer für den Walfischspeck, folgen. Einmal wird Jürgen dabei Freiwache haben und sich ausruhen können. Ist erst alles an Bord, kann die Reise endlich losgehen. Jürgen freut sich darauf. Die See zeigt ihm gewiß neue Herrlichkeiten, und er kann sich dann wohl auch etwas von den harten Arbeitstagen erholen.

Die Gefahren der „christlichen Seefahrt"

Heinrich Roskam

(. . .) Nachfolgend will ich über eine Nordseefahrt mit einer eisernen Tjalk berichten, wie sie mir von noch lebenden Verwandten des Steuermanns geschildert wurde und wie sie im Oldenburger Kalender „Volksbote“ vom Jahre 1901 auf Seite 60 bis 64 abgedruckt ist.

Dabei ist es notwendig zu bemerken, daß in damaliger Zeit das Steuermannspatent genügte, um ein Schiff über die Meere zu lenken. Der Schiffsführer hieß in Anbetracht seiner Verantwortlichkeit für Besatzung, Schiff und Ladung „Kapitain“. Dies war vorauszuschicken, um keine Irrtümer über die Zuständigkeit des Steuermanns Boekhoff aufkommen zu lassen.

Am 27. September des Jahres 1899 machte das Tjalkschiff „Käthe“ aus Oldenburg bei der dortigen Glashütte die Leinen los, um eine Ladung Glas nach Granton am Firth of Forth in Schottland zu bringen. Der Kapitän dieses Schiffes namens Willms hatte schon seit 10 Jahren Glas von Oldenburg nach England und Schottland gefahren. Seine längste Reise dorthin hatte bisher 36 Tage gedauert.

Willms erkrankte auf See, und die „Käthe“ mußte infolgedessen nach Bremerhaven zurückkehren, wo er sich in ärztliche Behandlung begab. Sein Nachfolger als Schiffsführer wurde der mit dem Steuermannspatent versehene bisherige Steuermann dieses Schiffes, *Fokko Boekhoff aus Rhaudermoor.* Mit ihm waren bislang noch zwei weitere Rhauderfehntjer an Bord gewesen, der Matrose *Anton Hensmann* und der Schiffsjunge *Berend Stumpe.* Ohne den vierten Mann durfte das Schiff nicht in See stechen. So wurde in Bremerhaven der Matrose Karl Senkblei aus Stollhamm angemustert. Dieses geschah am 13. Oktober. Seit der Abfahrt aus Oldenburg waren also schon 16 Tage vergangen. Zehn Tage später, am 23. Oktober, wurde das Leuchtfeuer der Insel May gesichtet. Diese Insel ist dem Firth of Forth vorgelagert. Die Schiffsmannschaft glaubte sich schon dem schützenden Hafen nahe, als ein Südsturm die Einfahrt in die Meeresbucht verhinderte. Zehn Tage lang kreuzte die Schiffsmannschaft in Sicht des Leuchtturms May. Die Segel waren zerfetzt und Notsegel mußten gesetzt werden. Wegen des immer heftiger werdenden Sturms konnte die schützende Bucht nicht erreicht werden. Vielmehr trieb das Schiff, nicht mehr dem Ruder gehorchend, in nördlicher Richtung entlang der schottischen Küste bis zum 64. Grad nördlicher Breite. Der Wind sprang nach Westen um und trieb das nicht mehr manövrierfähige Schiff über die Nordsee bis vor die Küste Norwegens. Die rutschfeste, mit Stroh verpackte Ladung und die lange, am Bug des Schiffes befestigte und über Bord geworfene Kette, die das Schiff mit dem Bug in den Wind hielt, schützten es vor dem Kentern. Es gelang der schiffbrüchigen Mannschaft weder einen Nothafen in Norwegen zu erreichen noch wurden die gesetzten Notsignale von den auf der Kimm bemerkten Fischdampfern gesichtet.

Die Not stieg von Tag zu Tag, zumal nur für zwei Monate Lebensmittel an Bord genommen waren. Am 19. Dezember wurde Stroh, das, wie schon erwähnt, zum Verpacken der Glasscheiben diente, gehäckselt und in dem letzten noch vorhandenen Süßwasser gekocht und dann mit einem Rest Fett in der Bratpfanne gebacken. In den Weihnachtstagen flehte man zu Gott um Regen. Ein Schneegestöber machte der größten Trinkwassernot ein Ende. Die Tage zuvor hatte man den Tau von Mast und Luken geleckt. Von Hunger und Schmerzen gelähmt, lagen die beiden Matrosen in ihren Kojen. Boekhoff und der Schiffsjunge kämpften mit letzter Verzweiflung, das Schiff an den Wind zu halten. Dieses trieb nunmehr nach Westen, weil der Wind nach Osten gedreht hatte. Als die Not am größten war und niemand von der Mannschaft mehr an ein Überleben dachte, wurde die Tjalk, mitten in der Nordsee treibend, von der Mannschaft eines englischen Fischdampfers entdeckt, auf den Haken genommen und am 8. Januar nach Granton, dem Bestimmungshafen, eingeschleppt. Hier wurde die Mannschaft in ein Hospital gebracht. Boekhoff endete die Eintragung in das Journal mit dem üblichen Satz: „Schiff dicht, Pumpen lenz."

Die Reise von Oldenburg bis Granton hatte 104 Tage gedauert, von ihren Familien waren die Seeleute längst aufgegeben worden. Sie kamen wieder zu den Ihrigen und gingen dann bald wieder an Bord (...)

Wenig Geld für harte Arbeit

Extrem harte Arbeitsbedingungen für die Moorpioniere Wiesmoors

Richard Ahlrichs

Daß die Arbeitsbedingungen in der ersten Zeit in Wiesmoor nicht leicht waren, ist allgemein bekannt. Auch die Betriebsordnung für die Torfgewinnung Wiesmoor der Nordwestdeutschen Kraftwerke AG, Hamburg, spiegeln diese Tatsache wider. Sie wurde am 23. Juni 1934 von dem damaligen Direktor Jan Hinrichs herausgegeben.

Über die Arbeitszeit steht in dieser Betriebsordnung folgendes: „Arbeitstage sind sämtliche Wochentage mit Ausnahme der gesetzlichen Feiertage, sowie anderer, gemäß Anordnung der Regierung sowie durch Anschlag bekanntzugebender Tage.

Die regelmäßige tägliche Arbeits-Leistungs-Zeit beträgt acht Stunden, ausschließlich der Pausen. Sie soll beginnen in der Zeit vom 1. April bis 15. Oktober um 7 Uhr morgens und endigen um 4 Uhr nachmittags und in der Zeit vom 15. Oktober bis 31. März um 8 Uhr morgens und endigen um 4.30 Uhr nachmittags. Jeder Betriebsangehörige ist zur Leistung von Überstunden, Nacht-, Sonn- oder Feiertagsarbeit gemäß den tariflichen Bestimmungen verpflichtet, jedoch sollen Überstunden nach Möglichkeit vermieden werden. In Notfällen, bei Inventuren oder Mangel an geeigneter Arbeit, sind die Arbeiter verpflichtet, vorübergehend auch andere Arbeit zu verrichten als die, für die sie angenommen sind.“

Bußgelder waren an der Tagesordnung

„Beginn und Ende der täglichen Arbeitszeit wird durch das Kraftwerk-Signal bekanntgegeben. Etwa von der Firma geschaffene Kontrolleinrichtungen hat jeder Arbeiter zu gebrauchen. Es ist streng untersagt, sie für einen anderen zu benutzen oder sonstigen Mißbrauch damit zu betreiben. Alle zur Kontrolleinrichtung gehörigen Gegenstände sind sorgfältig zu behandeln. Zum Betreten und Verlassen des Hofraumes, der Werkstätten, Lager- und Maschinenräume darf jeder nur den für ihn bestimmten

Eingang, Ausgang und Weg benutzen. Für jede Nichtbenutzung der Kontrolleinrichtungen haben an Buße zu bezahlen:

a) Arbeiterinnen, Lehrlinge und jugendliche Arbeiter den zehnten Teil eines Stundenlohnes,
b) erwachsene Arbeiter den fünften Teil eines Arbeitslohnes.

Wer zu spät kommt, kann für die erste Arbeitsstunde ausgeschlossen werden. Kommt er ohne triftigen Grund mehr als eine Stunde zu spät, kann er für den ganzen Arbeitstag ausgeschlossen werden. Der Lohnbetrag für die versäumte Zeit wird abgezogen ..."

Rauchen war streng verboten

Auch das Rauchen innerhalb der Arbeitsräume war verboten, im Moor während der Zeit vom 31. März bis 31. Oktober. Ebenfalls war das Anlegen von Feuer zur Tee- oder Essenbereitung oder irgendeinem anderen Zweck strengstens untersagt. Die Namen derjenigen, die gegen die Vorschriften der Betriebsordnung oder „gegen die soziale Ehre" verstießen, konnten am Schwarzen Brett veröffentlicht werden.

Drei Tage Urlaub

Mit dem Urlaub war es nach den Bestimmungen recht mäßig bestellt. Lohnempfänger, welche in einem Kalenderjahr an 270 Arbeitstagen im Betrieb tätig waren, erhielten nach Zurücklegung eines Jahres einen ungeteilten Urlaub von drei Tagen, steigend von Jahr zu Jahr um zwei Tage bis zu acht Tagen. Für die Zeit des „Urlaubs" wurde der tarifmäßige Gruppenstundenlohn gezahlt. Lohnempfänger, die während der Urlaubszeit gegen Entgelt arbeiteten, gingen des Anspruchs auf Lohn während der Urlaubszeit verlustig und — wurden entlassen. Der Urlaub sollte im allgemeinen erst nach vollständiger Beendigung der Außenarbeit (insbesondere Torfstuken) erteilt werden. Das war demnach die Zeit im Herbst oder Winter.

2,08 RM Lohn pro Tag

Wenn man heute die Lohntarife damaliger Zeit liest, so erweckt das Staunen, wie wenig Geld die Arbeiter für die schwere Arbeit erhielten, auch dann, wenn man in Erwägung zieht, daß das Geld 1932 (von da an galt der Tarif) eine viel größere Kaufkraft hatte als heute. Die Löhne betrugen ab Januar 1932 in Rentenpfennig für Handwerker bis 21 Jahre 52, über 21 Jahre 56, für Angelernte bis 21 Jahre 47 und über 21 50 Rentenpfennig. Außerdem konnte nach Ermessen des Betriebes eine Leistungszulage bis zu 13 Prozent gewährt werden. Noch schlechter waren die Lohnverhältnisse für Arbeiterinnen. Über 18 Jahre alte Frauen erhielten nur 32, unter 18 Jahre alte Mädchen 24 Rentenpfennig. Für letztere waren es am Tag ganze 2,08 Mark brutto!

Lehrlinge bekamen 9 Pfennig pro Stunde

Vorarbeiter bekamen auf den Lohn der ungelernten Arbeiter einen Zuschlag von 20 Prozent. Auch die Lehrlinge waren arm dran. Im ersten Jahr bekamen sie 9 Rentenpfennig die Stunde, im zweiten 15, im dritten 23 und im vierten 30 Rentenpfennig. Bei Torfmaschinen, Sodenablegerpressen und Dolbergpressen gab es Akkordlöhne, die auch nicht hoch waren. Akkordmäßig bezahlt wurden ebenfalls die Arbeiten an der Torfladerinne, am Sodenstapler, an der Abbunkmaschine. Bei den Erdarbeiten ging es nach Kubikmeter, bei Entwässerungsarbeiten nach dem laufenden

Meter. Natürlich wurden auch das Torfverladen und das Torftrocknen, allgemein Stuken genannt, lediglich nach Leistung bezahlt.

Das Geld reichte kaum zum Leben

Alles in allem waren die Löhne bei der Torfgewinnung so gering, daß ein Familienvater kaum damit seine Familie ernähren konnte. Die meisten Angestellten jedoch kamen von den umliegenden Moorkolonien und von den Fehnen. Sie hatten vielfach eine kleine Landstelle, eine Kuh, konnten ein Schwein mästen, und kamen dadurch über die Runden, zumal alle von Jugend an recht zur Bescheidenheit und Sparsamkeit erzogen waren. Die Frauen arbeiteten mit im Garten; Kartoffeln und Gemüse brauchten in der Regel nicht gekauft zu werden. Wenn möglich half man in der Erntezeit aus, besonders beim Roggenbinden bei den Bauern.

Trotz der offenbar schlechten Arbeitsbedingungen und trotz des geringen Lohnes zeichneten sich die Moorpioniere durch Treue zu ihrem Betrieb aus, waren zufrieden, hatten ein heiteres Gemüt und hielten zusammen, ohne neidisch auf andere zu sehen.

Vor 100 Jahren wurden Chausseen gebaut

Die ersten festen Straßen in Ostfriesland

RICHARD AHLRICHS

Wahrscheinlich waren es römische Legionäre, die zuerst befestigte Wege von größerem Ausmaße in unserer Heimat gebaut haben. Die Straßen bestanden aus Pfahldämmen, damals hatte Ostfriesland noch viel Wald. Sie sollten das unwirtliche, verkehrsfeindliche Hochmoor begehbar machen. Reste dieser Pfahldämme sind häufig aus dem Moor herausgegraben worden.

Nach den Römern kam eine lange, „straßenlose" Zeit für das Gebiet zwischen Dollart und Jade. Wahrscheinlich ist, daß Mönche zu ihren Klöstern und Vorwerken hier und da Knüppeldämme angelegt haben. Doch bis ins neunzehnte Jahrhundert hinein kannte man feste Straßen in unserer

Heimat kaum. Im Frühjahr und Herbst müssen viele Wege schier unpassierbar gewesen sein, besonders natürlich die Wege, die damals über das Hochmoor führten.

Die erste richtige Straße in Ostfriesland wurde 1834 bis 1840 zwischen Aurich und Leer gebaut in einer Länge von 34 053 Metern. Damals sprach man nicht von einer Straße, sondern grundsätzlich von einer Chaussee, hergeleitet wie viele Wörter jener Zeit aus dem Französischen. Die Bäume, die an dieser Straße gepflanzt wurden, hießen Chausseebäume, und weil der Ahorn bei diesen Anpflanzungen dominierte, hieß lange Zeit dieser Baum im Volksmund „Chausseebaum".

Neben der recht schmalen „Chausseestraße" befand sich der ungepflasterte „Sömmerweg". Er diente vor allen Dingen zum Ausweichen entgegenkommender Gespanne. Ein Wagen nahm die ganze Breite der Straße ein. Auf der entgegengesetzten Seite vom Sommerweg zog sich ein ungepflasterter „Bürgersteig" hin.

Doch immer mehr Straßen wurden gebaut. Die Entwicklung ging voran. Die Bedeutung guter Verkehrswege wurde den Menschen immer mehr bewußt. Der „Chaussee" von Aurich nach Leer folgte die Straße von Hesel nach Moorburg, gebaut 1834 bis 1840 (18,121 km lang). Daran schlossen sich weitere Straßenbauten: 1840 bis 1854 Leer—Neuschanz. Dieser Bau dauerte ganze 14 Jahre. Holland war nunmehr leichter zu erreichen. Die Strecke war 19,806 km lang. 28 Jahre benötigte die Strecke Aurich—Wittmund—Carolinensiel, und zwar von 1841 bis 1869, 37,780 km lang ist diese Straße. Es folgten weiter 1843 bis 1863 Ogenbargen—Esens (10,985 km), 1843 bis 1848 Georgsheil—Norden—Norddeich (20,359 km). Auf Grund des Gesetzes über Gemeindewege und Landstraßen vom Juli 1851, später erweitert durch Gesetze vom März 1868 und März 1873 entstand eine große Anzahl befestigter „Landstraßen", so daß innerhalb zwanzig Jahren das neue Straßennetz über 500 km Länge verfügte. Das war für jene Zeit eine enorme Leistung. Auch bei langanhaltendem Regenwetter waren Besuche und Reisen möglich, ebenfalls der Austausch von Waren. Die Isolation der einzelnen Ortschaften in der schlechten Jahreszeit fand ein Ende. Eine wichtige Straße war diejenige von Friedeburg über Wiesede nach Strackholt und Bagband. Das Hochmoor war hier sonst eine Volkstums- und Sprachgrenze. Man nannte sich gegenseitig „Övermoorkes“. Auch über Wiesmoor führte diese Straße, das aber zu jener Zeit überhaupt noch nicht existierte. Unmittelbar an diesem Verkehrsweg, früher „Swart Weg“ genannt, errichtete man später das torfbeheizte Kraftwerk der Nordwestdeutschen Kraftwerke. Da die genannte Straße teilweise auf schwankendem Hochmoorgrund gebaut werden mußte, hatte sie unglaubliche, lebensbedrohliche Schlaglöcher. Leider blieben jedoch viele Gemeinden Ostfrieslands zunächst ohne feste Straßen. Vor allen waren dies die Fehne und die abgelegenen Moorkolonien, wie etwa Zwischenbergen, Fiebing, Firrel und Neudorf. Kurios verlief die Straße von Hesel nach Stiekelkamperfehn. Sie hörte auf bei der Ortsgrenze Hesel, um nach zwei Kilometern bei Neuefehn, damals zum Kreise Aurich gehörend, wieder zu beginnen. Mehrere Jahrzehnte blieb dieser eigenartige Zustand bestehen. Die Nachkriegszeit, also die Zeit nach 1945, hat allen diesen abgelegenen Ortschaften schöne, feste Straßen beschert. Längs der Fehnkanäle ziehen sich, meistens an beiden Seiten, Beton- und Asphaltstraßen hin.

Eine Tatsache, von der die ältere Generation kaum zu träumen wagte. Wirtschaftswege, gepflastert oder betoniert, erreichen heute die entferntesten Winkel, auch auf den ehemaligen Moorkolonien. Die Zeiten haben sich für diese sonst stiefmütterlich behandelten Wohngebiete grundlegend gewandelt. Der einsamste Bauernhof ist bei jedem Regenwetter zu erreichen.

Verkehrsadern erschließen das Land

Ewald Christophers

Ostfriesland besitzt sogar ein Stück Autobahn. Genau sind es 22,5 km — von Neermoor bis Emden. Das mag wie ein Ostfriesenwitz klingen, ist aber wahr und hoffentlich der Beginn weiterer zumindest autobahnähnlicher Anschlüsse an die großen pulsierenden Ballungsräume. Denn Straßen- und Wasserwege sind nun einmal die Adern des Verkehrs, und von ihnen hängt die Wirtschafts- und Sozialgeschichte eines Landstriches weitgehend ab. Sie, die lebensnotwendigen Verbindungen, sind ein wesentlicher Beitrag zur Infrastruktur dieses Gebietes.

Aber das war eigentlich immer so: Emden war Endpunkt der friesischen Heerstraße, von Westfalen nordwärts. Die Querverbindung Hamburg—Bremen—Groningen führte durch das südliche Ostfriesland. In den Sielhäfen herrschte reges Treiben von Schiffahrt und Handel, der weit nach Übersee ging. Im ostfriesischen Binnenland verband ein Netz von Heerwegen die Städte und Kirchspiele. Bohlenwege übers Moor künden von der Technik des Wegebaus in der Vorzeit und im Mittelalter. Dabei mußten in Marsch und Geest andere Techniken angewandt werden als im Moor.

Heute führt eine Autobahn bis vor die Tore Wilhelmshavens und eine breit angelegte Bäderstraße parallel zum Jadebusen und eine gleich schnelle, die dem Weserlauf folgt, erschließt Butjadingen. Ein wirklich hervorragendes Straßennetz überdeckt überall das Land hinterm Deich. Und doch gibt es hier und da noch ein Stück bollernder, urwüchsiger Klinkerstraße — harte, rotgebrannte Backsteine, eng und aufrecht nebeneinander wie in einem Sandkasten zu einer Rollfläche gepackt, aus „Pottjeklei" gebrannt, heimische Ziegel, einst wichtiger Baustoff für Verkehrsbahnen. Und wer einmal das Rollgeräusch des Mittelalters unter den Rädern eines Wagens spüren möchte, der kann das auch noch haben, hier und da, bei Ortsdurchfahrten oder Nebenstrecken, Granitfindlinge zusammengefügt zu einer buckligen „Kattjekoppenstrecke".

Das Eisenbahnnetz, einst wichtig für die Bewohner und für den Umschlag von Kunstdünger und Vieh, ist längst auf das nur noch notwendige Maß zusammengeschrumpft. Die Zeiten von „Jan Klein", den Schmalspurkreisbahnen, etwa von Emden nach Greetsiel, von Leer über Aurich nach Wittmund und Esens und durch das Butjadinger Land sind längst vorbei. Was blieb, sind überall die Bahnhofsgebäude, stumme Zeugen der einst so wichtigen Dampflok- und Dieseltriebwagenzeit. Zum Glück aber blieb, als Schienen und Schwellen verkauft wurden, so manche Trasse als Wanderweg erhalten, etwa quer durch Ostfriesland eine 70 km lange Strecke von Leer bis an den Deich bei Esens-Bensersiel. Und auf diesem Weg — wiederum kein Ostfriesenwitz oder gar ein Schildbürgerstreich — der Ostfrieslandäquator. Da Ostfriesland zwischen 53 Grad und 54 Grad nördlicher Breite liegt, teilt der Breitengrad 53 Grad 30 Minuten diese Region in eine nördliche und südliche Hälfte. Das Katasteramt Aurich rechnete aus den geographischen Koordinaten rechtwinklige Koordinaten und steckte den Schnittpunkt mit dem Ostfrieslandwanderweg ab. Im Westen verläuft der Ostfrieslandäquator etwa 50 m nördlich des Pilsumer Leuchtturms über den Seedeich, kreuzt im Herzen Ostfrieslands zwischen Sandhorst und Plaggenburg den Wanderweg und schneidet etwa 1,5 km südlich von Mariensiel den Jadebusen. Wer diesem Äquator weiter folgt, erreicht vom Schnittpunkt mit dem Ostfrieslandwanderweg aus in Richtung Osten nach 105 km Bremervörde, nach 465 km Stettin und nach 745 km Graudens. Wer lieber gen Westen gehen möchte, kommt — wenn er die Nordsee bewältigt — nach 640 km auf dem Ostfrieslandäquator in Manchester an. Da soll noch einer sagen, die Küstenregion sei geographisch uninteressant!

Wer heute durch Friesland reist, der wird ungehindert überall hingelangen können. Selbst in entlegene Winkel führen noch betonierte Wirtschaftswege. Wie anders muß es Hebelius Potter, einem Niederländer, ergangen sein, der 1808 durch weite Teile Frieslands reiste.

„Langs den vreeslijke en veekal eenzamen Kleiweg kwam ick te Dykhuizen", und er fährt fort: „Mit Mühe mußte man bei jedem Schritt die Beine aus dem Boden ziehen, und der geringe Frost, der noch darin war, machte es allein noch möglich, sich da durchzuwursteln. Nie habe ich solch eine Mühe auf einer Reise ausgestanden wie auf dieser und bin dabei dauernder Gefahr ausgesetzt gewesen."

Schon zur Bronzezeit führten beiderseits des riesigen Moorgebietes sogenannte Landstraßen vom Binnenland an die Küste. So von Oldenburg über Spohle, Conneforde nach Varel und über Friedeburg nach Jever und Ostfriesland rüber bis nach Wittmund, Esens und Aurich. Schwierige, morastige Stellen wurden durch Bohlenwege überbrückt, Pfahlrostlager mit Flechtmatten, mit Quer- und Längshölzern darin, vermutlich abgedeckt mit Torf- und Heideplaggen. Im übrigen folgten die Strecken den hochgelegenen Sandflächen.

Bereits 1562 werden die ersten Fähren, sogenannte Pünten, nachgewiesen, schwimmende Brückenstücke, die die Verbindung zwischen den Ufern wichtiger Wasserstraßen herstellten. Dank einer Bürgerinitiative verkehrt in den Sommermonaten in Ostfriesland immer noch eine — allerdings die letzte — handbetriebene Fähre an der Jümme zwischen Wiltshauser Hörn und Amdorf an einer Heerstraße, die über Loga nach Leer führt.

Eine immer noch wichtige Wasserstraße führt von Emden nach Wilhelmshaven. Heute dient der 70 km lange Ems-Jade-Kanal allerdings mehr der Entwässerung als der Schiffahrt. Aber er ist eine ideale Strecke für Wasserwanderer und Teil eines möglichen Schiffturns von der Ostsee bis nach Emden und weiter in die Niederlande. Schleusen regulieren den Wasserstand und machen es erst möglich, die Höhenunterschiede quer durch die Halbinsel Ostfriesland zu überwinden. Entlang der gesamten Strecke an Land ein ausgebauter Weg für Wanderer, Radfahrer und Reiter.

Immer wieder parallel zu den Bundes- und Landesstraßen ein weit verzweigtes Radwegenetz. Viele hundert Kilometer ermöglichen ein einmaliges Radwandern kreuz und quer durch das Land.

Landwirtschaft in Ostfriesland vor einigen Jahrzehnten

PETER ZYLMANN

Meine Eltern zogen nach Leer, wo sie ihre kleine Wirtschaft mit einer Kuh begannen. Mein Vater hat daneben jede Arbeit übernommen, die sich ihm bot, als Graber und Mäher, Kornwieger und Kassenbote, auch im Dienst des Magistrats. Es gab Jahre mit einer reichen Einfuhr von russischem Getreide über See, die der Kornwiegerei gute Einnahmen erbrachte. Für die amtlichen Ausweise führte mein Vater ein Amtssiegel. In seinem Alter nach dem ersten Weltkrieg schied er als Magistratsbote mit einer kleinen Pension aus dem Dienst. Da er sich nur zeitweise um die (. . .) drei Kühe und umfangreiches gepachtetes Acker- und Gemüseland kümmern konnte, zudem er dieser Arbeit körperlich nur in geringem Maß gewachsen war, so lag diese Arbeit so gut wie ganz in der Hand der Mutter. In ihren guten Jahren leistete sie fast unvorstellbar viel Arbeit: Ackerbestellung, Gemüseverkauf, Pflege des Viehs, Austragen der Milch an die Kunden, Heuen, Ernten und was es neben der Betreuung des Haushaltes durch den Jahreslauf gab. Wir drei Kinder haben nach Kräften mitgeholfen und oft sehr schwere Arbeit, auch bei schlechtem Wetter, ohne Verdruß geleistet. Meine Mutter hatte die Eigenschaft, die schwerste Arbeit für uns reizvoll zu machen und eine Forderung an uns immer so hinzustellen, daß wir darin eine wirkliche Ehrung erblickten und nie anders, das darf ich ohne Einschränkung sagen, als mit frohem Herzen. Von ihr strahlte eine solche Würde der Arbeit aus, eine veredelte Auffassung von auch der niedrigsten Arbeit, wie sie mir nicht wieder begegnet ist. — In meinem Elternhaus herrschte nie eine eigentliche Notdurft, wenn auch von einem Wohlstand keine Rede sein konnte (. . .)

Die Landgebräucher am westlichen Stadtrand bildeten einen noch verhältnismäßig geschlossenen Lebenskreis. Ihre wirtschaftliche Lage trug durchgehends den gleichen Zuschnitt; Ackerpferde besaß außer den Fuhrleuten niemand. Die meisten hatten neben ihrem Hauptberuf noch eine Sonderfunktion als Hausschlächter, Mäher, Schlöter (oder Schlothauer). Das Schlothauen stand bei der Jugend in besonderem Ansehen. Im Süderhammrich, der unter den Bestimmungen des Deich- und Sielrechts stand, mußten die zahlreichen Gräben ein- oder mehrmals jährlich gereinigt werden. Das geschah in der Weise, daß der Schlöter mit einem lanzenartigen, an einem langen Stiel befestigten Messer die Grabenkanten senkrecht, wie an der Schnur gezogen, abschnitt und dann den Schlamm und den reichen Pflanzenwuchs mit einer großen Schaufel, die in einem steilen Winkel aufwärts an einem langen Stiel befestigt war, heraufholte. Das Hineinschlagen der Schaufel erfolgte mit großer Kraft in einem festen Rhythmus, nicht jeder Schlothauer erreichte die Meisterschaft.

Im neunzehnten Jahrhundert waren größere Weide- und Wiesengebiete im Süder- und Westerhammrich noch im gemeinsamen Nutzungsrecht der beteiligten Bauern. Mit den Rechten waren gemeinsame Pflichten verbunden, wie Hütung des Viehs, Einfriedung der Flächen; am schönsten traten diese Gemeinpflichten bei den Pächtern des Emsdeichs vom Plytenberg bis zur Stadtgrenze in Erscheinung. Auch meine Eltern gehörten jahrelang zu diesen Pächtern. Bestimmte, jährlich wiederkehrende Pflichtleistungen waren für uns Jungens lang ersehnte Ereignisse. Kurz vor dem Viehaustrieb kamen die Väter zusammen, um die im Winter eingetretenen Mängel, vor allem an den Schütts, den Einfriedungen, festzustellen, die sich an den beiden Enden der mehrere Kilometer langen Strecke und zwischen der Nacht- und Tagweide befanden. Dann wurde das notwendige Holz bereitgestellt, das zu einem beträchtlichen Teil als Strandgut am Deich aufgelesen wurde. Einige Tage später fanden die Väter sich wieder vor unserer Wohnung ein. Wir Kinder, die dazu schulfrei waren, zogen gerätetragend mit. Alles wurde bedächtig, in stetiger, nie schneller Bewegung in Ordnung gebracht. Die bei der Arbeit und der langen Rückwanderung geführten Gespräche drehten sich um Vieh, Mäusefraß, Hochfluten. Für die horchende Jugend waren es Orakelsprüche. Kurz vor dem Viehaustrieb, einige Tage vor Ostern, kamen die Väter noch einmal zusammen, um mit Harken und Forken das meist überreiche Streibsel, das sich wie ein breites

Band an den Hochflutmarken entlangzog und vor allem aus dem von dem Treibeis losgerissenen Schilf bestand, zu einem langen Wall oder zu Haufen zusammenzuschichten.

Uns Kindern fiel die unerhört schöne Aufgabe zu, das Schilf in Brand zu setzen und das Feuer zu pflegen, das schließlich ein unendliches Feuermeer, vor allem aber eine mächtige Qualmlinie darstellte. In manchen Jahren war das Treibsel so mächtig, daß die Arbeit vom frühen Morgen bis zum Abend dauerte, so daß die Mütter das Mittagessen und den unentbehrlichen Tee an den Deich trugen. Das Treibsel mußte immer wieder zusammengeharkt werden, bis nur noch glühende Aschenhaufen übrigblieben. Der beizende Geruch wich tagelang nicht aus den Kleidern, für uns bedeutete das den Beweis für eine großartige Leistung. Am 10. Mai war der Viehaustrieb. Dieser feststehende Tag wurde „de olle Mai" genannt. Damit war der ehemalige 1. Mai gemeint, der durch die gregorianische Kalenderreform 1582 mit einem Sprung von zehn Tagen durch den neuen 1. Mai abgelöst wurde. Es ist bemerkenswert, daß mit dieser Bezeichnung die Erinnerung an den Datumswechsel über dreihundert Jahre in manchen bäuerlichen Kreisen lebendig blieb.

Die Aufsicht über das Vieh auf der Tagweide, die gegen die am inneren Deichfuß sich hinziehende Klinkerstraße nicht eingefriedigt war, lag in der Hand eines Hirten. Seine Bezahlung und Beköstigung erfolgte in der Form, daß jeder beteiligte Viehbesitzer nach der Kopfzahl seiner Kühe diese in einem einfachen Wechsel zu übernehmen hatte. Um die Mittagszeit und zum Abendmelken mußte der Hirte sich mit seiner Herde am Anfang der Tagweide aufhalten. Nach dem Melken zog er dann noch einmal davon, um mit Sonnenuntergang die Herde in die Nachtweide zu bringen, die bei unserem Hause begann. Die Herde war im Lauf der Jahre so an den festen Ortswechsel gewöhnt, daß sie sich auch dann an den festgesetzten Stellen einfand, wenn der Hirte sich einmal verschlafen hatte, was nicht selten vorkam. Er war für uns ein geheimnisvoller Mann, ein in einer kleinen Dachkammer hausender Junggeselle mit einem struppigen Bart, einem phantastischen Wettermantel und sehr freundlichen Augen. Im Essen war er sehr wählerisch, und er konnte gröblich fluchen, wenn es der Zufall wollte, daß ihm mehrere Tage nacheinander dasselbe Gericht vorgesetzt war, was bei dem Wechsel der Küchen nicht zu vermeiden war. Für uns aber war „Onkel Rubin" vor allem ein unerschöpflicher Geschichtenerzähler, seine ungehemmte Phantasie und seine reichen Kenntnisse führten uns um die ganze Erde und nicht weniger in ein Geisterreich, das wir nicht zu bezweifeln wagten. Besonders eindrucksvoll waren die Erzählerstunden, wenn er an Sturm- und Regentagen am Deichhang unter einem Sack kauerte, den Aker, das Gefäß mit dem Essen, auf dem Schoß, ich eng neben ihm hokkend, und er seine Erzählung in die jagenden Wolken verlegte. Um seine Herkunft hüllte er ein geheimnisvolles Dunkel, sicher ist, daß er in seiner Jugend bessere Tage gesehen hatte.

Im Sommer kamen die Väter noch ein- oder zweimal zu einer gemeinsamen Arbeit zusammen. Auf dem fetten Kleiboden des Deiches wuchs in hohem Maß die Diestel, die sich ohne Bekämpfung zu geschlossenen Flächen ausbreiten kann. Nach den Pachtbedingungen mußte ihre Ausbreitung bekämpft werden, was zugleich im Interesse eines guten Weideganges lag. Das „Dießelsichten" geschah mit der kurzen Schlagsense, der „Sichte" (Sichel), die in Ostfriesland auch vielfach zur Getreideernte benutzt wurde. Die Arbeit geschah in einem stetigen, gelassenen Tempo, ohne Aufenthalt, es blieb aber dabei die Möglichkeit zu einer spärlichen Unterhaltung. Zu diesen Arbeiten gehörte ein geschlossener Heimmarsch auf der Deichkappe, bei dem der ungehemmte Blick über Strom und Land den Gesprächsstoff wie von selbst heranzog und überhöhte.

Am 10. November fand der Viehabtrieb statt, es schloß sich eine Nachweide auf den abgeernteten Grasländereien an. Beim Stallauftrieb gebärdete sich das Vieh fast ebenso ungestüm wie beim Austrieb im Frühling, der mit steil emporgerichteten Schwänzen, Quersprüngen und übermütigen Raufereien erfolgte, während jetzt an einem kalten und rauhen Herbsttag, die Herde einer ungeduldigen Kinderschar glich, mit Sehnsucht nach der feuchten Wärme des Stalls und einem weichen Strohlager.

Die kleine Gruppe der Viehbesitzer bildete auch in anderer Hinsicht eine Gemeinschaft. Da bares Geld zu jeder Zeit Mangelware war, was dazu zwang, auf den einzelnen Groschen zu sehen, so hatten sich manche Nachbardienste herausgebildet. Zum Beispiel vollzog sich das Haarschneiden gegenseitig von Haus zu Haus, wodurch jedesmal fünfundzwanzig Pfennig gespart wurden. Selbstverständlich schnitt der Vater auch uns beiden Söhnen die Haare. Wenn eine Kuh vor dem Kalben stand, wurde ein gegenseitiger Nachtdienst eingerichtet, der jedoch durch den Tee ein klein wenig überhöht wurde (. . .)

Genügt das ostfriesische Bauernhaus noch?

JAKOB RAVELING

In den letzten Jahrhunderten kam es oftmals vor, daß sich Bauernbetriebe vergrößerten, etwa durch Kultivierungen von Mooren oder durch Neuland, das dem Meer abgerungen wurde. Dies hatte zur Folge, daß eine größere Ernte eingebracht wurde und eines Tages der vorhandene Raum nicht mehr ausreichte, um die Ernte zu bergen. Der Ernteertrag konnte auch durch eine intensivere Bewirtschaftung der Äcker, z. B. Verwendung von Kunstdünger, gesteigert werden. Auch der Viehbestand wuchs, bedingt durch den Erwerb neuer Weiden oder durch die Eintriebsmöglichkeit in die anwachsenden Heller. Der entstehenden Raumnot versuchte man durch allerlei, nicht immer glückliche Nebenbauten zu begegnen.

An diese Raumlösungen denken wir aber nicht, wenn die Frage „Genügt das ostfriesische Bauernhaus noch?" aufgeworfen wird. Es soll dabei vorausgesetzt sein, daß das Bauernhaus in seiner Größe zum Betrieb paßt.

Wie ist es aber mit dem Fortschritt der Technik, der auch auf dem Lande seine Auswirkungen zeigt? Er lockt auf der einen Seite die Jugend vom Lande in die Städte, wo sie sich bessere Lebensbedingungen erhofft. Dadurch werden aber die Arbeitskräfte auf dem Lande knapp. Auf der anderen Seite bringt der technische Fortschritt dem Bauern neue Hilfen durch die Elektrifizierung und durch die vielen modernen Maschinen und Geräte, die einen Teil der menschlichen Arbeit übernehmen können. Dennoch sind die verbleibenden Arbeiten zuweilen kaum noch von den vorhandenen Arbeits- und Hilfskräften zu bewältigen. Es tritt in diesem Zusammenhang immer wieder die Frage auf, ob sich nicht durch innere Umbauten weitere Arbeitserleichterungen schaffen lassen, und auch Arbeitskräfte eingespart werden können. Da sind vor allen Dingen die langen Wege, die beim Füttern des Viehs zurückgelegt werden müssen. Durch die Aufstallung des Viehs mit dem Kopf zur Wand sind sie im ostfriesischen Bauernhaus besonders lang — einer seiner wenigen Nachteile. Mit der Forderung: „Kopf zum Futter, Euter zum Licht" schlug man vor, das Vieh mit dem Kopf zum Gulf hin aufzustellen, denn dann würde die Fütterung weniger Mühe machen. Dieser Vorschlag bedingt aber, daß die Mistgrope verlegt werden muß, und daneben muß an der Außenmauer entlang auch ein neuer Arbeitsgang zum Entmisten geschaffen werden. Diese Änderung bedingt wiederum ein genügend hohes und breites Seitendach. Bei Neubauten kann dieser Vorschlag leicht verwirklicht werden; will man aber Altbauten entsprechend vergrößern, so bekommt das Dach notgedrungen einen zu starken Knick, in dem sich das Regenwasser sammelt und — besonders durch starken Frost — immer wieder Leckstellen verursacht.

Es sind bereits allerlei Versuche zu solchen Umwandlungen gemacht worden. In großen Betrieben werden Schienen in den Arbeitsgang gelegt, um auf Loren entmisten zu können, oder diese Arbeit wird mit Hilfe von gummibereiften Wagen verrichtet. Es werden auch Vorrichtungen geschaffen, die ein Füttern direkt vom Viehstallboden durch Luken ermöglichen oder breitere Futterwege werden angelegt, daß Wagen darauf fahren können, von denen aus gefüttert wird. Bisher nahm der Bauer das Heu unter den Arm oder auf die Forke und trug es zu den Tieren nacheinander hin. Mancherorts hat man in oder unter den Gulfen Räume geschaffen, in denen die Rüben gelagert werden können.

Größere Fenster, die mehr Licht und Luft hereinlassen, baut man heute zur Gesunderhaltung der Tiere in die Stallwände. Weitere Umstellungen sind überall dort notwendig, wo der Bauer größere Maschinen einsetzt. Die Milchwirtschaft wird vereinfacht durch Melkmaschinen. Der Pferdebestand verringert sich, wenn Trecker einen Teil ihrer Arbeit übernehmen können, was in den niedrigen Teilen unserer Heimat allerdings auf Schwierigkeiten stößt, da der Boden die Trecker nicht trägt. Viel Raum kann eingespart werden, wenn etwa das Stroh gehäckselt, das Gras in Silos eingesäuert oder in Darren getrocknet wird.

Die Wandelbarkeit des Ostfriesenhauses läßt solche und andere Verbesserungen und die dadurch erforderlichen Umbauten durchaus zu, ohne daß seine Grundform und besonders seine Außenform geändert werden müßte. Der Beratung der Bauern in dieser Beziehung dienen Vorschläge, die von Kuratorien der Landwirtschaft ausgearbeitet wurden. Gründe der Arbeitsersparnis und Kostensenkung sind maßgebend für andere Vorschläge, die sich mit fremden Bauformen und Baumaterialien befassen. Nach diesen Vorschlägen würde aus unserem harmonisch gewachsenen, landschaftsgebundenen, einheitlichen Bauernhaus eine nach technischen Gesichtspunkten gebaute landwirtschaftliche „Fabrik" werden, die nur dem augenblicklichen, größtmöglichsten Erwerb mit geringstem Kostenaufwand dient. Wir wissen, daß überall in der Welt die Technik und der Gelderwerb andere Lebenswerte verdrängt haben. Das ostfriesische Bauernhaus wird auf die Dauer nur zu erhalten sein, wenn es dem echten Fortschritt, der allein den bäuerlichen Betrieb konkurrenzfähig erhalten kann, nicht im Wege steht. Bisher sind aber dafür keine Anzeichen vorhanden. Der erd- und traditionsgebundene ostfriesische Bauer wird das Seine dazu tun, daß wir das, was wir besitzen, nicht leichthin aufgeben: unser ostfriesisches Bauernhaus, das nicht nur formgebunden, sondern auch wandlungsfähig ist, das nicht nur zweckmäßig und wirtschaftlich, sondern auch bodenständig und schön ist, das nicht für den Augenblick gebaut wurde, sondern eine Arbeits- und Heimstätte für Generationen von Bauernfamilien sein will.

In der Zukunft möge das ostfriesische Bauernhaus bei allen notwendigen und durchaus möglichen Neuerungen die Tradition unseres charakteristischen Gulfhauses fortsetzen: ein großdachiges Ostfriesenhaus, das zum ostfriesischen Menschen und zur ostfriesischen Landschaft paßt und die Kultur und den Gestaltungswillen unserer Heimat wie in früherer Zeit in sich aufnimmt. Frühere Jahrhunderte erfüllten beim Bauen nicht nur den Gesichtspunkt der Zweckmäßigkeit. Sie hatten auch ein Gefühl für die schöne, ausgewogene, angemessene, saubere, zur Umgebung passende Form. So entstanden die herrlichen Baustile, die uns noch in alten Städten begegnen und erfreuen, während in neueren Städten oft ein stilloses Durcheinander der verschiedensten, zuweilen unschönen und nicht zueinander passenden Bauformen zu finden ist.

Auf dem Lande aber hat sich im Ostfriesenhaus eine schöne, zur Umgebung passende Form erhalten. Wir sollten unser Gefühl dafür und unseren Willen zu ihrer weiteren Gestaltung bewahren. Technische und wirtschaftliche Anforderungen unserer Zeit müssen nicht Stillosigkeit und Häßlichkeit bringen.

Ostfriesland heute

Gisela Arnd

Beim Lesen dieses Textes muß bedacht werden, daß er etwa um 1966 geschrieben worden ist.

Dies ist eigentlich ein nüchternes Kapitel. Gegenwart ist immer nüchtern, wenn man die Spinnweben der Tradition beiseite wischt und sich an Fakten und Zahlen hält. Aber bei aller Sachlichkeit hat Ostfriesland auch Eigenschaften, die das Gefühl ansprechen.

Man bewundert seinen Schwung, der die Unbill der Lage überwindet. Kühle Köpfe bauen mit norddeutscher Besonnenheit und weitsichtigem Blick an den Brücken in die Zukunft. Das ist imposant.

Ostfriesland ist nicht mehr allein das Land der Milch und der Butter. Seine Silhouetten haben sich gewandelt. Es entspricht dem Geschäftssinn der Friesen, sich den Erfordernissen der Zeit anzupassen. Werften und Fabriken, Land- und Wasserwirtschaft, Handel und Fremdenverkehr prägen heute das Gesicht des Landes.

Trotz der Industrialisierung steht die Landwirtschaft jedoch noch immer an erster Stelle in dieser Liste. Sie wird vom Vater Staat gefördert. Überall findet man Maschinen, neue Höfe, neue Straßen und Technik für menschliche Arbeitskraft. Je nach den Bodenverhältnissen hat der einzelne Hof sich spezialisiert. Zwar überwiegt noch die Weidewirtschaft und wird diese Stellung auch behaupten, aber dank moderner Kultivierungsmethoden, die kargen Boden fruchtbar machen, gewinnt auch die Ackerwirtschaft an Raum. Je ein Drittel der ostfriesischen Landwirtschaft ist auf Marsch, Moor und Geest angesiedelt. Siebzigtausend Menschen gibt sie Arbeit. Auf den großen Höfen melken und mähen sie nicht mehr mit der Hand, sondern bedienen Melkmaschinen und Mähdrescher. Futtertrocknung und -silierung sind längst so selbstverständlich wie die Rationalisierung der Arbeit auf dem Feld und im Stall.

Pferde- und Schafzucht haben an Bedeutung verloren, nicht aber die ostfriesische Milchkuh, die zu einem Begriff für Hochleistungsvieh schlechthin geworden ist. Das ist vornehmlich das Ergebnis planvoller Bemühungen des

Vereins Ostfriesischer Stammviehzüchter, der 1878 gegründet wurde und schon seit 1904 eine amtliche Milchleistungskontrolle durchführt. Mehr als 300 Kilogramm Milchfett pro Jahr und Kuh sind hier keine Seltenheit. Wertvolle Zuchttiere sind im In- und Ausland gefragt. Die besten Bullen werden alljährlich in Leer zur Angeldprämiierung versammelt. Leer und Aurich sind die Umschlagszentren für das ostfriesische Vieh. Steigende Produktionszahlen weisen auch moderne Schweine- und Geflügelzucht auf.

In der Ackermarsch betreibt man Tulpenzwiebelanbau. Jahr um Jahr vergrößert sich die Bodenfläche unter Intensivkultur. In der Geest gedeihen vor allem Krokus und Narzissen. Wiesmoor verlegt sich allmählich auf Moorbeet-Zierpflanzen. In den Poldern wächst prächtiger Weißkohl und Rotkohl, der weiße liefert die Rohware für das Emder Sauerkraut. Aber auch Wurzeln, Bohnen und Erbsen, Kartoffeln und Zuckerrüben finden günstige Wachstumsbedingungen. Und gleich neben den Feldern entstehen Verarbeitungsbetriebe: Konservenfabriken, Frostereien und Trockenanlagen. Landwirtschaft und Industrie wachsen an den Nahtstellen strukturell zusammen.

Allerdings wäre die Landwirtschaft nicht denkbar ohne eine wohldurchdachte Wasser- und Sielwirtschaft. Sie sichert und entwässert das Land und schafft besseren Boden.

Bau und Unterhaltung dieser großen wasserwirtschaftlichen Anlagen belasten die private Wirtschaft und die öffentliche Hand erheblich, und ein Ende ist noch lange nicht abzusehen. Aber über die Notwendigkeiten gibt es keine Diskussion. Die Gefahr der Hochfluten fordert eine Erhöhung der Seedeiche. Auch die große Sturmflut von 1962 zwang zu neuen Überlegungen. Kleine Häuser am Fuß der Deiche müssen verschwinden. Es werden Deichverteidigungswege zu den gefährdeten Stellen gebaut, planvolle „Katastrophenstraßen", die den 365 Kilometer langen Deichring, der von Holland bis zum Jadebusen verläuft, an vielen Stellen erreichbar machen.

70 Siele regulieren den Ablauf des Binnenwassers aus Vorfluten, Tiefs und Gräben ins Meer und schützen bei

Flut das Land vor dem Eindringen der salzigen See. Im Gegensatz zu den Sielen, die sich im Rhythmus von Ebbe und Flut öffnen und schließen, arbeiten die Schöpfwerke unabhängig von den Gezeiten. Sie dienen der Binnenentwässerung bei starken Stürmen und hohem Wasserstand, wenn die Siele auch bei Ebbe geschlossen bleiben. Die Schöpfwerke übernehmen es auch, das Binnenwasser hinauszupumpen, wenn ein natürliches Gefälle nicht vorhanden ist. Das gilt für die Teile des Küstenlandes, deren Niveau noch unter dem Meeresspiegel liegt.

Weitere große Wasserbauwerke tragen wesentlich zum Strukturwandel des Landes bei. Das Leda-Sperrwerk bei Leer wurde von der Wasser- und Schiffahrtsverwaltung des Bundes in den Jahren 1950 bis 1952 für 15 Millionen DM gebaut. Bei hundert und mehr Tiden von 705 im Jahr schließen sich die gewaltigen Hubtore, um die Leda-Jümme-Niederung vor Überflutung zu bewahren. Rund 80 Millionen DM soll das Gesamtprojekt kosten, das für eine landwirtschaftliche Nutzfläche von 75 000 Hektar jedoch jährlich Ertragssteigerungen um 11 Millionen DM hereinbringt.

Weit in die nächste Generation hinein reicht ein anderes Unternehmen: die Überschlickung des Riepster Hammrichs. Sie wurde 1954 begonnen und soll in etwa 45 Jahren abgeschlossen sein. Es handelt sich um einen Teil des östlich von Emden gelegenen, rund 470 Quadratkilometer großen Flachmoorgebietes, das aus nassen, unfruchtbaren Wiesen besteht. Durch Aufspülung einer meterdicken Schlickschicht aus der Ems und aus dem Emder Hafen soll das Ödland in fruchtbares Acker- und Weideland verwandelt werden. Rohrleitungen führen den Naßschlick auf die einzelnen eingedeichten, 40 bis 50 Hektar großen Spülfelder. Das dritte wasserwirtschaftliche Großbauvorhaben wird an der Knock vom I. Entwässerungsverband verwirklicht.

So wird für die Zukunft geplant und gearbeitet. Dabei haben Siel- und Deichachten und die Entwässerungsverbände landeskulturelle Aufgaben zu erfüllen, die für das ganze Gebiet von lebenswichtiger Bedeutung sind.

Im Binnenland weiß man wenig davon. Wie nirgendwo sonst bestimmt das Wasser Ostfrieslands Schicksal. Das reicht bis zur Trinkwasserversorgung, die auch nicht geringe Schwierigkeiten bereitet. Natürliche Quellen sind nicht vorhanden. In den Marsch- und Moorgebieten kann das Grundwasser seiner schlechten Qualität wegen — es ist brackig und stellenweise versalzen — nicht den Bedarf decken. Seit Jahrhunderten wird daher das Wasser in Zisternen gesammelt. Die Ostfriesen machten aus der Not eine Tugend: Da dieses Wasser nur abgekocht genießbar war, nahmen sie es zur Teebereitung. In der Tat schmeckt der Tee nirgendwo so würzig und eigenartig wie dort, wo er mit Regenwasser „auf die alte Art“ zubereitet wird. Manche Ostfriesin nimmt nach wie vor das Teewasser aus der Zisterne, auch wenn ihr Haushalt längst an das Wasserleitungsnetz angeschlossen ist. Die Trinkwasserversorgung wurde inzwischen für weite Gebiete gesichert. Tiefbrunnen in der Geest liefern gutes Wasser an die Wasserwerke, ihr Verbundnetz überspannt stetig weiter das Land.

Heute ist selbst auf abgelegenen Bauernhöfen „fließend kaltes und warmes Wasser“ keine Seltenheit. Allerdings gibt es Gebiete, die so ungünstig im Verkehrsnetz liegen, daß sie an der allgemeinen Entwicklung kaum teilhaben. Hier bleiben wichtige Aufgaben zu lösen. Denn auch die Ansiedlung von Industrie ist an eine günstige Verkehrslage gebunden. Bundes- und Landesmittel sollen zur Verbesserung der Infrastruktur Abhilfe schaffen. Systematisch werden Kreis- und Gemeindestraßen ausgebaut, Siedlungen, Dorfgemeinschaftshäuser und Mittelpunktschulen errichtet und neue Arbeitsplätze geschaffen.

Kinderschuhe und Kondensatoren, Textilien, Schreibmaschinen und Kartonagen, Papier und feinmechanische Apparate gehören zu den wesentlichen Erzeugnissen Ostfrieslands, die nicht „aus dem Boden gewachsen sind“. Im Gegensatz stehen die Betriebe der fischverarbeitenden Industrie, die Faßfabriken, die Ziegeleien, die Molkereien und die bedeutende milchverarbeitende Industrie, die Werften, Futtermittelfabriken und die alteingesessenen Betriebe der Lebensmittelindustrie, die mehr dem Land verbunden sind. Aber die Grenzen verwischen sich, je mehr sich das Straßennetz ausweitet und die Transportmöglichkeiten verbessert werden. Zuweilen lohnt es sich eher, die Rohstoffe von weither zu holen, wenn dadurch Arbeitskräftereserven erschlossen und wirtschaftliches Ödland kultiviert werden können.

So ist Ostfriesland noch immer im Wandel, im Aufbau begriffen, ständig sein Gesicht verändernd, ständig bemüht, die Unbill seiner Lage am Rande des Bundesgebietes zu überwinden. Es gelingt. Das beweisen die bedeutende Erdölwerke Frisia Aktiengesellschaft und das VW-Zweigwerk in Emden, die berühmte Doornkaat-Kornbrennerei in Norden, das Olympia-Schreibmaschinenwerk und eine große Anzahl mittlerer Maschinenfabriken in Leer und die großen Handelshäuser, die ostfriesischen Tee zu einem Begriff machten. Es sind neue und alte Firmen, deren Namen in aller Welt Ansehen haben.

Nicht vergessen werden darf die Nordwestdeutsche Kraftwerke Aktiengesellschaft in Wiesmoor (NWK), die ein Musterbeispiel für die Anpassung an eine veränderte Rohstoff- und Wirtschaftslage gab. Torfgewinnung, Kraftwerk, Gärtnerei und Landwirtschaft bildeten früher eine in sich ausgeglichene technisch-landwirtschaftliche Verbundwirtschaft. Der Abbau der Torfvorräte, die das Kraftwerk speisen, die billigen Gemüseimporte, veraltete und unrentable Gewächshäuser haben die NWK veranlaßt, rigoros abzureißen und neu aufzubauen. An die Stelle des alten Torfkraftwerks tritt ein Gasturbinenkraftwerk, das sowohl mit Öl als auch mit Erdgas beheizt werden kann. In Gewächshäusern mit 40 000 Quadratmetern Unterglasfläche (früher 70 000 Quadratmeter) stellt man sich mehr und mehr vom Treibgemüsebau auf Zierpflanzenzucht und -anbau um. Gärtnereien und Baumschulenbetriebe arbeiten auf genossenschaftlicher Basis mit den NWK zusammen.

Man setzt für die Zukunft auf das Erdgas. In den Niederlanden werden schon große Mengen gefördert, die zum Teil in die Bundesrepublik exportiert werden. Zu dem Zweck sieht man überall in Ostfriesland Pipelines entstehen, die den Brennstoff an Bremen vorbei bis nach Hamburg liefern sollen. Viele Industriebetriebe sind inzwischen auf Erdgas umgestellt. Leer bezieht als erste deutsche Stadt aus dieser Quelle. Es ist zu erwarten, daß für die künftige Energieversorgung Norddeutschlands auch ostfriesisches Erdgas gefördert wird. Untersuchungen ergaben, daß die größten Erdgaslager sich unter der Emsmündung befinden. Der fündige Grund ist zum Teil deutsches Hoheitsgebiet, zu einem anderen Teil wurde vertraglich festgelegt, daß er von Deutschland und den Niederlanden in Zukunft gemeinsam ausgebaut werden soll.

Wenn die Erdgasreserven erschlossen werden können, darf Ostfriesland weiteren wirtschaftlichen Aufschwung erwarten. Noch ist hier allerdings vieles im Entstehen, noch ist Ostfriesland Bundesausbaugebiet, das in der Förderungswürdigkeit gleich hinter dem Zonenrandgebiet rangiert.

Aber das Fenster in die Zukunft steht weit offen. Der frische Wind einer neuen Zeit erreicht auch die stillen Winkel, Ostfrieslands Oasen in der Wüste der Zivilisation, die noch grün und weit und unberührt sind vom heißen Atem der Zeit. Zwischen dem guten Alten und dem notwendigen Neuen die Brücke zu finden, den Charakter des Landes im Wandel zu wahren, das ist die Aufgabe, die sich verantwortungsbewußte und heimatverbundene Ostfriesen gestellt haben. Sie schauen nicht nur auf Fakten und Zahlen. Bei aller äußerlichen Nüchternheit ist das Herz bei der Arbeit in Amtsstuben und Planungsateliers, in Chefzimmern und Konferenzsälen, wo die Atmosphäre zuweilen ganz unerwartet durch ein paar würzige Worte in ostfriesischem Platt aufgelockert wird. Vom Wahren und Sparen kommt das Haben, sagt ein niederdeutsches Sprichwort. Für Ostfriesland steht aber auch das „Wagen un Winnen“, das Wagen und Gewinnen, das seit der Zeit der ersten kühnen Seefahrer an der Küste gilt.

Umweltproblematik

Vogelfreistätte Memmert

NACH OTTO LEEGE

Südwestlich der Insel Juist lag seit alter Zeit der Memmertsand, eine weite, trostlos öde Sandplatte. Nur in der südwestlichen Ecke, wo die tiefe Memmertbalge sich mit der Osterems vereinigt, vermochten sich schwache Ansätze von Dünen zu bilden, die spärlich mit der unverwüstlichen Dünenquecke und einigen anderen zählebigen Dünenpflanzen bewachsen waren.

Nur wenige Silbermöwen, Austernfischer und verschiedene Arten von Seeschwalben nisteten auf der um die Jahrhundertwende noch nicht einen Quadratkilometer großen Sandbank. Insulaner und vorüberfahrende Schiffer hielten es für ihr gutes Recht, die Eier dieser Vögel fortzunehmen. Und als immer mehr Badegäste auf die Inseln kamen, wurden fast täglich Fahrten zum Memmert unternommen. Man machte einen Sport daraus, die dort zahlreich vorkommenden Seehunde zu jagen, die Brutvögel abzuschießen und ihre Nester zu plündern.

Im Jahre 1882 hatte ein junger Lehrer, *Otto Leege*, die einklassige Volksschule auf der benachbarten Insel Juist übernommen. Er war ein Freund der Natur und fing bald an, die für ihn ganz neue Welt der Strandpflanzen und Meerestiere zu beobachten und die Veränderungen der Insel durch Sturmfluten und Stromversetzungen zu erforschen. Im Jahre 1888 besuchte er zum ersten Male den Memmertsand. Die sinnlose Vernichtung der Vogelwelt durch Badegäste und Insulaner tat ihm bitter weh. Sollte es keine Möglichkeit geben, das Tierleben auf diesem Eiland zu schützen? Konnte man die niedrigen Dünen nicht durch Anpflanzungen von Helm befestigen und verstärken? Im Schutze der Dünen könnte sich die Sandbank vergrößern, und auch gegen Sturmfluten wäre sie dann nicht mehr schutzlos.

1906 fuhr Leege mit dem bekannten Vogelschützer Freiherrn von Berlepsch nach dem Memmert. Möwen kreisten mit lautem Geschrei über ihnen, Seeschwalben strichen mit schrillem Ruf über den Strand. Die beiden einsamen Wanderer fanden zu ihrer Freude eine ganze Anzahl vollbelegter Nester. Wegen des schlechten Wetters der Vortage hatte der Memmert keinen Besuch gehabt. Als sie aber einige Tage später wieder hinausfuhren, ließ die auffallende Stille bei ihrer Ankunft sie nicht Gutes ahnen. Kaum ein Vogel war zu sehen. Hier und da fanden sie einen angeschossenen. Die Nester waren leer oder enthielten nur noch zerbrochene Eier. Überall lagen Patronenhülsen umher.

In hellem Zorn über diesen neuerlichen Frevel fuhren die beiden Vogelfreunde nach Juist zurück. Und sie fanden auch bald darauf einen Weg, dem naturfeindlichen Treiben ein Ende zu machen: Freiherr von Berlepsch pachtete den Memmertsand für den „Deutschen Verein zum Schutze der Vogelwelt" auf zunächst zwölf Jahre. Otto Leege und W. Niemeyer aus Norddeich verpflichteten sich, durch Anpflanzungen von Helm die Dünen festzulegen und den Memmert in jeder Weise zu schützen.

1907 wurde auf dem Memmert das erste kleine Blockhaus errichtet. Es stand auf einem Pfahlrost, so daß es gegen Sturmfluten gesichert war. Hier wohnte jetzt vom 1. Mai bis zum 15. September ein mit staatlicher Unterstützung angestellter Vogelwärter.

Otto Leege verbrachte mit seiner Familie von nun an seine ganze Ferienzeit auf Memmert. Da galt es vom frühen Morgen bis zum Dunkelwerden zu schaffen. Der Auswurf des Meeres (Seegras, Tang, Reisig, Körbe u. ä.) diente zunächst dazu, die durch Sandstäubung gebildeten Hügelchen festzuhalten. Anfangs fehlte es an Helm, dem für die Dünenbepflanzung so wichtigen Dünengras. Es wurde später unter großen Schwierigkeiten von Juist beschafft.

Nach und nach wurden auf diese Weise die kleinen, niedrigen Dünen untereinander verbunden und durch fortlaufendes Anpflanzen von Helm mehr und mehr vergrößert, bis sie schließlich den Sturmfluten standhielten und der Memmert nicht mehr überflutet wurde.

Alle Arbeit wäre jedoch umsonst gewesen, hätten die Möwen nicht mitgeholfen. Auf dem Memmert leben vom Frühling bis zum Spätherbst schätzungsweise 20 000 Möwen. Ihr Kot und ihre Speiballen bilden für den mageren Dünensand einen vorzüglichen Dung, so daß der Memmert einen üppigeren Pflanzenwuchs aufweist als alle anderen Inseln.

Seit 1921 wohnte Leeges Sohn Otto ständig auf dem Memmert. Unentwegt arbeiteten Vater und Sohn an der Bepflanzung und Befestigung der Insel. Weite, mit saftigem Gras bestandene Dünentäler entstanden. Sanddornhecken und Buschwerk als Nistplätze für die Vögel wurden gepflanzt.

So herrlich der Frühling und der Sommer auf dem Memmert sein kann, so unwirtlich sind die harten Winter. Mit ihren Stürmen und ihrem Eis verwandeln sie die einsame Insel in eine Polarlandschaft. Schon im ersten Winter, den Otto Leege, der Jüngere, allein auf dem Memmert zubrachte, wurde er auf eine harte Probe gestellt. Fast zwei Monate lang hauste er, von aller Welt abgeschnitten, allein auf dem eisumgürteten Eiland in einer dünnwandigen Bretterhütte. Die Nahrungsmittel gingen ihm aus. Ein Hilferuf nach dem andern erreichte durch den Fernsprecher das Festland. Doch niemand konnte helfen. Schließlich versuchte von Emden aus ein Dampfer in zweitägiger Fahrt, Proviant zum Memmert zu bringen. Umsonst! Nahe dem Strande mußte der Dampfer, unter Verlust seiner Anker, umkehren. Eine hohe Eisbarre, die vom Gezeitenstrome krachend hin- und hergeschoben wurde, machte ein Landen unmöglich. Verzweifelt schaute der halbverhungerte Inselvogt den Davonfahrenden nach. Erst ein zweiter Versuch, wenige Tage später unternommen, hatte Erfolg.

Nachdem Leege, der Jüngere, sich verheiratet hatte, bezog er mit seiner Frau Therese und einigen Helfern ein neues freundliches Wohnhaus. Fünfundzwanzig Jahre lang war er auf der Insel tätig und förderte unter vielen Mühen und Entbehrungen, ja, oft unter Lebensgefahr, ihren Ausbau, bis er 1946, viel zu früh, starb.

Dreimal in vierzig Jahren mußte vor den andrängenden Fluten das Haus abgebrochen und auf kleinen Loren an eine andere, ungefährdete Stelle gebracht werden. Wo sich einst Häuschen, Ställe und Gärten befanden, rauscht jetzt wieder die See. Auch das sogenannte „neue Haus“, das heute nur noch fünfzig Meter von der Steilkante der Westdünen entfernt liegt, muß man über kurz oder lang düneneinwärts verlegen.

In den späten Septembertagen des Jahres 1947 raste sechs Tage und Nächte lang ein orkanartiger Sturm über die Insel. Ringsum nichts als schäumende, kochende See, und in den höher und höher steigenden Springfluten versank Düne auf Düne. Einen großen Teil der mühevollen und entsagungsreichen Deichbauarbeiten von fünfundzwanzig Jahren im Westen und Südwesten der Insel vernichtete der blanke Hans in wenigen Tagen.

Man nennt Otto Leege, den Älteren, mit Recht den „Vater des Memmert“. Ihm ist es zu danken, daß aus der kleinen, öden Sandbank eine grüne Insel wurde, die mit ihren 11,5 Quadratkilometern Flächeninhalt die Insel Baltrum an Größe heute bereits übertrifft. Die Universität Göttingen verlieh Otto Leege für seine Verdienste um die Erforschung der Inselnatur den Titel eines Ehrendoktors. Zu seinem achtzigsten Geburtstag wurde er mit der Goethe-Medaille für Kunst und Wissenschaft ausgezeichnet. Er starb 1951 in Norden kurz vor Vollendung seines neunzigsten Geburtstages.

Frau Therese Leege lebt nach dem Tode ihres Mannes Otto Leege jun. weiter als Inselvogtin auf dem Memmert. Mit nur wenig Hilfskräften versucht sie ständig, Unheil abzuwenden und Schäden auszugleichen: die Steilabfälle der Außendünen abzuschrägen, neu mit Helm zu bepflanzen, größere Einbrüche mit angetriebenem Gesträuch abzuriegeln und eingedrungenes Seewasser durch Gräben abzuleiten. Die mühevolle, harte Arbeit zur Sicherung der Insel ruht auch im Winter nicht.

Das Naturschutzgebiet Memmert bietet heute Tausenden von Strandvögeln, hauptsächlich Silbermöwen, aber auch Austernfischern, Seeschwalben, Rotschenkeln, Stockenten und Brandgänsen ungestörte Nistgelegenheit und ist ein einzigartiges Naturparadies.

Augenscheinliche (große) Veränderungen im Ostfriesischen Wattenmeer zwischen Memmert und Oldeoog seit 1961

Christian Eisbein

Bei zahlreichen Wattspaziergängen von durchschnittlich 12 km im Watt und 7 km auf Heller und Insel habe ich seit 1961 sehr viele augenscheinliche Veränderungen festgestellt. Seit einem halben Jahrzehnt bin ich sommers und winters unterwegs, jährlich etwa 85mal. Trotz der großen Zahl an Kilometern und Stunden und trotz meiner langjährigen Allgemein- und ganzheitlichen Beobachtungen und Erfahrungen soll diese Aufstellung keinen Anspruch auf wissenschaftliche Genauigkeit und „Unfehlbarkeit" für sich beanspruchen, denn die Beobachtungen wurden unplanmäßig gemacht und wurden selten schriftlich festgehalten, da die Veränderungen nicht im voraus angekündigt wurden, sondern sehr schleichend und unmerklich vor sich gingen. Genaue Aufzeichnungen wurden lediglich von der Zahl der an der Baltrumer Balje ruhenden Seehunde über zwei Jahre hinaus für den Forschungsauftrag „Seehund" des Landes Niedersachsen gemacht sowie über Totfunde und über das Herzmuschelsterben im Frühjahr 1976, welches sehr plötzlich einsetzte. Trotz der Unmöglichkeit, unmerklich langsam vor sich gehende Veränderungen exakt festzuhalten, wenn sie sich nicht im voraus ankündigen, und trotz der Tatsache, daß ich, von meinem guten Schulwissen und Zuerworbenem abgesehen, Laie bin, sollte diese Aufstellung Anlaß zum Nachdenken, Umdenken und schnellen Handeln sein, denn ins „Auge fallende" Veränderungen sind gewiß nicht geringen und unbedeutenden Ausmaßes.

Miesmuscheln: Der Bestand ist auf dem hohen Watt seit 1961 auf rund 20 Prozent oder weniger zurückgegangen. Neben natürlichen Ursachen, die periodisch normal sind, dürften chemische Rückstände im Wasser die Hauptursache sein, da sie die Lebensreaktionen und Nervenströme der Lebewesen verändern (. . .) Infekte und Schmarotzer begünstigen Darmparasiten, Seepockenbefall von außen

u. a. So gibt z. B. eine Zunahme der Rostausblühungen und Schwefeleisenausflockungen zu denken, wodurch sich die Filter und Kiemen zusetzen. Rostausblühungen und Eisenreste sowie Pyritknollen aus Schwefeleisen werden in zunehmendem Maße an die Strände und Sandbänke gespült, etwa seit 1970. Vorher waren mir solche Knollen unbekannt. Ich hege den Verdacht, daß das mit dem Verklappen von Dünnsäure zusammenhängt. Ketten junger Miesmuscheln sieht man in jedem Jahr hier und dort, auch gelegentlich auf größeren Flächen. Sie überleben aber nur selten das erste Jahr. Erstmalig am 8. Mai 1977 sah ich im Spiekerooger Watt auf der rd. 15 km langen Strecke, die wir begingen, insgesamt sechs kurze Ketten etwa zweijähriger Miesmuscheln mit sehr geringem Seepockenbesatz. Die Seepocken-Massenvermehrung fand Anfang der 70er Jahre statt, so daß die sonst schwarzen Muschelbänke seitdem weißlich-grau aussehen. Alle von Miesmuscheln entblößten Flächen verlieren sofort ihre Schlickdecke, da Miesmuschelbänke nur in Bereichen gewisser Strömungsgeschwindigkeiten wegen des hohen Sauerstoff- und Nährstoffbedarfes entstehen; sie erniedrigen sich dadurch um 40 bis 60 Zentimeter, wodurch bei Stürmen eine Wellenhöhe ermöglicht wird, die um 80 bis 120 cm höher ist als zuvor (. . .)

Schwefeleisenknollen: Ich darf wohl sagen, daß ich immer mit viel Interesse und Aufmerksamkeit durch das Watt gegangen bin, und daß die Kinder, die mitgingen, immer schon alles Sonderbare entdeckten und damit zu mir kamen. Schwefeleisenknollen kamen mir in den 60er Jahren nie zu Gesicht. Erst Anfang (. . .) (der 70er Jahre) fanden wir die ersten Stücke am Strand von Norderney und bald darauf auch an den Stränden der anderen Inseln sowie im Watt an Prielufern, wo Grobmaterial hinsortiert wird (die Strömung sortiert alle Ablagerungen von den feinsten Sinkstoffen, verschiedenkörnigen Sänden, Treibsänden, Kleinmuscheln, Großmuscheln, bis zu Scherben und Backsteinresten.) Gelegentlich lagen auch welche im Schlick, wo sonst so große Objekte nicht hinvertrieben werden. Meistens haben die Knollen einen Eisenkern, bestehen also aus Rostausblühungen, die nach unten die Bodenoberfläche negativ, sogar mit Wurmlöchern, wiedergeben und die dort herausragenden Muschelschalen, soweit sie über den Boden hinausragten, mit in die Knolle eingebettet haben, so daß nur die vorher im Boden liegenden Teile der Muschelschalen frei aus der Knolle herausragen. Gelegentlich finden sich aber auch Knollen, in denen nicht die Spur eines Eisenrestes zu finden ist. Es besteht die Möglichkeit, daß durch einen relativ hohen Gehalt an Schwefelsäureresten das in Seewasser enthaltene Eisen ausgefällt wurde. Ich vermute immer eine Verbindung mit den zahlreichen Dünnsäureverklappungen und -einleitungen, die in letzter Zeit immer zahlreicher werden; ich bin jedoch kein Chemiker und nicht Fachmann auf diesem Gebiet, um die offenkundige starke Zunahme solcher Knollen zu erklären und meine Vermutung zu untermauern. Das mögen Fachleute tun. Deswegen schreibe ich diesen Bericht. Es ist mir bekannt, daß im Laborversuch Muscheln durch Eisenausflockungen, die durch Dünnsäurezugabe aus dem Seewasser herausgefällt wurden, verhungerten, da diese ihnen die Kiemen zusetzten. Inwieweit andere Lebewesen durch Eisenausflockungen und also indirekt durch Dünnsäureverklappungen geschädigt werden, ist mir natürlich nicht bekannt, jedoch ist anzunehmen, daß solche Veränderungen des Seewassers Folgen haben müssen auf Lebewesen, die durch die ganze Entwicklungsgeschichte hindurch immer in einem gleichmäßig zusammengesetzten Milieu, dem Meerwaser, gelebt haben. Pyritknollen aus Schwefeleisen entstehen auch auf normal-natürlichem Wege im Schlick durch schwefelhaltige Faulgase und deren Verbindungen.

Öl: Ölklumpen in Nuß- bis Kartoffelgröße an den Stränden fand man in zunehmendem Maße bis Anfang (...) (der 70er Jahre). Damals kam ein Verbot für die Ableitung von Bilgenwasser heraus, dadurch wurde es schlagartig weniger. Inzwischen nehmen die Tage, an denen Ölflekken an die Strände aller Inseln gespült werden, wieder zu. Am 8. Mai 1977 war auf Spiekeroog *viel Öl*, weiche Klumpen von Kartoffelgröße. Beängstigend ist die Leichtfertigkeit der Ölgesellschaften, die sträflich *wenig* Vorsichtsmaßnahmen gegen Ölkatastrophen unterhalten. Rohrleitungen werden ohne oder mit zuwenig Rückschlag- bzw. Sicherheits- bzw. automatischen Absperrventilen gebaut.

Man baut Supertanker ohne Unterteilung in kleine Tanks, man ist bei Ölkatastrophen rat- und hilflos, als ob es unvorhersehbare Naturkatastrophen seien, und hat ihre Abwehr nicht optimal wirksam eingeplant, sondern überläßt das dann gern staatlichen Behörden. Hier besteht eine starke Diskrepanz zu der Verantwortlichkeit, die man Privatpersonen und Privathaushalten auferlegt. Man behaupte nun nicht, die derzeitige Katastrophe bei der Nordsee-Bohrinsel sei durch höhere Gewalt ausgelöst worden! Wo sind in der Steigleitung denn die Ventile, die sich bei Leckagen sofort von selbst schließen oder die man mechanisch jederzeit schließen kann? Der hohe Stand der Technik versetzt uns zur Wahrnehmung solcher simplen Sicherheitseinrichtungen wohl in die Lage.

Müll: Seit ich die Inselstrände kenne, sind sie mit Treibmüll aller Art bedeckt. Lediglich die offiziellen Badestrände werden geräumt und saubergehalten. Oft wird der hier aufgesammelte Müll am Strand im Osten der Insel abgeladen, damit die nächste höhere Flut ihn wieder mitnimmt und im offenen Meer ablädt! ! ! Sie lädt den schwimmfähigen Treibmüll natürlich nicht im Meer ab, sondern spült ihn zur nächsten ostwärts gelegenen Insel oder zur Küste. Die Herkunft des Treibmülls ist ziemlich genau feststellbar. Von Schiffen über Bord gegebener Müll ist meistens als solcher erkenntlich. Es sind Glühbirnen mit Bajonettfassung, Obstreste und Gemüseabfälle und gelegentlich auch Kanister von Reinigungsmitteln und Gemüsekörbe sowie Milchtüten mit anderer als deutscher oder niederländischer Aufschrift. Die Hauptmasse des Treibmülls ist jedoch insularer Herkunft und besteht aus Schalholz und Leermaterial, welches auf der Südseite der Insel auf einem im Wattenmeer oder außendeichs gelegenen Müllplatz abgeladen wurde und von einer höheren Flut abgetrieben wurde. Der Ebbstrom transportierte es seewärts am Westkopf der Insel vorbei, die nächste Flut, die bei normalen Windverhältnissen etwas ostwärts versetzt aufläuft, bringt es dann an den Nordstrand der Insel. Jedem das Seine! Bei Sturmfluten aus Nordwest werden diese Müllplätze vom Wasser geräumt und das treibfähige Material wird an den Deichen der Küste abgelagert, wo es für die Deichsicherheit eine große Gefahr darstellt, da es die Grasnarbe zerstören kann und da das Abfahren des „Teeks" (angetriebene Gräser) erschwert und verzögert wird und so die Grasnarbe darunter absterben kann, denn mülldurchsetzter Teek muß erst von Hand von Flaschen und sonstigen sperrigen Abfällen befreit werden, ehe er aufgeladen und abgefahren werden kann. Bei Weststürmen, wie 1976, bleibt der überwiegende Teil des Mülls dieser insularen Müllplätze auf der Insel und verteilt sich im südlichen Gelände auf Hellerwiesen und in den Dünen. Die Menge des Treibmülls an den östlichen Stränden auf der Nordseite der Inseln hat trotz aller Müllgesetze nicht abgenommen. Gelegentlich sind in diesem Müll Leerbehälter, die aus dem an der deutsch-niederländischen Grenze einmündenden „Staatskanal" stammen, der auch soviel Faulstoffe der Kartoffelmehl- und Strohkartonindustrie mitbringt, daß sein Wasser blauschwarz und übelriechend wie Jauche und ohne jedes Leben ist. Die meisten treibfähigen Stoffe aus diesem Kanal, aus Emden und aus Delfsiel stranden in der Leybucht und werden dort eingeschlickt (wie in einem Senkschacht) oder an der Westküste des Memmerts, wo sie in hohen Wällen von Körben, Flaschen, Holz, Möbelresten, Plastikbehältern usw. liegenbleiben. Glasscherben gibt es dort nicht, ein Zeichen, daß die Flaschen an den Stränden anderer Inseln erst von Menschen zerschlagen werden.

Im Mai 1970 wurde ich von niederländischen Freunden auf die Planung der „Smeerpijp" aufmerksam gemacht und alarmierte unsere Behörden. Die Folgen waren die Gründung des „Arbeitskreises zum Schutz der deutsch-niederländischen Küstengewässer" durch Georg Peters, damals Bundestagsabgeordneter und Bürgermeister, vorher und nachher Landrat, und 1972 die Gründung der „Schutzgemeinschaft Nordseeküste" nach einer Besprechung mit der großen niederländischen „Vereniging tot Behoud van de Waddenzee", damals 26 000 Einzelmitglieder. Ich hatte die Verbindungen geknüpft und war mit MdL Bruns dort. Leider wurde die Schutzgemeinschaft keine Vereinigung für Einzelmitglieder, wie ich das angestrebt hatte, sondern nur eine Dachorganisation, die durch Mitgliedschaft von Vereinen, Verbänden, Kommunen und Landkreisen schwer beweglich ist, jedoch, das muß gesagt sein, auch gewichtig und ernst zu nehmen. Die „Smeerpijp“-Frage wurde noch nicht gelöst, die niederländische Regierung machte der deutschen Regierung die gleichen unverbindlichen Versprechungen wie diese der niederländischen bezüglich der Rheinreinigung. Schließlich ist der größte Teil des niederländischen Oberflächenwassers und des niederländischen Trink- und Leitungswassers rheinischer Herkunft und entsprechend gifthaltig, so daß es verwunderlich wäre, handelte die niederländische Regierung umweltbewußter für uns mit Kosten und Nachteilen für ihre Industrie. Wie du mir, so ich dir! Mit Vernunft scheint nicht zu rechnen zu sein, keine Regierung ist vernunftorientiert, alle handeln in Zwängen, die sich aus der Freiheit und Vormachtstellung gewinnorientierter Konzerne ergeben. Ein allgemeines Umdenken und Hinwenden zur Vernunft, das heißt zur „Selbstbeschränkung“, wo sie erforderlich ist, wäre zur Abwendung der Selbstzerstörung erforderlich, scheint aber noch ohne große Chance zu sein!

Abwässer: Inseln und Küstenorte haben Kläranlagen gebaut. Durch meine Zeitungsartikel schuf ich zuvor viele darum zu meinen Feinden; inzwischen sonnt man sich mit ruhigem Gewissen, sie gebaut zu haben. Man kann nun als Mitglied der „Schutzgemeinschaft Nordseeküste“ mit reiner Weste auf den Plan treten und von der chemischen Industrie, welche unsere verfahrene und kleingewerbefeindliche Wirtschaft hierher an die Küste zu ködern und zu locken versucht, eine Reinigung ihrer Abwässer verlangen. Dazu sei gesagt, daß die Fäkalienabwässer der Inseln und Küstenbäder chemisch nur wenig beladen waren und lediglich unhygienisch und krankheitsübertragend waren, dem Meer aber bei normalen Wetterverhältnissen mit ihren kleinen Mengen selten schadeten; daß jedoch Industrieabwässer nicht abbaufähige chemische Schadstoffe enthalten, die sie in den Nahrungsketten des Meeres speichern und anreichern. Schließlich ist das der Hauptgrund für diese Betriebe, sich am großen Wasser anzusiedeln, wo die Abwassergesetze noch durchlässiger sind als an Flüssen. Die Hafenschaft Delfsiel warb seinerzeit für ihren neuen Tiefwasserhafen Eemshaven — allerdings noch vergeblich — mit dem Motto: „Hier ist noch genug

Raum in der Luft und Raum im Wasser, um Abgase und Abwässer zu löschen!" Der neue Tiefwasserhafen steht nun noch leer, allerdings wird das Emswasser durch die Delfsieler Industrie sehr stark aufgeladen mit verschiedenen Giftstoffen wie Quecksilber, Phenolen, Polychlorbiphenylen usw. Genaue Unterlagen sind in Harlingen bei der obengenannten Wattenvereinigung erhältlich. Aus einer von mir für die Schutzgemeinschaft übersetzten Zusammenstellung über die dort angesiedelten Industrien und ihre Produktionen ist dem Fachmann schon vieles ersichtlich.

Fluglärm: Der Fluglärm über den Inseln und über dem Watt nimmt ständig zu. Oft ist jede Unterhaltung unmöglich. Der Erholungswert sinkt. Wenn man bedenkt, daß die Flugplätze und Bodenanlagen zum größten Teil aus Steuergeldern finanziert werden und ein Flugzeug je Person weit mehr Sprit verbraucht und vergeudet als ein Fährschiff und daß die Förderung des unklugen Trends zur Rasantkur und Blitzerholung mit öffentlichen Mitteln zweckwidrig und imagestörend für die Inseln ist, zudem ein ungerechtes Bevorteilen gehobener Verdiener gegenüber den simplen Schiffsbenutzern, sollte man doch die geruhsame Anfahrt mit dem Schiff als wichtigen Teil, als Auftakt und Abklingen der Erholung mehr fördern und propagieren(. . .)

Unterwasserlärm: Unterwasserlärm von Schiffsmotoren ist beträchtlich. Schnellere Schiffe machen mehr Unterwasserlärm. Im Flachwasser des Wattenmeeres wird der Schall vom Boden stark zurückgeworfen, bricht sich wieder am Schiffskörper und verstärkt sich demzufolge im Watt mehr als in Tiefwasser. Wie sich die hohe Geschwindigkeit lärmender „schneller Flitzer" auf die Schallwellen unter Wasser auswirkt, könnte ein Techniker errechnen. Der Rückgang der Nordseetümmler im Wattenmeer dürfte auch mit dem betäubenden Unterwasserlärm, der um ein Vielfaches stärker ist als durch die Luft übertragener Lärm, zusammenhängen. Ich habe bei meinen vielen Fahrten noch keinen lebenden Tümmler gesehen, obwohl sie früher sehr zahlreich im Watt gewesen sein sollen.

Eine Landschaft ändert ihr Gesicht

Überschlickung der Niederung Emden — Riepe

Gerhard Bratfisch

Der folgende Text wurde 1958 verfaßt. Die Überschlickung der Niederung Emden — Riepe hat heutzutage schon Geschichte.

Im gesamten Bundesgebiet haben in den letzten Jahren die Bestrebungen zur Verbesserung der Ertragslage unserer Landwirtschaft in einem erfreulichen Maße an Umfang und Bedeutung zugenommen.

Die Regelung der Wasserverhältnisse und die Hebung der Ertragsleistung des Bodens sind Schwerpunkte in dem umfangreichen Programm zur Verbesserung der Agrarstruktur der landwirtschaftlichen Betriebe. Im Zuge der Emslanderschließung wurde auf diesem Sektor bereits Beachtliches geleistet, und auch im ostfriesischen Raum ist man mit Unterstützung des Küstenplanes bemüht, die Situation der heimischen Landwirtschaft zu verbessern.

Besonders sind es die weiten ostfriesischen Niederungen mit ihren unzulänglichen Wasser- und Wegeverhältnissen, die dringender Hilfe bedürfen. Eines dieser Gebiete ist die etwa 3000 ha große Niederung, die sich nordöstlich von Emden bis zum Dorf Riepe erstreckt.

Im Norden und Westen begrenzt der Ems-Jade-Kanal, im Süden das Fehntjer Tief und im Osten die Landstraße Oldersum-Riepe-Ochtelbur den weiten Raum, in dem sich seit 1954 eines der größten Meliorationsvorhaben Ostfrieslands vollzieht.

Anlaß zur Durchführung der Überschlickungsmaßnahme waren die im Emder Hafengebiet anfallenden Schlickmassen. Zur Aufrechterhaltung der Schiffahrt müssen im Hafen und Emsfahrwasser laufend Baggerungen durchgeführt werden, wobei das wertvolle Bodenmaterial „Schlick" gefördert wird. Schon früher hat man ihn im getrockneten Zustand zur Verbesserung armer Kulturböden verwendet. Heute ist man in der Lage, Schlick durch Wasserzusatz über größere Entfernungen zu pumpen. 12 km lang ist die Rohrleitung, die von der Ems kommend bei Emden-Borssum die Bundesstraße 70 überquert und durch die ununterbrochen der braune Schlickstrom in das vorbezeichnete Meliorationsgebiet fließt. In vorbereiteten Spülfeldern von etwa 50 ha Größe sammelt sich hier das „kostbare Naß“ und, während das salzhaltige Spülwasser wieder abgeleitet wird, bleiben die festen Bestandteile zurück.

Dieses gute Bodenmaterial wird so in einer Schicht von etwa 1 m auf die ehemaligen ertragsarmen Flächen aufgebracht und damit hochwertiges Ackerland geschaffen. Das Ganze wickelt sich nach einem festgelegten Plan ab, und es wird noch viele Jahre dauern, bis die letzten der vorgesehenen 3000 ha mit dem fruchtbaren Boden überdeckt sind.

Träger des gesamten Projektes ist ein eigens zu diesem Zwecke gegründeter Wasser- und Bodenverband, der von den Dienststellen der Land- und Wasserwirtschaft bei der Durchführung seiner vielseitigen Aufgaben unterstützt und beraten wird.

Inmitten des ostfriesischen Raumes vollzieht sich so eine der größten Meliorationsmaßnahmen, die nicht nur von privatwirtschaftlichem Interesse ist, sondern darüber hinaus auch von erheblicher volkswirtschaftlicher Bedeutung.

Betrachtet man das Niederungsgebiet in seinem bisherigen Zustand einmal von der wirtschaftlichen Seite, so kommt man sehr bald zu dem Schluß, daß hier eine großzügige Melioration vonnöten ist. Mit Höhenlagen von durchschnittlich ± 0,0 m bis — 1,0 m NN zählt diese Gegend mit zu den tiefstgelegenen Ostfrieslands. Die Wasserverhältnisse sind entsprechend schlecht. Trotz des Einsatzes von 31 Kleinschöpfwerken und des Großschöpfwerkes Oldersum leiden weite Flächen unter zu hohen Grundwasserständen, die im Sommer durchschnittlich 50 cm unter Oberfläche und im Winter nur 0 — 10 cm unter Oberfläche betragen.

Eine rationelle Bewirtschaftung des Bodens — es handelt sich vorwiegend um Niedermoor mit verknickten Kleiauflagen — ist unter diesen Umständen nicht möglich.

Die ungünstigen Wasserverhältnisse haben dem Niederungsgebiet weitgehend sein Gepräge gegeben. Die Flora des Grünlandes — allein 78 Prozent der Flächen werden als Grünland genutzt — besteht vorwiegend aus feuchtigkeitsliebenden Pflanzen, deren Futterwert gering ist. Pflanzensoziologisch gehört der größte Teil der Grünlandpflanzen zur Gesellschaft der frischen bis feuchten Weißklee-Weidelgrasweide mit Transgressionen zur feuchten bis nassen Magerweide. Die wertvollen Gräser der Weidelgrasgesellschaft, wie das Deutsche Weidelgras, der Wiesenschwingel, die Rispengräser und das Kammgras, sind entsprechend den Wasserverhältnissen nur vereinzelt anzutreffen oder beschränken sich auf einige besser entwässerte Flächen. Weitaus stärker verbreitet sind die verschiedenen Straußgräser, das wollige Honiggras, die gemeine Rispe, der Rotschwingel, die verschiedenen Hahnenfuß- und Ampferarten und die Kuckuckslichtnelke, die mehr oder weniger zu den Charakterpflanzen der Magerweide zählen.

Ausgeprägte Faciesbildungen von Rasenschmiele, Sumpfkratzdistel, Binsen und Seggen mindern den ohnehin nur mittleren Futterwert der Pflanzenbestände oft noch erheblich. Vereinzelt findet man auch reine Wollgras-Benthalm-Bestände, die bei der extensiven Bewirtschaftung viele Jahre hindurch bis zum heutigen Tage ihren ursprünglichen Charakter bewahrt haben.

Es ist verständlich, daß unter diesen Umständen die Erträge vom Grünland in Qualität und Quantität nur mäßig sind. Sie liegen im langjährigen Durchschnitt bei 20 bis 30 dz pro Hektar Heu.

Die ackerbauliche Nutzung der restlichen Flächen erfolgt nur unter Zwang, ein Minimum an Futtergetreide, Stroh und kleine Mengen Hackfrüchte für die Winterfütterung der Viehbestände zu erzeugen. Nach zwei bis drei Jahren bleiben die so genutzten Flächen wieder als Grünland liegen. Die Erträge dieser „Muß"-Ackerländereien sind ebenfalls nur gering und betragen im Durchschnitt 20 dz pro Hektar Getreide.

Annähernd 360 Betriebe, vorwiegend aus den Orten Riepe, Riepster-Hammrich, Ochtelbur, Bangstede, Petkum und Uphusen sind im Durchschnitt mit 40 Prozent ihrer landwirtschaftlichen Nutzfläche am Überschlickungsprojekt beteiligt. Für viele dieser Betriebe bringt die Überschlickungsmaßnahme eine grundlegende Änderung ihrer Wirtschaftsweise. Die bisherige einseitige und meistens risikoreiche Grünlandwirtschaft wird abgelöst durch die risikoärmere Grünland-Ackerwirtschaft. Es ist zu hoffen, daß sich nach einer gewissen Anlaufzeit diese Umstellung segensreich für die Betriebe auswirken wird.

Außer der Schaffung guten Ackerlandes werden durch die Überschlickung die Flächen um etwa 1 m erhöht und damit bessere Entwässerungsverhältnisse geschaffen. Eine großzügige Erschließung durch neue Wirtschaftswege und eine Bereinigung der erheblichen Streulage der Flurstücke gehören weiterhin zur Zielsetzung des Projektes.

Obwohl die Arbeiten mit öffentlichen Mitteln gefördert werden, tragen auch die betreffenden Landwirte einen nicht unerheblichen Teil zur Finanzierung und damit zur Durchführung der Maßnahme überhaupt bei, denn man hat die einmalige Chance dieses Meliorationsvorhabens erkannt.

Ab und zu werden auch Stimmen laut, die das Verschwinden dieser Naturlandschaft bedauern. Man trauert dem Verlust der weiten urwüchsigen Hammrichflächen mit ihrem sommerlichen Frieden und den vielfältigen Vogelstimmen nach. Noch tummeln sich zwar die Kiebitze, der kleine Brachvogel, die Lerchen und ab und zu auch ein Austernfischer in den Lüften. Wildenten und Schnepfen machen nach langem Flug Rast im Schilf der Meere. Mit fortschreitender Überschlickung wird sich jedoch das Gesicht der Landschaft ändern und mit ihr auch seine Fauna. Nachdem die Riepster Dobbe und Teile des Ringer Meeres überschlickt sind, wird häufig die Frage aufgeworfen, was mit dem Uphuser- und dem Bans-Meer geschehen soll. Man möchte diese Meere als „Oasen" in der späteren Polderlandschaft erhalten. Sie sollen erholungsuchenden Menschen zum beliebten Wanderziel werden.

Zu diesen und ähnlichen Überlegungen ist festzustellen, daß es sich bei dem Bans-Meer um Privatbesitz handelt und daß es zunächst Sache des Eigentümers ist, zu entscheiden, was mit seinen Wasser- bzw. Reithflächen geschehen soll. Andererseits ist auch zu bedenken, daß die Meere, auch wenn sie nicht mit überschlickt werden, inmitten der weiten und um 1 m höher liegenden Polderflächen ihren ursprünglichen Charakter vollständig verlieren. Denn es muß berücksichtigt werden, daß durch das mit der Überschlickung ins Binnenland gelangende Salzwasser die vorhandene Flora und Fauna sich fast vollständig umstellen werden. —

Trösten wir uns zunächst, daß bis zur Entscheidung über eine evtl. Überschlickung dieser Meere immerhin noch fünfzehn bis zwanzig Jahre vergehen dürften. Die Niederung zwischen Emden und Riepe ändert also ihren Charakter. Aus einer Naturlandschaft soll aber keine „Kultursteppe" werden, sondern eine Kulturlandschaft, in der auch der Naturfreund zu seinem Recht kommt. Man hat diesem Gesichtspunkt bereits bei der Planaufstellung Rechnung getragen. Durch großzügige Baum- und Heckenpflanzungen sollen das Landschaftsbild belebt und unseren Vögeln, auf die der Landmann ohnehin als Helfer bei der Schädlingsbekämpfung nicht verzichten kann, Nistgelegenheit geboten werden. Allein im ersten Bauabschnitt sind 11 km an Heckenpflanzungen mit rd. 44 000 Pflanzen entlang des Ridding und Kapellen-Tiefs sowie an neugebauten Vorflutern und an der Straße Uphusen-Riepe vorgesehen. Der Anfang dazu wurde bereits im April dieses Jahres gemacht, als ein Geländestreifen von 3,5 km Länge entlang des Ridding und des Kapellen-Tiefs fünfreihig mit Roterlen, Weiden, Hainbuchen, Haseln, Pappeln, Eschen und Spitzahorn bepflanzt wurde.

Darüber hinaus ist eine Bepflanzung der bereits vorhandenen und der noch zu bauenden Wirtschaftswege mit den verschiedensten Baumarten geplant. Auf einer Strecke von rd. 18 km sind im vielfältigen Wechsel vorgesehen: Pyramidenpappel, Vogelbeere, Kastanie, Spitzahorn, Birke, Linde, Hainbuche, Esche, Weide, Roterle, Bergahorn, Stieleiche, Feldulme und Mehlbeere. Auch dazu wird im kommenden Herbst auf einer Strecke von 2 km der Anfang gemacht werden.

Unaufhaltsam vollzieht sich der Wandel der Landschaft bei Riepe. Ununterbrochen ergießt sich der braune Schlickstrom in die vorbereiteten Spülfelder. Nach zweijähriger Überschlickung bleiben die Flächen zur Reifung liegen. Strandaster und Queller stellen sich dann auf den Flächen ein und bilden den ersten Bewuchs. Mit zunehmender Entsalzung des Bodens, meist nach weiteren ein bis zwei Jahren, findet sich die Ackermelde ein, die den Zeitpunkt der ersten landwirtschaftlichen Nutzung anzeigt.

Erstmals wurden im Jahr 1958 20 ha mit Gerste bestellt, und wo noch vor fünf Jahren Binsen und Seggen eine erfolgreiche landwirtschaftliche Nutzung unmöglich machten, grünt heute die junge Saat. In Zukunft wird man jährlich ein weiteres Spülfeld mit rd. 50 ha neu in landwirtschaftliche Nutzung nehmen können. Bald werden es große Flächen sein, auf denen der Raps blüht und das Getreide wogt, umrahmt von dichten Gehölzstreifen. Ein Bild des Friedens und des wachsenden Wohlstandes. Sollte sich nicht auch daran das Herz des Naturfreundes erfreuen?

Das „Ewige Meer"

Johann Brandes

Der nachstehende Artikel ist fast 20 Jahre alt. Er hat aber mehr als nur geschichtlichen Wert, da das beschriebene Landschaftsgebiet auch heute noch prinzipiell wie beschrieben besteht (. . .).

Im Laufe der Zeit hat unsere ostfriesische Heimatlandschaft ein ganz anderes Gesicht bekommen. Nicht nur natürliche Kräfte, die wir kurz unter Wind und Wetter zusammenfassen wollen, veränderten das ursprüngliche Bild der Landschaft im Laufe der Jahrtausende, viel mehr hat sich in den letzten Jahrhunderten eine Umwandlung unter der Hand des Menschen vollzogen. Zunehmende Bevölkerung, gesteigerte Lebensbedürfnisse, fortschreitende Zivilisation haben der Landschaft ihren Stempel aufgedrückt, alte Landschaftsbilder völlig verschwinden lassen und neue an ihre Stelle gesetzt. Eine Umwandlung ist erfolgt, die immer weiter und schneller fortschreitet. An die Stelle der Naturlandschaft ist die Kulturlandschaft getreten, und auch diese noch kennt keinen Stillstand in der Entwicklung.

In dieser Kulturlandschaft sind nun gewisse Gebiete ausgespart worden, die eine besondere Eigenart darstellen, einmalig sind und deshalb vor dem Zugriff des Menschen als Naturschutzgebiet gesetzlichen Schutz genießen. Eins dieser Naturschutzgebiete ist das Ewige Meer.

Es ist eine Hochmoorlandschaft, rd. 365 ha groß, im nördlichen Teil des Tannenhausener Moores in der Gemeinde Eversmeer, Kr. Wittmund, gelegen. Es enthält den größten deutschen Hochmoorsee mit einer Wasserfläche von 150 ha, daneben aber noch das „Kleine Eversmeer", die „Dobbe" und das „Krickmeer", alles natürliche Gebilde der Natur mit eigenartiger Pflanzen- und Tierwelt.

Bereits durch Min. Verfgn. vom 4. Januar 1922 und vom 15. Oktober 1928 vorläufig geschützt, erfolgte die endgültige Unterschutzstellung durch Verordnung vom 27. Oktober 1939 auf Grund von verschiedenen besonderen Gutachten, von denen es in einem der ehemaligen Preußischen Geologischen Landesanstalt in Berlin vom 23. Mai 1935 u. a. heißt, daß „das Verschwinden solch eines Gebietes den Verlust eines nach Ausdehnung und Ausbildung einmaligen Landschaftsbildes aus dem deutschen Lebensraum bedeute, einen Verlust, der in keiner Weise mehr rückgängig gemacht werden könnte".

Abgesehen von der Bedeutung dieses Gebietes für den Erdkundler, den Pflanzen- und Tierkundler, den Geschichtsforscher und andere Wissenschaftler, sind besonders der Seltenheitswert dieses Gebietes und der Wert, der in seiner Einmaligkeit liegt, im Laufe der letzten Jahre mehr und mehr gestiegen, nachdem immer mehr Hochmoor der Kultivierung und der Brennstoffnutzung zum Opfer gefallen ist. Letztere hat leider auch dem Naturschutzgebiet „Ewiges Meer" Wunden geschlagen, die aber wieder verheilen, da sich wieder von neuem Hochmoor bildet infolge der Entwicklung von neuem Leben in den ausgebeuteten Torfpütten. Der Lebensraum der das Hochmoor bewohnenden Tiere und Pflanzen ist von Jahr zu Jahr kleiner geworden, daher hat der verbliebene Rest für sie immer mehr an Bedeutung gewonnen. Kein Wunder, daß wir hier die von der Landeskultur bedrohten Vertreter der Tier- und Pflanzenwelt noch vorfinden und das Gebiet selbst als Wiederbelebungsgebiet bezeichnen dürfen, von dem aus sich gewisse Lebewesen wieder weiter ausbreiten können, sofern sie die Fähigkeit besitzen, sich in ihrer Lebensweise umzustellen und auch in andersartigen Lebensräumen ihren Kampf ums Dasein erfolgreich zu führen.

Was da kreucht und fleucht

In dieser Landschaft findet der Naturfreund die verschiedensten Vertreter einer vielfach bedrohten Tierwelt. Hier brüten Wildenten verschiedener Art, Kiebitz, Bekassine, Schwarzschwänzige Uferschnepfe, Kampfläufer, Trauerseeschwalbe, Feldlerche, Pieper, Schafstelze, Braunkehliger Wiesenschmätzer, Rohrammer, Großer Brachvogel, Rotschenkel, Birkhuhn, Sumpfohreule, Wiesenweihe, während Raubwürger und Baumfalk hier ein willkommenes Jagdgebiet haben. Und wer den Kuckuck gern hören und auch einmal sehen möchte, der findet dazu eine gute Gelegenheit am Ewigen Meer. Daß sich gelegentlich, und zwar besonders z. Z. des Vogelzuges, hier auch seltenere Vogelarten zeigen, wurde mehrfach beobachtet. So wurden am 21. Dezember 1941 am Südrand des Naturschutzgebietes 38 Exemplare des Goldregenpfeifers in unmittelbarer Nähe des Verfassers festgestellt neben Hunderten dieser Vogelart, die sich in der Luft über der Heide tummelten. In den Monaten Juni und Juli 1941 brütete in der „Dobbe" auch ein Lachmöwenpaar und brachte zwei Junge hoch.

Kriechtiere und Lurche sind vertreten durch Bergeidechse, Kreuzotter, Kröte, Moorfrosch und Grasfrosch.

Das Heer der Schmetterlinge tritt uns neben anderen besonders in den Bläulingen und in dem kleinen Nachtpfauenauge entgegen.

Als typische Vertreter der hier beheimateten Pflanzenwelt finden wir drei verschiedene Arten des Sonnentau, verschiedene Arten Wollgras, die Rosmarinheide, die Moosbeere, die Krähen- oder Rauschbeere, das Sumpfläusekraut, den Gagelstrauch, die Kriechweide, einige Seggen- und Binsenarten, das Benthalm- oder Pfeifengras, die Moorlilie, die Besenheide und die Glockenheide, das Weidenröschen, den Wassernabel, Flechten, Moose und Algen, besonders aber Torfmoosarten als neue Hochmoorbildner. Hervorzuheben ist, daß das sog. Weichblatt, eine unserer seltensten Orchideen, in der Verlandungszone des „Kleinen Meeres“ noch heute anzutreffen ist.

Damit sind natürlich noch nicht alle Lebewesen erwähnt, die hier in dem Naturschutzgebiet ihren dauernden Lebensbereich haben oder nur zeitweise hier anzutreffen sind.

Erholungsgebiet

Was aber noch einen besonderen Wert dieser Moorlandschaft ausmacht, das ist die wohltuende Ruhe, das ist die frische Luft, die man dort genießen kann. Daher wird das Gebiet heute auch gern als Erholungsgebiet aufgesucht, zumal es von der Lindenwirtschaft in Eversmeer her auf der von dort nach S führenden Straße leicht zu erreichen ist. Es muß hier allerdings gesagt werden, daß das Gebiet in erster Linie „Naturschutzgebiet“ ist und daß die Bewegungsfreiheit der Besucher hier deshalb gewissen Beschränkungen unterworfen ist, wie auch aus der Verordnung zum Schutze dieses Gebietes hervorgeht, wo es in § 3 folgendermaßen heißt: Im Bereich des Schutzgebietes ist verboten:

a) Pflanzen zu beschädigen, auszureißen, auszugraben oder Teile davon abzupflücken, abzuschneiden oder abzureißen,
b) freilebenden Tieren nachzustellen, sie mutwillig zu beunruhigen, zu ihrem Fang geeignete Vorrichtungen anzubringen, sie zu fangen oder zu töten, oder Puppen, Larven, Eier oder Nester und sonstige Brut- und Wohnstätten solcher Tiere fortzunehmen oder zu beschädigen, unbeschadet der berechtigten Abwehrmaßnahmen gegen Kulturschädlinge und sonst lästige oder blutsaugende Insekten.
c) Pflanzen oder Tiere einzubringen,
d) eine andere als die nach § 4 Abs. 1 zugelassene wirtschaftliche Nutzung auszuüben,
e) die Wege zu verlassen, zu lärmen, Feuer anzumachen, Abfälle wegzuwerfen oder das Gelände auf andere Weise zu beeinträchtigen,

f) Bodenbestandteile abzubauen, Sprengungen oder Grabungen vorzunehmen, Schutt oder Bodenbestandteile einzubringen oder die Bodengestalt einschließlich der natürlichen Wasserläufe oder Wasserfläche auf andere Weise — etwa durch künstliche Absenkung des Wasserspiegels — zu verändern oder zu beschädigen,
g) Bild- oder Schrifttafeln anzubringen, soweit sie nicht auf den Schutz des Gebietes hinweisen.

Nach § 4 Abs. 1 bleibt die rechtmäßige Ausübung der Jagd und der Fischerei unberührt. In besonderen Fällen kann der Regierungspräsident als höhere Naturschutzbehörde Ausnahmen von den Vorschriften dieser Verordnung genehmigen.

Besondere Hinweistafeln mit einer kartenmäßigen Wiedergabe des Naturschutzgebietes machen den Besucher auf ein entsprechendes Verhalten aufmerksam:

> Wand'rer, betritt diesen Boden mit Ehrfurcht, bedenke,
> Du bist hier nur Gast im Hause der stillen Natur!
> Wirf Abfälle nicht achtlos fort! Rauche hier nicht!
> Bleibe auf den Wegen, die auf der Tafel gekennzeichnet sind!
> Störe nicht die Stille der Natur und ihr geheimnisvolles Wirken!
> Genieße die Eigenart dieser Landschaft und erhole Dich in ihr!
> Solltest Du das Bedürfnis verspüren zu baden,
> so benutze die auf der Tafel gekennzeichnete Stelle!
> Allerdings tust Du das dann auf eigene Gefahr!

Se sünd all teekent

Ewald Christophers

De Straat is breet, aber nu sall se noch breeder woren. De Autos willt hör Recht, de Verkehr! Un so mutt denn nu allens wieken, wat in de Weg steiht. Dit Wark besörgt Maschinen: Schuvers un Walzen, Griepers un Stampers. Weg mit dat Olle, her mit dat Neeje! Upräten un wegsmäten word, wat güstern noch good, good genoog weer.

Nüms deit dat sähr. Wi sünd all dran went. Un de Huusen to beid Sieden? De lüttje Gorden vör de Gävel? Am leevsten muchen se ok noch de backsteenern Boowarken versetten. Man dat word denn doch to dür.

De lüttje Blömentuun aber, de Stolt van elker Börger, de gaht se to Lief. Hägen un Stanketten kamt tüschen de Stahltannen van de Griepers, woren utruppt un uträten.

Dat nee Asphaltband bruukt Bott! Un so kummt Stück för Stück van uns Eer unner Beton un Teer. Aber wi hebbt ja genoog drvan, genoog an Grund de wi noch beplastern könt. Noch aamt de Eer. Wolang noch? Ut Burenland word Autobahn. Busch, Braak un Boom mutten wieken. Grau verdrivt grön. Ok in mien Kuntrai sünd se upstünns wär an't Wöhlen. Halen na baben, wat unnern all sleep. Een Kurv is't — ick gäv to, se is woll slecht intosehn un muß woll wat verbätert woren. Man, mutt nu allens futt so radikal wieken? Kann de een of anner Boom nich doch noch stahn blieben? Nä, he mutt weg, mut bisiet, wenn de Bladen ok all wär spruten. Dor sall ja ok noch 'n Footpadd loopen un wor sölt de Radfohres lang?

Ick hebb hum sehn de Mann, in de een Hand een lütt Biel, in de anner een Plan. „De söben hier, de mutten weg!“ Dicke, gesunne Eeken, de noch Generationen van uns överläven kunnen. Mit sien Biel schloog he een Karv in't Holt, de Stamm fung an to blöden.

Nu is he teekent. Mörgen all word he unner dat Singen un Uphulen van een Motorsaag daalnahmen. Starben söben Boomen, de mal plant wuren, um to läben. Mi makt dat alltied trurig, wenn ick dat so seeg. Wenn de Maschinen twee — dreemal upbrusen, dat' för'n Oogenblick still word, un denn dat Bräken, Rieten, Splittern un Fallen losgeiht un de Kroon up de Grund sleiht. Ick kann't nich mit ansehn.

Säker, een Boom blot, un in de Wald gebõhrt dat to Harfst un Winter mehr as eenmal. De Wirtschaft bruukt nu mal Holt, bruukt Planken un Stänners, dat weet ick. Dorum staht se ja ok moij in Riegen achternanner un woren, wenn se wegnahmen, wär naplant. Hier aber an de Straat, sünd se weg för immer. Sünd se nich mal plant, uns Schaar to gäben? Un hollt se mit hör Wuddels nich ok dat Grundwater fast? Dor kummt dat doch up elker Boom an.

Aber wat is so een all?! Wat rägst du di up. Up de poar dor in de Kurv kummt dat ja ok jüst nich an. Nu hebb di man nich so. Doch wenn se överall so denken?! Uns Buren mitunner ok. Up Knicks un Wallen steiht Busch un Boom. Bremsen sünd se tägen Wind un Wär. Hier hebbt de Vögels hör Riek, Haas un Fasan söken dor Schuul.

Un wät gebõhrt? Kahlschlag, umdat de Acker nich tovöl Schaar kriggt. Am leevsten de Wall ok noch schlichten. Givt denn ja ok'n poar Quadratmeter mehr an Land. Wenn denn aber de Grund miteens utsoort un van de Wind wegdragen word? Dat magg ja woll all so mutten, anners dee'n se't ja nich. Of hebbt de Lü keen Geweeten? Sünd blot noch Technokraten, de in Beton, Teer un Profit denkt?

Aber willt wi Autofahrers nich noch mehr glatte breede Straten, fell un feller rullen?! Wi sülmst sünd dat doch ok, de dat all mit in de Gang sett hebbt. Un nu schellen un schimpen wi. För uns Komfort, dor mutten wi betahlen. Wat scheert uns ok de, de na uns kamt. De Hauptsaak is doch: uns geiht dat erst mal good. Of sitt ick dor up de verkährte Damper?

Süniger woren

Ewald Christophers

Nä, wi harrn uns de Boo-Utstellung doch nich ankieken dürst. Denn nu mögen wi dat een of anner um un in uns Huus nich mehr lieden. Muchen't am leevsten weg- un rutsmieten. Alleen all de Fliesen! — Dorbi harrn wi uns vör Johren na uns Dünken all'n heel besünner Muster utsöcht. Un billig weeren de Kachels jüst ok nich west.

Man nu givt dat ja Saaken! Dor kannst di rein de Oogen an verkökeln. Musters, segg ick jo, in alle Klören. Een noch moijer as dat anner. Wo kriegens't woll vörnanner? Ja, man harr doch noch'n bäten wachten mußt! Nu, ick weet, dat is de verkährte Melodie, denn so is dat nu mal, allens veränнert, allens entwickelt sück. Wat vandaag modern, hört mörgen all to't oll Iesen. Un dat löppt von Johr to Johr feller.

Mitunner denk ick: mutt dat wäsen, all nööslang nee Modelle. Alleen all bi de Autos. Dat meeste aber geböhrt van buten, kickst mal unner de Deckel, sitt dor alltied noch desülwig Maschine. So verköfft sück dat aber bäter. Un wi fallt mal wär drup rin. Un of'n sück bi dat Blömenmuster, ick meen bi de Fliesen, nich doch satt sücht, mit de Tied?!

Ja un wat dat vandaag doch för moije Dören un Trappens givt. Dor sünd de, de man hett, nix bi. Aber rutsmieten kannst dat oll Wäswark nu doch nich, hett doch ok sien good Geld köst. Wor keemen wi dor hen. Wenn de Firmen dat ok geern sehn un uns dat ok woll inräden willn, stadig mal wat Nees to koopen! Vergeiht ja ok kuum een Dag, wor man nich Möbelprospekte in't Huus stürt kriggt. Groode un lüttje Bedrieve laden een in, doch blot mal rintokieken. Mitunner word dorto ok noch Koffje un Kook anbaden. Un för de Kinner Karusselfohren un Ponyrieden. Allens umsünst, versteiht sück. Na de Melodie: Wenn wi de Lü man erst mal in uns Fangst hebben!

Un wahnst du wat wieder weg, steiht säker ok noch 'n Omnibus parat. He brengt di denn dor all hen, wor't Stohlen un Dischen, Betten un Schappen givt. Un wenn du di denn dat allerneest so ankickst, muchst säker ok so mennig Stück am leevsten glieks mitnähmen. Man worhen mit de olle Möbels? Kiek man mal an de Straat, wenn Sperrgood offohren word. Wat dor mitunner noch goode Saaken unner sünd! Aber dat mutt ja woll so, wenn de Schöstein dampen sall.

Fröhr wur för de Ewigkeit köfft, vandaag bit to dat nee Modell. Un so wesselt dat wieder. Man well van uns much denn nu nich dat Neeste, wenn't ins geiht dat Allerneeste hebben. Alleen all, um de Naber to argern.

Ja, wäsen wi ehrlich, mitunner könt wi de Nöös nich vull genoog kriegen. Aber eens is mi ok upfallen: dor woren all wär olle Schoh flickt un nich futt wegsmäten, dor word een Kleed ännert un nich futt in de Kist goijet, dor word dat Olle nich futt verdüwelt, nä, doch fragt, of dit, of dat nich doch noch to bruuken is. Un dat is good so. Hangt nich ok an so mennig Stück Tradition? De word denn doch mit över Boord smäten!

Een bäten süniger worrn, dat düren wi woll all. Wi sölen dat ok woll mutten, of wi dat nu willen of nich.

Un wenn't up is

Ewald Christophers

Vull van Minschen stunn de Platz. Denn dor wullen se mit biwäsen, wenn to'n ersten Mal in hör Stadt de Eerdgasflamm upfluckern dee. Un wiel Füür de Dunkelheit brukt, muß dat ok in Düstern geböhren. Am besten in pickswarte Nacht. An nix weer spoart woren, um dat ok elk un een begreep: wat hier up jo tokummt, dat sett' Teekens! Is de Begünn van een neejen Tied.

So harrn sück ok de Üppersten in uns Land nich tweemal nögen laten, dr mit bi to wäsen. Geev ja ok'n Festmal achternaa. Woll nich för all, ich meen de dor up de Platz stunnen. Harr ja ok gor nich gahn, wenn säker mennigeen sück ok geern mal mit an de Tafel sett harr. Well sull dat ok betahlen?

Een Musikkapell spöl: mit Trummel un Piepen vergung de Tied wat bäter. Un denn keemen se endlich: Abgeordnete van Bund un Land, Präsidenten un Vörsitters, nix as schier Prominenz. Worhen du ok keekst. De Baas van dat Wark steeg up een lüttjen Podest un hull erstmal een langen Räd. Worum dat all, worum so un nich anners. Un wat vörn Sägen för't Land. Wat denn bi so'n Gelägenheit seggt word. Moijwärswoorden!

„Se sullen man dat Gas offackeln, dat to sehn sünd wi doch kamen!" Sückse Stimmen weeren dütelk heruttohören. De dor up't Podest murk ok woll, dat mit een langen Räd hier keen Pott to winnen weer un funn denn ok een Enn. He harr ok nich wiedersnacken kunnt, denn een Windstöt greep unner sien Manuskriptsieden un weg flogen all de moij Gedanken, de noch unner't Volk sullen.

Un nu weer dat denn ok mit eenmal sowiet. De een van de hooge Heeren hull all de Fackel in de Hand, de een noch hogerden anstäken dee. De Börgmester dürs denn dat upfluckernde Füür baben an een Rohr hollen, wieldess de allerhöchste — een Präsident — een Schuver apenreet un dat Gas nu na buten strömde.

As wenn een Schöt full, so knall dat, as Gas un Füür tohoop keemen. Een gälblaugrönen Flamm schoot meterwiet hoch, de Platz mit'n mal daghell. Junge, dor seeten allerhand Atü achter, dat kunnst woll seggen. Denn dürs elk van de hooge Herren noch mal an de Häbel spölen un de Hahn up un dicht dreihen. Bit dat' keen Spaß mehr maken dee.

De Musik spöl noch mal un denn weer disse historische Oogenblick ok all vörbi. Een grooten Bahnhoff för een fieftig Kilometer lange Gashochdruckleitung. Un as de Honoratioren wär up hör Festtafel antrucken, klungen de Woorden van de Räd in mi noch lang na: Wirtschaftsstruktur, Regionalisierung, Initialzündung un all sückse Frömdwoorden.

Dat mag ja woll all so wäsen mutten, dorch ick so in mien Eenigkeit. Een verrückte Welt, as wenn't mit Gewalt gahn mutt, dat, wat deep unner uns in de Grund sitt, uptobruken. Of uns dat nich noch mal Leed deit, wat wi nu mit völ Trara bedrieben. Is doch säker nu all uttoräken, wenn't Gas up un't Singen daan is. Hebbt dee, de na uns kamt, nich ok een Recht, Erdgas to besitten. Säker, wi hebbt ja noch genoog drvan, in Hüll un Füll, bruuken noch nich räken. Könt babento noch Moot maken, noch mehr Gas to konsumeeren, Wat scheert uns ok, wat dornaa kummt. Un bit to de Dag givt säker ok all lang wat anners. Energie ut blank Water of so!

Ick mag ja woll up de verkährte Damper sitten, doch mi geiht dat elksmal na, wenn ich so seeg, wo wi dr mit umgaht. Mit uns Moor geiht dat ja jüst so. Noch givt eenig dusend Hektor. Aber wo lang noch! Mutt denn allens to Ackerland umbraken worrn? Mit de Boomen is dat nich völ anners. Se mutten nee Straten wieken un woren nich naplant.

Wi allmitnanner sitten in een Düvelskring. To Foot will ok nüms mehr gahn un bi'n Kienspahn dat Blatt läsen. Ich weet: de Tied torüggdreihen, dat geiht nich. Aber wat sporsamer wäsen, dat muß doch woll gahn.

Dieken of wieken

Ewald Christophers

De Fronten sünd kloar. De een Sied seggt: de nee Diek mutt boot woren. De anner: dat mutt all so blieben as't is. Nu, recht hebbt se na mien Dünken beid. Meent is hier een Diek vör de Leybucht an de ostfreeske Küst.

Aber gaht wi nu mal fein de Rieg na. Dor is erstmal de Haben van Greetsiel. So dartig Granatkutters hebbt hier hör Platz. Dat heet nich alltied, denn all nöslang sitt dat Habenbecken wär bit an de Kopp vull Schliek, de sück dor ofsett. Baggers mutten dr her un vör eenig hunnertdusend Mark wär Bott maken. Een Arbeit, de nie nich to Ennen geiht, wenn nich wat anners geböhrt.

Un mit dat Fohrwater na buten to is dat nich völ anners. Woll versöcht Dag för Dag een Schliekrutscher mit sien groode Schruuv de nu mal nödige Düpde to hollen. Man ok een Wark, dat up de Dür nich völ inbrengt. Wenn ok noch sovöl Gubel upwöhlt word.

So mutten de Fischerlü all Stünnens vör Hochwater utloopen, umdat se man so eenigermaten över de Schliekbargen wegrutschen, um na buten to kamen. Dor un blot dor sünd Granat, Schull un Seetung to finnen un nich stuv unner Land.

Een nee Fohrwater, dat dwars röver in een anner Deep rin baggert wur, broch erst woll Hülp, man dat sitt nu ok all wär dicht. Dat beste weer nu een nee'n Haben wieder na buten an't deepe Fohrwater ran.

Ok dat Land vör de Störtebekerdiek is anwussen. Wiethen all nix as Hellerweiden, wor to Sömmertied sück de veerbeenig Kurgasten, dat Jungveeh, de Buuk vullfräten. De Diek aber muß all lang nödig mal wär hooger upsett woren. Amenn kann nüms mehr de Säkerheit garanteeren, denn van Johr to Johr kamt de Störmflooden hooger un man kann sück nu all uträken, wat all geböhren kann.

Seßtein Kilometer lang is de Diek rund um de Bucht to. Wenn man nu aber dat Vörland indieken dee, so weeren dat blot noch acht Kilometer. Un weer't denn nich doch bäter een neen Diek to boen, mit een nee Greetsiel futt vörn an? Tominst een Haben, wor de Kutters liggen kunnen. Miteens weer so doch ok all dat Geldutgäben für de Baggeree vörbi.

Säker keen slechten Plan, de dat Booamt för Küstenschutz all fix un fertig in de Schuuvlaa liggen hett. Keen slechten Plan, dat seggt ok de Entwässerungsverband, denn bi de Gelägenheit kunn ok dat Utsielen van Sötwater, wat sück ja in't Binnnenland staut, 'n heel Bült bäter reguleert woren. So bito kunn för de Buren noch'n bäten Kleigrund drbi överwäsen. Säker een Vördeel, wenn ok de Lü van de Frömdenverkehr een bäten Sörg um dat olle Greetsiel hebbt.

Kummt de nee Diek, so liggt keen Kutter mehr in de Haben, un de Fischerhuusen alleen, dat is to minn an Panorama. Of denn noch sovöl Gasten un vör allen ok Kunstmalers as nu na Greetsiel kamen?

So wiet, so good, Nu aber keemen de „Grönen" up't Tapee, woll bäter up't Fohrrad anrullen, um tägen een neejen Diek to demonstreeren. Hier dürt he nich boot woren, säen se, denn hier up de Soltweiden, stuv vör de Buterdiek, liggt een groot international Seevögelparadies. Hier trekken se dör, hier hebbt se hör Kinnerstuv un Futterplatz. Well hör dit Gebiet nimmt, de stört de heel Ökologie, denn so'n Flach, as de Leybucht, givt nich noch mal up uns Eer.

De Weetenskopp hett sück ok all to Woord meld un klipp un klor bewäsen: hier hett een Diek nix to söken. Disse Soltwaterbucht mutt blieben för Deer un Plant. Sett' de olle Diek man wat hooger up, baggert dat Fohrwater wiederhen ut un all sünd tofrä. Se eenfach is dat!

Nu hebbt de Politikers dat Woord. Noch ratlos reisend kiekt se sück dat Spillwark an. Een verdammt mallen Piep. Dieken of wieken, dat is hier de Fraag. Well geiht vör: de Minsch of de Natur. Aber wenn man't genau nimmt, sünd wi ja ok een Stück drvan.

... der hat den Sinn der Schöpfung verstanden

JANN-DIEKEN FRIELING

Als Landmann ist jeder, der erntet, verpflichtet,
daß er das Beet für den Samen herrichtet,
daß er ausreichend den Dünger streut,
damit die Ernte ihn auch erfreut.
Doch vorher, da gibt 's noch so viel zu bedenken,
auch, ob man dem Unkraut ein Dasein soll schenken.

Leuchtender Mohn, Kornblumen, Kornrade —
Wo sind sie jetzt? Verschwunden. Schade! —
Hab' ich als Kind gern zum Kranze gebunden,
wenn ich sie blühend im Kornfeld gefunden,
hab' sie als Strauß meiner Mutter gebracht,
und jeder im Haus hat ans Korn dann gedacht.

Noch wächst das Korn, doch als Monokultur.
Den Höchstertrag sichern, das zählt doch nur.
Doch wer da spritzt, denk' auch an das Leben,
ein zweites Mal wird es keinem gegeben.
Darum nur so viel, wie 's die Sache verlangt,
kein Gramm mehr, sonst wird man verdammt.

Und wer vom Besitz ein Stückchen gibt frei
— egal, von welchem Beruf er auch sei —,
wo alles darf wachsen, sich alles kann mehren
— denn auch ja vom Unkraut sich Tiere nähren —,
dem wird sein Tun niemals zuschanden,
der hat den Sinn der Schöpfung verstanden.

Sitten und Gebräuche

Tee

HEIN BREDENDIEK

„Mit *Tee* fang an, mit *Tee* höör up!“ seggt de Lü in Ostfreesland und hebbt bi Klock söben den Teepott al up ’t Stöövke. Un de meesten hebbt al ehr twee, dree Köppjes binnen, dat se sik man eerstmal vermuntert un up ’n Padd kamen doot.

Dör Tee kriggt allens Richt’ un Maat för den Dag: Tee so bi Klock elben, Elbenührtje, wu se ’t nömen doot, Tee an ’n Namiddag, wenn Vader na Huus kummt oder de Nabersch eben inkieken deit, Tee laat an ’n Abend as Slaapdrunk! Jümmers steiht Tee klaar up ’t Stöövke. Dat is gornich so licht, Tee up eegen Aart in ’t Köppke to kriegen. Regenwater mutt ’t wäsen för ’t Teewater. De Kann mutt de recht Warmte hebben. Wuväl Water du dr up geeten deist, un wu du inschenkst, all dat hett sin eegen Maat. Vergät man ja nich, eerst de dick Kluntjes in de Tass to leggen, un denn mit den goldgälen Tee över de Knisterkluntjes! Avers ja nich to vull geeten! Un denn de lütt Wulkje Rohm dr up to leggen, mit so ’n Krummlepel, versteiht sik. Man fang nu avers nich an un röhr den Tee üm! Dor kummt ’t up an: up den Övergang van bitter na sööt. Dat meeste musst de ostfreesken Frolü al afkieken, wu ’t to maken is.

Un jümmers weer: Tiet, väl Tiet musst di laten, ok in de drocke un drieven Tiet. Tee in Glöös gaten, mit ’n Teesack dar binnen oder Tee in so ’n Metall-Treckselei, och, gah mi los!

1946, in de leege Hungertiet, da harrn wi mal Besöök van uns ool Tant. De schull nu mal ganz wat Besünners hebben: ’n Tass Schokolad! So ’n Raritãt harrn wi jüst van Schweden kreegen. Uns Tant avers, de keek de Tass Schokolad wat minnachtig an un probeer man so eben van de lecker Melkschokolad. Un harr dat drock wegtokamen, na ehr Süster hen, wor bi Klock elben de Teepott al up ’t Stöövke stunn.

„Verstah ik nich!" säen wi, „so achter 'n Köppke Tee hertolopen!" Man för de Ostfreesen is Tee nu mal kien ordinär Drinken, wat 'n so nebenbi mal deit. Nee, bi 't Teedrinken musst sitten gahn, musst di väl Tiet laten un denn din Tung, din Ogen un din Nääs so ganz up Smack, Klörr un Rüük instelln.

As Jung hebb ik mi dr al över wunnert: Tee kann sogar to 'n Ökelnamen warrn. In Emden stunn fröher mal in 'n lütt Schaufinster groot up 'n Schild maalt: „NUR TEE!" Uns Oma sä denn woll mal: „Jung, gah man eben röver na Tant Nurte! Un hal 'n Pund Kluntjes un 'n Viddelpund Besten!"

Dat is 'n eegen Saak mit den Tee. Ostfreesen, de in 't Binnenland ehr Dagwark hebbt, de laat 't sik ehrn Tee van Ostfreesland schicken, van Nörden, Leer of Emden her. Un wenn se mit ehr Auto up Fahrt sünd, kannst dr up an, in 'n Kanister hebbt se Regenwater ut Ostfreesland!

Tee regeert de Welt — in Ostfreesland, gifft dar den Dag Richt' un Maat un lett de Minschen dar to sik sülvst kamen. Un darvan — meen ik — kunnen ok de annern in een anner Kuntrei 'n heel Bült lehrn, jüst in uns mall Dwarsdrievertiet.

To sik sülvst kamen — un wenn 't denn nich anners geiht: bi 'n ostfreesk Köppke *Tee!*

Wat wi as Kinner spölt hebben

Gerrit Herlyn

Denk ik an mien Jögd, weet ik neet mehr völ van 't School un Lehren-maken un so wat, man kummt mi in Sinn, wat wi all spölt hebben un wovöl Tied darvör noch was, ok wenn wi 'n paar Mal in Week ok s'namiddags na 't School mussen. Un dat gung dat hele Jahr dör; ik will man is upnöhmen, wat mi so bifallt:

Up Knickers, Kattenkoppen, Nöten, Tirreltopp spölen,
Himmel un Höll, Hoog un leeg, Hunnert-Anslag, ik koom,
Tickjen, Fackjen, Ballken, Bickeln,
Buckspringen, Tauspringen,
Numan, Numantje, Verstopperke,
Räuber un Gendarm, Baarlauf,
Knappbürsen, Flitzebogen un Fleitpiepen maken un darmit umgahn,
Wipp-Wappen, Suje-seuern,
Koorken, up Klosske stricken, Peerdje spölen,
Teekfür brannen, Slootje springen,
Draak flegen laten, mit Sgebelskupp lopen,
Schöfeln, up Iespalten lopen, Schliddern up Glitzkebahnen.

Un wi sungen un spölden: „Mariechen saß auf einem Stein . . .“ of „Bummeldi, bummeldi, de Welt geiht unner . . .“
Un ok:

„Antjemöh mit de Botterteller
gung so laat up Straat,
do kwamm de Busebeller
un greep hör in de Keller.
Een Ühr,
een Ühr kann mi noch neet helpen,
Antjemöh' wo laat is 't?
Twee Ühr,
twee Ühr kann mi noch neet helpen . . .“ usw.

Un darbi harren wi uns faste Regels, worna dat Spill oflopen muß. Wurr d'r oftellt, harren wi uns Riemsels:

„Up dat Klaveer
steiht Kuur un Beer,
un well dat drinkt,
de stinkt."

Of ok:

„Een, twee, dree, veer, fiev, seß, söben,
Jan in Büxen wull 't neet löven,
harr gien Mehl,
scheet up Deel,
o, wat leet de Pankook geel."

Un ok noch:

„Ene, mene, mink, mank, tink, tank.
Use, buse, wakke di
eije, weije, weg mit di."

Um Paasken dürs wi um Geld lopen, dat wi uns Eier kopen kunnen. Wi deden dat mit de Sing-Sang:

„Dilumdei, dilumdei,
harr ji 'n Pennenk för 'n Paaskeei?"

De Eier, de wi kregen, gaffen wi of, de Ollen maakden d'r moi bunten van, war wi 'n paar Daag uns Vermaak an hadden:

„Eier söken: Sönndag,
Eier trüllen: Mandag,
Eier bicken: Dingsdag,
Upfreten: Middeweek,
Buuk seer: Dönnersdag."

't was ok mehr Spöleree as dat wi up Geld utwassen, wenn wi uns mal 'n paar Deiten verdenen kunnen bi 't Mollfröten un Lüntjes fangen. Blot bi 't Kohlplanten sticken un Arvten plücken gaff dat so völ, dat wi dat Verdennst in de Sparpott doon mussen. Man de paar Deiten bito kunnen wi utgeven; wi köffden uns Jödennöten, Johannisbrood of Sappkook. Wi wassen ok all tofree, wenn wi uns mal Zuckerwater in 'n Buddel maken dürsen. Man wenn d'r 'n Stückje Sappkook bi in kwamm un wi schüddelden dat dörnanner, dann hadden wi dat reinste Kinnerbeer. Blot de Ollen säen: „Ha, bah! Wo mög ji dat blot, disse bruun Schiet mit Schuum!“

För ’n Kluntje of ’n Appel lepen wi to jeder Tied un Stünn wall heel na Jem’m up Böskup.

’n Püt mit Küssentjes hebben wi uns blot eenmal verdeent, man do muß wi ok mit all Mann binannersmieten, wat elk an Geldstücken in sien Büs harr.

„Paaskefüer“ und „Maidenkisten“

Alte ostfriesische Osterbräuche geraten in Vergessenheit

RICHARD AHLRICHS

Noch im vorigen Jahrhundert war die Bezeichnung „Ostern“ für das Fest der Auferstehung Christi in Ostfriesland wenig gebräuchlich. Man nannte dieses bedeutungsvolle Fest nicht nach dem alten germanischen Land, sondern man hielt es mehr mit dem plattdeutschen „Paasken“. Diese Bezeichnung stammt aus dem Alten Testament, ist also hebräischen Ursprungs. „Paask“ kommt von „Passah“ (hebräisch = Übergang, Verschonung).

Vor nicht allzu langer Zeit brannte man noch in den Dörfern und Flecken in der Woche von Palmarum bis zum Gründonnerstag manches große „Paaskefüer“ ab. Hell loderten die Flammen auf zum nächtlichen Himmel, verstörte Kiebitzschreie drangen durch die Luft, von den Nachbardörfern und von den Enden des eigenen Dorfes leuchteten ebenfalls Feuer auf. Jauchzend schwangen Knaben und Mädchen brennende Scheite. So mußte der Winter endlich weichen, so mußte sich bald aus der grauen Asche der junge Frühling erheben. An der Küste wurde hinter dem Deich der von den Wogen angespülte „Teek“ gesammelt und verbrannt. Die Kinder des Moores zündeten wohl die noch dürre Heide oder die verwelkten Gräser und Brombeersträucher der Wallhecken an. „Luntjen“ nannte man das. Osterfeuer gibt es auch heute noch in Ostfriesland.

Nachdem die beiden Feiertage verklungen waren, mit dem großen Eieressen — wenn auch sonst in den bäuerlichen Haushaltungen kaum Eier gegessen wurden —, das Hausgesinde konnte sich morgens und abends satt an Eiern essen, nachdem man sich auch gütlich getan hatte an Kuchen und vor allem an selbstgebackenem „Stuten", war der Tag nach Ostern ein ganz besonderer Tag, denn an jenem Dienstag wechselten die landwirtschaftlichen Dienstboten einst ihre Stellungen (...)

Der Tag nach Ostern war also in unserer Heimat ein recht bunter Tag. Die jungen Leute, die sich verändern wollten, packten ihre Siebensachen in oft schön geschnitzte „Maidenkisten" oder „Knechtenkisten", die vielfach von Vater und Mutter ererbt waren, und zogen zunächst nach dem Hause der Eltern. Dort verweilte man bis zum Donnerstag. Viele junge Leute sahen sich nach ihrer Schulzeit vielleicht zum ersten Male wieder. Das war ein Plaudern und Erzählen! Bei dem neuen Dienstherren hatte man sich vorher durch einen „Handpenning" bestätigt. Das Annehmen dieses Handgeldes bedeutete, daß sich der Knecht oder die Magd damit verpflichteten, den Dienst auf alle Fälle anzutreten. Wer es nicht tat, galt als Rechtsbrecher.

Große Mühe und Sorge hatten die Bauern nicht, Personal zu bekommen. Stets war das Angebot größer als die Nachfrage auf dem „Arbeitsmarkt".

Die Ehen waren allgemein sehr kinderreich. Eine zehnköpfige Familie war die Regel. Oft hatte man „ein Dutzend mit een Band dorum", also dreizehn Kinder. Kurz nach dem zweiten Weltkrieg ist in Voßbarg (Kreis Aurich) eine alte Kolonistenfrau gestorben, die einundzwanzig Kindern das Leben geschenkt hatte.

Der richtige Knecht sagte zum Hof seines Bauern „Unse Plaatse" und zu den Tieren „Unse Deeren". Ein tüchtiger Mann, der kein Vermögen besaß, hatte es in jenen Zeiten außerordentlich schwer, im Leben weiterzukommen. Darum wanderten im vorigen Jahrhundert viele Menschen unserer Heimat nach Nordamerika aus, die meisten wohl nach den Staaten Iowa und Nebraska. Viele ihrer Nachkommen mit vielfach noch rein ostfriesischen Namen haben heute dort große Farmen.

Am Donnerstag nach Ostern trat man allgemein die neue Stelle an. Der Vater brachte am folgenden Sonntag mit einem Ochsen- oder Pferdegespann oder auf einer „Törfkor" die Kiste, die das verhältnismäßig geringe Gut des Knechtes oder der Magd barg. Oft hatte die „Maidenkiste" ein kleines Nebenfach, „Bilaad" genannt, in dem „Sülver un Goldgeod" aufbewahrt wurde.

Der neue Knecht kam mitten in die Frühjahrsbestellung hinein. Er mußte gleich Mist aufladen, Mist streuen, eggen und pflügen. Wie schmeckten ihm dann am Abend die „Brüggen" (Butterbrote) und der „Karmelksbree" (Buttermilchbrei). Auch die jungen Maiden hatten es nicht leicht. Die Hausfrauen begannen in der Regel sofort nach Ostern mit dem „Schummeln" im Vorende (gründliches Schummeln ist bekanntlich — oft zum Leidwesen der Männer — eine besondere Leidenschaft aller echten ostfriesischen Frauen). Auch in den städtischen Haushaltungen begann unmittelbar nach Ostern die große „Schummelei". Vielfach wurden die Mädchen, die in der Stadt beim Pastor oder beim „Meester" (Lehrer) oder bei einem Kaufmann in Stellung waren, beneidet. „Stadtjepuppen" nannte man sie wohl.

Nicht nur Küche, Kammer, Keller und „Karnköken" (Raum, wo man butterte) wurden gründlich gesäubert, die Frauen gingen ebenfalls mit warmem Seifenwasser, „Swientje" (Waschbürste), Schrubber und „Böhner" (Besen aus Heidestengeln) an die Außen-Hausmauern heran und schrubbten den ganzen Schmutz und die im Winter gebildeten Algen, Moose und Flechten herunter. Die Kleider wurden hochgeschürzt, so daß die „Pees" (roter Unterrock von grobem Tuch, ursprünglich das Tuch selbst) lustig im Frühlingswind flatterten.

Die alten Bräuche gerieten infolge der Industrialisierung in der modernen Zeit immer mehr in Vergessenheit. Unser ganzes soziales Leben hat sich gewandelt. Ein Zurückschauen hält uns immer wieder vor Augen, wie schnell sich doch alles wandelt in dieser Welt. „Paaskefüer", Dienstbotenwechsel nach Ostern, „Maidenkisten" und „Knechtenkisten" gehören weithin der Vergangenheit an.

Maibaum

Ewald Christophers

Die Bärenstadt im Rücken, aber in guter Erinnerung, kam ich nun durch ein sehr waldreiches Gebiet. Fichten- und Buchenbestände wechselten sich ab, aber auch Föhren, hierzulande Kiefern genannt, wiegten sich im Wind. Letztere wiesen auf einen kargen, sandigen Boden hin. Es war Frühjahr geworden und der Mai nicht mehr weit. Gegen Abend erreichte ich den Waldrand und war froh, dort eine Bank zu finden, auf der ich mich kurz ausruhen konnte. Kaum hatte ich Platz genommen, da hörte ich hinter mir Geräusche und Stimmen. „Schon wieder Buschklopper?“, ging es mir durch den Kopf, bekam aber doch bald heraus, daß es hier doch wohl mehr um eine Aktion ging. Es waren eindeutig Männerstimmen, einige davon noch im Stimmbruch, was mich auf junge Burschen schließen ließ, die hier irgendetwas vorhatten. Während der eine meinte, sie könnten ruhig laut sein, hier würde sie doch niemand hören, war ein anderer der Ansicht, man solle doch keinen schlafenden Hund wecken. Das war wohl wörtlich zu nehmen, denn bald fiel das Wort „Förster“ und „Hund“. War hier eine Art Verschwörung im Gange? Aber dann fielen auch Bemerkungen wie: „Der hält doch zu uns. Der weiß doch, daß wir heute hier sind.“

Wenn ich auch nichts erkennen konnte, so war mir bald schon klar, hier wurden Tannenzweige abgehackt, die, soviel war herauszuhören, später zu Girlanden verarbeitet werden sollten. Auch sollte noch eine junge Birke dran glauben. Gewissermaßen als Spitze für einen Baum, von dem die jungen Männer mehr als einmal sprachen. Natürlich entdeckten sie mich da auf der Bank, näherten sich mir aber nicht feindlich, eher freundlich und erkundigten sich danach, ob ich denn schon länger auf der Bank gesessen hätte. Da ich das, in ihrem Sinne, verneinte, entwickelte sich bald ein recht informatives Gespräch zwischen uns. Ja, sie offenbarten sich mir sogar. Vermutlich war ihnen ein Stein vom Herzen gefallen. Das, was sie da täten, sei zwar verboten, gehöre aber zu einem alten

Brauch und würde darum auch mehr oder weniger von der Obrigkeit geduldet. So ungefähr redeten sie sich heraus. Schließlich holten sie auch nur soviel Grün aus dem Wald, wie unbedingt nötig sei, um einen Baum damit zu schmükken.

Es sei ja bald der erste Mai, da würden in Dorf und Stadt solch bekränzte Bäume aufgestellt. Die könne man sogar stehlen. — Nun war meine Neugierde komplett und meine Bitte, an diesem Ereignis teilnehmen zu dürfen, wurde freudig aufgenommen. Wohl nicht zuletzt aus einem schlechten Gewissen. Sie nahmen mich mit auf einen Hof und führten mich gleich auf die Tenne, wo schon viel Jungvolk versammelt war. Um nun nicht zu sehr zu stören, schrieb ich meine Beobachtungen ins Tagebuch:

„Es ist eine ganz gewöhnliche Dreschdiele auf einem Bauernhof mitten in einem Dorf auf dem Lande. Zwischen den mächtigen Holzständern lagert Heu und Stroh. Dahinter liegen gleich die Pferdeställe. Hier auf der Dreschdiele liegt auf zwei Holzböcken aufgebockt ein fünfzehn Meter langer, abgeschälter Baumstamm. An der Spitze bereits angenagelt jene kleine Birke, die schon jetzt ihre ersten zartgrünen Blätter hängen läßt. Leider. Die Dorfjugend ist da. Die Mädchen sind dabei, Kränze und Girlanden zu binden, die dann den Baum zum Mai zieren sollen. Papierblumen und bunte Bänder liegen herum. Und dazu, damit die Arbeit flott von der Hand geht, spielt Harm auf der Handharmonika. Es ist noch ein Instrument aus der guten alten Zeit und was da an Melodien herauskommt, klingt wie über einen Leisten gezogen."

Das Fest, um ein solches schien es sich zu handeln, lief doch recht harmonisch an. Überall, wohin man auch schaute, eitel Freude, eine Dorfidylle. Ein Bild, das Breughel gemalt haben könnte: eine fröhliche Jugend auf der Tenne vereint. Selbst kleine Liebschaften, die so am Rande aufflackerten, erstickten unter der Leidenschaft, mit der hier ein alter Brauch zelebriert wurde. Nein, das hatte ich wirklich nicht erwartet, in einer Zeit, die doch auch im 6. Erdteil schon sehr nüchtern erlebt wurde. Hier kamen junge Menschen zusammen, freiwillig, um etwa Überliefertes zu pflegen, Althergebrachtes nun nicht, wie geschehen, in den Brunnen der Vergessenheit zu werfen.

Dennoch, und das will ich nicht unterdrücken, stimmte mich ein anderes Ereignis, das diesem bald folgte, nachdenklich. Erschien doch vor dem eigentlichen Auftakt auf den Dorfstraßen ein Mann mit einer großen blankgeputzten Bronzeklingel. Ein Ausrufer, der lautstark folgendes verkündete:

„Die Gemeindeverwaltung läßt bekanntgeben: Heute abend gegen sieben Uhr das Aufstellen des Maibaumes. Alle sind herzlich eingeladen. Danach im Dorfkrug Tanz in den Mai!"

Nun, das hörte sich ja gut an. Doch nach mehrmaligem Klingeln klang es ganz anders:

„Bei dieser Gelegenheit wird die Dorfjugend an folgende Spielregeln beim Aufstellen des Maibaumes erinnert. Vor allem, wenn es um das Rauben geht.

— Der Baum ist zu bewachen von dem Augenblick an, wo er gesetzt ist bis zum Sonnenaufgang.
— Nur ein unbewachter Baum kann geraubt werden. Die Wache mit List wegzulocken, ist erlaubt, jede Gewaltanwendung ist unzulässig!
— Der Baum gilt als rechtmäßig erworben, wenn im unbewachten Augenblick mindestens drei Spatenstiche am Stamm ausgeführt werden.
— Der Baum muß von diesem Augenblick an von den neuen Besitzern genau so bewacht werden, wie der eigene.
— Auf Maibaumraub kann nur eine Gemeinschaft oder Jugendgruppe gehen, die selbst einen Maibaum hat.
— Die spätere Einlösung erfolgt stets nach persönlicher Verhandlung und Übereinkunft!

Haltet euch an diese Regeln! Sonnenaufgang ist um 4.54 Uhr."

Die Spielregeln klangen einfach und leicht verständlich. Warum aber, so fragte ich mich, wurden sie noch einmal so eindeutig in Erinnerung gebracht. Das mußte doch seine Gründe haben.

Doch die Fröhlichkeit hielt an, und die Spielregeln wurden ohne Kommentar zur Kenntnis genommen. Auf dem Dorfplatz, ganz in der Nähe des Wirtshauses, schaufelten zwei Jungen ein tiefes Loch, da hinein sollte der geschmückte Baum gepflanzt werden. Der war inzwischen schon von der Dreschdiele auf einem gummibereiften Ackerwagen zum Aufstellplatz geschoben worden.

Als nun der große Augenblick gekommen war, schien das ganze Dorf auf den Beinen. Alles was irgendwie laufen konnte, jung und alt, eilte herbei, um wieder einmal das Aufstellen des geschmückten Baumes mitzuerleben. Ein alter Brauch, der immer wieder fröhliche Urständ feierte. Eine schöne Sitte, fand ich, denn wo gibt es noch ein so starkes Zusammengehörigkeitsgefühl?

Mit Blumen im Haar und in der Abendkühle auch wohl etwas frierend, stand der Mädchenchor da und brachte einige Lieder zu Gehör. Lieblich und wohltuend zog eine helle Flöte über das Land. Stolz applaudierten die Väter und Mütter, die ihre Kinder natürlich bewunderten und bestaunten. Dann schwang sich der Herr Bürgermeister zu einer Rede auf, die er sich auf einem Zettelchen notiert hatte:

„Liebe Gemeinde, liebe Freunde, wieder ist ein Jahr rum, wieder will es Mai werden, wieder hat unsere Dorfjugend den Baum der Bäume geschmückt, wieder wird es Nacht und wieder muß der Baum bewacht werden. So will es der Brauch, und somit gebe ich den Maibaum in eure Hände. Laßt niemanden ran, auf daß er nicht gestohlen wird und morgen früh noch genau so erstrahlt, wie zu dieser Stunde. Darum, steht in dieser Nacht zusammen, so wie es schon Sitte bei euren Vätern war. Und zur Stärkung, damit die Nacht nicht zu lang wird, ein paar Flaschen Korn!"

Bravorufen und anhaltendes Klatschen folgten. Und dann brach die Nacht herein. Am Maibaum erstrahlte eine 100-Watt-Birne und erhellte schwach die Szene. Direkt am Stamm hatten drei junge Männer Platz genommen, hockten auf alten Holzkisten, dicht zusammengerückt, damit kein Fremder herankommen konnte, um jene drei Spatenstiche zu machen, die einen Besitzwechsel rechtfertigten.

Die drei schienen auch schon etwas Korn eingefahren zu haben, denn eine der Flaschen, überreicht vom Bürgermeister, war schon ziemlich leer und der Gesang „Der Mai ist gekommen . . ." entsprechend lauter als normal. Aber auch das, ein bißchen Nachheizen von innen, wurde keinem übel genommen und stärkte zudem den Mut.

„Wat Gerd, nun lat hör man kamen, de Jungs ut Naberdörp. Wi söllt hör woll pareeren!"
In dieser Bemerkung lag eine ganze Portion Selbstvertrauen, das man in solcher Lage braucht.

„Nu suupt man nich tovöl, anners treckt se jo noch dat Fell över de Ohren."
Die Anspielung auf die Sauferei schien Jan nicht zu gefallen.

„Also keine Verdächtigung, un denn hebb ick dit ja ok noch!"
Mit „dit" war ein Taschenmesser gemeint, das Jan blitzschnell gezückt hatte.

„Stäk weg, dat dat ja nüms sücht."

Doch dieser Aufforderung, das Messer schnell wieder verschwinden zu lassen, folgte Jan nicht. Er klappte die längste der Klingen heraus und prüfte sie mit dem Daumen: Scharf wie eine Sense!

Inzwischen war vom Dorf aus ein Trupp junger Kerle mit Trecker und Anhänger gestartet, um einen Maibaum zu stehlen. Denn, so sagte man mir, es sei der größte Stolz, wenigstens einen feindlichen Maibaum heimzubringen. Am besten zwei, denn das beweise doch sehr viel Mut und Geschicklichkeit. Was letztlich auch den Dorfschönen imponieren würde.

Da es inzwischen kühl und kalt geworden war, hatte die Dreierwache, sie löste sich wie bei den Soldaten alle zwei Stunden ab, die Sitzgelegenheiten kurz und klein gehackt und aus den Brettern ein wärmespendendes Feuer entfacht.

Und dann, ich hatte sie schon viel früher bemerkt, schlichen plötzlich schemenhafte Gestalten über den Platz, schossen aus der Dunkelheit heraus. Einer holte einen kleinen Militärspaten unter der Jacke hervor und brachte blitzschnell die obligatorischen drei Spatenstiche an.

Alles war so schnell geschehen, daß die am Feuer hockende Wache nicht mehr schnell genug reagieren konnte, aber dennoch versuchte, das weitere Ausgraben des Baumes zu verhindern. Und schon standen sich die Fronten gegenüber. Die einen im Rausch ihres Erfolges, die anderen in der Wut ihrer Niederlage.

„De Boom blivt hier, segg ick jo!"
„Dat will 't wi erst mal sehn. Dree Stäk sünd dree Stäk!"
„Weg dor, segg ick!"
„Kummst mi noch wat nahder, hau 'k di de Knaken kött!"
„Noch een Spaastäk, un ick stäk to!"
„Do doch!"

Wie alles geschah, das wird auch das Gericht später kaum klären können. Vor allem, wer zuerst das Messer zückte und zustach. Einem Aufschrei folgte ein Augenblick lähmender Stille, dann der Ruf nach Arzt und Krankenwagen, für zwei.

Im Krankenhaus müssen sich dann, nach der ärztlichen Versorung — zum Glück waren es nur Fleischwunden — noch einige erregende Szenen abgespielt haben. Denn ohne Näheres zu wissen, hatte der diensttuende Arzt die beiden Kontrahenten schön nebeneinander in ein und dasselbe Krankenzimmer legen lassen. Kaum aber waren sie aus der Narkose erwacht — es mußten einige Wunden genäht werden — waren beide noch einmal aufeinander losgegangen und mußten schließlich mit Gewalt getrennt werden. So hatten sie sich ineinander verbissen.

Mir ging die Nacht der langen, scharfen Messer ganz schön unter die Haut. In meinem Tagebuch ist nachzulesen:

„Wie war es möglich, daß was in Eintracht begann, so blutig enden mußte. Anscheinend schlägt im 6. Erdteil auch immer wieder der alte Adam durch. Oder liegt darin letztlich überhaupt der Sinn solcher Bräuche: Erst saufen, dann raufen? . . .

Riemkes up Sünderklas

UNBEKANNT

Heißa: Sünt Martinilücht!
't is een wahre Kinderklücht,
Un dat is in November;
De ander Maant is Sünderklas,
Un dat is in Dezember.

Sünderklas, du gode Blod,
Breng mi 'n bitjet Zuckergod,
Neet to völ un neet to minn,
Schmiet mi 't man to Schöstein in.

Sünderklas, dat is een Edelmann,
Een Edelmann is he;
He hett een Brook van Krinten an,
Een Rock van Riesebree.
Sin Oogskes sünd Rosientjes,
Sin Bart is van Sötholt,
Sin Lippen sünd van Zuckergod,
Sin Wangen sünd van Gold.
(. . .)
Sünderklaas up 't witte Perd,
Backer up sien Achterstert,
Backer, doh mi de Dör open,
Ick will Sünderklaasgoot kopen
För min lüttje Adelheid,
De so moi to Bedde geiht
Un so moi wer uppe steiht.

„Wenn ’t Karstied is ...“

Früher kannte man keinen Lichterbaum – So wurde einst in Ostfriesland Weihnachten gefeiert

Richard Ahlrichs

Das Weihnachtsfest verlief in Ostfriesland in früheren Zeiten nicht so laut, nicht so üppig, vor allem nicht so hektisch wie heute, es häuften sich nicht solche Berge von Geschenken auf dem Gabentisch, die Mahlzeiten und Leckereien waren bescheidener, die Ansprüche waren weit geringer; dennoch wurde das Fest — oder gerade deswegen — viel eindrucksvoller, weit inniger begangen. Christi Geburt stand im Mittelpunkt. Die Feiertage waren Zeiten der Besinnlichkeit, der Stille, Tage des Insichgehens und der beschaulichen Freude, die mit ihrer Geborgenheit und dem Gefühl der Zufriedenheit die Herzen der Menschen fröhlich und glücklich machten.

Der Lichterbaum, heute ein nicht mehr wegzudenkendes Symbol des Festes, hat seinen Einzug erst recht später und nur zögernd bei uns gehalten. Zunächst glänzten die Weihnachtskerzen nur in den Häusern der Geest und des Moores, später erst drangen sie langsam in die Marsch vor. Mit dem Adventskranz verhält es sich ähnlich. In den zwanziger Jahren erzählten die Lehrer in den Volksschulen wohl, daß in einigen Gegenden unseres Vaterlandes eine schöne Sitte herrsche. Man verfertige dort aus Tannengrün einen Kranz, befestige vier Kerzen darauf und zünde die Lichter beim Singen von Weihnachtsliedern und Adventsgesängen an den Sonntagen vor Weihnachten, in der Zeit der frohen Erwartung, an. Dann staunten die ostfriesischen Kinder und wünschten sich im geheimen auch solch einen leuchtenden Wunderkranz. Heute sieht man diese Kränze schon fast überall bei uns in Stadt und Land.

Noch früher war bei uns, ähnlich wie heute noch fast überall in den Niederlanden, St. Nikolaus der Gabenbringer — „Sünnerklaas“, der auch der Schutzpatron der Seefahrer war, erschien bereits am 6. Dezember. Erst weit später trat bei uns der Weihnachtsmann in Erscheinung. Er kam nicht etwa am Heiligen Abend oder am ersten Weihnachtstag, sondern erst am zweiten Weihnachtstag, weil man die ersten Tage für zu heilig hielt für das Erscheinen dieses gabenbringenden Boten der Freude. Obwohl die Gaben in der Regel bescheiden waren, konnten die meisten Kinder vor Erwartung und Erregung die ganze Nacht nicht schlafen. Sie erhielten einige Süßigkeiten, ein paar Nüsse, etwas Spekulatius (Christkindjegeod), Griffel, Griffelkasten und Schiefertafel für die Schule, ein Kleidungsstück, das sowieso anzuschaffen gewesen wäre, ein Spielzeug oder ein Unterhaltungsspiel. Und doch waren die Kinder froh und glücklich.

Für alle dauerte die festliche Zeit ehedem eigentlich bis zu dem Tage der „Heiligen drei Könige“. Es war die Zeit der „Zwölfnächte“, eine zusammenhängende Feierzeit, die ihre Wurzel sicherlich noch in der Heidenzeit hatte, als Wothan, Baldur und Loki regierten. Die „große Wäsche“, die sonst üblichen „Schummeleien“ und andere aufschiebbare Arbeiten wurden nicht verrichtet. Der Hauptgottesdienst wurde in der Stadt und in den meisten Dörfern früh am Morgen des ersten Weihnachtstages gehalten.

Vielfach wurde kurz vor der Weihnachtszeit, die plattdeutsch „Karstied“ heißt, geschlachtet. Daher das allmählich immer mehr in Vergessenheit geratene Kinderlied: „Wenn 't Karstied is, wenn 't Karstied is, dann slachten wie uns Swien ...“

Schlemmereien der heutigen Art waren noch unseren Großeltern unbekannt. Als Kuchen servierte man fast ausschließlich Spekulatiusgebäck. Es wurde in allen möglichen Formen dargeboten. Morgens und abends gab es anstatt des sonst üblichen Schwarzbrotes selbstgebackenen „Stuten“, oft auch ein schweres Korinthen-Weißbrot, mit Rosinen, Korinthen und Sukkade (in vielen Häusern „Jödenspeck“ genannt). In manchen Häusern trank man nach alten Familienrezepten „Eierbeer“ mit einem verhältnismäßig geringen Alkoholgehalt.

Das Hausgesinde gehörte damals, zumindest auf der Geest, mit zur Familie und nahm an allen Feiern und

Festmahlzeiten teil. Es versteht sich, daß man die Zeit der „Zwölfnächte“ auch für Besuche ausnutzte. Angehörige, die in der Fremde weilten, kamen nach Hause. Die Seefahrer strebten an, während der Weihnachtszeit nach Möglichkeit bei ihren Lieben zu weilen. Das war leider nicht immer möglich; dann beging die Familie noch stiller, noch zurückgezogener das hohe Fest.

Heute ist leider der tiefste Sinn des Weihnachtsfestes durch mancherlei Äußerlichkeiten und durch Geschäftsmacherei verändert worden. Wird es wieder einmal anders werden?

Ackerwagen auf dem Dachfirst

Ostfriesische Volksbräuche zu Silvester – Narrenfreiheit am „Olljohrsabend“

Richard Ahlrichs

In dem sonst recht kirchlichen, puritanischen Ostfriesland früherer Jahre — das Harlingerland bildete darin eine Ausnahme — war und ist teilweise heute noch der Olljohrsabend ein bemerkenswerter Ausnahmetag: Narrenfreiheit herrschte, Tabus wurden über Bord geworfen, der Alkohol floß in Strömen. Die Lebensfreude hatte sich in dem verflossenen Jahr im grauen Alltagsleben so angestaut, daß sie explosionsartig beim Jahreswechsel wie ein Vulkan hervorbrach. Der Übermut kannte keine Grenzen.

Schon das Festessen war eigenartig. Auf den Dörfern gab es in den Häusern, bei arm und reich, die „Speckendikken“. Sie wurden aus Pfannkuchenteig gebacken, an der einen Seite mit saftigen Speckstücken belegt, an der anderen mit dicken Mettwurstscheiben. Gebacken wurden die „Speckendicken“ über dem „Fürherd“ in einer gewöhnlichen Pfanne oder auch in einem Waffeleisen. Diesem beliebten Festessen wurde mächtig zugesprochen, besonders von den jüngeren Leuten. Den Kindern teilte die Mutter die Ration sorgfältig zu, sie wußte: „Kinner un Kalwer hör Deel, denn hollen se dat Liev heel!“ Die

Speckendicken waren ungemein sättigend, so daß der Olljohrabend auch vielfach „de Dickbukabend“ genannt wurde. Getrunken wurden zu diesem Essen Warmbier oder auch wohl ein Glas Genever.
Nach dem Essen bei fortgeschrittener Dunkelheit begann es unheimlich im Ort zu werden. Das Gelände um den Glockenturm auf dem Friedhof, sonst eine Ehrfurcht gebietende Stelle, wurde in der Silvesternacht ein Tummelplatz des Jungvolkes. Mädchen und Jungen läuteten und beierten bei Branntwein und Klaren fast die ganze Nacht hindurch die Kirchenglocken, eine Gruppe löste die andere ab. Waren die Bauern zur Ruhe gegangen, meistens so gegen 22.00 Uhr, für verheiratete Einwohner galt es eigenartigerweise als unschicklich, das neue Jahr wachend zu begrüßen, dann schlichen dunkle Gestalten um das Haus. Sie suchten nach Gegenständen, die fortzuschleppen waren: Mistplanken, Gartenpforten, Hoftore, Hecks, Ackerwagen, Milchkannen, Milcheimer, Milchwagen usw.

Diese Geräte wurden dann unter lautem Juchhu und Huchhei weit fortgeschafft — zu dem anderen Ende des Dorfes hinter Wallhecken, Gräben oder in die Nähe der Häuser anderer Bauern. Mit Vorliebe stellte man einen mit Mist beladenen Ackerwagen beim Pastor oder bei dem Lehrer ab.
Es ist vorgekommen, die alten Leute auf den Geestdörfern, Fehnen und Moorkolonien wissen davon zu berichten, daß das übermütige Jungvolk einen Ackerwagen auseinandergenommen, die einzelnen Teile auf das Strohdach des Hauses transportiert hat, um oben in luftiger Höhe die Räder, Planken und Bretter wieder zu einem normalen Wagen zusammenzubasteln. Schließlich wurde das Gefährt in mühevoller Arbeit mit Mist beladen. Sicher hat sich der Bauer am nächsten Morgen sehr gewundert über die merkwürdige Verzierung des Dachfirstes. Selbstverständlich wurde nie verraten, welche Übeltäter am Werk gewesen waren. Manche versteckten und verschleppten Geräte, in den nächsten Tagen schmerzlich vermißt, wurden erst vielfach im Laufe des nächsten Sommers aufgefunden, oft dann vermodert, verrostet oder verrottet.

Leicht zu öffnende Kellerfenster waren ebenfalls beliebte Objekte für die Silvesterscherze. Mit Taschenlampen wurden aus dem Efeu der Häuser und anderen Verstecken Sperlinge (Lüntjes) gegriffen, möglichst viele. Behutsam ließ man anschließend die kleinen erschreckten Geschöpfe in den dunklen Keller gleiten. Am nächsten Morgen flatterten der Hausfrau, wenn sie, um das Frühstück zu holen, in den Speisekeller ging, ängstlich piepsend die Vögel um den Kopf. Sie fiel beinahe in Ohnmacht. In der Milch, auf der Butter und auf den Festtagstorten hatten die Sperlinge ihre Spuren hinterlassen. Manchmal waren die Gastwirte gezwungen, in der Silvesternacht ihre Gaststätten geöffnet zu lassen. Die Stammgäste wollten, wie allgemein gesagt wurde, „die Zinsen versupen". Ab 24.00 Uhr gab es nämlich Freibier. Manch einer, der sonst „de Pennings kneep", hatte nun einen kaum zu löschenden Durst. Schlägereien kamen vor, besonders, wenn sich junge Männer aus dem Nachbardorf blicken ließen, um vielleicht nach den Schönen des eigenen Ortes Umschau zu halten. Schüsse knallten aus verrosteten Vorderladern durch die Winterluft. Voll des süßen Weines, konnte es zu Unfällen kommen. Beim ersten Hahnenschrei war es mit der Narrenfreiheit vorbei, keine Streiche durften mehr verübt werden. Eine miese Katerstimmung wie anderwärts um Aschermittwoch bemächtigte sich am ersten Tag des neuen Jahres der jungen Leute. Die Kinder aber gingen am Neujahrsmorgen zu den Nachbarn und zu guten Bekannten, „um hör dat neje Johr oftowinnen". „Glück un Sägen int neje Johr", sagten sie. Als Dank erhielten sie Neujahrskuchen, auch Knappkoken oder Zirsderkoken genannt.

Diese alten Volksbräuche klingen in unserer Zeit allmählich aus, doch ganz ausgestorben sind sie, wie gesagt, nicht. Das „Geräteschleppen" ist hier und da noch üblich, sogar in größeren Ortschaften und in Städten.

Schlittschuhlaufen

Tammo Meyer

Der nachstehende Text schildert frühere Verhältnisse.

Wenn man zur Sommerzeit von Leer aus mit der westfälischen Eisenbahn durch das Overledingerland nach Papenburg oder mit der oldenburgischen Eisenbahn durch das Moormer- und das Uplengenerland nach Detern fährt, so erblickt man rechts und links von der Bahn eine weite, grüne Grasebene. Einige Landrücken erheben sich über den Niederungen, und auf ihnen liegen die langgestreckten, freundlichen Dörfer.

Im Herbst verwandelt sich die ganze Gegend durch den reichlich in unserem Küstenlande niedergehenden Regen in einen großen See, aus dem die Dörfer wie Inseln, die Landstraßen und Eisenbahnen wie dunkle Linien hervorragen. Tritt dann im Dezember der Frost ein, so schafft er hier Flächen zum Schlittschuhlaufen, wie sie kaum eine andere Gegend aufzuweisen hat. Mit großer Freude wird das Eis begrüßt, und sobald die glänzenden Flächen fest geworden sind, entwickelt sich auf ihnen ein fröhliches Leben. Der Landmann hat jetzt Zeit zum geselligen Verkehr mit seinen Freunden und Verwandten, da die Landarbeit ruht und das Vieh in dem warmen Stalle nur geringer Mühewaltung bedarf. Die Schlittschuhe werden hervorgeholt, und nachdem der Schmied den Stahl geschärft, der Schuster die Lederriemen ausgebessert hat, geht 's flugs auf die Eisbahn hinaus. Männer und Frauen, Knaben und Mädchen, Reiche und Arme, alle geben sich dem schönen Vergnügen des Schlittschuhlaufens hin; selbst alte Leute in weißen Haaren sieht man noch fröhlich auf dem scharfen Stahle über die spiegelglatte Fläche dahingleiten. Hier laufen einzelne, dort saust eine ganze Kette von Läufern, von denen jeder sich an der auf dem Rücken liegenden Hand des Vordermanns festhält, mit der Geschwindigkeit eines Zuges dahin. Die frische Winterluft rötet die Wangen, die gesunde Bewegung stählt die Glieder.

Der ostfriesische Schlittschuh mit seinem langen, scharfkantig geschliffenen Stahl, wie ihn in berühmter Güte verschiedene Schmieden in Ostfriesland liefern, ist besonders für das schnelle, vorwärtseilende Laufen berechnet. Nicht selten fordert ein tüchtiger Läufer zum Wettkampfe heraus, indem er seinen Schlittschuh in der „Jagdweide" einer Wirtschaft an den Nagel hängt. Wer ihn herunterlangt, bekundet damit, daß er den Wettkampf gegen den angezeigten Preis wagen will. Der festgelegte Tag wird in den Zeitungen bekanntgemacht, und Hunderte von Men-

schen finden sich ein, dem Laufen beizuwohnen. Der Schauplatz ist eine kilometerlange Eisbahn, an deren Endpunkten die Preisrichter sich mit einem Fähnlein aufpflanzen. Auf ein gegebenes Zeichen legen die Läufer los, und wie der Wind fliegen sie bis zum Ende der Bahn und wieder zurück. Mit hellem Jubel wird der Sieger begrüßt, und dann wird am offenen Herdfeuer beim dampfenden Eierbiere der Abend in fröhlichster Stimmung verbracht. Oft auch läßt man um eine Uhr, eine silberbeschlagene Tabakspfeife oder einen andern schönen Preis um die Wette laufen, und selbst Mädchen und Frauen beteiligen sich zuweilen an solchem Wettkampfe.
Wohl birgt das Eis auch manche Gefahr, und fast in jedem Winter fordert es seine Opfer; aber dennoch ist und bleibt das Schlittschuhlaufen für den echten Ostfriesen die liebste Lust.

Pflanzen im ostfriesischen Volksglauben und Brauchtum: Die Stiel-Eiche

Jan van Dieken

Die Eichen sind in Ostfriesland vorwiegend durch die Stiel-Eiche (*Quercus robur*) vertreten. Die volkstümlichen Bezeichnungen der Stieleiche, die auch für die bei uns selten vorkommende Steineiche (*Quercus petraea Liebl*) gelten, lauten: Eeke, Aeke, Eekboom, Äkboom, Äken-(Eken)boom, Eckelboom. Friedrich Arends erzählt in seinem dreibändigen Werk „Ostfriesland und Jever“, das in den Jahren 1818 bis 1820 erschien, von der Schweinemast auf der ostfriesischen Geest und berichtet dabei:

„Im Sommer müssen sie (die Schweine) ihr Futter draußen suchen, im Winter gibt man ihnen den Abfall von der Dreschtenne. Es ist die Münsterländische Rasse, hochbeinig mit groben Borsten. Man sieht diese Tiere in den Dörfern friedlich unter den Menschen herumlaufen.“ Vornehmlich um der Schweine willen, denen sie ein gutes Futter liefern, wurden die Eichen von den Landwirten unter allen Bäumen bevorzugt und überwogen darum nicht nur im Eichen-Birken-Gebiet. Die Nutzholzverwertung kam erst in zweiter Linie, zumal sie bei vielen auf den Wällen wachsenden Bäumen nicht groß ist. In der Volksheilkunde und im Brauchtum der Ostfriesen spielt die Eiche bis in die Gegenwart hinein eine bedeutende Rolle.

Wer von dem Gürtelrotlauf gequält wurde, ging nach Berichten aus Moormerland und Uplengen dreimal um einen Eichbaum herum und sprach unterdessen: „Eekenboom, ick klage di, dat wilde Für dat plaget mi, ick wull, dat de erste Vögel, de dor over flog, dat mit in de Luft nehm." Im benachbarten Friesoythe hieß der Spruch (Strackerjan 1909): „Aiken Boom, ick klage di, dat wilde Für dat plaoget mi. Ick wull, dat use Hergott gäv, dei erste Vaegel, dei deröver flög, dat dee dat wilde Für bekleef."

Dabei mußte man dreimal um einen alten Eichbaum gehen. In Barßel wollte man, wie Strackerjan (1909) berichtet, daß dies vor Sonnenaufgang geschehe. Eine alte Ostfriesin aus dem Jümme-Leda-Gebiet erzählte, der an Gelbsucht Erkrankte müßte zu einem Eichbaum gehen, ihn berühren und umkreisen und dabei sprechen: „Eekenboom, ick klage di, dat gele Fäber plaget mi. De erste Vögel, de dor boven mi singt, mi de Geelsucht nimmt." Genauso wurde es, nach Strackerjan, im Saterland gehalten. In Uplengen wurde im vorigen Jahrhundert ein an Gelbsucht erkranktes Mädchen von einer anderen Person mit zu einem Eichbaum genommen. Dreimal mußte die Kranke um diesen herumgehen und dabei sprechen: „Eekenboom, ick klage di, dat gele Fäber plaget mi, Gott gev, dat mi 't vergeiht un die besleiht." Auch Zahnschmerzen wurden zum Eichbaum gebracht. Der Leidende mußte dreimal um den Eichbaum herumkriechen und währenddessen sprechen: „Eekenboom, ich klage di, de Gnurr, de Gnarr, de plaget mi. Gnurr du solang, as ick gnurrt hebb. Im Namen des Vaters, des Sohnes und des Heiligen Geistes."

Wenn sich Wunden an den Beinen zeigten, nahm man im südlichen Ostfriesland in Grabenwasser (Zisternenwasser durfte es nicht sein) verrottete Eichenblätter und legte sie zweimal täglich auf die kranken Stellen. Am nächsten Tag wusch man diese dreimal mit „lopend Water" (mit fließendem Wasser, im Unterschied zum stehenden Wasser), in dem Rotkohl gekocht war. Hatten sich Brand oder Geschwüre eingestellt, wurde ein mit dem durch Auspressen des Rotkohls gewonnenen Saft getränktes Tuch auf die schmerzende Stelle gelegt. Statt des Rotkohlsafts nahm man auch zerquetschte Nachtschatten-(*Solanum nigrum*) oder Wegerichblätter (*Plantago maior*). Kamen Frost- und Kälteschäden dazu, legte man Sauerteig auf. „Sovöl oller, sovöl beter." (Soviel älter, desto besser.)

Wer unter Bräune litt, erhielt, wie ich im Moormerland erfuhr, den Rat, die mittelste Rinde vom Eichbaum solange in weißem Rheinwein zu kochen, bis die Hälfte der Flüssigkeit verdampft war. Dann mußte man zwei oder drei Stückchen Alaun hineintun und damit gurgeln.

Gegen die Verstopfung der Kühe wurde ein Gemenge verschiedener Hausmittel empfohlen, wozu auch eine Handvoll mulmiges Eichenholz gehörte. Die Nachgeburt der Pferde wird — bis in die Gegenwart hinein — in eine Eiche gehängt, weil man glaubt, daß dann das Füllen den Kopf hochträgt. Die Unterlassung beeinträchtigt das Gedeihen des Jungtieres. Die Nachgeburt läßt man bis zum nächsten Jahr hängen. Wenn sie nicht wegtrocknet, stirbt das Füllen.

Im Saterland wurde, nach Strackerjan (1909), die Bierhefe, ehe man sie in die Maische legte, mit einem belaubten Eichenzweig bestrichen. Wer Eichen beschneidet, muß dies in der Zeit von St. Thomas bis Lichtmeß tun, „anners bloeden se dood", wie ein ostfriesischer Bauer sagte (sonst bluten sie tot). Ähnliches berichtet Strackerjan (1909) aus dem Saterland. Eine reiche Eichelernte deutet auf einen strengen Winter und auf eine gute Roggenernte im nächsten Jahr.

Wer sich gegen Gicht mit einem schmerzstillenden Mittel einrieb, erhöhte die Wirkung, wenn er das an einem Eichenholzfeuer tat. Ein Mann im östlichen Teil Ostfrieslands, von dem es hieß, daß er an Hexen glaubte, hatte viele Jahre hindurch Eichenholz auf seinem Grundstück liegen, von dem er in jedem Frühling den Mulm abschabte, wobei das Holz immer dünner wurde. Wie man erzählte, dienten Holz und Mulm zur Hexenabwehr. Näheres war nicht zu erfahren.

Gegen die Walrider, Walriderkes, Walriderskes, sagenhafte Unholde, die angeblich das Albdrücken verursachten, gebrauchte man einmal in Uplengen folgendes Mittel: Die Bewohner der Plaatse, die von diesen Quälgeistern gepeinigt wurden, stellten eine Laterne (Schienfatt) in die von den Walriders aufgesuchte Wohnküche und stülpten ein aus Eichenholz hergestelltes Vierdupsfaß darüber. Als nun eine Walriderske kam, wurde sie durch das Faß auf diesem festgebannt. Die bislang Gepeinigten verhauten sie jämmerlich.

Schließlich gelang es ihr zu entweichen. Sie kam nie wieder, und die Bewohner der Plaatse hatten fortan vor den Quälgeistern Ruhe. Die Walriders peinigten nicht nur die Menschen, sondern verursachten auch leiterartige Verschlingungen in den Pferdemähnen. „Kein Mensch kann", betonte der Gewährsmann, ein alter Bauer, „solche flechten oder lösen. Man muß sie herausschneiden." Ein Kind in Uplengen litt unter einem Bruchschaden. Drei Personen halfen ihm. Sie kamen am Abend im Elternhause des Kindes zusammen und hielten hier mit der Familie eine feierliche Mahlzeit. Nach Mitternacht machten sich die Helfer schweigend mit dem Kind auf den Weg. Sie gingen in ein Eichengehölz. Dort spalteten sie einen jungen Eichbaum so weit, daß das Kind hindurchgezogen werden konnte. Eine Person hielt nun den Spalt offen, die zweite nahm das Kind und steckte es durch den Spalt und die dritte nahm das Kind in Empfang. Während es durch den Baum gezogen wurde, sprachen die Erwachsenen Gebete. Dann verband man den Baum. Er wuchs wieder zusammen, und unterdessen heilte der Bruch des Kindes.

Der Glaube, daß Kinder durch Hindurchziehen durch eine gespaltene Eiche vom Bruch geheilt werden könnten, war einst in Ostfriesland weit verbreitet. Mancherorts mußte dabei alles schweigend verrichtet werden. Der Bruch heilte nur, wenn die Teile der Eiche zusammenwuchsen. Die Zeit, in der dies geschah, war gleich der Heilungszeit.

Wer mit einer geweihten Hostie teuflischen Mißbrauch trieb und sie gegen einen Eichbaum schoß, wurde, wie man in Uplengen berichtete, ein sicherer Schütze, der nie sein Ziel verfehlte. In Moormerland meinte man, daß eine Frau, die sich auf das Hexen verstand, Kuhmilch aus einem eichenen Ständer melken könnte.

Die als Schohsmeerders bezeichneten Galläpfel der Eiche gehörten zu den Bestandteilen eines alten Hausmittels, das man gegen stinkende Wunden der Pferde verwendete. Wer unter Frost in Händen und Füßen litt, erhielt den Rat, die schmerzenden Glieder in einer Abkochung winterdürrer Eichenblätter zu baden. Gegen Durchfall, Magenschwäche und Wechselfieber verwendete man Tee aus der jünge-

ren Rinde der Eiche. Bei Magenbeschwerden verstärkte man den Tee durch Zusatz von Kalmuswurzeln.

Bei Verdauungsstörungen der Kühe hilft die Abkochung von Stockausschlägen gefällter Eichen. Wenn Ferkel unter Durchfall leiden, muß man ihnen Eichbaumrinde geben. Wenn man einen Eichbaum gefällt und ausgerodet hat, bildet sich in dem so entstandenen Loch eine Lohe. Diese wird als heilsam für Sauen und Ferkel gerühmt und fördert ihr Gedeihen.

Bekannt ist das Rätsel von der Eichel und dem Schwein. „Kalert hung, Rugert gung, Kalert full up Rugerts Pad, Rugert Kalert upfratt.“ Hübsch ist das folgende Rätsel von der Eichel: „Up 't Spitzke van de Toorn, wur 'n kleen Kindje geboorn, kwamm krietend herunner, harr 't Mützke verloorn.“ Auf die Bedeutung der Eichel im Kinderspiel weist das Rätsel: „Hoger as 'n Hus, lüttjerder as 'n Mus; dor will 'k utsnieden twee Sieden un 'n Backtrog un 'n Kaputsmütz.“ Eicheln werden von Kindern als Ohrgehänge benutzt, aber auch zu Halsketten, zu Pfeifen und anderem Spielzeug verarbeitet. — Es gibt Eichen in Ostfriesland, die wegen ihrer Schönheit unter Schutz stehen. Andere spielen in Sagen und Geschichten eine Rolle, wie die Eichen im Westteil von Detern, unter denen ein längst verstorbener Wucherer nachts zwischen 24 und 1 Uhr einen Graben mit einem Eimer ohne Boden auszuschöpfen versucht. Wie es heißt, soll er erst dann zur Ruhe kommen, wenn er den Graben völlig leer gemacht hat.

Sprache und Mundart

Uns Plattdütsch

Ewald Christophers

Mit uns Plattdütsch is dat so 'n eegen Saak. Mitunner kannst dor wat beläben, dat is lögenhaft to vertellen un doch de Wohrheit, nix as de Wohrheit.

So keem ick eensdaags in de Alpen un seeg dor in een Schaufenster mooije dicke gäle Plumen liggen. Dorvan wull ick mi all koopen. Also rin in de Laden. Achter de breede Tönbank stunn een Froolein in een süver Dirndelkleed. Se froog mi ok glieks heel fründelk, wat ick denn woll hebben wull.

Na, dorch ick so in mien Eenigkeit, nu givst mal an, deist, as wenn een Utlanner büst. In Bayern, wer versteiht dor all Platt. Hollen di säker vör 'n Hollander of sogor vör 'n Engländer. Ick nohm een Anloop.

„Harr geern een Pund van de mooije gäle Plumen."

Dat Wicht keek mi grood an vör 'n Oogenblick, as harr se heel un dall nix verstahn.

„Plumen?" froog se, as harr se wiß nix mitkrägen.

Un denn: „De kannst du kriegen, mien Jung!"

Nu weer ick verbiestert. Doch denn keem 't rut, dat Froolein stamm ut Hambörg.

So lecker as anners hebbt mi de Plumen nich mehr schmucken. Mehr söt-sur!

Anners — uns Platt in Ostfreesland klingt ja mitunner so 'n bäten butenlandsch. Wat uns Landnabers, de Groningers, sünd, de prooten in hör Provinz haast nett so 'n Platt as bi uns in 't Land. Un wenn wi günntsied sünd, so könt wi uns best verstahn.

So keem ick eensdaags na Amsterdam un keek mi in de groode Stadt so 'n bäten um. Keier dör de Straaten un wuß miteens nich mehr, wor 't langsgung. Proot man Platt, gung mi dat dör de Kopp, denn sallst woll kloarkamen.

Ick stürde up de erste beste Mienheer, de mi in de Mööt keem, an.

„Könt ji mi woll seggen, wo ick van hier na de Bahnhoff, na de Station kaam?“

De fründelke Mienheer wuß Bescheed, He vertellde mi lang un breed, wo ick to loopen harr. Ick murk woll, he kunn mi best verstahn.

Denn aber keek he mi van unnern bit haben an, as wull he seggen: Na, wat büst du denn vör ’n Landsmann?

Een Smüstergrientje leep över sien Gesicht.

„De Groningers könt allemal noch niet nederlandsk prooten!“

Hull mi de Amsterdamer doch glatt vör een Landsmann, wenn ok vör een, de sien Taal woll nich alltogood prooten kunn. Ick een Groninger!

Lacht hebb ick un mi bedankt un nich verraden, dat ick ut Ostfreesland keem. Doch so kann een dat gahn. Uns Besök ut Süddütschland wull annerletztens ok so geern mal een poar Woorden up Platt van mi hören.

Worum ok nich, un ick vertellde so, dat een, de sien stur Dagwark achter sück hett, woll bi uns seggt: „Ick bün dr schoon achterdaal!“

Ick dee dat wortwörtlich: „Ich bin sauber hintenrunter!“

Mien Besök hull sück de Buuk vör lachen, begreep aber ok, dat dat nich so licht is mit das Översetten.

Van een Wicht, dat dor fix up ’t Rad ansuusen kummt, seggt man woll: „Junge, de neiht hum di!“ Översett dat Mal: „Junge, sie näht ihm die!“

Nä, so geiht’ nich, wenn ok uns Plattdütsch, as de Lü van de Weetenskopp seggt, blot een Dialekt is.

Översett man mal, wenn de Koijen to ’n Landstück rinlopen sünd: „Bössel hör man äben wär rut!“ —

„Bürste sie man eben wieder ’raus!“

Plattdüütsk proot'n

August Dreesen

Veracht mi neet uns plattdüütsk Moderspraak
as weer dat man 'n gewöhnlich Saak,
vöer lüttje Lüü man un Proleten,
de neet vöel van Bildung weet'n.
De so denkt, weet van Bildung nicks,
un is he noch so fein in Wichs',
de Bildung sitt alleen in 't Hart,
un is he noch so hochgelahrt,
kickt he sien Landsmann minner an,
wiel de bloot Plattdüütsk proot'n kann,
de is van Bildung woll so fern
as an de Häven de wietste Stern.
De Hochdüütske laat Hochdüütsk proot'n,
he kriggt uns Platt doch unnert Footen.
Man wenn 'n Platten sück hochdüütsk tiert,
anstatt to sweet 'n bloot transpiriert,
un kriggt dorbi de Tung in d' Klatt,
de is up 'n heel verkährt'n Padd!
„Da kommt das Sägelsgipp schon wieder angeseilt."
„Dat Düvelspferd hat all wär ausgekeilt!"
Dat is keen Hoch un is keen Platt,
so 'n Messingkram is vöer de Katt!
Wenn Hoch, denn Hoch, wenn Platt, denn Platt,
man smiet mi beid's neet in een Fatt!
Hollt hoch jo plattdüütsk Moderspraak,
uns Plattdüütsk is uns Hartenssaak.

Mit unse Platt

Elisabeth Pollmann

Mit unse Platt is dat son Saak.
Uns Plattdüüts is en eegen Spraak.
In elker Woort dar liggt wat in!
Dat Proten is mi nooit to minn.
Un dünkt mi 't faak ok sünnerbar,
ik koom doch hier d'r futt mit klar.
Well will wat tegen seggen?

Dar givt 't keen Aber und keen Wenn.
Al unnerweegs proot 'k för mi hen.
Ik smüüsterlach to dit un dat.
Man hör ik dann weer unse Platt,
och, dünkt mi alls so wunnerbar!
Wat word mien Oog glieks hell un klar,
dat kann ik nümmes seggen.

Bün ik mal weekenlang van Hus,
beleef völ Nej's in Sus un Brus,
hör van uns Platt keen enkelt Woort,
wiel dat dar wohnt en anner Soort,
dann krieg ik Heimweh, mi word raar.
Ik fahr na Hus, dat is mi klar!
Nu tellt keen Overleggen.

Ostfriesische Vornamen

1. Männernamen

Berend, Börjes, Himel,
Tönjes, Dorjes, Ihmel,
Oeke, Eike, Wielf,
Esdert, Gerjet, Stielf,
Unkel, Garbrand, Wiebrand,
Isebrand, Haat, Siebrand.

Evert, Ulfert, Eilert, Klaas,
Lüppe, Mehme, Onke, Staas,
Onntje, Theile, Harm, Tettrino,
Janto, Lübbert, Rickert, Krino,
Gesse, Reimer, Dicke, Meimert,
Eielt, Swittert, Swirt un Weinert.

Pupt un Koert,
Ulpt un Loert,
Jibbe, Jabbe,
Hibbe, Habbe,

Weiard, Focke,
Geike, Ocke,
Koob un Sweert,
Jann un Gerd.

Wirtje, Watje, Woltje, Weye,
Uptet, Eisse, Heyssen, Heye,
Süntje, Jürke, Steffen, Ee,
Sikke, Liebke, Engelke, Thee,
Meine, Hootje, Harbert, Hedlef,
Sjamme, Lütet, Aalef, Detlef.

Hilfert, Uelerk, Alerk, Cirk,
Innelt, Rummert, Lammert, Dirk,
Eike, Wilke, Brunke, Weert,
Zobe, Zebe, Ehme, Leert,
Wiebt, Wobias, Weyert, Meus,
Folkert, Frerich, Aidt, Thaleus.

Lütjen, Casjen, Soke,
Melchert, Garrelt, Foke,

Lühre, Ucke, Tamme,
Ubbe, Fehbe, Sjamme,
Ede, Jelde, Onne,
Danje, Euke, Bonne.

Tako, Fiepko, Thilko,
Onno, Okko, Wilko,
Odo, Poppo, Renko,
Tjarko, Enno, Menko,
Jabbo, Hayo, Emmo,
Habbo, Nanno, Hemmo,
Jibbo, Dodo, Eicko,
Hikbo, Uvo, Heyko.

Meiel, Wessel, Ollig, Meine,
Helmer, Bohle, Seven, Heine,
Tebbe, Eisse, Eve, Ecke,
Hauwe, Wientje, Jellske, Decke,
Ibeling, Eilt, Bewer, Bene,
Folkert, Jellrich, Hinrich, Mene.

Tone, Jilde, Bürchert, Feihe,
Hennsmann, Oltmann, Tjard un Heye,
Lowth und Etzard, Siefke, Enne,
Jülf un Siebke, Remmer, Menne,
Sede, Brune, Freerk, Eteus,
Memmke, Mimke, Rohlf, Poppeus.

2. Frauennamen

Wibke, Wobke, Wübke,
Voske, Imke, Lübke,
Swantje, Fenke, Hauke,
Geelke, Tiede, Bauke,
Aaltje, Siefke, Petje,
Tjebbend, Lieske, Gretje.

Bilda, Wea, Wiemda, Kea,
Thea, Mina, Trüde, Sina,
Tjalda, Manna, Benna, Sanna,
Rewenda, Peta, Lümka, Beta.

Antje, Geeske, Gebke, Aafke,
Abke, Tätje, Nanke, Baafke,
Hiemke, Hiske, Rixte, Theeske,
Rinnelt, Wennelt, Engel, Neeske,
Meiste, Jellste, Grietje, Hientje,
Amke, Annke, Hille, Stientje.

Barber, Siever, Dever, Hemke,
Meike, Bartje, Moder, Wemke,
Eimde, Lübke, Sieverke, Feike,
Sjauke, Trüe, Voke, Jeike,
Beke, Rinne, Betje, Lümke,
Alste, Tatje, Inse, Wümke,
Tjede, Deine, Rennerich,
Rieke, Hilke, Elmerich,
Almuth, Etje, Soberich.

Thalke, Sarke, Lamke,
Rennske, Brechtje, Spamke,
Eie, Roolfke, Eke,
Tönna, Wilmke, Beke,
Meemke, Lottje, Mientje,
Janntje, Harmke, Lientje.

Feuke, Ocktje,
Dierktje, Focktje,
Almt un Gertje,
Olligtje, Weertje,
Moderke, Elske,
Kenuntje, Knellske.

Sprüchwörter, die den Teufel nennen

Friedrich Sundermann

Diese beziehen sich nicht allein auf den dummen Teufel, und mögen deshalb in bunter Reihe zur Aufführung kommen:

1. Dat was doch nich heel miß, sä d' Düfel, so smeet he sien Grootmo'r dat eene Ooge ut.
2. 't Breedste is noch achter, harr d' Düfel seggt, do harr he Schüppen schäten.
3. D' Wreedste in 't Midden, sä de Düfel, do gunk he tüßken twee Papen. (Var.: D' Beste in 't).
4. Luk ut, harr d' Düfel seggt, harrn Aptheker bi 't lüttje Been kregen.
5. Dar sla mi 'n Knütt in, sä de Bur an 'n Düfel, un leet een rieten.
6. De 'n quad Wief hett, hett 'n Düfel to 'n Swager. (Hexe = Teufel!)
7. D'r is gien Düfel so slimm, d'r is alltied een, de noch slimmer is.
8. War Geld is, dar is de Düfel, un war nicks is, dar sünt 'r twee.
9. He is d'r so bang vör, as de Düfel vör 't Krüüs.
10. 't regent bi Sünnschien, d' Düfel haut sien Grootmo'r.
11. Wenn d' Sünn schient un 't regent, denn bleekt d' Düfel sien Grootmo'r up 'n Heckpaal.
12. 't schneet, d' Düfel sien Grootmo'r will week liggen.
13. Wat old is, dat ritt, harr d' Düfel seggt, do harr he sien Grootmo'r 'n Ohr ofräten.
14. He kummt van 'n Düfel up sien Grootmo'r.
15. Büst du de Düfel, denn bün ick dien Grootmo'r.
16. He fragt nich na 'n Düfel un sien Grootmo'r.
17. Ook d' Düfel is moj, wenn he man junk is.
18. Dat was Anno Een, as de Düfel junk was.
19. 't is all lank her, dat d' Düfel 'n lütjen Jung weer.
20. 't is Saterdag, de Düfel deit Hussöken.
21. D' Sünn schient un 't rägent! Denn backt d' Düfel Pannkook.

22. So wull ick 't hebben, sä de Düfel, do slogen sück twee Papen.
23. Up den hett de Düfel Arfken düßken. (Pocknarig Gesicht.)
24. Krus' Haar un krus' Sinn, dar sitt de Düfel dreemal in.
25. Rod' Haar un rod' Sinn, dar sitt de Düfel dreemal in.
26. Spitze Nös' un spitzet Kinn, dar sitt de lefendige Düfel in.
27. 'n Hund van 'n Pärd, sä de Düfel, do reed he up 'n Katt.
28. De 't lank hett, lett 't lank hangen, sä de Düfel, do bund he sück 'n Latt an d' Stärt.
29. Drei di, Slippkopp, sä de Düfel, do reed he up 'n Kiwiet.
30. Dat Kruut kenn ick, sä de Düfel do settd' he sück manken Brannettels.
31. Wo man singt, da laß dich ruhig nieder, sä de Düfel, do sett he sück mit 'n naakden Stärt in 'n Immswarm.
32. Viel Geschrei und wenig Wolle, sä de Düfel, do harr he 'n Swien scharen.
33. Dat geit, dat 't stufft, sä de Düfel, do reed he up 'n Swien.
34. Dat sünd wunnerlik Kristen, sä de Düfel, do sloog he sück mit 'n Kaar full Poggen üm.
35. De sück mit 'n Düfel good steit, kriggt 'n goden Stä in d' Hell.
36. Dat geit d'r dör, as de Düfel mit 'n Afkatenseel'.
37. He is d'r so heet na, as de Düfel na de Seel'.
38. Wenn hüm de Düfel man haalde, man üm so een spannt he nich an.
39. De un de Düfel sünt in een Nacht junk wurden.
40. De is de Düfel achter van d' Kaar offallen.
41. Wat kann d' Düfel 'n Macht hebben, wenn uns' Herrgott slöppt.
42. War de leewe Herr nich is, dar hett alltied de Düfel sien Saat seit.
43. Nu sla Gott den Düfel doot!

44. War d' Düfel nich hendürt, dar stürt he 'n old Wief hen.
45. Manns Moor is de Düfel sien Unnerfoor. (Var.: is de Düfel aver de Floor.)
46. Elk sien, denn kriggt de Düfel nicks.
47. Wenn de Arme den Rieken wat gifft, dann lacht de Düfel
48. De Düfel schitt immer uppen gröötsten Hopen.
49. Haalt de Düfel dat Pärd, denn haalt he 'n Toom d'rto.
50. Wenn de Düfel de Trumpett kricht, denn mag he ook dat Mundstück halen.
51. He ritt ut, as wen he 'n Düfel sehn hett.
52. Nimm de Düfel uppen Nack, denn begägent he di nich.
53. Gnädig, Herr Düfel, ick bün ok 'n Gespöök.
54. He hett sück bekehrt van 'n Düfel to 'n Satan.
55. Een is de anner sien Düfel.
56. All wat de Düfel nich lesen kann, dat sleit he awer (vörbi).
57. Vör Geld kann man d' Düfel danssen sehn.
58. Wenn m' van d' Düfel spreckt, is he dicht bi.
59. Elk sien Möge, sä de Düfel, ick ät Törf mit Teer.
60. Yes, sä de Düfel, do sprook he engelsk.
61. Dat 's dürkoop Brand, sä d' Düfel, do leggd' he 'n Vigelin (Var.: Vijole, Schapschink) up 't Für.
62. All Bate helpt, sä d' Düfel, do att he Botter mit 'n Heiförk.
63. Eenfach, aver nüdlich, sä d' Düfel, do harr he sück arfkengrön anstreken.
64. Dat kriggt ook 'n End', sä de Düfel uppen Buß- un Beddag.
65. Tüßken Twalfen un Een sünt alle Düfels to Been.
66. Gotts Woort in vulle Flücht, sä de Düfel, un schmeet de Bibel över d' Häge.
67. Dat was hart, sä d' Düfel, un scheet an 'n Ambolt.
68. Dat was Een, sä de Düfel, do greep he 'n Snider.
69. Beter wat as nicks, sä de Düfel, un att Karmelk mit 'n Heiförk.
70. D' Döögd in 't Midden, sä d' Düfel, do gunk he tüßken twee Hooren.

71. Funtas, sä de Düfel, do fund he sien Mo'r in 't Hoorhus.
72. Spaß moot wesen, harr d' Düfel seggt, do harr he sien Grootmo'r mit 'n Meßförk kiddelt.
73. Das 'n anner Soort Fiß, sä de Düfel, do harr he sien Grootmo'r in d' Fuuk fangen.
74. Dat is 't Leßte, sä de Düfel, un scheet 't Hart ut.
75. Gatt is Gatt, sä de Düfel, un stook de Stärt in 'n Teertünn.
76. Das was 'n Togg, sä de Düfel, un haald' (zoppd') sück Kiwiet ut 'n Närs.
77. Wat ick kann, dat kann ick, sä d' Düfel, do wull he sien Koh an d' Stärt melken.
78. Wenn de Düfel starft, man he is noch nich dood.
79. He is half Düfel, half Minsk.
80. He sücht ut, as wenn he söven Düfels up hett, un de achte weer an will.
81. De Düfel is so swart nich, as m' hüm naseggt (ofmalt, ofbeeldt).
82. He (De) ist so finnig (Var.: fileinig) as de Düfel.
83. Liek to, liek an (nargends an) as de Düfel na Roggstä. (Var.: na d' Blocksbarg.)
84. He geit d' rut, as de Düfel. (Var.: as wenn he de Düfel sehn hett.)
85. Alls in d' Welt, man gien Stärtp'rük, sä de Düfel, do wull de Koopmann hüm sien Ware anschnakken.
86. D' oll Jöd (Euphemismus für Teufel) sitt in 't Water (um Kleine davon abzuschrecken).
87. Dar kann de Düfel 't Lachen nich üm laten.
88. De swarte Oß (Euphem.) hett hör all up 'n Foot treden. (Hexe! Jetzt Hure.)
89. Eerst ansticken (nämlich die Pfeife), sä blau Jann (Euphem.), as he na d' Galge schull.
90. Rotbart, Düfelsart.
91. 't is all so lange her, as d' Düfel noch 'n lüttje Jung was.
92. Wat Gott mi gifft, moot mi de Düfel woll laten.
93. Wat de Düfel doch vör Eier leggt, sä de Jung, do brödd' de Henn Aantkükens ut.

94. He is so eegensinnig, as Jann Fink (Euphem.), de schull an d' Galge un wull nich.
95. Hett de Düfel sien Dage all sücks krumm Brod sehn, sä de Jung, do att he Kringels.
96. Wat de Düfel doch vör Eier leggt, sä de Jung, do sagg he Stufers. (Boviste!)
97. He kiest, as de Düfel vör 't Göötgatt.
98. Loop an d' Wäärlücht, sä de Düfel, do satt he up 't Pärd van d' Pastor.
99. Well bösselt Hasen un Fossen, sä de Düfel, do wull sien Grootmo'r hum fägen.
100. Grote Düfel wäär (beeile) di, lüttje Düfel kriggt di.
101. Leben erweckt Leben, sä de Düfel, do kreeg ruge Renske wat Lüttjes.

Diese Sprichwörter weichen bei der Aussprache einzelner Wörter, sowie bei der Anordnung ihrer Teile und Ausdrücke in verschiedenen Landesteilen Ostfrieslands wohl etwas voneinander ab, sind aber im ganzen dem Volksmund mundgerecht. Kritisch gesichtet, würde wohl manches Sprichwort als nicht berechtigt für ostfriesisches Volkstum ausgeschieden werden müssen; wir behalten uns diese Sichtung für eine besondere Arbeit vor und bemerken nur, daß dieselbe ohne genaue Kenntnis der Ansichten und Meinungen, Sitten und Gebräuche, Sagen und Märchen und des Glaubens und Aberglaubens gar nicht möglich ist. Von den obigen Sprichwörtern sind unzweifelhaft ältern ostfriesischen Ursprungs die Nummern: 1.—9. 13. 18. 19. 20. 22. 23. 27.—30. 33. 36.—38. 39. 40. 44. 46. 48. 56. 58. 61. 62. 65. 67. 71. 72. 73. 74. 76. 81. 82. 83. 85. 86. 88. 89. 94. 97. 98. 99. 100 (. . .)

Schule und Lehrer

Schul- und Bildungswesen

J. Fr. de Vries/Th. Focken

Der nachstehende Artikel wurde um 1880 verfaßt.

Wenn die Zahl der Unterrichts- und Bildungsanstalten, namentlich aber auch der Stand des Volksschulwesens, als Maßstab für den Bildungsgrad und die Kulturstufe eines Landes und Volkes gelten dürfen, so wird das Urteil über Ostfriesland in dieser Hinsicht gewiß nicht ungünstig lauten. Es fehlt dem Lande weder an einer genügenden Anzahl höherer und niederer Schulen für die Jugend, noch an Institutionen zur Fortbildung, zur Verbreitung und Verallgemeinerung des Wissens unter den Erwachsenen.

Die feste Begründung *höherer Schulen* in Ostfriesland verdanken wir der Gräfin Anna und ihren Söhnen Edzard und Johann sowie der tatkräftigen Unterstützung und Mitwirkung des aus Königsberg vertriebenen Rektors und Archipädagogen Wilhelm Gnaphäus, vorzüglich aber auch dem als praktischer Schulmann, Methodiker und Organisator noch zu wenig gewürdigten, den namhaftesten Pädagogen des 16. Jahrhunderts ebenbürtig zur Seite stehenden Rektor Ubbo Emmius in Norden und Leer, später Professor an der neugegründeten Universität in Groningen. Die schon vom Grafen Enno II. 1529 und 1535 geplante Reorganisation der Schulen in Norden und Emden nach dem Muster der Schulen in Zwolle, Deventer und Groningen verwirklichte Gräfin Anna nach dem Augsburger Religionsfrieden zunächst an der Emder Schule; 1567 kam unter den beiden Grafen Edzard und Johann die Norder Lateinschule zustande, und schon vor 1588 begründete Graf Johann „zum gemeinen Nutzen und Erziehung der jungen Jugend zu Guten“ die lateinische Schule zu Leer, nach welcher in diesem Jahr der erwähnte Rektor Emmius (in Norden wegen seines reformierten Bekenntnisses entlassen) übersiedelte und damit der Leerer Schule zu dem Ruhm verhalf, den vordem die Norder

Schule unter ihm erlangt hatte, nämlich, die beste zu sein, die sich zwischen Ems und Weser auffinden ließ. Während des 30jährigen Krieges gelang es dem Generalsuperintendenten Michael Walther, die verfallene Schule zu Norden zu reorganisieren, die dann unter dem als Dichter und Schulmann bekannten Rektor Joachim Rachel im Laufe des 17. Jahrhunderts noch einmal kräftig aufblühte. Michael Walthers Nachfolger, der Generalsuperintendent Dätrius, verhalf im Jahre 1646 auch Aurich zu einer ordentlichen Lateinschule, an der bis dahin einem Rektor allein der ganze Unterricht vom ABC bis zum Latein obgelegen hatte. In später Zeit erhielten auch Esens und Wittmund Schulen, die über das Ziel der gewöhnlichen Volksschule hinausgingen.

Aus diesen Lateinschulen sind größtenteils die jetzigen höheren Lehranstalten unseres Landes hervorgegangen. Als solche sind für die Landdrostei Aurich zu verzeichnen je ein Gymnasium zu Aurich, Norden und Emden, letzteres in Verbindung mit einer einer Realschule erster Ordnung gleichgestellten höheren Bürgerschule, eine Realschule erster Ordnung, verbunden mit einem Progymnasium in Leer und eine höhere Knabenschule in Wilhelmshaven, deren Umwandlung in ein Gymnasium in nächster Zeit bevorstehen dürfte. Sämtliche höhere Lehranstalten sind dem Königlichen Provinzial-Schulkollegium in Hannover unterstellt. Als städtische Anstalten sind noch die höheren Töchterschulen in Emden, Aurich, Leer, Norden und Wilhelmshaven zu nennen. Mit denen in Emden und Leer ist je ein Lehrerinnen-Seminar verbunden und für Norden scheint ein solches zu folgen.

Ohne uns ein Urteil über die Leistungen dieser Unterrichtsanstalten in Vergangenheit oder Gegenwart zu erlauben, wollen wir hier nur hervorheben, daß aus ihnen eine stattliche Reihe von Gelehrten hervorgegangen ist, die ihrem Heimatland alle Ehre machen, und deren Namen weit über die Grenzen des Ländchens, selbst über Deutschland hinaus, einen besonders guten Klang haben. Zu den berühmtesten Ostfriesen zählen wir die Historiker: Eggerik Beninga, Ubbo Emmius, Professor in Groningen, Hermann Conring („*dat lüttik spugt*"), Professor in Helmstedt, J. J. Harkenroht, Verfasser der „*Oostfriesche*

Oorspronkelykheden“, E. F. Harkenroht, Herausgeber der Beningaschen Chronik, C. F., H. und M. von Wicht, letzterer bekannt und berühmt durch Herausgabe des ostfriesischen Landrechts, E. J. H. Tjaden, Verfasser „des gelehrten Ostfrieslands“, Brenneisen, Verfasser der „ostfriesischen Historie und Landesgeschichte“, T. D. Wiarda (Ostfriesische Geschichte in 11 Bdn., Von den Landtagen der Friesen bei Upstalsboom, Über deutsche Vor- und Geschlechtsnamen, Ostfriesisches Wörterbuch), Dr. O. Klopp (Geschichte Ostfrieslands in 3 Bdn.), Möhlmann (Kritik der friesischen Geschichtsschreibung), H. F. W. Perizonius (Geschichte Ostfrieslands in 4 Bdn.). Als tüchtige Theologen nennen wir: M. Alting, Eilshemius, M. Walther, Meiners, Meder, Gittermann. Durch seine astronomischen Kenntnisse und Beobachtungen hat sich der Osteeler Pastor David Fabricius, der mit den gleichzeitigen Astronomen Tycho de Brahe und Kepler in stetem Briefwechsel und innigem Freundschaftsverhältnis stand, einen besonderen Namen gemacht; noch größer ist der Ruhm seines Sohnes Johann Fabricius, der zuerst die Sonnenflecken entdeckte. Durch seine großartigen naturhistorischen Sammlungen hat sich der in Etzel 1665 geborene Naturforscher Albert Seba, Apotheker in Amsterdam, gest. 1736, einen bedeutenden Ruf erworben. Als ausgezeichnete Mediziner verzeichnen wir hier den Professor der Medizin zu Berlin, General-Direktor der Lazarete, Joh. Chr. Reil aus Rhaude, der im November 1813, zu früh für die Wissenschaft, bei Ausübung seines Berufes dem Lazaretfieber erlag, endlich aber den noch jetzt lebenden, für die Gegenwart als Klassiker der klinischen Literatur geltenden Professor Dr. Th. F. Frerichs in Berlin, geb. am 24. März 1820 zu Aurich.

Am frühsten in ganz Deutschland gelangte Ostfriesland zu einem ständigen *Volksschulwesen.* Schon die Ordinanz des Grafen Enno II. von 1529 drängt auf die Erhaltung früher bestehender deutscher Knaben- und Mädchenschulen, selbst auf den Dörfern. Zur Zeit des Augsburger Religionsfriedens waren Schulen selbst in kleinen Gemeinden zur Regel geworden und ihr Bestand durch Verwandlung der Vikariate in Schullehen gesichert. Selbst der dreißigjährige Krieg, der sonst unser Ländchen nicht verschonte und die

Volksschulen anderwärts rein wegfegte, vermochte die Volksschule Ostfrieslands nicht völlig zu ruinieren, vielmehr konnte noch die Kirchenordnung des Generalsuperintendenten Michael Walther d.Ao. 1631 bestimmen:

„Sollen demnach in den Städten, Flecken und Dörfern Christliche Kinderschulen für Knaben und Mägdlein, wo sie allbereit sind, beständig erhalten, und wo sie noch nicht sind, gebührlich angerichtet werden." Dennoch blieben die üblen Folgen des langjährigen Krieges nicht aus, und vielfältige Klagen über Verwilderung der Jugend, Untauglichkeit der Lehrer deuten im Verlauf des Jahrhunderts auf einen inneren Verfall der Schule, der erst zu Anfang des 18. Jahrhunderts durch den von Aug. Hermann Franke in Halle und seinen Schülern auch hierher getragenen Geist christlicher Aufklärung und Bildung geheilt werden konnte. Zu Ende der Fürstenzeit (1744) war in den Parochieen fast ausnahmslos für eine Hauptschule gesorgt, außerdem fand sich auch eine ansehnliche Zahl von Nebenschulen, an denen freilich nur im Winter durch sog. „Wintermesters", deren Sippe erst in der zweiten Hälfte dieses Jahrhunderts zu Ende ging, unterrichtet, d. h. „Schule gehalten" wurde. Das General-Landschul-Reglement Friedrichs II. von 1763 sowie die Inspektionsordnung für Ostfriesland von 1766 haben das Volksschulwesen in erfreulicher Weise gefördert und dasselbe zuerst in ein System gebracht. Die unter holländisch-französischer Herrschaft geplante gänzliche Umgestaltung auf dem Gebiet der Schule wurde durch den jähen Sturz Napoleons vereitelt. Manche Verbesserung dankt die Folgezeit der Fürsorge der hannoverschen Regierung, so z. B. die i. J. 1821 gegebene Verordnung einer Prüfung für *alle,* die einen Schuldienst übernehmen wollen, die Gründung einer Schullehrer-Witwen- und Waisenkasse, vorzüglich aber die gesetzliche Regelung des ganzen Schulwesens durch ein Schulgesetz im Jahre 1845. Ferner verdankt ihr Ostfriesland die Beseitigung der bisherigen, handwerksmäßigen Heranbildung der Volksschullehrer, indem sie 1852 zu Aurich ein Schullehrer-Seminar gründete. Eine weitere Wohltat war die Vermehrung der Schulstellen sowie die Aufbesserung der Lehrergehälter, an der mit Erfolg gearbeitet wurde. Nicht geringer sind die Fortschritte, die seit Wiedervereinigung Ostfrieslands mit Preußen zu verzeichnen sind. Es wurde nicht nur die Zahl der Schulstellen vergrößert, nicht nur an der Aufbesserung der Lehrergehälter rüstig weitergearbeitet, sondern besonders auch durch Errichtung einer Präparandenanstalt sowie durch Erweiterung des Seminarunterrichts der Lehrerbildung aufgeholfen, um dadurch einen Lehrerstand heranzuziehen, der den durch die allgemeinen Bestimmungen vom 15. Oktober 1872 erhöhten Anforderungen genügen möge.

Von dem Fortschritt bezüglich des Volksschulwesens reden folgende Zahlen. Im Jahre 1831 zählte die Landdrostei 176 Haupt- und 132 Nebenschulen, zusammen 308 Lehrerstellen. Von den Hauptlehrern hatten 32 ein Einkommen unter 300 M, 66 von 300 bis 600 M, 50 von 600 bis 900 M, 24 von 900 bis 1500 M, 4 bis zu 2100 M. Von den Nebenschullehrern hatte nur einer mehr als 600 M, 12 hatten 300 bis 600 M, alle übrigen unter 300 M, 42 sogar unter 150 M. Dagegen hatte die Landdrostei im Vorjahr 319 Volksschulen, 281 einklassige, 38 mehrklassige mit 413 Lehrer-, 67 Hülfslehrer- und 2 Lehrerinnen-, zusammen 482 Lehrerstellen; 281 Lehrkräfte wirkten an einklassigen, 201 an mehrklassigen Schulen. Stellen unter 600 M waren 1874 nur 5 in Ostfriesland, vielleicht sind sie jetzt ganz verschwunden, eine ziemliche Anzahl von Lehrern hat ein Gehalt von 1650 bis 1800 M; außerdem lassen sich einzelne Volksschullehrerstellen mit einem Gehalt von 2100 bis 3000 M nachweisen.

Das evangelische Volksschulwesen steht unter Leitung und Beaufsichtigung des Königlichen Konsistoriums, Abteilung für Volksschulsachen, in Aurich, dem als sachkundiges Mitglied ein Regierungs- und Schulrat, der zugleich das Amt des Oberschul-Inspektors bekleidet, angehört. Den 19 Kreisschulinspektoren im Nebenamt sind die Lokalschulinspektoren (zugleich Vorsitzer des Schulvorstandes) und diesen die einzelnen Schulen und Lehrer unterstellt.

Die *Mittelschule* hat bislang nur in Wilhelmshaven einen Platz gefunden. Zum Behuf geeigneter Vorbildung für den Volksschuldienst besteht in Aurich seit dem 2. Februar 1874 eine Präparanden-Anstalt mit 2 Klassen und 3 Lehrern. Nach 2jährigem Kursus und wohl bestandener Prüfung können die Präparanden in das Seminar eintreten.

Das Auricher *Schullehrer-Seminar* wurde am 6. Dezember 1852 als Externat eröffnet, nach Fertigstellung eines großen, schönen Seminargebäudes am 1. August 1876 als Internat eingerichtet. Die Zahl der Seminaristen betrug 1878/79 = 76.

Die am 1. November 1844 in Emden eröffnete *Taubstummen-Anstalt* zählt gegenwärtig 33 Zöglinge mit 3 Lehrern. Als Privat-Institut wird sie teilweise aus ständischen und städtischen Mitteln erhalten, ist andernteils auf die Mildtätigkeit der Ostfriesen angewiesen, die sich in letzterer Zeit für dieses Institut durch ein ansehnliches Vermächtnis wiederum in schönster Weise bewährt hat.

Ein *Rettungshaus* für verwahrloste Kinder wurde im Jahre 1868 durch Pastor Leiner auf dem großen Fehn gegründet.

Die Heranbildung eines, auch theoretisch wohlgeschulten Schiffer- und Seemannsstandes liegt den *Navigationsschulen* mit ihren Vorschulen ob. Die älteste der Landdrostei ist die zu Emden, welche schon 1782 errichtet wurde, darauf folgten die zu Papenburg im Jahre 1845, Timmel 1846 und Leer 1865. Seit 1871 besteht zu Westrhauderfehn eine Navigationsvorschule.

Die Schülerzahl der Emder Navigationsschule mit Vorschule betrug 1878 = 75; der Leerer = 51; der Timmeler = 239; der Papenburger = 157; der Navigationsvorschule zu Westrhauderfehn = 89 (die große Schülerzahl in Timmel, Papenburg und Westrhauderfehn ist erklärlich aus der starken Frequenz der Vorschulen während der Wintermonate).

Die Stadt Norden hat seit Mitte Oktober 1875 eine *Ackerbauschule*, bestehend aus einer Haupt- und einer Vorschule, für angehende Landwirte; die Zahl der Schüler beträgt bereits 34; sodann finden sich Molkereischulen für Töchter aus dem Bauernstand in Norden und Loga. In der Nähe von Westrhauderfehn, zu Marienheil, wurde eine *landwirtschaftliche Fortbildungsschule* errichtet.

In den Städten sorgen sog. *Handelsschulen* für die geeignete Ausbildung junger Kaufleute. Durch Zuschüsse aus Staatsfonds werden die gewerblichen und *Handwerker-Fortbildungsschulen* zu Emden, Aurich, Norden, Leer, Esens und Weener unterstützt.

Neben den Schulanstalten sind als wesentliche Faktoren der Volksbildung verschiedene *Vereine, Bibliotheken* und die *Tagespresse* zu erwähnen. In erster Reihe ist zu nennen die 1814 gegründete „*Naturforschende Gesellschaft*" in Emden (unter langjähriger Direktion des in diesem Jahre verstorbenen, durch seine naturwissenschaftlichen Schriften und meteorologischen Beobachtungen rühmlich bekannten Professors, Dr. M. A. F. Prestel), die durch wöchentliche Vorträge während des Wintersemesters, durch kleinere und größere Schriften, durch eine Bibliothek, sowie durch ihr reichhaltiges naturhistorisches Museum, in welchem die bedeutende Bernstein- und Konchylien-Sammlung besondere Berühmtheit erlangt haben, die Verbreitung naturwissenschaftlicher Kenntnisse fördert. Der am 23. Mai 1878 errichtete *botanische Verein* unter Leitung des Gymnasiallehrers Wessel in Aurich (Verfasser der Flora Ostfrieslands) hat sich die genauere Erforschung unserer heimischen Flora zur Aufgabe gemacht.

Die Pflege des Kunstsinns, die Erhaltung und Sammlung vaterländischer Altertümer bezweckt der 1820 als Kunstliebhaber-Verein gegründete, 1824 zu einer „*Gesellschaft für bildende Kunst und vaterländische Altertümer*" erweiterte Verein in Emden. Diesen Zweck sucht derselbe zu erreichen durch Vorträge, Vereinsschriften und Jahrbücher. Die reichhaltigen Sammlungen zerfallen in eine Abteilung für Altertümer, eine Gemäldesammlung, eine reiche ostfriesische Münzsammlung und eine Bibliothek. Die Gemäldesammlung ist teilweise zusammengesetzt aus Kunstleistungen tüchtiger ostfriesischer Meister aus dem Ende des 16. und dem Anfang des 17. Jahrhunderts, der Familie Conincxloo, des Emder Malers und Architekten Martin Faber, der fast gleichzeitigen Meister Hind. Pymann, Alex. Sanders, des in Holland zu besonderem Ruhm gelangten Seemalers Ludolf Backhuisen, des Landschaftsmalers Friedr. Moucheron, beide aus Emden gebürtig, sowie einiger Meister der Neuzeit, A. S. Kramer, Tj. M. Cramer, Nanninga, Lolling u. a. Die Bibliothek ist besonders reich an Produkten heimischer Literatur und enthält die bedeutendsten Werke über Friesland, speziell über Ostfriesland.

An sonstigen *Bibliotheken* hat Ostfriesland eine wertvolle, aus 7000 bis 8000 Bänden bestehende, manche seltene Werke theologischen, geschichtlichen, juristischen und philosophischen Inhalts enthaltende Büchersammlung in der großen Kirche zu Emden, sowie eine bedeutende landschaftliche Bibliothek in Aurich. Zugleich mögen hier auch das Archiv der großen Kirche in Emden, das Emder Stadtarchiv, das landschaftliche Archiv und das aus dem ostfriesischen Landesarchiv hervorgewachsene königliche Staatsarchiv in Aurich Erwähnung finden.

Neben verschiedenen Leihbibliotheken sind vielerorts, auch auf dem Lande, Schul- und Volksbibliotheken errichtet, die der Jugend und dem Volk eine gute Lektüre zu verschaffen suchen. Durch den Verlag speziell ostfriesischer Schriften und die Anlegung eines friesischen Antiquariats hat sich die Verlagsbuchhandlung von W. Haynel in Emden besonders Verdienst erworben. Eine ansehnliche Zahl christlicher Unterhaltungsschriften geht aus dem Diedrich Soltau'schen Verlag in Norden hervor.

Die *Tagespresse*, deren Organe sich innerhalb sieben Jahrzehnten von 3 auf 18 gesteigert haben, sorgt für den Lesebedarf in folgenden Monatsschriften, Wochen- und Tagesblättern: Das ostfriesische Monatsblatt, das ostfriesische Schulblatt, das ostfriesische landwirtschaftliche Vereinsblatt, der ostfriesische Sonntagsbote, die Ostfriesische und Emder Zeitung, das Leerer Anzeigeblatt, die Ems- und Ledazeitung, der Norder Courier und das Norder Stadtblatt, die konservative Wochenschrift, die Auricher Nachrichten, die Ostfriesischen Nachrichten, der Anzeiger für Harlingerland, das Harlingerblatt, das Reiderland, das Wilhelmshavener Tageblatt und die Wilhelmshavener Zeitung.

In ’t School

Gerrit Herlyn

Warkeldags gungen wi na ’t School. Schoolmappen of so wat kennden wi neet. Wi hadden uns Lei, ’n Griffeldös — later dann ok Heften vör ’t Schrieven un Reken — un Boken. De fleeiden wi up de Lei, darunner kwamm de Griffeldös to liggen, un mit uns Handjes hadden wi Griffeldös un Lei fast to packen, un up de Dös laggen dann de Boken un Heften. Wenn wi ’t so binannerpackt hadden, dann stellden wi dat all in ’t Rieg binanner up tegen de Schoolmür an. Wi hadden ja noch Tied to spölen. Sodraa een de Mester to sehn kreeg, reep he: „He kummt!“ Dann greep elk sien Packje un wi mussen uns upstellen un gungen dann heel nütjes twee bi twee in de School. Dann fung dat Lehren an. De Mester leggde sien Zigarr up de Pult un leet hum langsamerhand utgahn — bi ’t Lehren rookde he neet un wi keken noch ’n Settieds de Kringels na, de van de Pult upstegen. Eerst sungen wi ’n Lied ut Gesangbook, de Mester dä ’n Gebedd un dann kunn ’t ja lößgahn. De Lüttjen mussen reken un schrieven, un de Groten hadden Düts. All de Gedichten un Geschichten, de se lesen of upseggen mussen, kregen wi mit un as wi to de Groten hörsden, kennden wi dat Meeste al van buten. Blot Biblisch Geschicht un Singen hadden wi mitnanner. Sport of so wat gafft neet, hadden wi ok gar neet nödig, omdat wi de hele Dagen bi ’t Padd wassen un up so ’n Wies Sport bedreven.

Dat was di alltied wat, wenn ’n Schooljahr anfung of uphörde. Wenn de Kinner sess Jahr old wurden, mussen se na ’t School. De Ollen hadden Püten vull Zuckergood, Kookjes un Rosinen na ’t School brocht, de verstoppde de Mester in sien Pult. Wenn de Stünnen um wassen, dann sloog he de Deckel umhoog un verdeelde dat an de Kinner un vertellde hör, dar boven up de Bön van de School stunn ’n Wunnerboom un an de Tacken hung all dat lecker Reev, wat se nu kregen. ’n anner Mester wull uns later mal wiesmaken, dat de Toornhahntje dat all leggt harr, man dar wussen wi beter in Bescheed: de kunn ja noch neet mal Eier leggen!

Wenn de Kinner in School kwammen, hadden enkelden noch gien Woord up düts hört. Eenmal fung de lüttje Hinni an ’t schreven. De Mester leep all hen un weerdenn: „Was hast Du, mein Junge?“ Man he kreeg gien Antwoord, bet een van de Groten sük ükerde: „Ik löv, he mutt pirsen.“ Mit Platt un Düts was dat man so wat. Een Jung sull upseggen, wat he savends beden dä. He fung an: „Müde bin ich, geh zur Ruh . . .“, un dann: „Alle, die mir sind verwandt, Gott laß ruhn in deiner Hand“, man dann gung ’t wieder: „Alle Menschen, groß und klein, sollen Biggen un Fohlen sein.“

De Klassenrümten wassen in dat oll Huus van Deegenaar, de so ’n lüttje Winkel bedreev mit Boken un Heften. Achter in de Tuun stunn ’n Boom mit besünners lecker Peren. Wenn dar mal een offull, dann gaffen de Wichter uns ’n Teken un Gerhard Reddingius un ik kropen unner de Banken dör, dann sprung wi dör’ t Fenster, grepen uns de Peer un kwammen torügg. Wi kloppden an de Dör, de Mesterske reep: „Herein“ un keek verbaasd. „Wo kommt Ihr denn her?“ „Ach, entschuldigen Sie“, säen wi, „wir haben uns etwas verspätet.“

Eenmal sloten de annern mi in de Paus in de Schapp in, wor all de Landkarten upbewahrt wurden. As de Stünn anfangen was, kloppde ik van binnen an de Schappdör. „Es klopft“, reep d’r een. De Mesterske leep na de Dör un muß faststellen: „Aber da ist niemand!“ Na ’n Settje gung dat weer so. Hermann Kroon meende: „Da ist jemand im Kartenschrank, soll ich mal nachgucken?“ Man se dä dat doch lever sülst, dreihde de Slötel um, maak de Dör open un dar stunn ik upeens vör hör un se kreeg rein ’n Schlag, so verfeerde se sük. As se mi mal inschrieven wull int Klassenbook, leep ik na de Pult un jedesmal, wenn se an ’t schrieven fangen wull, hull ik hör de Finger unner de Nös un sä: „Wehe, wenn Sie das tun!“ Un do leet se dat dann ok.

In de Achterkamer, wor wi bi Karstens Unnerricht hadden, rook dat alltied so. „Ich werde mich beschweren“, sä de Mester. „Das muß ins Klassenbuch“, meenden wi. He nahm dat Book, man wat sull he schrieven? Wi wassen uns gau eens un schünden hum in, wat he schrieven sull un dat dä he dann ok: „In dem Unterrichtsraum riecht es immer so nach verfaulten Kohlstrunken, dadurch leidet der Unterricht.“ Man dar is noit wat van komen.

So as ik al schreven hebb, hull mien Vader nix van Fahrraden. Wi mussen alltied lopen, dat bleev d'r ok bi, as he d'r neet mehr was. Man dat inkummderde mi doch, dat wi alltied lopen mussen, de annern harren all hör Fietzen. Doch ik wuß Raad, ik lagg in Millm up Luur un dann reet ik een van de Wichter, de heel van Critz'm kwammen, van 't Rad un fuhr d'r sülst mit na Jem'm, dat arm Wicht muß man lopen. Menna un Mensien Hensmann un Else Sanders hebben d'r unner lieden mußt, ik verstah blot bet vandaag neet, dat se sük dat gefallen leten. Later wurr mi ok naseggt, ik harr bi Winterdag mi ut 'n Kluntjekist 'n Slee maakt un dann mussen mi de Wichter, de ik mi greep, up de Slee na Jem'm trecken. Man dat weet ik sülst neet mehr. Ut de Tied stammt dat Woord van Frau Hensmann ut Critz'm: „De Gerrit kann all's worden, wat he will — man gien Pestoor.“ Man do hett se doch wall neet up de rechte Prophetenstohl seten.

Un ok dat harr een van uns Kinner neet in de rechte Bedütt kregen, as he meende, Maria un Joseph wassen doch to beduren, omdat se neet mal rechtschapen Tee maken kunnen. De Mester froog, worum Elske dat wall meende. „Ja“, sä se, „de hadden ja neet mal Rohm.“ Dat dürs lang, bet de Mester un uns dar 'n Lücht over upgung. Elske harr de hoogdütse Woorden „denn sie hatten sonst keinen Raum in der Herberge“ in de verkehrde Halsgatt kregen. Man dat kwamm wall is faker vör!

Wi gungen geern na 't School. Dat kunn man daran sehn, wo stuur de Jungse un Wichter dat wurr, wenn 't so wied was, dat se ofgungen. Dat Raren stunn hör neet blot vör 't Hals, dar wurr ok alltied 'n Schnuckern un Schreven van. All de annern kunnen sük ok man sünig hollen un fungen ok an 't blaren. Dat lag ja wall daran, omdat de Kinner nu hör Freeheid verloren un neet mehr mit de annern spölen kunnen. Un dat was di 'n Umwennst, wenn se nu as Maid of Knecht bi de Buren besteed wurden; un Geld wurr d'r ok neet völ verdeent, wat hör drieven kunnt harr.

Un darbi harr de Mester 'n Reitstock, de neet blot in de Hörn stunn, man ok van hum bruukd wurr. Wenn na sien

Menen een 'n Packje Hau verdeent harr, dann leet he hum na vören komen un kumdeerde: „Bück Dich!“ Un dann kreeg de Jung een vör de Mors un ok wall twee- of dreemal achternanner an. Nu weet ik neet, of dat wiß wohr so sehr dä un of dat Slauheid was van de Jungse — tominnsten brullden se Moord un Brand. Ok Joke kreeg mal wat vör de Büx. He wull dat gien Woord hebben vör sien Ollen, man de Billen deden hum sehr; wenn dar man nix kört gahn was. He slierkede na Huus, gung in de Schlaapkamer van zien Ollen, un maakde de Schappdör open, war 'n Spegel achter hung. He stellde sük schün darvör, maakde de Draggselen löß un leet sien Büxen so heel langsam daalglieden. Wat he dar to sehn kreg, dat kunn he blot in de Woorden faten: „He, dwarsdör!“

De Wichter kregen noit Hau, de hadden 't ok wall neet so nödig as de Knevels van Jungse, of un to 'n Handjeklapp — dat was för hör overgenug.

Mien Ollen leten mien ollerder Brör Carl een Jahr langer na de Volksschool gahn, dann kunn wi dameet mitnanner na Jem'm hen up de Privatschool. Pestoren, Mesters un Buren hadden sük binanner dan un unnerhullen de School, dat de Kinner neet so fröh in de Stadt van Huus wegmussen, um up 't Gymnasium wiedertolehren. Wi säen gewoon van Jipp-Japp, dat klung neet heel so fien as Jem'm. Wi hadden ok 'n Riemsel over Jem'm un de anner Logen:

Critz'm is 'n Purgatt
Millm is 'n Gatt
Jem'm is al wat,
man Leer is 'n Stadt.

In de Kluttentied hadden wi ok Ferienkinner ut Berlin. Dör de kreeg wi erst de rechte Insicht. Een van denen stunn mal bi uns up Diek, sach in de Feernte Jem'm liggen un meende dann blot noch:

Jemgum, Jemgum,
du armer Wurm,
hast nur zwei Mühlen
und einen Turm.

Dat was heel na uns Sinn, un wi keken rein bi so 'n Kind ut Berlin up, dat de so klook was un kunn dat up hochdüts seggen, wat wi in dat Binnerste van uns Hart föhlden.

Van Fahrraden hull Vader nix, un so muß wi de 2—3 Kilometer alltied to Foot lopen. Dat is uns ok neet schlecht bekomen.
Man mit dat Lehren was dat man so wat. Of se nu an Geld sparen wullen un of dat daran lagg, dat man jüst för Jem'm neet so heel licht Mesters winnen kunn — de Mesters, de wi dor harren, de was dat mit hör Künsten al annerswor mißlopen; nu wassen se wall blied, dat se overhoopt noch unnerkrupen kunnen un ik löv, se mussen dat vör 'n Ei un Appel doon.

In Loop van de Jahren hebb ik mi dor to 'n Kallfakter updeent. Dat kwamm alltied good to paß, wenn ik dran kwamm un wuß neet so recht wat, dann stunn ik up un maak, dat ik de Dreih na de Ovend henkreeg, um dat Für antoböten. Mit de Brand wurr dat ok all knapper. Ik wuß Raad, de Mester sull mi doch mit 'n Stück of wat annern — veer int geheel muß wi wall wesen — mit de Kreitwagen up Tour stüren, wi sullen wall Törf kriegen. Dann maak wi de Reis van Jem'm over Millm na Critz'm mit de Kreitwagen. Dar wohnde Frau Hensmann, 'n doodsgood Fraumenske. De klüterde uns eerst mal up mit Tee un 'n Pannkook, un dann sach wi to, dat wi jüst tegen een Ühr weer in Jem'm wassen, do was de School nett ut.

Mit een van de Mesters hebben wi ofstimmen laten, of d'r Arbeiten schreven worden sullen of neet — de meesten wassen d'r tegen. In de lesde Jahr kreeg wi noch Latien bi Pestoor Hamer in Jem'm. Dann muß wi smörgens all um halv 7 to 't Huus ut. As wi dor ankwammen, was dat heel Huus noch still un düster, blot in de Studeerkamer van 't Pestoor bullerde al de Ovend. Dann kwamm de Oll an, un sien Jung, mien ollste Brör un ik maakden uns over Latien her. Eenmal harr ik 'n Preem mitbrocht. Wi hadden dat utfunnen, dat man de tüschen de Tafelplatten steken kunn, dann truck wi daran, de Preem fung bi 't Bovenenn an to bevern un gaff so 'n sirrend Geluud van sük. De Oll leep hen un werdenn un passde up, wor dat wall herkwamm. Upeens sach he de Mißdader, flog up mi of, greep na de Preem un de fuhr hum direkt in de Muus van sien Hand. He an 't hulen un dann stoov he de lüttje Trappen andaal. Wi satten door heel bekrumpen, blot Erich Hamer sä: „O, Gerrit, wat hest du nu maakt?“ Man dat dürsde dann doch neet all to lang, do kwamm Pestoor weer binnen, de Hand har sien Frau hum verbunden, un in de anner Hand harr he 'n Koppke Tee, de Unnerricht kunn wieder gahn un he verlor d'r gien Woord mehr over.

Dat Pestoors Kinner wahreinstig de slimmsten bünt, dat sull nu up de Jemger School gau utkommen. Wi hadden een Frollein as Mesterske, de kunn gien Baas over uns blieven. Wenn wi Singen harren — un dat weet ik noch as vandag — dann leet se ok wall is singen: „Kennt Ihr das Lied, das so gern ich gehört . . .“ mit de Refrain „Lang ist es her, ja lang ist es her“. Dann scheiden wi gar neet weer ut un sungen neet de enkelde Versen, man blot alltied „und lang ist es her, ja lang ist es her“. Dat hull so lang an, bet se mit düll Kopp to de Klaass utleep un nu harr wi, wat wi wullen. Wi packden uns Reev binanner un dann nix as na Huus.

Lebensstationen, Erkenntnisse, Schicksale

Onnen Visser bringt eine schlechte Nachricht

Sophie Wörishöffer

Im Folgenden sind die ersten Seiten des Romans „Onnen Visser: Der Schmugglersohn von Norderney" abgedruckt. Dieser Roman ist ein „ostfriesisches Historiengemälde aus der Gründerzeit". „Das Leben in Norderney, an der ganzen ostfriesischen Küste und in Hamburg zu Beginn des 19. Jahrhunderts wird beschrieben, die Franzosenzeit in Norddeutschland historisch präzise geschildert; man erlebt Napoleons Feldzug in Rußland, begegnet dem großen Kaiser vor Moskau, begleitet den Helden auf seiner Odyssee über Land und Meer, durch die russischen Urwälder und Steppen und kehrt nach vielerlei Abenteuern mit ihm in die geliebte Heimat, nach Norderney, zurück. ‚Onnen Visser, der Schmugglersohn von Norderney' (1885), einstmals Lektüre der ‚höheren Stände', ist heute ein Schmöker-Vergnügen für jedermann." (Aus dem Vorspann „Über dieses Buch".)

Über den Wassern der Nordsee stand ein schweres Gewitter. Träge lief die Flut an den Strand von Norderney, tiefe Finsternis bedeckte Erde und Meer; die immer so stille, weltabgeschiedene Insel schien in dieser Frühlingsnacht wie ausgestorben.

Und doch regte sich auf dem Wasser ein dunkler Körper, ein Kanonenboot, dessen Besatzung emsig spähend nach allen Seiten ausblickte. Einer der bärtigen Soldaten legte beide Hände an den Mund und rief mit lauter Stimme in die Finsternis hinaus: „Qui vive?" (Wer da?) Keine Antwort. Das kleine Boot, welches dicht unter dem Bug des Franzosen dahinglitt, schien steuerlos zu treiben; auch das schärfste Auge hätte in dem Rund desselben keinen Menschen entdeckt, keine Bewegung wahrgenommen. Leise wiegend und schaukelnd führten es die Wellen hinaus bis in das offene Meer, der äußersten Landspitze der Insel entgegen.

Auf dem Kanonenboot ballte der Soldat die Faust. „Alle tausend Teufel“, rief er, „ich habe doch eine Nußschale von einem Fahrzeug hier vorbeischwimmen sehen — wo ist denn nun das Ding geblieben?“

„Fluch nicht so lästerlich!“ mahnte eine andere Stimme. „Jeden Augenblick kann der erste Blitz vom Himmel herabfahren; gebt lieber einen Schuß ab und bohrt das Schmugglerboot in den Grund. Sie paschen doch alle, diese langen deutschen Lümmel mit ihren blauen Augen und ihren Bärenkräften.“

Der Soldat ließ sich den Befehl nicht zweimal geben. „Sehr wohl, Unteroffizier Durand“, rief er, „die Kanaille soll es haben, daß ihr Funken und Tropfen zugleich um die Ohren spritzen.“

Er hantierte einen Augenblick bei den Geschützen herum, dann kommandierte er selbst: „Feuer!“, und der Schuß krachte donnernd durch die stille Nacht dahin, daß in den Dünen am Strande die kleinen Vögel erschreckt auffuhren und durch die Luft schwirrten. Fast im gleichen Augenblick schrie der Franzose laut auf: „Mille tonnerres! Da ist das Boot wieder. Ein Knabe liegt darin!“

Er wollte den zweiten Schuß abgeben, aber Unteroffizier Durand fiel ihm hastig in den Arm. „Laßt es bleiben, Chatellier — ich habe die Erscheinung auch bemerkt. Das da ist kein Mensch.“ Der Soldat sah sich plötzlich um, als vermute er, daß jemand ihm in den Rücken fallen werde. „Aber was könnte es denn sein, Unteroffizier?“ fragte er flüsternd.

„Ein Geist! Wir haben kürzlich zur Kirchzeit mit dieser selben Kanone ein Boot in den Grund gebohrt, wie Ihr wißt — da unten an der Wattgrenze — es war nur ein Knabe darin, ein armes Kind, das für die Badegäste Seeteufel und Muscheln gesammelt hatte, aber wir konnten natürlich das Geschehene nicht ungeschehen machen, der Junge starb und sah mich fest an — die Glocken da unten im Dorfe läuteten — er hielt im Todeskampfe den Blick auf meine Stirn geheftet. — Wißt Ihr noch, Chatellier, wir warfen den Körper ins Meer. Das Läuten wollte an jenem Tage gar kein Ende nehmen.“ Der Soldat bekreuzigte sich. „Und ihr glaubt, daß das sein Geist war, Unteroffizier Durand?“

Der andere nickte. „Gerade so lag er in seinem Boot! — Er will uns hinauslocken, bis der Sturm losbricht — kein Splitter würde von der ‚Hortense‘ heil bleiben, ich sage es Euch.“

„Die heilige Jungfrau beschütze uns. Soll ich das Steuer wenden?“ Der Unteroffizier nickte. „Das Gewitter zieht herauf, alle Offiziere sind in Norden auf dem Balle, ich mag die Verantwortung nicht tragen. Bergen wir uns, solange es Zeit ist.“ Das Steuer der „Hortense“ wurde gedreht, alle Segel vor den, übrigens kaum bemerkbaren, Wind gebracht und der Rückweg zur schützenden Reede angetreten. Wenige Minuten später war das Kanonenboot verschwunden.

Aus dem kleinen Fahrzeuge erhob sich langsam, vorsichtig spähend die schlanke Gestalt eines etwa sechzehnjährigen Knaben. Das hübsche Gesicht lachte, die Finger machten den Franzosen eine lange Nase.

„Ihr Esel! Also das ist eure ganze Schießkunst. Ha, ha, ha, schwimme vier Fuß unter den Planken des Schiffes vorüber und ihr schleudert die Ladung fast ebenso viele Hunderte weit ins Meer hinein. Tröpfe! Welsche Schnattergänse!“

Nachdem er sich diesen Ausbruch spöttischen Zornes gestattet hatte, ergriff der junge Norderneyer seine beiden, auf dem Grunde des Fahrzeuges versteckten Ruder und holte aus, daß sich leuchtende Streifen durch das Wasser zogen.

Es war die Gegend unter der heutigen „Giftbude“ am Herrenstrand, wo sich im ersten Jahrzehnt des 19. Jahrhunderts diese Szene zutrug. Die Kontinentalsperre*) hatte ein ausgedehntes Schmugglerwesen zur Folge gehabt,

---

*) 1806 hatte Napoleon I. die Einfuhr englischer Waren in das von ihm beherrschte Kontinental-Europa verboten.

französische Kanonenboote kreuzten überall zwischen den ostfriesischen Inseln und hatten häufig kleine Gefechte sowohl mit den Bewohnern derselben als auch mit englischen Fahrzeugen, welche den Schmuggelhandel unterstützten. Damals galt eben für Deutschland als Gesetz, was Napoleons Willkür beliebte — kein Wunder also, daß sich auch hier, wie überall im Leben, die List der Tyrannei entgegenstellte.

Unser junger Freund ruderte so hastig, wie es seine Kräfte erlaubten. Am Himmel zuckten zuweilen einzelne Blitze durch das Gewölk, der Ausbruch des eigentlichen Gewitters aber schien noch fern, und eben diese Pause mußte er benutzen, um vorwärtszukommen. Der Strohhut flog auf die Bank, das Halstuch mit der Jacke folgte nach, immer schärfer und schärfer spannte der Knabe seine kräftigen Muskeln.

Plötzlich schien es ihm, als bewege stärkerer Wellenschlag seinen Kahn. Er hielt inne und horchte, das weit geöffnete Auge sandte spähende Blicke voraus über das stille dunkle Meer. Ob nicht in geringer Entfernung ein Etwas, ein schwarzer Schiffsrumpf auf den Wogen lag?

Ein Blitz zerriß die Wolken, nur ein schwacher gelber Schimmer, nicht kräftig genug, um zu leuchten, aber dennoch glaubte der Knabe, während dieses kurzen Augenblicks ein weißes Segel gesehen zu haben. Er trocknete den Schweiß von der Stirn, dann brachte er den kleinen Finger in den Mund und langgezogen schrillte ein lauter Ton über das Meer. Es war das Geschrei des Regenpfeifers.

Sekunden vergingen, dann, während der Knabe atemlos, mit klopfendem Herzen lauschte, erklang aus ziemlicher Nähe derselbe Ton, nur anhaltender, durchdringender, als befinde sich das Tier in großer Aufregung. Der Knabe lächelte. Jetzt veränderte er seine Stimme. Das eintönige, ermüdende Geschrei der kleinen Möwe erfüllte die Finsternis.

Es blieb unbeantwortet, aber statt jedes anderen Zeichens erschien auf dem Wasser ein rotes Licht, das eine Schanzkleidung und die nächsten Segel und Taue der Takelage beleuchtete. Das Gesicht eines älteren Mannes sah ängstlich über Bord.

„Onnen“, sagte eine Stimme, „Onnen, bist du es?“

„Allstunds, Vater!“ war die Antwort. „Nehmt mich an Deck!“

Die Schaluppe legte back und das Fallreep wurde herabgelassen, während der junge Mensch sein Boot mittels geschickter Ruderschläge unter den Stern brachte. Es an das Fahrzeug zu befestigen, war Sache einer halben Minute, dann kletterte er wie eine Katze zum Deck hinauf.

Wenigstens zehn Männer empfingen ihn; sein Vater, der Kapitän des Schiffes, streckte ihm beide Hände entgegen.
„Um Himmels willen, Onnen, was tust du hier?“
„Bringst sicherlich böse Botschaft, nicht wahr?“
„Nur heraus damit, Junge, was ist geschehen?“

Es war ein eigentümliches Bild, das sich jetzt den Blicken des Knaben darbot. Überall an Deck standen und lagen Kaufmannsgüter jeder Art, Zuckerhüte, Kaffeesäcke, Tranfässer, Teekisten und unzählige Ballen Tabak. Zwischen diesen Gegenständen drängten sich Männer mit unruhigen, erwartungsvollen Gesichtern, während nur eine einzige kleine rote Lampe die ganze Szene mit ihrem rubinfarbenen Schimmer notdürftig erhellte.

Onnen sah in diesem Augenblick sehr ernst aus. „Ich bringe wirklich schlimme Kunde“, sagte er, „sehr schlimme. Die Insel hat heute abend eine französische Besatzung erhalten.“

„Landmilitär? — Gott verderbe die Elenden!“

„Ja, es ist eine Kompanie des in Norden liegenden Regimentes unter Oberst Jouffrin, den sie dort den Schinder nennen.“

Klaus Visser, der Kapitän, schüttelte den Kopf. „Bös genug, wenn wir jetzt auch noch eine Besatzung durchfüttern müssen“, sagte er, „aber bei alledem sehe ich nicht ein, weshalb du dich in dem kleinen Boote auf das Meer hinauswagtest, mein Junge. Die Kanonenboote mußten dir ja doch den Weg versperren.“

Onnen lachte belustigt. „Ich bin unter dem Bug der ‚Hortense‘ hindurchgefahren — die Kerle haben mir auch eine Kugel über den Kopf weggeschossen.“

„Herrgott, Kind!“

„Schadet ja nicht, Vater! Ich mußte euch um jeden Preis warnen; seht, ihr könnt die Waren auf keinen Fall in das Dorf bringen — überall stehen Wachtposten." Diese Nachricht fiel wie ein Stein auf die Herzen der Männer; ein lähmendes Schweigen folgte den Worten des Knaben.

„Ganz umstellt ist das Dorf?" fragte endlich der Kapitän.

„Ganz umstellt."

„Und wo haben die Franzosen Quartier genommen?"

„Im Badehause. Das ganze Dorf ist auf den Beinen — dreihundert Betten mußten noch vor Abend abgeliefert werden, sechshundert Handtücher, Kochgeräte, Stroh, Brennmaterial — der alte Amtsvogt war so außer sich, daß er weinte."

„Und er hat dich zu uns geschickt, Onnen, mein Junge?"

„Nein, Vater, ich schlich mich heimlich fort, als die Wachposten alle Straßen besetzten. Die „Taube" muß gewendet werden und bis zur Wattgrenze gehen, — dann bringen wir in meinem Boot die Waren aufs Land und in die Dünen."

„Wo der nächste Regen alles verdirbt! — Das gibt möglicherweise einen Schaden von Tausenden."

„Ihr müßt Fischernetze darüber legen, alte Segel und dergleichen. Es ist ja doch alles bestimmt, um über das Watt nach Hilgenriedersiel und von dort in das Binnenland zu wandern, nicht wahr?"

„Bis auf das, was wir hier an Ort und Stelle brauchen; ja, Kornelius Houtrouv in Emden hat die ganze Ladung der ‚Queen Elizabeth' gekauft, sie liegt auf Baltrum sicher geborgen — und nun müssen uns die Franzosen den Weg abschneiden."

„Der Teufel hole sie alle!"

Wieder folgte ein längeres Schweigen, dann sagte endlich der Kapitän: „Nun, Kinder, wir müssen uns ruhig fügen, das geht nicht anders. Ehe der neue Tag beginnt, sollen die Waren sicher versteckt sein, das bedenkt."

Niemand antwortete ihm, aber mehrere Hände griffen zu, als er die Schaluppe zu wenden begann; eine Stunde später lag sie unweit jener Stelle, an der heute der Leuchtturm steht und die damals ganz öde, ganz verlassen war, nur von Seehunden und großen Seevögeln bewohnt.

Die schwierige Arbeit der Ausschiffung nahm ihren Anfang. Das Boot brachte Faß auf Faß, Ballen auf Ballen auf den festen Saugsand des Watts, dann trugen die Schmuggler mit vereinten Kräften alles hinein in das unwegsame Gewirre der Dünen.

Wer jemals auf Norderney seinen Weg über das mittlere Innere der Insel nahm, wer halb fallend, halb gleitend, immer sprungbereit, immer treulos verlassen von dem vermeintlich festen Boden unter seinen Füßen atemlos vorwärts keuchte, nicht selten der Länge nach in den Sand fallend — der kennt die Riesenarbeit, welche jetzt von den verwegenen Schmugglern vollführt wurde. Es gab ein Tal, von hohen Wänden umschattet, ein tiefes Tal, zu dem der Pfad durch losen Flugsand führte — dahin brachten die Männer ihr Eigentum. Der nächste Windstoß verwischte die Spur; es war unmöglich, das Nest zu entdecken.

Blitz folgte auf Blitz, ein Donnerschlag dem andern; später prasselte auch der Regen herab. „Gott sorgt für Beleuchtung", meinte der Kapitän. „Hurtig, Kameraden, jetzt ist die Sache bald getan."

Schiffbruch im Nördlichen Eismeer

THEODOR CROON

Im Jahre 1894 beteiligt sich der in Aurich gebürtige Seefahrer Theodor Croon an einer Expedition mit vier Schiffen zum sibirischen Jenissei-Fluß. Während dieser Expedition erleidet das Führungsschiff, dessen Steuermann Croon ist, Schiffbruch. Nach Wochen äußerster Strapazen und Gefahren, denen mehrere Expeditionsmitglieder zum Opfer fallen, wird die Mannschaft durch Einheimische gerettet.

Seit zwei Tagen hatten wir den direkten Kurs nicht mehr einhalten können, nach allen Richtungen hatten wir gesteuert, um den Eisbergen auszuweichen oder einen Durchgang zu finden.

Wie weit waren wir nun noch vom Lande entfernt? Diese Frage sollte recht bald zu unserem Schrecken ihre Antwort finden. Am 22. September, morgens um 4½ Uhr, eine halbe Stunde, nachdem ich meine Wache an Deck verlassen und den Wechsel Kapitän Wiggins gemeldet hatte, stieß das Schiff auf. Die Offiziere auf der Brücke glaubten, es sei Eis, doch schon beim ersten Anstoß, da ich noch saß und mein Pfeifchen rauchte, fühlte ich — und seit dem Verlust meines Schiffes vor Jahren kannte ich dieses Geräusch —, daß wir auf festen Grund gelaufen waren. Um mich zu überzeugen, lief ich schnell an Deck und schaute über die Backbordseite. Dort konnte ich schon die Brandung durch den Nebel erkennen. Im nächsten Augenblick wurde das Schiff von einer heranrollenden See emporgehoben und schwer auf die Bank niedergestoßen. Auf Anordnung der Wachoffiziere arbeitete die Maschine mit voller Kraft rückwärts, jedoch vergebens.

Alle Leute stürzten währenddessen an Deck, so auch Kapitän Wiggins, der, vollständig abgespannt bei der Karte sitzend, eben eingeschlummert war; denn seit 48 Stunden hatte er sich keine Minute Schlaf gegönnt.

Keiner hatte geglaubt, daß die Gefahr so nahe sei. Nach unseren Berechnungen waren wir noch etwa acht Meilen vom Land entfernt, doch der Strom mußte uns versetzt haben. Alle Versuche wurden unternommen, das Schiff wieder flottzubekommen, jedoch vergebens. Die „Stjernen“ war verloren.

Somit war es an uns, da die Brise aus Nordwest stärker und stärker wurde, zunächst unser eigenes Leben zu retten. Die Brandung rollte bereits schwer gegen uns heran, und jede See stürzte an Deck, zugleich die „Stjernen“ auflüftend, um sie dann um so schwerer niederzustoßen, so daß schon ein Stück des Kiels an der Wasseroberfläche erschien, hier und dort auch schon eine der Bekleidungsplanken. Die Masten und Rahen machten durch das Rollen und Stoßen des Schiffes das längere Verweilen an Deck lebensgefährlich.

Aber war es besser für uns, dem plötzlichen Tode zu entgehen und an Land — wir erkannten es schon, da es heller geworden und der Nebel etwas gewichen war —

langsam durch Hunger und Kälte dahinzusterben? Die Anhöhen der Gegend waren mit Schnee bedeckt, man sah keinen Busch oder Strauch. Dennoch setzten wir die beiden großen Rettungsboote aus, um zu versuchen, das Land zu erreichen. Kapitän Brown führte das erste Boot, doch die Brandung war so hoch, daß er zuerst nicht wagte, an Land zu rudern. Er fuhr deshalb am Strande entlang, um eine Bucht zu finden, in die er hätte einlaufen können; doch kein Zufluchtsort war sichtbar. Sechs gute Matrosen waren die Bemannung seines Bootes, außerdem hatte er acht Feuerleute als Passagiere und eine Menge Proviant mitgenommen. Das zweite Boot hatte man, um die Versuche des ersten abzuwarten, in der Takelage hängen lassen.

Weil Kapitän Brown nichts anderes übrigblieb, als sein Glück in der Brandung zu versuchen, ruderten die Männer mit größter Schnelligkeit hinein. Von der heranrollenden See schon im nächsten Augenblick emporgehoben, stand das Boot fast senkrecht, doch durch die kundige Hand des Mannes am Steuer wurde es vor dem Kentern gerettet. Das Fahrzeug, wohl halb voll Wasser, erreichte im nächsten Augenblick das Land, wo die Männer das Boot sofort von allen Seiten anfaßten, um es vor dem Zerschlagen zu bewahren. Der Proviant, obgleich durch Salzwasser teilweise verdorben, wurde ausgepackt.

Nun folgte die schwierigste Arbeit. Außerhalb der Brandung hatten die Männer einen Eisanker fallen lassen und eine hieran befestigte Leine mit an Land genommen. Mit dieser Leine mußte das Boot durch die Brandung zurückgeholt werden. Auch das gelang durch die Umsicht des Kapitäns Brown ohne Unfall. Dann kam er mit dem Boot wieder längsseits des Wracks, um eine zweite Bergung zu versuchen.

Doch inzwischen war der Wind stärker und stärker geworden, und die Brandungssee lief schon bedeutend höher als vorher. Mr. Brown kam an Bord. „Es geht nicht mehr", sagte er, „beim nächsten Versuch werden wir das Boot verlieren und unser eigenes Leben aufs Spiel setzen." Zu ihm gehend, deutete ich auf die Brandung rechts von der Breitseite des Schiffes dem Lande zu, worauf ich schon vorher Kapitän Wiggins aufmerksam gemacht hatte. Hier lief die Brandung, da sie sich größtenteils am Schiff brach, bei weitem nicht so hoch auf. Aber eine andere Gefahr war hier vorhanden; denn eine Sandbank, die mit der ablaufenden See trocken lag, war zu passieren. Es erforderte ein wachsames Auge, um ihr nicht zur unrechten Zeit zu nahe zu kommen. „Es mag vielleicht gehen, Zeit zum Besinnen haben wir nicht, versuchen Sie es", sagte Kapitän Wiggins. Somit übergab er mir die Leitung des Bootes. Ich ließ es so schnell wie möglich ausrüsten mit Proviant, Töpfen, Kesseln, Gewehren und Munition, dann noch mit einer Blechbüchse voller Streichhölzer, mit Beil und Axt, kurz, mit allem, was ich von Nutzen fand.

Nachdem das Boot klar war, folgten mir meine Leute, indem sie sich an einem Tauende vom Wrack hinabgleiten ließen. Wir stießen gleich ab; denn ein langes Verweilen längsseits des Wracks war nicht ratsam. Dann ließ ich, den rechten Augenblick wahrnehmend, unter Anspannung aller Kräfte mit der nächsten heranrollenden See das Boot über die zeitweise trockene Bank hinüberrudern. Ich achtete höllisch aufs Steuer, und die Überquerung gelang! So konnten wir an einer ruhigen Stelle das Land erreichen. Die an Bord Gebliebenen, die unseren Erfolg gesehen hatten, beeilten sich, auf die gleiche Weise ihr Leben zu retten, nachdem sie vorher alle brauchbaren Segel auf einem Floß dem Land hatten zutreiben lassen. Nachdem auch ihre Landung geglückt war, standen wir alle am Strande und schauten zum Wrack hinüber.

Der Seemann, auf den Planken des Schiffes aufgewachsen, liebt sein Schiff wie ein guter Reiter sein Pferd. Sturm, Wind und See kümmern ihn nicht, solange sein Fahrzeug hält. An das Toben der Elemente ist er gewöhnt. Doch wenn das Schiff verloren ist, fühlt er sich wie ein Fisch auf dem Trockenen. So erging es auch uns. Mancher hatte Tränen in den Augen, als er nach den Überresten der stolzen „Stjernen" hinüberblickte, von der nun schon die Trümmer an Land geworfen wurden. So unendlich fern der Heimat, versehen mit dem wenigen Proviant, war unsere Lage äußerst trostlos.

Da es bereits dunkel zu werden begann und wir in der nassen Kleidung vom Frost durchgeschüttelt wurden, mußten wir daran denken, aus den nassen Segeln uns ein Obdach gegen die Kälte und die Unbill des Wetters herzustellen. Mühsam schleppten wir die Segel den Hügel hinauf. Wir suchten einen geeigneten Platz, benutzten die Ruder als Stangen und hatten bald ein primitives Zelt errichtet, welches uns wenigstens für die Nacht einigen Schutz gewährte.

Einige Männer waren währenddessen zum Strande geeilt, um für Brennholz zu sorgen, das vom Wrack her in Mengen angetrieben war. Nach vielen Bemühungen brannte ein Feuer, und in einem mit Schneewasser gefüllten Topf wollten wir versuchen, einen warmen Trunk zu bereiten. Jeder wußte Rat, und bald hing der Topf an der Stange über dem Feuer, während wir uns bemühten, unsere nasse Kleidung zu trocknen.

Aller Humor war von uns gewichen, und jeder schaute, seinen Gedanken nachhängend, in die Flammen.

Nachdem wir uns durch einen Schluck Tee und ein Stück Schiffsbrot einigermaßen gesättigt hatten, suchten wir unser Lager auf. Meine Leute hatten es sich nicht nehmen lassen, auch für mich eine Planke, welche vom Schiffsrumpf abgetrieben war, heranzutragen. Auf diesen Planken, die wir als Unterlage benutzten, waren bald die meisten ins Land der Träume gesegelt. Lange Zeit wälzte ich mich auf meinem harten Lager hin und her, bis auch ich endlich vor Ermüdung einschlief.

Schon früh erwachten wir wieder. Der erste Gedanke war, schnell ein Feuer anzuzünden, um unsere steifgefrorenen Glieder wieder etwas aufzuwärmen. Dann begaben wir uns hinab zum Strand. Wind und See hatten während der Nacht ihr Zerstörungswerk nahezu vollendet. Die Brandung ging hoch und warf noch viele Sachen an Land, die für uns von Wert sein konnten: Planken und vieles mehr. Wir bargen alles und schleppten es die Anhöhe hinauf. Am Nachmittag restaurierten wir unser Zelt und stellten ein zweites daneben auf, um unseren unversehrt gebliebenen Proviant vor Feuchtigkeit zu schützen. Es wurde zugleich vom Kommandeur und dem Zahlmeister bewohnt, der die Austeilung der Nahrungsmittel übernahm.

Nach der Arbeit am Zelt traten wir, alle Offiziere, zu einer Beratung zusammen. Nach Karte und Kompaß, die auch gerettet worden waren, mußten wir uns trotz allem Hin-

und Hersteuern etwa hundert Meilen nordöstlich von Chabarowa auf dem Festland befinden. Vielleicht konnten wir von dort Rettung erhalten, doch wie sollten wir den Ort nur erreichen, da der Boden überall moorig, wohl übergefroren, doch noch nicht fest genug war, als daß wir einen Boten dorthin hätten senden können, der die sich vielleicht dort noch aufhaltenden Russen von unserem Unglück hätte in Kenntnis setzen können.

Zunächst mußten wir uns ins Unvermeidliche schicken und stärkeren Frost abwarten. Deshalb richteten wir uns, so weit es möglich war, in unseren Zelten ein. Der Komfort des Schiffes, an den wir gewöhnt waren, fehlte hier natürlich ganz und gar. Jeden Abend schliefen wir, vor Kälte zitternd, ein. Der eine lag eng neben dem anderen und versuchte, sich auf diese Weise warmzuhalten, erwachte aber am nächsten Morgen halb erfroren.

Unsere Nahrung, die jeweils aufgeteilt wurde, war schmal und in Anbetracht der herrschenden Kälte doppelt kärglich. Schon bald mußten wir darauf bedacht sein, unseren Vorrat durch die Jagd zu ergänzen. Wir hatten mehrere Gewehre und ausreichend Munition, doch was gab es hier zu schießen? Der Strand war der einzige Platz, wo an jedem Tage Möwen geschossen wurden und dann und wann auch ein Seehund erlegt werden konnte, dessen Fleisch, sonst verachtet, uns jedesmal einen köstlichen Braten lieferte.

So fristeten wir 21 Tage lang unser Leben, welches, da zwei von unseren Leuten bereits erkrankt waren, manchmal in dumpfe Verzweiflung überging. Nach zehn Tagen war schon ein halber Fuß hoher Schnee gefallen, und da bereits starkes Frostwetter eingetreten war, beschlossen wir, eine Expedition auszusenden, um Russen oder Samojeden zu treffen.

Mr. Popham wollte es sich nicht nehmen lassen, diese Expedition zu führen. Früh am Morgen brach er in Begleitung von seinem Bedienten und zwei Matrosen auf, mit genügendem Mundvorrat für einige Tage und einem leichten Segel für die Nacht versehen.

Kapitän Brown und ich begleiteten sie ein Stück des Weges den Strand entlang; dann nahmen wir Abschied, hoffend, daß sie, vom Glück begünstigt, Menschen erreichen würden und dann auch bald uns Hilfe zu senden imstande wären.

So verstrichen wieder mehrere Tage. Die Kälte wurde eisiger. Wir bedauerten manchmal, nicht den Tod in den Wellen gefunden zu haben; denn Hunger und Kälte setzten uns furchtbar zu. Morgens waren wir kaum imstande, uns zu bewegen. Das ganze Meer war übergefroren, so daß wir jeden Nachmittag einen Marsch unternahmen, um übriggebliebene Reste des Schiffes zu suchen, die wir als Feuerholz an Land schafften. An einem Hügel hatten wir uns bereits eine Stelle an der SW-Seite ausgesucht, um dort mit Schaufel und Beil den Bau einer Höhle zu beginnen; denn wir glaubten, daß wir genötigt wären, nun unser Winterquartier aufzuschlagen. Doch ein glücklicher Zufall brachte wenigstens wieder etwas Hoffnung.

Eines sonnigen Nachmittags war ich mit einem isländischen Bootszimmermann jagen gegangen. Nachdem wir vorher ein Samojedengrab, mit einem großen Haufen Steine bedeckt, gefunden und es von allen Seiten betrachtet hatten, erreichten wir ein langes Tal, das zwischen hohen Hügelketten lag. Plötzlich entdeckte der Isländer vier durch einen Engpaß sich uns nähernde weiße Flecken; auch ich sah dorthin und erkannte in ihnen Rentiere. Sogleich warfen wir uns mit schußfertigem Gewehr nieder. Hinter den Tieren wurden wieder vier andere sichtbar, wie die ersten in gleichmäßiger Linie laufend. Schon waren sie nahe genug gekommen, und wir beide wollten bereits jeder ein Tier aufs Korn nehmen, als wir eben noch zur rechten Zeit einen kleinen Schlitten wahrnahmen, den die Tiere zogen. Wir sprangen auf, und in wenigen Minuten sausten Tiere und Schlitten zu uns heran. Auf dem ersten Schlitten saß ein älterer Samojede, vom Kopf bis zu den Füßen in Rentierfelle gekleidet. Er lächelte uns mit seinem gutmütigen Gesicht verschmitzt an. Auf dem zweiten saßen ein Knabe und ein Mädchen, wie sich später ergab, die Kinder des Samojeden. Der Alte wollte gleich eine Unterhaltung mit uns anknüpfen, doch von dieser Sprache — der chinesischen ähnlich, wie auch die Samojeden den Chinesen ähnlich sind — konnten wir nicht ein Wort verstehen. So versuchten wir, uns durch Gebärden verständlich zu machen, und brachten es endlich fertig, daß der Alte sich entschloß, mit uns zu unserer Unterkunft zu fahren.

Nach zehn Minuten Fahrt erreichten wir unsere Zelte. Alle, die noch laufen konnten, kamen neugierig heraus. Jeder wollte den Samojeden, von dem man sich Erlösung erhoffte, mit seinem Rentierschlitten sehen. Die Tiere, zahm wie Schafe, mit mächtigem Geweih geschmückt, standen ruhig und ließen sich streicheln und anfassen. Jeder bedauerte, nicht ein Wort mit dem Alten oder dessen Kindern reden zu können.

Die größte Aufmerksamkeit erregte die Bewaffnung des Alten, das Steinschloßgewehr, eine mächtige Donnerbüchse. Auch ein langer Speer, an einem Ende mit einer Eisenspitze versehen, an dem anderen mit einem Knopf zum Antreiben der Tiere, weckte die Neugier aller.

Kapitän Wiggins, der einige Worte Russisch sprach, richtete ein paar Fragen an den Samojeden, die dieser einigermaßen verstand, da auch ihm die Sprache der russischen Händler nicht ganz fremd war. Auf diese Weise erfuhren wir, daß die Russen Chabarowa noch nicht verlassen hatten und daß die Entfernung drei Tagesreisen mit Schlitten betrug. Diese Nachricht war eine große Beruhigung für uns.

Der Samojede, mit Gewehr und Patronen beschenkt, übernahm es, unseren Kommandeur Wiggins dorthin zu bringen, wo dieser hoffte, Hilfe zu erhalten.

Nachdem die Tiere sich ausgeruht hatten und genug Proviant für die folgenden drei Tage auf die Schlitten gepackt worden war, lud der Samojede Mr. Wiggins ein, neben ihm Platz zu nehmen. Schnell sausten dann die Rentiere, von der Lanze angetrieben, davon.

Etwa eine halbe Stunde war seit der Zeit vergangen, noch sprachen wir darüber, daß dieser Zufall doch Hilfe bedeuten möge, als wiederum mehrere Rentierschlitten auf der Anhöhe in der Nähe des Zeltes erschienen, dort, wo wir eine aus Segeltuch gefertigte Notflagge aufgesetzt hatten. Sie kamen zu uns heran — es waren vier Russen — und übergaben Kapitän Brown, der jetzt das Kommando führte, einen Brief von Mr. Popham, in dem dieser ihm mitteilte, daß er glücklich nach Chabarowa gekommen sei und die Russen dort noch angetroffen habe. Sie hätten versprochen zu helfen, und er sende sie nun, um den Kontrakt mit Kapitän Wiggins fertigzustellen, wonach die Mannschaften gegen Vergütung nach der Zivilisation gebracht werden sollten. Da Kapitän Wiggins bereits fort war und ohne ihn nichts getan werden konnte, kümmerten sich die übrigen englischen Offiziere nicht viel um die Angekommenen, und herzlos, wie sie waren, ließen sie die armen Russen, bei denen die Gastfreundschaft sehr hoch angesehen wird, selbst nach der eintretenden Dunkelheit unbeachtet auf ihren Schlitten sitzen.

Die beiden Kapitäne, so auch die meisten englischen Offiziere, hatten es schon vor einigen Tagen vorgezogen, sich allmählich bei Kapitän Wiggins im Kommandeurzelt einzuquartieren, während Mr. Schmidt, der erste Steuermann, und ich das Los mit den Leuten zu teilen beschlossen, wodurch man auch mehr Ordnung hielt. Alle Besorgnisse unserer Zeltbewohner wurden von uns entkräftet. Wir taten überhaupt alles, um den Mut und die Disziplin der Leute aufrechtzuerhalten.

Nach unserer Meinung hätte man den Russen einen Platz im anderen Zelt anbieten und sie dort unterbringen müssen, doch die übrigen dachten nicht daran. Sie wollten, wie sie sich ausdrückten, die schmutzigen Russen nicht bei sich aufnehmen. Die armen Menschen saßen noch auf ihren Schlitten, froren und deuteten, heftig gestikulierend, nach dem Zelt in ihrer Nähe. Ich ging zu ihnen und bedeutete ihnen, mit mir zu kommen. Zuerst konnte ich sie nicht zum Mitgehen bewegen, doch schließlich brachte ich sie so weit, daß sie mir folgten.

Schnell fachten unsere Leute ein Feuer an und räumten einen Platz für die Russen. Wir bereiteten ihnen einen warmen Tee und bewirteten sie, so gut es uns möglich war.

Schon früh am Morgen standen sie auf, um die Rentiere einzufangen und sich zur Abreise zu rüsten, noch immer wütend über die Behandlung von seiten der übrigen englischen Offiziere, die nun auch herankamen. Doch ohne sie eines Blickes zu würdigen, nahmen die Russen von uns

Abschied, sprangen auf ihre Schlitten und waren in kurzer Zeit hinter dem nächsten Hügel verschwunden.

Wieder vergingen einige Tage in der alten Lebensweise, bis ein Samojede mit einem Brief von Kapitän Wiggins erschien, daß sämtliche Russen bis auf einen, der nicht bei uns gewesen sei, verweigert hätten, den Offizieren irgendwelche Hilfe zu leisten, weil von diesen die Gastfreundschaft in gröbster Weise verletzt worden sei. Nur zweien der Offiziere und den übrigen Leuten wolle man helfen. Da Kapitän Wiggins nun nicht habe erlauben wollen, daß nur ein Teil der Besatzung gerettet würde, hätten sie wütend ihr Hab und Gut auf Schlitten verladen und seien nach dem Süden zu ihren Ansiedlungen gefahren. Sodann fügte Wiggins hinzu, daß, wenn dieser letzte Russe und der zurückgebliebene Missionar sich nicht bewegen ließen, uns Hilfe zu leisten, wir unrettbar verloren sein würden.

Zu unserem Glück waren sie jedoch bereit, unsere Rettung zu versuchen. Für die große Summe von 2000 Rubel kam zwischen dem Russen, dem Missionar und Kapitän Wiggins der Vertrag zustande, nach dem alle Schiffbrüchigen bis zum ersten Dorf der Zivilisation von Samojeden zu bringen waren. Mit einem Schreiben versehen, das im Siegel das Kreuz der griechisch-orthodoxen Kirche trug, fuhr der Russe noch am selben Tage ab, um die Zelte der Nomaden aufzusuchen.

Bei den Samojeden stieß er auf kein Hindernis, sie alle sagten die in ihren Kräften stehende Hilfe zu. So kam der Russe, nachdem er alles arrangiert, spät am Abend bei uns an und teilte uns, so gut er konnte durch Zeichen- und Fingersprache mit, daß die Samojeden uns am nächsten Tage mit Rentierschlitten von hier fortfahren würden, zunächst nach Chabarowa. Jeder war nach dieser Mitteilung wieder frohen Mutes. Selbst unsere drei Kranken glaubten, jetzt stark genug zu sein, alle Strapazen zu ertragen. Zurücklassen konnte man hier keinen. Es hätte den sicheren Tod bedeutet.

Meine Kindertage am Plytenberg

Peter Zylmann

Meine Kinderjahre verbrachte ich in einem Hause mit nur einem Wohnraum, an den sich die Stallung und der zu dem kleinen Betrieb notwendige Wirtschaftsraum anschlossen. Statt eines Schlafzimmers hatten wir Butzenbetten, unter denen sich ein Keller befand. Das Haus lag als letztes am Westrand der Stadt, zu Füßen des Plytenbergs, eines urgeschichtlichen riesenhaften Hügels, an dessen Fuß der Emsdeich auslief. Dieser Deich bog einen Kilometer weiter westlich von der Ems ab, so daß das südwestliche Gelände der Stadt zwischen diesem Teil des Deiches, der Ems und der unteren Leda, der Surhammerk oder Süderhammrich, jeder Sturmflut ausgesetzt war. Erst im Zusammenhang mit dem Bau eines gezeitenfreien Hafens in der großen Ledaschleife wurde der Hammrich eingedeicht. Die Landschaft dieses Hammrichs, der Ems und des alten Deiches, blickmäßig zusammengefaßt durch den geheimnisvollen Plytenberg, ist meine Erlebnisheimat.

Der Hammrich war in allen Jahreszeiten in seiner ungebrochenen Natur stark und schön. Im Frühling ein Blumenteppich mit seinen gelben Flächen der Dotterblumen, dem pfingstlichen Wiesenschaumkraut, im Sommer duft- und hitzeerfüllt, mit den weißen Zelten der Mäher, dem Klingen der geschärften Sensen, der frohen Arbeit des Heuens, die mir immer die festlichste Arbeit des Jahres blieb. Im Herbst zogen die ersten Stürme über ihn hin, die Ems wälzte ihre Fluten über die Ufer, im Winter brandeten sie bis an den Fuß des Plytenbergs und spülten den Deich vor unserem Haus hoch hinauf. Schon als Kinder spürten wir, wenn ein Sturm heranzog; ein Barometer hatten wir nicht, aber aus der Drift des Südwestwindes, der Geschwindigkeit und Höhe der Wolken, dem Stand der Tiden, die einem großen Sturm vorangehen, der Rechtsdrehung des Windes auf Nordwest, seinen Stößen und Pausen, schätzten wir, ohne je etwas von Wettertheorien gehört zu haben, mit Sicherheit die Gewalt und Höhe der durch viele Vorzeichen sich ankündigenden Sturmflut.

Zu diesen Vorzeichen gehörte als das eindruckvollste die Ankunft von Tausenden und Abertausenden von Möwen, deren natürliches Nahrungsgebiet, die Watten, bereits durch die die Hauptflut ankündigenden Vorfluten überschwemmt wurden; diese Möwenmassen bevölkerten dann die Hammriche, solange der Sturm dauerte. Wenn eine solche große Flut heraufzog und die Ems auch bei Ebbe infolge des Windstaues randvoll blieb, dann überkam uns eine merkwürdige Rastlosigkeit, die nicht nur uns Kinder immer wieder auf den Deich trieb. Die Entspannung und zugleich ein Gefühl der Beglückung trat ein, wenn die Fluten mit Macht über den Hammrich hereinbrachen und wir von den Sturmstößen buchstäblich von der Deichkappe hinuntergestoßen wurden. Wir kauerten dann im Schutz der Leeseite nieder, gegen die Regenböen durch einen umgehängten Kartoffelsack geschützt, denn Mäntel kannten wir nicht, und das Sausen und Sieden scholl wie eine ungeheure Unwirklichkeit zu uns herüber. Ich hätte damals dem, was ich empfand, keinen Ausdruck geben können, heute weiß ich, und es ist noch so frisch und lebendig, als wenn es gestern gewesen wäre, daß es ein überhöhtes Lebensgefühl war, das mich so packen konnte, daß mir die Tränen in die Augen kamen. Das Drängen solcher Empfindungen wird deshalb so schwer und lastend gewesen sein, weil das Kind noch nicht in der Lage ist, sie zu formen und so über sie Herr zu werden, weil es der unmittelbaren Gewalt nichts entgegensetzen kann. Mir sind die Nordweststürme immer große Stunden geblieben, und manche Nachtstunde habe ich, in Finsternis und umbraust, allein auf dem Deich zugebracht.

Wieder in der Heimat

Albrecht Janssen

Der folgende Text ist dem Roman „Das Königreich im Meer“ entnommen.

Albrecht Janssen, 1886 in Bingum geboren, kam als Lehrer nach Hamburg, wo er später als Dozent am Pädagogischen Seminar der Universität Hamburg tätig war. In den zwanziger Jahren war er einer der Vorkämpfer der niederdeutschen Bewegung und betätigte sich als Schriftleiter verschiedener niederdeutscher Zeitschriften, gab Balladen- und Lyriksammelbände heraus und schrieb selbst Märchen, Erzählungen, Dramen, Romane sowie heimatkundliche Aufsätze und Bücher, meist in Hochdeutsch, einige aber auch in Plattdeutsch. Im Alter von 86 Jahren verstarb Albrecht Janssen, bis zuletzt seiner Heimat verbunden.

Allerdings stimmt es nicht, wenn man von ihm sagt, wie es in einem Nachruf heißt, das Dritte Reich habe seinem Schaffen „ein Ende gesetzt“. Der Roman „Das Königreich im Meer“ erschien 1936 und muß leider als ein schlimmes Beispiel völkisch-nationaler Heimatliteratur bezeichnet werden.

Der wiedergegebene Ausschnitt schildert die Heimkehr des Ostfriesen Tibbo Thedinga, der vor dem Ersten Weltkrieg als ganz junger Mann nach Amerika ausgewandert war. Als er während der Inflationszeit nach Deutschland zurückkehrt, hat er mit seiner Dollarwährung viele finanzielle Möglichkeiten; diese nutzt er auch aus, allerdings in einem ganz uneigennützigen Sinne: Er kommt auf die Idee, von seinem Heimatort Uttum aus einen Teil der Leybucht einzudeichen, um damit sein „Königreich im Meer" zu schaffen.

Soweit, so gut. Peinlich ist nur die rassistische Note in diesem Roman. Auf der einen Seite stehen die Bösen, ja Bösartigen: der jüdische Händler aus Lodz, der in Berlin große Geschäfte macht; eine junge Dame mit dem verdächtigen Namen Esther, zu der Tibbo eine Zeitlang ein gutes Verhältnis hat, sich dann aber von ihr trennt. („Er fühlte deutlicher als je, daß zwischen ihm und Esther eine Mauer war, die er nie niederlegen könnte. Sobald er daheim war, wollte er Nachforschungen über ihre Familie anstellen.")

Negativ werden auch die sozialdemokratischen Machthaber in der Regierung und den Behörden dargestellt, der schlimmste von allen aber ist ein kommunistischer Arbeiter aus dem Ruhrgebiet, der bei den Deicharbeiten beschäftigt ist und der dort vom Kommandoführer geschlagen wird: „Unter brandroten Haaren eine niedrige Stirn, verkniffene, stechende Augen, stark hervortretende Backenknochen, eine breite Narbe vom auffallend kleinen Ohr zum breiten Mund mit aufgeworfenen, frechen Lippen."

Den Bösen gegenüber steht der rechtschaffene Heimkehrer Tibbo Thedinga, der nationalgesinnte Ortspfarrer Wiarda, der von der dritten positiven Figur, dem Freikorpskämpfer und Gutsbesitzersohn, Benno ter Borg, behauptet: „Gott hat noch was mit ihm vor." In der Tat kommt der von den bösen Demokraten mißtrauisch betrachtete Oberleutnant mit seiner ganzen Freikorpstruppe nach Uttum und hilft mit seinen Leuten bei den Eindeichungsarbeiten, natürlich uneigennützig, im Gegensatz zu den normalen Deicharbeitern, die immer wieder Schwierigkeiten machen. Aber alles geht schließlich gut; „der Führer" hält in Aurich eine begeisternde Rede. Und: „Der Nationalsozialismus eroberte in siegreichem Anlauf ein Dorf nach dem andern."

Am frühen Nachmittag langte der Amerikaner auf der Station der kleinen heimatlichen Landstadt an. Von hier nach Uttum waren es zu Fuß noch fast zwei Stunden. Er erinnerte sich, daß früher zweimal täglich ein klapperiger Omnibus die Verbindung mit der Welt abgegeben hatte.

Jetzt würde sicherlich eines der bequemen, schnellen Postautos den Verkehr vermitteln. Aber kaum hatte er den Bahnhof verlassen und Umschau gehalten, da boten sich ihm bereits Autos an. Fast wäre er eingestiegen und hätte kurz „Nach Uttum“ gesagt; da fiel ihm ein, daß ja niemand auf ihn wartete. Und wo konnte er dort während der Nacht bleiben? Das beste war wohl, zunächst in einem Hotel zu wohnen. Ein Name aus seiner Jugendzeit fiel ihm wieder ein: „Hotel Braunes Roß“.

Als er seinen Namen in den Meldevordruck einschrieb, schielte der Kellner ihm über die Schulter, sah ihn dann hinterher an, als wolle er sagen: „Irrten Sie sich nicht? Wir sind doch nur ein gut bürgerliches Haus. Ein Mann mit Dollars und dann bei uns?“ Thedinga bemerkte auch, daß er mit dem Wirte tuschelte, der dann unter mehrfachen Verbeugungen näher kam.

„Hat der Herr wegen des Abendessens besondere Wünsche?“

„Ja, am liebsten gebackene Aale.“

Der Wirt rieb die Hände, lächelte. „Wir haben dies Gericht zwar des Preises wegen von der Karte gestrichen; aber ich gehe wohl nicht fehl in der Annahme, daß der Preis bei dem Herrn nicht entscheidend ist. Der Dollar notierte heute in Hamburg . . .“

Thedingas Gesicht verlor den heiteren Ausdruck. Er machte eine energische Handbewegung. Redete der Kerl auch vom Dollar! Aber er bezwang sich zur Ruhe. Ganz Deutschland drehte sich anscheinend um den Dollar. In freundlichem Tone bemerkte er: „Auf den Preis kommt es nicht an, wenn man seit fünfundzwanzig Jahren keine gebratenen Aale gegessen hat.“

Der Wirt atmete sichtlich erleichtert auf. „Johann, die Koffer für den Herrn nach Nummer fünf und dann mit dem Motorrad zu den Fischern . . .

Wann dürfen wir den Herrn zum Abendessen erwarten?“

„So um acht Uhr. Ich will mich nun ein wenig erfrischen.“

Nach einer halben Stunde verließ Thedinga das Hotel. Ihm war heimatselig zumute, als er durch die Straßen schlenderte. Hin und wieder kannte er auch die Geschäfte wieder. Zuweilen kam es ihm vor, als wenn unter den Vorübergehenden ein Gesicht aus Jugendtagen auftauchte.

An einer Kreuzung blieb er unwillkürlich stehen, als auf einem Bauernwagen ein alter Mann vorbeifuhr. Unter der Schirmmütze ein Paar versonnene Augen, das faltige, aber feine Gesicht von einem Kranzbart umrahmt, Kinn und Lippe sorgfältig rasiert. War das nicht Klaas van der Meden, das Faktotum vom „Seehof" in Uttum? Beinahe hätte er wie einst als Junge gerufen: „Klaas, kann ich mitfahren?"

Zwei, drei Autos kamen daher; auf dem Kühler die holländischen Farben. Hier schienen also die Holländer den wohlfeilen Ausverkauf zu nutzen. Die Quietschhupen forderten herrisch freie Straße. Der Alte mußte sich um seine unruhig werdenden Pferde kümmern. Thedinga sah im längere Zeit nach. Dann setzte er seinen Weg fort. Er kam in neuere, unbekannte Straßen. Das grüne Land streckte schon seine Arme ins Häusergewirr hinein. Bald war er draußen. Noch ein, zwei hübsche Klinkerlandhäuser mit gepflegten kleinen Gärten, und er war in der weiten Marsch, die in der Ferne die starre Linie des Deiches säumte. Wolkenburgen schienen aus dem Watt zu wachsen und zogen langsam ihre Bahn.

Thedinga bog von der Straße ab in einen Landweg ein. Man war beim Heueinfahren; der harte Marschboden war glatt wie eine Tenne. Überall hingen an den Bäumen Heuhalme. Die Luft war erfüllt von dem Geruch der Ernte. In den Weiden standen wiederkäuend die glatten schwarzweißen Kühe mit hängenden Köpfen über den vom Grün überwucherten Gräben. Gegenüber streckte ein Pferd neugierig den langen Hals über die Eingangspforte und schnupperte. Thedinga war wieder ein Junge. Er schnalzte mit der Zunge. Das Tier schüttelte die Mähne, wieherte und setzte zum Galopp an. In der nächsten Weide, überm Graben, warf auch ein Pferd den Kopf hoch und rannte neben ihm her. An der zertrampelten Ecke blieben sie stehen, streckten den Kopf über den Graben und schnupperten. Dann warfen sie wieder den Kopf hoch, so daß die Mähne flog, wieherten lustig und begannen aufs neue den Wettlauf. Drei-, viermal, dann schienen sie des Spieles überdrüssig zu sein.

Den Amerikaner belustigte dies Treiben sehr. Er setzte sich an den Grabenrand und ließ die Beine nach unten baumeln ... Mit einemmal saß seine Jugend neben ihm. Er war wieder ein sorgloser Junge, der sich über Sonnenschein und Wolken, Gras und Heu, Pferde und Kühe freute, der sich als ein Stück dieser Landschaft fühlte ...

Neben ihm kletterte singend eine Lerche ins Blau und ließ gleich den Tropfen des Springbrunnens ihr Lied herniederrieseln ...

Thedinga war glücklich ... Jetzt war er wirklich wieder in Deutschland ...

Als er der Stadt zuwanderte, pfiff er die Melodie eines alten friesischen Volkstanzes:
„Jan, koom fiddel mi,
Jan, koom fiddel mi 's awends ..."

Er wußte gar nicht, woher plötzlich Wort und Weise geflogen kamen. Auch eine Reihe Personennamen von früher fielen ihm ein, bekannte Gesichter tauchten aus dem Dunkel auf. Ob in Uttum noch Jan Freesmann den Gasthof hatte? Nein, das war wohl nicht mehr möglich; aber sicherlich Dirk, sein alter Schulfreund, wenn ihn nicht der Krieg verschlungen hatte. Vielleicht konnte er hier auch einige Tage wohnen. Er wollte nachher mit dem Hotelwirt sprechen.

Ja, dieser wußte genau Bescheid. Dirk hatte jetzt den Gasthof, tadelloser Neubau. „Ich will ihn eben anrufen."

Nach wenigen Minuten war die Verbindung hergestellt. Zuerst hatte Thedinga einige Schwierigkeiten; aber dann war der ländliche Gasthofbesitzer schnell im Bilde. Er nannte ihn in alter Weise du. Thedinga berührte das angenehm. „Ich lasse ein Zimmer in Ordnung bringen, Tibbo. Und wann soll mein Auto dich holen?"

„Dein Auto? Habt ihr keine Chaise mehr oder einen kleinen Jagdwagen?"

„Natürlich; wenn es dir Freude macht, kommt Peter mit dem kleinen Wagen. Auch besser für das Gepäck ... Ja, ja darüber werden wir schon einig. Wann soll er kommen ...? Gut, also um 9.00 Uhr. Junge, ich freue mich ja so ... Wiedersehen, Wiedersehen. Laat di good gahn!"

Die gebratenen Aale schmeckten köstlich und auch das große Glas Genever. Mit besonderem Behagen zündete er sich eine Zigarre an. Niemals hatte es ihm auf dem Dampfer so geschmeckt. Das bekannte er auch dem Wirte. Aber dessen Einladung, heute abend mit am Stammtisch teilzunehmen, lehnte er lächelnd und dankend ab. Er bat darum, ihn für einen Reisenden auszugeben und ihm heimatliche Zeitungen zu bringen.

Die Mitglieder des Stammtisches stellten sich ab 9.00 Uhr in rascher Reihenfolge ein. Es waren zumeist wohlgenährte, zufrieden aussehende Bürger; goldene Uhrketten spannten sich über ansehnliche Bäuchlein. Nur einer fiel aus dem Rahmen. Das war ein blasser, langer Mensch mit einer mächtigen Hornbrille. Was aber dem Amerikaner am meisten auffiel, war das schon etwas unansehnlich gewordene Band des Eisernen Kreuzes, das dieser Gast im Knopfloch des Rockkragens trug. Thedinga sah zum erstenmal in Deutschland diese Auszeichnung. Er dachte nach, was der Mann wohl sein mochte, und tippte auf einen mittleren Justizbeamten.

Der Amerikaner saß zwar etwas von ihm entfernt, konnte aber bald das immer lebhafter werdende Gespräch ziemlich gut verstehen. Zunächst ließ ihn jedoch alles gleichgültig, als aber Hajo ter Borgs Name herüberflatterte, wurde er hellhörig, verschanzte sich zum Schein hinter seine Zeitung, horchte aber gespannt. Denn den Mann kannte er. „König von Uttum“ hatte man ihn schon in seinen Kindertagen genannt. Ter Borg war der größte Grundbesitzer der Gegend und Eigentümer einer Dampfziegelei. Thedingas Vater war Arbeiter bei ihm gewesen. Vor ihm, vor dem Lehrer und dem Geistlichen hatten sie als Kind respektvoll die Mütze gezogen.

„Ja, das will ich euch sagen“, bemerkte einer, „wenn die Millionenscheine nicht gekommen wären, wette ich, daß ter Borg schon in ’n Buddel wäre.“

„Magst recht haben. Vertrinken kann er den Kram schwerlich, dafür haben er und sein Vater zuviel zusammengerafft, aber nun er mit dem Spielen begonnen hat . . . Nein, nicht mit Skat. In Hamburg, Hannover, Bremen und Gott mag wissen, wohin er überall kommt, soll er Spielklubs aufsuchen, weißt wohl, solche, von denen man zuweilen in den Zeitungen liest.“

„Wo ist denn der Junge, der Benno?“

„Den sie in Uttum immer den Oberleutnant nennen?"
„Ja, der. Im Ruhrgebiet soll er stecken, spielt Krieg mit den Franzosen."

Jetzt kam der Blasse mit dem Eisernen Kreuz.
„Das ist, weiß Gott, kein Spielen!"
„Mann, nun reg' dich nur nicht gleich wieder auf! Ich mag nichts mehr vom Krieg und vom Heldengrab wissen, diese Zeiten sind besser für mich. Prost!"

Jemand lachte behaglich und zeigte dem Sprecher nach dem Bäuchlein. „Sieht man, bist gut durch den Winter gekommen."
„Einen haben sie kürzlich beim Wickel gekriegt, soll verraten sein, ist so'n gediegener Name."
„Schlageter meinst wohl, stand ja in der Zeitung."
„Schlageter, Benno ter Borg und wie die Kerls alle heißen, sie sind Tollköpfe, wirre Jungensköpfe, können sich nicht wieder im bürgerlichen Leben zurechtfinden."

Da haute der Blasse seinen Bierseidel auf den Tisch. Erschrocken sahen sie alle nach ihm hin.
„Nanu, was ist denn mit dir los?"
„Sie sind Helden! Helden, sage ich Euch! Wir werden noch einmal ganz anders von ihnen sprechen ... Guten Abend, meine Herren."
Ohne sich umzusehen, ging er hoch erhobenen Hauptes hinaus.

Einen Augenblick noch betretenes Schweigen. Dann sagte einer: „Mit seinem Kopfschuß ist es immer noch nicht in Ordnung. Sonst ist er ein feiner Kerl; aber wenn man von Krieg und Soldaten spricht ..."

„Otto, bring uns mal 'ne Runde!" sagte der Wirt, um das Gespräch in eine andere Richtung zu bekommen. „Vorhin spracht Ihr von ter Borg. Seine Almuth soll aber eine fixe Deern sein, schmeißt auf der Ziegelei mit dem Verwalter zusammen den ganzen Laden."
„Wundert mich, daß dieses staatsche Mädel noch keinen Mann abbekommen hat. Wenn ich jung wäre und meine Alte nicht hätte ..."
Ein Lachen stieg auf. Ein kräftiges Prosit folgte hinterher.

In dem Augenblick erhob sich Thedinga und schritt ohne Gruß hinaus.

„Was ist das für einer?“ fragten sie den Wirt.
„Aus dem Ruhrgebiet getürmt? Mit jedem Zug von Hamm nach Emden sollen welche ankommen, habe ich gehört.“

Der Wirt neigte seinen Kopf und flüsterte: „Ist ein Uttumer, kommt soeben aus Amerika.“
„Was? Hat er Dollars?“
„Und ob! Sollt mal sehen. Und was da auf seinen Koffern nicht alles für Zettel aufgebackt sind.“
„Ich könnte ihm eine Pappschachtel mit Scheinen verkaufen. Habe heute ein gutes Geschäft gemacht ... Och, Kinder, was soll das schlechte Leben! Morgen ist unser Geld schon wieder Dreck. Herr Gastwirt, hast du noch Sekt?“
„Hallo! Bravo! Her damit!“ schrie der plötzlich aufgeregte Stammtisch. „Der Amerikaner hätte eigentlich auch einen ausgeben können.“
„Wie heißt er?“
„Im Fremdenbuch hat er eingetragen: Ingenieur T. Thedinga. Und von Hamburg ist er angekommen.“
„The-din-ga? Kenne in Uttum fast jeden, habe den Namen hier aber noch nie gehört.“
„Dann wird's auch wohl nichts Rechtes sein.“

Vielleicht ein Hochstapler!“ lachte einer hinterher.
„Laßt doch den Kerl! Laßt uns lieber einstimmig einstimmen in den Ruf: Her mit dem Lagerbier!“

Wiederum ertönte ein behagliches Lachen. Der Wirt stand auf und holte eigenhändig einige Flaschen mit goldenen Kapseln. Bald fing man schon an zu singen, nach Mitternacht an zu grölen, und als man gegen drei Uhr mit schwerer Schlagseite nach Hause torkelte, lallte man noch den neuen Schlager vom kleinen Häuschen der Oma ...

Thedinga aber lag noch lange wach und grübelte. Baum und Busch, Wald und Heide, Wasser und Wolken, Sonne und Wind, Vieh und Vogel — alles war noch so wie einst; aber die Menschen waren ganz anders geworden. Woher kam das? Waren Sie nicht auch ein Stück der Heimat? Warum war Klaus van der Meden noch so wie einst? Weil seine Augen hinter die Dinge schauen konnten? Wie hatte man ihn früher auch noch genannt? Richtig! Spökenkieker ... Und dann kam ihm Almuth ter Borg in den Sinn.

Hübscher, klangvoller Name! Er sprach ihn langsam, fast liebkosend aus. Dann dachte er angestrengt nach, konnte sich ihrer aber nicht mehr entsinnen. Aber ihren Vater sah er ganz deutlich vor sich. Auch Bennos konnte er sich erinnern. Der mußte allerdings bedeutend jünger sein. Als er schon in der Schmiedelehre war, war der aufs Gymnasium gekommen. Jeden Morgen hatte Klaas den jungen Herrn mit der Kutsche hingebracht. Der Junge hatte für gewöhnlich lernend in den Polstern gesessen, und dessen Eifer war gestiegen, je näher die Kreisstadt gekommen war. Benno aber war trotz der bunten Mütze niemals hochmütig gewesen, hatte immer gute Kameradschaft mit der Dorfjugend gehalten. Wenn er manchmal sonnabends mit dem Wagenpferd — er hatte es „Schulpferd" getauft — zum Beschlagen gekommen war, hatten er und Benno sich oft zum sonntäglichen Nüssespiel in einem der großen Trockenschuppen der Ziegelei verabredet . . .

Schon nahte sich dem Heimgekehrten der Schlaf, da tauchte Esther in seiner Erinnerung auf. Was die wohl jetzt von ihm sagen würde? Er mußte lächeln. „Was wollen Sie in einem solchen unmöglichen Hotel, Mister Thedinga? Fahren Sie nur wieder mit uns nach Amerika zurück."
Warum war er heimgekehrt?

Die Frage verscheuchte den schon wartend im Zimmer stehenden Schlaf.

Wollte er nur ein Wiedersehen auskosten? Oder hatte er eine andere Aufgabe? Hatte Gott vielleicht mit ihm etwas Besonderes vor? Oder waren das nur alles Grübeleien? Die Menschen am Meer grübelten so gern, hatten verkniffene Gesichter und waren sparsam mit ihren Worten. Nur der Spökenkieker sah hinter die Dinge . . .

Der volle Mond war inzwischen über den Deich gekommen und zur Stadt gewandert, war dann über die steilen Dächer geklettert und stand nun rund und lächelnd neben der Kirchturmspitze und schien in sein Zimmer zu lugen. Vom Bett aus konnte er ihn durch eine Spalte der Vorhänge sehen . . .

Vom Kirchturm schlug es rasselnd ein Uhr . . . Die Augen fielen ihm zu. Mütterlich umfing ihn der weiche Arm des ersten Schlafes in der alten Heimat . . .

De bruun Ranzel

Oswald Andrae

De bruun Ranzel liggt in uns Stuvenschapp achter de linke Döör. Maak ik hör apen, denn fallt he mi tomööt, denn denk ick an mien Schooltied, an de Jahren, de männig Lüü geern dootswegen harrn.

Lüttje Hobbies harr ick al ümmer, un disse Hobbies brochen mi laterhen to 'n Schrieven. Man toeerst weer dat mien Sammlertick. Wat ick allens sammeln dee? Zigarettenschecks, Zigarettenbiller, Fotos van uns Generalen un Admiralen; Flakgranatensplitters, Bombensplitters, lüttje Stücken van afschaten Flegers; Biller van uns Kriegshelden un van den Führer.

Söben Remens muß de Schooster Janßen an den brunen Ranzel neihen, dat he Fründskup sluten kunn mit 'n wullen Dääk un en blicken Kaker. So wurr he en Tornüster. As wi 1937 in Riegen to twelf mit Landsknechtstrummels un Fanfaren dör Bremen lepen, weer de Ranzel dar mit bi. Naast bleev he för mien Sammelsurium.

Taschenklenners kregen wi Schooljungs an 'n 1. April 1939. Ich weer an de „Marienschool" — so nömen se uns Gymnasium to de Tied —, weer in de Klass' 3 a, 1 Meter 51 groot, Gewicht: 90 Pfund, un harr 'n Fahrradslödel mit de Nummer 246.

„Heil Hitler!" schreev de Klennermann. Un ick schreev glieks an den ersten Dag, den 1. April 1939:
„Stapellauf der Tirpitz in Wilhelmshaven.
Staatsakt und Führerrede."

25. August 1939:
„Große Hitze. Abends mit den Eltern auf dem Balkon gesessen."

Den Abend vergeet ick nich. 's nachts wurr ick waak. Dar pingel well an de Döör. Moder keek na. De Postbad' broch en Telegramm. Vader wurr Suldat. Negen Daag later beläv ick den ersten Flegeralarm. Backer Eden blaas up sien Füerhöörn.

Up das Rathuusdack huul de Siren'. Dar schullen Flegers kamen. De Lüü stunnen up de Straat. De Schandarm meen, se schullen in 'n Keller gahn. De van uns Nabers kien 'n rechtschapen Keller harr, de muß na Sargdischler Taddiken hen. De harr 'n ool Huus mit 'n depen Keller: runde Bagens, dicke, kolle Müern. Siet de Tied droog ick den Ranzel bi jeden Alarm in dissen Keller.

So männig Klenners schreev ick vull — elk Jahr en nejen. Un allens, wat ick so schreev, dat keem in den brunen Ranzel. Zeitungsberichten harr ick sammelt un Annoncen mit 'n swarten Rand un mit Wöer, an de ick mi wennt harr mit de Tied — so ganz van sülvst:

„Auf dem Felde der Ehre fiel in höchster Pflichterfüllung für Führer und Vaterland ..."

„Getreu seinem Eide starb in treuer Pflichterfüllung infolge Feindeinwirkung der Lokomotiven-Oberheizer, Parteigenosse und Blockleiter der NSDAP ..."

„Auf der Höhe heldischen Einsatzes, vom Feinde unbesiegt, fiel in Afrika für seinen Führer in festem, unbeirrbarem Glauben an Deutschlands Sieg der Inhaber des Eichenlaubs mit Schwertern und Brillanten zum Ritterkreuz des Eisernen Kreuzes, des Deutschen Kreuzes in Gold, der höchsten italienischen Tapferkeitsmedaille und anderer Orden und Auszeichnungen im blühenden Alter von 22 Jahren ..."

„In stolzer Trauer ..."

An 'n 22. April 1940 stunn up de erste Siet van uns Zeitung in grote Bookstaben: „Der Führer — deutscher Jugend unvergleichliches Vorbild."

Wi lehren so allerhand, lehren van de Schoolmesters, lehren van de Führers, lehren van de Offizieren, hören Radio, lesen de Zeitungen, lesen de Böker:

„A und ab, e, ex und de, cum und sine, pro und prae."

„— geboren in Braunau am Inn. Sein Vater war Zollbeamter."

„Deutschland, du wirst leuchtend stehn, mögen wir auch untergehn."

„Untergang des Abendlandes" heet en Book van Oswald Spengler. Wi harrn dit Book nie sehn. De Schoolmester vertell uns dar wat van. Un denn mussen wi gegen dit Book schrieven in enen Schoolupsatz. Ick schreev:

„Maßgebend ist die biologische Volkssubstanz, denn alle Kultur hängt mit der Rasse zusammen. Den Untergang des

Griechentums in der Antike erklären wir uns durch den Einfluß der asiatischen Rassen. Die Kraft der nordischen Herrenschicht ließ nach, denn man vermischte sie mit Fremdlingen. Für unser Reich bedeutete vor der Machtübernahme die Verjudung eine Gefahr. Die übertriebene Jazzmusik ist jüdischem Einfluß zuzuschreiben. Ewig ist ein Volk, das sich rassich rein hält!"

Allens in de School lehrt. Allens keem in den brunen Ranzel. In en Bombennacht leet ick den Ranzel in uns Keller liggen. „Heilig Vaterland in Gefahren", so sungen wi, so harr 'n wi 't lehrt, so wussen wi 't. Un se wussen uns to verklaren, dat 't nu up uns ankeem, up dat „Jung-Deutschland". Dar schullen wi stolt up wesen. Wi weren stolt, stunnen as Schooljungs an de Kanonen, lehren:
Hemmung! Verschluß klemmt beim Vorlauf!
Schubhebel!
Hemmung beseitigt!
Neues Ziel: Flugzeug Zwo-Zehn!
Magazin eingesetzt!
Ziel aufgefaßt!
Feuerstöße!

Dat leeve Brot

Johann Schoon

„Hinnerk hett sien Stuutje unner de Tafel smeten", sä lüttje Gerd. He weer düll up Hinnerk, dat de hüm bi dat Footballspill nich in dat Tor laten wull. He weer man wat minnelk un kunn de Ball nich möten, na all Kanten weer bi hüm to völ Bott, harr Hinnerk seggt. „Du olle Flickspohn, du kriegst noch dien Fett. Kiek man up di sülvst, du hest de Rosinen ut dien Stuutje puult", reep Hinnerk vergrellt.

„Man erst kriegst du dien Fett, du Lümmel van Fent, schaamst du di nich? Wat mankeert denn an dien Stuutje?" sä hör Moder.

„De is säker al van verläden Week', so dröge is de, un de Rosinen hett de Backer dor mit 'n Luftgewehr inschoten. Hen un her sitt man een", verdeffendeer Hinnerk sük.

Sien Moder gaff hüm en paar achter de Ohren, un denn muß he dat Stuutje weer upkriegen. Do kreeg he noch 'n Stööt, üm dat he lüttje Gerd düchtig in 't Been knepen harr. „Mennig Jung weer blied, wenn he man dröög Brot harr, un du verfreten Fent wullt gien Krintstuut eten", reep sien Moder. Hinnerk mook 'n Gesicht, as wenn he seggen wull: „Laat de Jung mien dröög Stück Stuut man upeten, dat sall hüm gau verdreten", man he hull sien Mund, sien Moder weer düllkoppsk, un sien Puckel muß denn man herhollen.

De Vader harr sowiether noch nix seggt. As dat nu sachter wur — blot Gerd snükkerde noch — sä he: „Nu will ik jo eben wat vertellen, wat ik in de Gefangenskup beleevt hebb. As so 'n Koppel Veeh weer 'n wi up een Bült tosammendreven, dor weer gien Huus of Hoff, wor wi uns vör de Koll un dat Unweer bargen kunnen. De meesten harrn gien Mantel of Zeltplan mehr, wi trillden as 'n Rüsk in 't Water. Van de russke Postens harrn een paar Kameraden en Spa kreegen, un do groben wi uns Gaten in de Grund, deckden de mit Struken to un kropen annanner, dat een de anner warmde. Smörgens gung dat van raden: Wennher mag dat nu wiedergahn, wennher kriegen wi wat to eten? Middags gaff dat so 'n dünnen Watersopp, wor nett 'n paar Kohlbladen indreven. Een of anner harr noch en Stummelke Zigarett' of so 'n bietje Tabak, ok 'n Rietstick funn sük, do vergatten wi unse Smacht. Water gaff dat in de Sloot bi uns Lager, dat Water wer fuul, man wi weern blied, dat wi dat man harrn. De tweede Dag gaff dat weer 'n Sopp, man ditmal ut Runkels, un denn laggen dor' n paar Fiskbunken in. Een of anner harr noch 'n Kookgeschirr of 'n Konservenbüss, un dat Fatt gung denn de Rieg na. Satt weer 'n wi nich van dat Natt, man dat weer doch wat Warms.

Dat heede woll, wi sullen oftransporteert worden, man dor wor niks van. De Smachteree gung wieder. Dag för Dag gaff dat Sopp, eenmal ok Koffje, man Brot kregen wi nich to sähn. Een van uns Bunkerlü, so nöömden wi de Mannskup van de Eerdgaten, harr sien Uhr tegen Machorka un

Chleba, dat weer dat swarte, swore Brot, vertuuskt. He harr Glück hat, dat de Posten hüm dor noch wat för gaff, wenn de wullt harr, denn harr he hüm dat Uhr ofnomen, un dor harr gien Hahn of Henn na kreiht. Wi weern tweeuntwintig Mann in uns Eerdlock, man elk kreeg 'n bietje Tabak un ok 'n Stückje Brot van. Wo glückelk wi weern, dat kann ik jo gor nich vertellen. Wo moi dat weer, so 'n Stückje Brot in de Mund to föhlen, to ruken un denn mit de Tung to pröfen. Eer un Himmel, Sünn' un Rägen, Wind un Wär, Kracht un Klöör, all dat Goode, wat man anners nich acht, dat lagg in dat Krömmelke Brot. Man deeper as uns Benjamin hett dat woll gien eene föhlt. Dat weer de lüttjeste van uns, so 'n ganz jungen Bödel un lääp minnelk. He harr sien Stück Brot in de Mund, de Tranen lepen hüm bi de Wangen daal un he sä in eens: ‚Dat leeve Brot!' Dat leeve Brot! Süh Jungs, dat vergett 'n sien Leven nich weer."

Hinnerk harr sien Stuutje stillswiegend nomen un in de Mund stoken. He dochde an de lüttje Benjamin, wo de dat swarte, pappege Brot att un liekutweg reep: „Dat leeve Brot!"

Watt de Bur nich kennt …

EWALD CHRISTOPHERS

Wat de Bur nich kennt, dat ett he nich!

Is blot so 'n Snack, ick weet, man stimmen deit dat. Jüst Bur bruukt een nich to wäsen. Ick mag ok nich allens wat up de Tafel kummt. Wenn 't fröhr ok heeten dee: „Äten word, wat de Pott upgivt!"

In mien junge Johren mug ick keen Fleesch. Tuffels mit Stipp, de fein mit 'n Gabel dörnannerprakjet, genüg mi all. Dat eet ick mit Vergnögen. Mooder aber packde mi noch 'n dick Stück Fleesch up de Teller.

„Wor wullt du anners van groot un stark woren", sä se denn woll. Ick aber keek denn mit 'ne Schnut solang dr tägenan, bit de Kloppietsch halt wur, un ick denn an to würgen fung as 'n Koh.

Äten unner Druck, dat is 'n Qual. Worto disse Quäleree.

Nu, ick bün ok sünner Fleesch groot woren. Vandaag aber geiht mi nix över 'n mooijen krossbruunen Braa. So ännert sück de Tieden, so ännert sück de Tung. Blot eens mug ick fröhr all to geern: 'n Teller vull Arfsopp. Am leevsten ut 'n grooden Pott, mit rökert Mettwurst un Speckwürfels drin. Jüst ok to Wintertied, wenn 't buten Steen un Been früst. Dorum alleen all gung ick as Jung ok so geern mit up Drievjagd, denn na all dat Haas ... Haaas ... Haaaas ... geev 't achterna 'n deftigen Schlag Arfsopp. Un dor eet ick denn mitunner sovöl van, dat mi de Buuk basten wull. Junge dat schmuck, bäter as de leckerste Swienbraa mit Rotkohl.

Wat ick bit vandaag noch geern ät, dat sünd updrögt Bohnen mit Speck. Ick weet nich of ji dat kennt?

To Sommertied woren haast riepe, gröngäle Bohnen up Hüselband trucken, up Bohntjeband, as wi ok woll seggen, un denn an de Butermür, vör de Gävel of up de Böhn uphungen to drögen. To Wintertied kamt se denn van 't Band runner, woren up lüttje Stücken schnippelt, ofwuschen un kaakt. Mit 'n dick Stück Speck drin, so dick as 'n Gesangbook. Dat schmeckt! Besünners ok noch mal upwarmt in de Pann. Dor kannst di de Mund all na licken! Wenn mien Naber, he is 'n Stadtjer, ok mit de Kopp schüddelt un körtens meen: „Wo könt se so 'n Bohnenstroh överhoopt äten!" He weet nich, wat lecker is.
Dat heet, bi de Miesmuschels, de je sück dor vör eenig Tied van de Küst mitbroch un in Wiensoß kaakde, dor kriegt mi keen tein Pär bi. So 'n glibberigen Kram, dor kann 'n een ja mit to 't Huus rutjagen. Mien Naber aber ett dat Goodje, as wenn 't nix weer. Een grooden Teller vull un am leevsten noch mehr. Dor kann 'n doch ok nich satt van woren, so as van updrögt Bohnen mit Speck. Dat is noch Räv. So 'n Äten sitt, dat anner is Fietje-Fatjeree.
Een Mahltied aber, de lat ick mi so of an mal van mien Fro vörsetten: Quark mit ruge Kartuffels. Am leevsten so vör de Hand weg, mit Solt un Botter. Dat mag keen Middagäten vör 'n utwussen Keerl wäsen, doch vör mi is dat denn doch noch 'n bäten mehr as dat.

De groode Krieg gung to Ennen un wi Suldaten harr 'n in de letzde Dagen nich mehr alltovöl to bieten, un as wi na seß Wäken Gefangenschaft to 'n ersten Mal wär wat kreegen, weer dat Quark mit Pellkartuffels. Ick hebbt bit vandaag noch nich wär vergäten. Eeen köstlich Mahl in een Tied, wor de Welt vör uns unnergahn wull. Un mennigfaken, wenn ick dor an een Tafel sitt, de sück haast bucht van all so lecker Saken, denk ich torügg an Quark un ruge Tuffels. Wenn wi dat man alltied hollen!

Törf

HEIN BREDENDIEK

Harrn wi nich domals Ferien? Ferien in 'n Julimaand vör 30 Jahr un mehr, as wi 1946 schrieven deen? Ferien un doch nix as 'n leege Tiet mit all dat Wuracken un Afmarachen bi de Törfarbeit. Törf: dat weer domals as 'n Düvelswoort un denn ok as 'n Woort, wor 'n sik an warmen kunn in all de Gedanken an den lütten Aben, wor 'n bi Winterstiet allerbesten Preßtörf rinsmieten kunn. Un wat schull dar för 'n griesen Winter kamen: 46 up 47!

Och, dat is ja al so lang her! seggt dr een. Well denkt noch an disse dore Törftiet vandaag? — Ick meen, wi seggt holl stopp! Wi vergäät 't ja väl to gau un wi schulln driest noch eenmal uns Gedanken torüggstüürn na disse Julidaag anno 46 hen.

Klock fief fröh an 'n Dag sluurn wi los, na de Stä hen, wor de Törfbus affahrn schull. Afpedd't Soldatenstävels, infarvten Marinemantel mit de up Zivil makt Mütz dorto. In den Brotbüdel harrn wi dat Kaakgeschirr mit dat Middagäten, tosamenkaakt Wuddels mit paar Kantüffels dr mang, ahn Fleesch versteiht sik, viellicht noch 'n Knuust Brot, Maisbrot oder sowat. Un wenn een Glück harr, denn barg de Tasch ok noch 'n Piep mit 'n bäten echten Tobak oder den stinkerigen Eegentobak.

So stunnen de Lü dar un luurn up den Törfbus. Väl snacken deen de Lü jüst nich. Un keem de Bus üm 'e Eck

un stunn he, denn gung dat Gedrängel los. All wulln se sitten. Man de meesten mussen stahn un hungen dar an de Ringen to 'n Fastholln. So schukeln wi denn mit den klapperigen Bus na 't Moor rut.
Överall bi de Törfwarken un -fabriken wurrn de Lü afsett't. Un denn gung de Dagarbeit an. An de een Stä leegen de Lü an 'n Bodden un stapeln de noch natten Törfsoden in 'n Ring tohop: dat weer dat Ringen. An een anner Stä weern 's darbi un setten den drögen Törf in groot Bülten tosamen, de fein hochmüürt Törfkanten nich to vergäten: dat weer dat Mieten. De Törfmeister harr dat Seggen un kummandeer, wat to doon weer. Eerstmal geev 't kien Upkieken un Verhalen. Dat weer een Wuracken mit de swaren Körf un denn dat Rupwuchten up de hogen Bülten un dat Vullsmieten van de Loren.
„Det mööt 't noch vuller!", gröól de Törfmeister un keek uns scharp an. Un wi smeeten de Körven vull un wuchten nee rup.
Blot bi Middag, denn geev 't 'n lütt Sett to 'n Verhalen. Wi smeeten uns in 't Gras hen un kreegen den Brotbüdel her. „Dar heff wi 't!" sä min Macker un läpel in sin Sopp wat rüm, „nu is se ok noch suur wurrn! Kien Wunner bi so 'n bruddig Wäär!" He schüttkopp un fung an, sin suur Kantüffelsopp uttoläpeln. Ick harr al de Piep mit Eegenbo in Brand un keek över 't Moor hen. Un seeg mit 'mal, wu moi dat hier buten weer: seeg dat wiede Moorflach mit all de bunten Blömen, de witten Wullgrasköpp, ok dat afstäkt Moorflach, wor denn an 'n annern Dag de groden Maschinen an 't Wöhlen weern. Man denn gung 't wieder, jedereen an sin Stä. Ick weet 't nich mehr, wuväl Daagwark wi maken mussen, den Törfschien för de 60 Zentner besten Preßtörf in 't Büro — faken mehr as 50 Mann achter 'n anner — aftohalen. Mi dücht noch, disse rode Schien weer mi domals 'n Bült mehr weert as all de Diplomen un Tüügnissen van de ganze Welt.

De Törfschippers van 't Düvelsmoor, de gifft 't al lang nich mehr. Dar fahrt kien Schipp mehr mit Törf na Bremen rin. Un wenn vandaag noch eenerwurrns 'n Föhr Törf vör de Hüüs afladen weern schull, denn stunnen de Lü dar säker to wunnerwarken un schüttkoppen. Een de mit mi domals in 't Moor wurackt hett, de hett up eegen Aart sin 30jährig

Törfjubiläum fiert: is mit sin Prunkauto de Törfstraat an 'n Kanal langfahrn un hett all de smucken Siedlerhüüs, de lütt Dörpen, de ut 'n Moorgrund rutwussen weern, sik ansehn un vör sik hen simeleert: wat köönt 30 Jahr in uns lütt Minschenläven al allens ümkalfatern!

Nebel über dem Wattenmeer

Berend de Vries

Der Nebel ist keines Menschen Freund. Da mag einer sagen, was er will: es ist schon so. An Land nicht und erst recht nicht auf See. Verhängnisvoller aber als irgend sonst wirkt er sich im Wattenmeer (...) aus. Dafür gibt es Beispiele genug. Da kann es geschehen, daß sich selbst erfahrene Fischerleute nicht mehr auskennen und gefährlich täuschen.

Wie war es doch mit dem Baltrumer Tjak Eilts, der die Seemannsschule in Timmel besuchte?

Gegen Weihnachten des Jahres 1866 herrschte jenes feuchte, neblige Wetter, das man um diese Jahreszeit so oft an der Nordseeküste erlebt: Der Winter will sich nicht durchsetzen: erst nach Neujahr beginnt es ein wenig zu frieren. Um so dichter und trostloser aber braut der Nebel über Land und Meer. Ein paar Tage vor Weihnachten, an einem Sonntag früh, erreicht der Steuermannsschüler Tjark Eilts endlich den Deich bei Nessmersiel. Er ist die ganze Nacht gewandert und kommt geradewegs von Timmel im Auricherland. Es ist sechs Uhr morgens, als er durch die leeren Gassen zum Hafen geht. Man merkt, er weiß hier Bescheid. Obwohl es noch stockdunkel und obendrein dick von Nebel ist, findet er sich zurecht. Bei einem Fischerhaus, das sich das Dach tief über die Ohren gezogen hat, hält er an und klopft an die Scheiben.

Nach einer Weile wird die Haustür halb geöffnet. Ein bärtiger Fischerkopf lugt nach draußen. „Wer ist da?", fragt der Mann und späht aus verschlafenen, aber doch schon wachen Augen des Fischers und Fährmanns, der

Überraschungen gewohnt ist, scharf nach dem Fremden aus.

„Tjark Eilts ist es, Kassen Willms", erwidert der junge Seemann. „Ich möchte hinüber nach Baltrum. Ist das Boot flott? Setzt mich gleich über, du und Jan." „Komm zunächst mal herein, Tjark", sagt Kassen Willms und öffnet die niedrige Tür ganz.

Tjark Eilts, hoch und schlank gewachsen, muß sich bükken, als er die Türschwelle überschreitet.

Der Alte führt ihn in die Küche und bietet ihm einen Stuhl an. Dann prökelt der Fischer das Feuer auf der Herdplatte an. Die Torfsoden sprühen Funken; seltsame Schatten huschen durch den engen düsteren Raum, während Kassen Willms, ein bärtiger Gnom, in blauwollenen Unterhosen vor dem Feuer hockt und schweigend mit der klirrenden Zange hantiert.

„Bist ja mächtig früh zu Beine", unterbricht der Alte das Schweigen. „Woher kommst du bei Nacht und Nebel?"

„Von Timmel, Kassen. Du weißt, ich besuche dort die Seemannsschule. Weihnachten über haben wir frei. Es ließ mir keine Ruhe, ich habe mich gestern gleich auf den Weg gemacht nach Nessmersiel, damit ich heute morgen noch nach Baltrum käme. Bringt ihr mich gleich hinüber?"

Das Feuer glort auf. Kassen Willms hängt bedächtig den Kessel an den Haken und richtet sich auf. „Wart mal", sagt er, geht an die Schlafbutze, wo seine Kleider auf dem Stuhl davor liegen, und zieht sich die Hose an. „Wenn man keine Büx' anhat", grinst er, „ist man doch bloß ein halber Kerl." Tjark Eilts lacht. „Das habe ich doch wahrhaftig nicht bemerkt", sagt er. „Wie wär 's, wenn du ein wenig Licht machtest?"

„Damit du unsere Junggesellenwirtschaft besser überblikken kannst, Tjark?", fragt, sich den Leibriemen umschnallend, der Alte. „Aber recht hast du, wir müssen sehen können, was wir sagen." Und er zündet die Tranfunzel an. Ein bißchen heller und gemütlicher ist es nun in der Küche, und größer und lebendiger tanzen in den Ecken die Schatten.

„Ja", fährt Kassen Willms fort und setzt sich in den Hörnstuhl, „hinüber willst du, und das bald. Kann mir

vorstellen, daß du ungeduldig bist. Ihr jungen Kerle wollt alles möglichst rasch bewältigen. War auch mal so einer, ja . . . Aber es ist pottdick draußen, Tjark; warten wir nicht lieber, bis sich der Nebel etwas verzogen hat?"
„Da können wir lange warten, Kassen."
„Na, gegen Mittag wird es wohl ein wenig aufklaren, denke ich."
„Nein, Kassen, ich habe keine Ruhe und Geduld. Ich habe mir vorgenommen, vor Beginn der Kirchzeit auf der Insel zu sein. Und wer weiß, ob der Nebel nicht noch dicker wird im Laufe des Tages. Bringt mich hinüber, du und Jan . . . Wo ist Jan?"
„Jan ist im Schafstall", antwortet Kassen Willms. „Aber sei nicht ungeduldig! Das Teewasser kocht schon, und gefrühstückt hast du auch noch nicht, glaube ich." Damit steht er auf, um sich wenigstens erst mal zu waschen und dann das einfache Frühmahl herzurichten. Aber bevor er hinausgeht, setzt er rasch noch den Tee an, denn der Wasserdampf steigt bis an die Balken.

Ja, Tjark sieht ein: er muß sich gedulden; ganz abgeneigt scheint der Alte ja nicht zu sein. Er sieht sich ein wenig um in der Küche. Es ist hier nicht so blitzsauber wie daheim bei der Mutter, aber unsauber auch nicht, nur unordentlich. Das Schiffsbild da über dem Kamin, wie lange ist das nicht abgestaubt worden. Man merkt, die Frauenhand fehlt in diesem Hause.
Tjark wird müde in der dumpfen Luft, die ihn hier umgibt. Nun spürt er, daß er die ganze Nacht getippelt ist. Mit einem merkwürdig unwirklichen Gefühl nimmt er alles um sich her wahr. Kaum, daß ihn später der Tee und das einfache Mahl, zu dem Kassen Willms ihn gastfrei einlädt, etwas aufmuntern.

Aus dieser Art von Betäubung erwacht er erst wieder, als sie im Boot sitzen und den Hafen verlassen. Er und Jan rudern drauflos, während Kassen das Steuer handhabt. Aber was nützt steuern bei diesem Nebel! Alle paar Bootslängen sitzen die Riemenblätter im Schlick der Prielkante fest. Es wird erst besser, als sie aus den Prielwindungen heraus und im freien Wattenmeer sind.
Hier setzt der Flutstrom stärker ein. Die See ist glatt wie Öl. Kein Windhauch ist zu spüren. Und ein Nebel, so

dicht, daß Kassen Willms meint, ein Marlspieker könne darin treiben, und es sei am besten, zum Siel zurückzukehren.

Aber davon will Tjark Eilts nichts wissen; Kassen mit seiner großen Erfahrung werde es schon schaffen, meint er. Er legt sich stärker in die Riemen und zwingt dadurch Jan, dem das nicht recht paßt, mit ihm Strich zu halten. Nein, Tjark will nach Baltrum und zu Hause Weihnachten feiern.

Kassen Willms späht scharf in den Nebel und kaut nachdenklich seinen Tabak. Das, was der ungeduldige Draufgänger da von seiner langen Erfahrung sagte, ist gut gemeint und sagt ihm zu; aber es hat sich was mit der Erfahrung, wenn man nicht eine Bootslänge weit sehen kann. Wo, zum Kuckuck, steht die nächste Besenbake? Verdammter Schiet! . . . Aber was denn? Der Jungkerl will hinüber zur Insel, das hat er sich nun mal in den Kopf gesetzt; umzukehren hat auch keinen Sinn, unsicher ist eines wie das andere. Ja, und er, Kassen, kann das Fährgeld jetzt vor Weihnachten gut gebrauchen. Das ist sicher. Und hat es bei früheren Fahrten nicht immer bestens geklappt, wenn auch das Wetter unsicher war? Immer! Wenn er Fahrtrichtung und Strömung gegeneinander abwägt und in Rechnung zieht, geht die Sache klar. Und Kassen Willms, der, um die Wahrheit zu sagen, sich eine Zeitlang schwankend und unsicher fühlte, wird wieder zuversichtlicher. „Lange Erfahrung", hat der Steuermannsschüler gesagt . . . Wohl, wohl! Kassen Willms verspürt Ehrgeiz. Sein Berufsstolz ist geweckt. Aber ganz will die Unruhe doch nicht von ihm weichen.

Unverdrossen rudern die beiden jungen Männer. Auch Jan ist jetzt in Fahrt gekommen: Tjark Eilts reißt ihn mit. Ja, Tjark pullt hart zu. Dem geht es wahrhaftig noch nicht schnell genug, denkt Jan, ob da ein Mädchen dahintersteckt? Aber er hütet sich wohlweislich, diesen Gedanken in Worten auszudrücken. Denn was ist er gegen den großen Tjark Eilts, der die Steuermannsschule besucht und schon alle sieben Meere befahren hat? Ein Schlickrutscher, weiter nichts. Aber wartet nur: auch Jan Willms geht eines Tages auf große Fahrt!

Es werden nicht viele Worte gewechselt. Nur das rhythmische Janken und Knarren der Riemen in den Dollen und das kluckernde Rauschen des Wassers am Bootsbug unterbrechen die eintönige, graue Stille.

Mit jedem Ruderschlag komme ich der Insel näher, denkt Tjark. Das Herz wird ihm warm. Seine Gedanken eilen dem Boot voraus. Scheu sieht er Hilke vor sich, die kleine Gespielin seiner Kinderjahre; wie fein und schlank das Mädchen geworden war, als er sie vergangenen Herbst nach jahrelangem Umherschwalken auf manchen Meeren zum ersten Male wiedersah; jetzt sieht er sie vor sich: schwebt sie nicht, eingehüllt in eine rosige Wolke, mitten im grauen Nebel ständig über dem Heck des Bootes, mit den Fußspitzen den dicken blauen Klunker auf der Wollmütze des guten Kassen Willms fast berührend? Und was die andern für Augen machen werden, wenn er gleich in die Stube tritt! Zur Mutter wird er sagen: „Moderke". Der Vater, im Hörnstuhl, wird ihm einen rauhen Willkommensgruß bieten. „Hallo, Stüürmann!", wird er vielleicht sagen, und dann will der alte Kapitän irgend etwas Neues von der Schule wissen, etwa, auf welche Weise man dort jetzt lehrt, den Schiffsort zu bestimmen, und derlei nautische Dinge mehr. Und die Schwestern, Almt und Frauke, — ja, für die hat er eine Kleinigkeit mitgebracht. Nicht viel, ein paar Pflaumentörtchen nur vom Timmeler Bäcker und für jede eine Haarschleife. Er hat den Kram in eine leere Zigarrenkiste gepackt; hoffentlich schmecken die Törtchen nun nicht nach Tabak! Das Kistchen liegt unter der Ducht am Heck des Bootes verstaut. Daß er nur ja nicht vergißt, es mitzunehmen, wenn er gleich an der Wattseite der Insel aussteigt!

So rudert Tjark seinen Törn, als ob er die Fahrt bezahlt bekäme, und dabei ist er doch eigentlich der Gast hier im Boot und wird das Fahrgeld nicht schuldig bleiben. Aber Tjark Eilts ist Seemann, er muß mit zupacken auf einem Fahrzeug und wenn es noch so klein ist. Übrigens weiß er auch: sich im offenen Boot Bewegung machen bei Wintertag ist einem erträglicher, als untätig herumsitzen und frieren.

Aber was hat Kassen Willms? Kaum kann man seine Gesichtszüge erkennen, obwohl sie sich auf anderthalb

Meter gegenübersitzen. Macht er nicht eine unsichere Miene, der Alte?
„Hallo, Kassen“, sagt Tjark, „müssen doch bald da sein, meine ich.“
„Ja“, sagt der Alte, „lange kann es nicht mehr dauern ... So pottdick wie heute ist es mein Lebtag nicht gewesen.“
„Die Steinplate müssen wir doch schon achteraus haben.“
„So rechne ich auch, Tjark“, sagt der Fischer.
Sie rudern weiter, unentwegt. Jan möchte wohl ein wenig verschnaufen, aber er will nicht hinter Tjark Eilts zurückstehen; dickköpfig, wie er nun einmal ist, hält er durch und kneift die Lippen schmaler.

Plötzlich fassen die Riemenblätter Grund, und kurz darauf schnurrt der Kiel über den Sand.
Kassen Willms sagt aufatmend: „Da wären wir also.“
Sie pullen sich so weit wie möglich heran. Sie sind an einer Steilkante gelandet. Tjark braucht nicht durch das kalte Wasser zu waten; ein Sprung vom Steven kann ihn aufs Trockene bringen.

Ach, wie eilig er es jetzt hat, der ungeduldige Tjark! Rasch bezahlt er das Fährgeld; Kassen tut, als ob er nichts annehmen will, und meint, das hätte bis nach den Feiertagen Zeit. Aber nein, Tjark Eilts zahlt, verabschiedet sich eilends und springt an Land.
„He, dein Kistchen“, erinnert Jan, faßt unter die Ducht und wirft es Tjark zu. Der fängt es auf, lacht und sagt: „Gut, daß du daran gedacht hast, Jan. Ich hätte es doch wahrhaftig vergessen ... Gute Heimfahrt nun. Kommt heil zurück zum Siel!“

Sie stoßen das Boot mit den Riemen von der Steilkante ab, und schon kann Tjark es nicht mehr sehen, der breiige Nebel hat es verschluckt. Ein paar Rufe noch hin und her. „Fröhliche Weihnachten“, schallt es aus dem Boot, und „Fröhliche Weihnachten“, antwortet es vom Strand. Das seltsam seufzende Janken der Riemen ist noch kurze Zeit zu hören ... Nun verklingt dieser Laut. Nur die Flutwellen wandern, leise zischend, ihren Weg. Und drückend lastet ungeheures graues Schweigen über See und Sand.

Tjarks Eilts, sein Kistchen unterm Arm, stapft durch den schlickigen Sand. Bald muß der Heller kommen ... Der

Himmel mag wissen, an welcher Ecke der Insel sie ihn an Land gesetzt haben. Plötzlich stockt sein Fuß: Wasser! Ist das ein Hiesel? Aber seit wann gibt es denn an der Wattseite Hiesel, jene Einschnitte des Meeres, die mit dem Strand eine Strecke gleichmäßig verlaufen? Die gibt es doch nur an der Seeseite! Aber wer weiß. Er geht an dem Saum des Wassers entlang und will den Meereseinschnitt umgehen. Doch der Hiesel nimmt kein Ende, das Wasser ist immer noch da. Unruhe erfaßt ihn. Rasch läuft er den Weg, den er gekommen ist, zurück, seine eigenen Fußspuren leiten ihn. Sonderbar . . . Hat die Strömung dem Boot einen Streich gespielt? Mit einem Male packt ihn die furchtbare Gewißheit: dies ist nicht Baltrum, dies ist eine Sandbank im Wattenmeer!

Das Boot!

Um Gottes willen, ist das Boot noch in der Nähe?

Er ruft und lauscht.

Keine Antwort.

Er schreit, so laut er kann.

Nichts. Kein Ton.

Am Rande der Sandbank entlangrennend, stehenbleibend, gespannt auf Antwort lauschend, das alles immer wieder und wieder, so irrt er wie ein Wattengespenst im undurchdringlichen Nebel umher. Wie ein Wattengespenst? Ja, so mag es wohl scheinen, aber hier schreit ein junger Mensch, der vom Leben noch vieles zu fordern hat, um Rettung aus bitterster Not.

Allmählich wird er ruhiger. Er sieht ein, es ist nutzlos, zu rufen. Das Boot ist weg, und Gott mag wissen, woher überhaupt Hilfe kommen soll. Er überdenkt seine Lage. Wo befindet er sich? Unzweifelhaft auf einem der Ausläufer der Steinplate, an der Nordostecke dieser Sandbank vielleicht. Dann muß nördlich, oder einen halben Strich nach Westen zu, das Ostdorf von Baltrum liegen, und zwischen seinem Standort und der Westseite der Insel fließt das breite Fahrwasser zwischen Festland und Insel. Schwimmen? Die Entfernung ist zu groß, und selbst zur warmen Jahreszeit wäre das des reißenden Gezeitenstromes wegen vergebliche Mühe. Wieviel mehr mitten im Winter und ohne jeglichen Richtungspunkt in diesem düsteren Nebelgrau!

Dennoch: dort liegt das Ostdorf! Muß es wenigstens liegen. Er glaubt, es doch deutlich zu sehen! Zwölf Friesenhäuser stehen auf den Dünen . . . Blinkt ein Licht durch den Nebel? Und wieder ruft er, ruft und lauscht. Keine Antwort, kein Lichtzeichen, daß ihn auch nur eine Menschenseele gehört hätte. Weiß aufblinkend im stumpfen Grau fliegt, unwirklich groß, etwas Schattenhaftes dicht an ihm vorbei: eine Möwe, deutlich sah er den vorn gekrümmten starken gelben Schnabel und das kalte, unbarmherzige Auge. Wiederum packt ihn die Verzweiflung. Wie irrsinnig rennt er im Kreise umher, bis ihn das eisige Wasser, das steigt und steigt und in das er jetzt bei jedem Schritt hineinpatscht, wieder halbwegs zur Besinnung bringt.

Ja, die Flut steigt. Sie gehorcht ewigem Gesetz und läßt sich nicht einen Millimeter von der ihr zugemessenen Höhe nehmen. Unerträglich aber ist es, daß sie scheinbar so harmlos angerollt kommt. Käme sie doch, wie an der Seeseite, im donnernden Gang der Brandung! Da weiß man doch, woran man ist. Aber dieses tückische Geschleiche mag der Satan holen!

Jetzt steht er bis an die Knie im ziehenden Flutstrom. Von den Menschen verlassen, kämpft er mutterseelenallein im wüsten winterlichen Wattenmeer einen bitteren, hoffnungslosen Kampf. Er hat nichts, woran er sich klammern könnte, nicht einmal eine Besenbake! Es mag sein, daß irgendwo am Rande der Plate solch ein verankertes kahles Birkenbäumchen aufragt — aber wo? Vergeblich hat er auch danach schon gesucht. Nein — nun wird es ihm unheimlich klar: es gibt keine Rettung mehr für ihn! Er muß sich darauf vorbereiten, hier zu sterben.

Und nun zeigt es sich: der junge Steuermannsschüler und Inselfriese Tjark Eilts versteht zu sterben.

Er nimmt sein Notizbuch heraus und schreibt auf, wie es hier um ihn steht. Da steht er breitbeinig auf der überspülten Sandbank und kämpft gegen den pressenden Flutstrom; unaufhörlich muß er die halb erfrorenen Füße aus dem aufgeweichten, saugenden Sand ziehen und einen neuen Standort ertasten. Aber in den Kampfpausen schreibt er. Im kargen Stil eines Schiffstagebuches, wie er es auf der Seemannsschule in Timmel gelernt hat, setzt er den Angehörigen seine verzweifelte Lage auseinander. In steifen Lettern steht das auf dem Papier. Und als ihm das Wasser bis an die Hüften reicht und es schwer und schwerer wird, dem reißenden Flutstrom standzuhalten, da nimmt er mit schlichten Worten Abschied von denen, die ihm auf dieser Erde teuer sind.

Mit letzter Kraft, und das war schwerer noch als der bittere, salzige Endkampf, öffnet er dann das Kästchen mit der kleinen Weihnachtsgabe für die Schwestern, legt die beschriebenen Blätter hinein, verschnürt es wieder, schreibt dick den Namen und die Anschrift auf den Deckel und knotet sein seidenes Halstuch schützend und fest um die Zigarrenkiste. Dann läßt er sie treiben. Geduldig und gleichgültig, wie bei allem, das sich ihm anvertraut, trägt das Meer dieses erschütternde Vermächtnis davon.

Nun hat Tjark Eilts getan, was er in seiner Lage nur irgend tun konnte. Ruhe erfüllt ihn jetzt. Was soll er sich noch hier im Schlick abmühen?

Er befiehlt seine Seele dem Allmächtigen und wirft sich vornüber in die eiskalten Arme des Flutstroms. Er schwimmt ein paar Stöße. Lange braucht er sich nicht zu quälen. Die Kälte schnürt ihm das Herz ab, und ein Wirbel vor dem Rand der Plate packt ihn und zieht ihn in die Tiefe.

So starb Tjark Eilts.

Es sind nun viele Jahre her, seit er im Watt verschwunden ist. Aber die Erinnerung an ihn und seinen schweren Tod ist auf der ostfriesischen Insel Baltrum und in dem Küstendorf Nessmersiel heute noch lebendig. Denn wenige Wochen, nachdem er ertrunken war, trug das launische Meer, das zuweilen auch einmal barmherzig sein kann, jenes Kistchen an den Wangerooger Strand. Den Toten selbst aber gab die Nordsee nicht wieder heraus.

Nordsee – Mordsee

Arbeitsgemeinschaft Borkumer Lehrer

„Von dem Untergang der ‚Irene Oldendorf' soll ich euch erzählen?" Onkel Jan faltet die Zeitung zusammen und stopft sich seine Pfeife neu. Dann fängt er an:

„Ja . . . das ist eine traurige Geschichte. Keiner von denen, die sie miterlebt haben, kann noch davon erzählen, keiner ist übriggeblieben; und wir können nur ahnen, was sich damals nahe vor unserer Küste abgespielt hat. Wie das Unglück wirklich geschah, wird immer ungeklärt bleiben. Ob es sich so ereignet hat, wie wir vermuten?

Es war in der Nacht zum 31. Dezember 1951. Der Dampfer ‚Irene Oldendorf' ist von Emden aus mit einer Ladung Koks in See gegangen. Er nimmt seinen Weg an Borkum vorbei. Draußen wütet ein heftiger Sturm. Hohe Wellen ergießen sich über das Deck. Immer mächtigere Seen rollen von Westen an. Die Koksladung an Deck verhindert ein schnelles Ablaufen des Wassers. Das Schiff legt sich auf die Seite, es kann sich nicht wieder aufrichten und sinkt; sinkt so schnell, daß dem Funker nicht einmal mehr die Möglichkeit bleibt, SOS zu funken.

22 Menschen sind auf dem untergehenden Schiff. 14 von ihnen versuchen, sich mit dem Boot zu retten. Sie rudern los und nehmen Kurs auf das Feuer des Borkumer Leuchtturms. ‚Es kann nicht mehr weit sein!' ‚Kräftig rudern! Das macht warm.' ‚Gleich sind wir gerettet.' So ermuntern sie sich gegenseitig. Und dann stößt das Boot auf Grund. ‚Gerettet!' Alle springen an Land. Keiner achtet auf das Boot; der Wind treibt es fort. Die Männer irren umher. Sie meinen auf dem Borkumer Strand zu sein, aber soviel sie auch suchen und laufen, sie finden nur Sand, keinen Weg, keine Straße, kein Haus.

Da merken sie schließlich im Morgengrauen zu ihrem Entsetzen, daß sie auf einer Sandbank, weit von der Insel entfernt, gelandet sind. Nichts bleibt ihnen mehr zu tun, als auf den Tod zu warten. Schwimmend das Land zu erreichen, ist unmöglich. Langsam kommt die Flut und mit ihr das Ende.

Um 10.00 Uhr vormittags treiben die ersten Leichen bei uns an den Strand; und am Neujahrsmorgen stehen in der Leichenhalle 14 Särge. Am Nordstrand ist inzwischen das Ruderboot angespült. Auch von den Männern, die auf dem sinkenden Dampfer blieben, ist keiner mit dem Leben davongekommen. 22 Mann Besatzung — das Meer nahm sie alle.

Und während sich dieses grausame Ereignis vor unserer Insel zutrug, schliefen wir ruhig in unseren Betten, keiner von uns wußte etwas davon. Wie leicht hätte unser Rettungsboot sonst Hilfe bringen können."

In Sturmes Not

JULIUS WOLFF

Eiskalt die Nacht; am Nordseestrand
wütet ein Sturm über See und Sand.
Die Brandung donnert, die Wogen rolln,
wie Himmel und Meer miteinander grolln.
Die Fischer im Dorf, von Sorgen erfüllt,
hören es, wie die Windsbraut brüllt,
die wuchtig über die Dünen fegt,
wildgrimmig auf Giebel und Dächer schlägt.
Nun dröhnt bei des Morgens Dämmerschein
ein Kanonenschuß in das Tosen hinein.
Ein Schiff in Not! Da springen sie auf,
Alte wie Junge, zum Strand im Lauf
und sehen gescheitert, fest auf dem Riff,
ein unabbringlich verlorenes Schiff.
„Das Rettungsboot klar! Hinein und fort,
wenn 's menschenmöglich, zum Schreckensort!
Doch wo ist Harro?" Der Führer fehlt,
der alle mit seinem Mut beseelt.
Im nächsten Dorf blieb er zur Nacht;
hat auch wohl, statt zu schlafen, gewacht.
Sie können nicht warten, dort gähnt das Grab
Seeleuten wie sie — so stoßen sie ab.

Sie legen sich in die Riemen mit Macht;
die Dollen ächzen, die Planke kracht;

die Wellen schwingen und schleudern das Boot;
Sturzseen bringen 's in grausige Not,
daß denen am Strande das Herz erbebt;
so haben noch keinen Nordwest sie erlebt.
Doch die auf dem Wasser, in Stürmen erprobt,
Trotz bieten sie allem, was wider sie tobt;
sie steuern dem Schiffe näher und nah,
und endlich, endlich sind sie nun da,
von denen als Retter mit Jubel begrüßt,
denen das Leben schien eingebüßt.
Das Deck überschwemmt schon, versunken das Gut,
die Masten nur stehn noch in steigender Flut,
dran klammern sich die Verschlagnen und harrn,
daß ihnen die Glieder in Kälte starrn.
Die Fischer bergen sie Mann für Mann,
nur einen niemand noch retten kann;
er selber kann sich nicht regen mehr,
und das Boot ist voll, ist schon zu schwer,
liegt schon zu tief in den brechenden Well'n,
fort müssen sie ohne den armen Gesell'n.

Er sieht sie scheiden mit tränendem Blick,
ohne Hoffnung, besiegelt sein traurig Geschick.
Nun rückwärts an Land! Es braust und stürmt,
daß Woge sich über Woge türmt.
Der Himmel ist schwarz, die See ist weiß
vom wirbelnden Schaum; es perlt der Schweiß
auf all den Gesichtern, wetterbraun,
die um sich Tod und Verderben schaun.
Doch keiner verzagt, und keiner erschlafft,
sie kämpfen sich durch mit Riesenkraft,
und wie das Boot aus der Brandung fliegt,
da sind sie am Land und haben gesiegt.

Da ist auch Harro; sein erstes Wort:
„Habt ihr sie alle?" — „Nein, einer blieb dort;
er hing zu hoch in den obersten Rah'n,
wir konnten ihm nicht mit Rettung nahn."
„So holen wir ihn", spricht er in Ruh.
„Unmöglich, Harro! Der Sturm nimmt zu,
wir kommen nicht ab, wir kommen nicht an,
wir müssen preisgeben den eignen Mann."
So meinen sie alle, doch Harro spricht:

„An Bord! 's ist unsere heilige Pflicht!
Wer hilft?" Sie schweigen. „So fahr' ich allein!"
Da tritt auf ihn zu sein Mütterlein:
„Harro, dein Vater blieb draußen in See,
und nimmer verwind' ich das bittere Weh;
auch Uwe, dein Bruder, mein Jüngster, fuhr aus
und kommt nie wieder, nie wieder nach Haus;
der brave Junge! Ich hatt' ihn so lieb,
Gott weiß, wo die Flut auf den Sand ihn trieb!
Nun willst auch du noch —" „Mutter, ich muß!
und käm' ich aus Wetter und Wogenguß
wie Uwe, dein Liebling, nicht wieder zu Land;
wir stehen alle in Gottes Hand."
Sie hält ihn, sie bittet, sie weint und fleht,
daß er nicht, ihr letzter Hort noch, geht:
„Denk an mich, deine Mutter! Ich alte Frau —"
„Ja, Mutter, weißt du denn so genau,
ob der auf dem Wrack dort, todesmatt,
nicht auch daheim eine Mutter noch hat?"
Er springt ins Boot, vier Mann ihm nach,
für solchen Seegang zu wenig, zu schwach;
doch fahren sie los und versuchen ihr Glück.
Dreimal wirft sie die Brandung zurück,
dann sind die hinüber, bald hoch und steil
saust auf dem Kamm, bald wie ein Pfeil,
schießt tief ins Wellental der Bug
des tapfern Boots auf seinem Zug,
verfolgt von den Blicken der Bangenden hier;
atemlos spähen sie starr und stier.

Die fünf gelangen zu Wrack und Mast,
noch hängt im Tauwerk oben der Gast.
Harro nun entert die Wanten empor,
holt selbst ihn herunter, der fast erfror.
Doch er lebt, und sie rudern mit ihm zurück —
das Schwerste vom schweren Wagestück.

Sie kommen! Im Boote, von Gischt umblinkt,
erhebt sich Harro am Steuer und winkt,
und ehe der Kiel berührt den Grund,
legt er zum Rufe die Hand an den Mund
und schreit mit markerschütterndem Ton:
„Mutter, ich bring' ihn! 's ist Uwe, dein Sohn!"

Ein ungewöhnlicher Nachtgast

Moritz Jahn

Der folgende Text ist der Fabel „De Moorfro" entnommen.

Eine einfache Fabel in scheinbar einfacher — plattdeutscher — Sprache, in Wirklichkeit jedoch ein geistig und formal streng gestaltetes Gebilde, ein Kunstwerk, kein „Döntje" — was man angesichts der Handlung vielleicht vermuten könnte.

Wie gesagt: Was passiert, ist schnell gesagt: Ein Moorarbeiter findet in der Nähe von Aurich eine Moorleiche, meldet den Fund, birgt ihn zunächst in seinem Haus, wobei ihm der Bürgermeister und ein aus Aurich herbeigeeilter Archivar beistehen, befördert dann die Leiche anderen Tages ins Archiv nach Aurich. Auf dem Heimweg erlebt er allerlei, was einem Landbewohner seinerzeit in einer Kleinstadt aufregend erschien, und das bedeutet für Hinnerk Gasthausbesuche mit eifrigem Alkoholkonsum. Volltrunken kommt er nach Hause und hat einen aufregenden Traum, in welchem sich seine Frau und die Moorfro zu einer Gestalt vereinen.

Die „Moorfro" taucht also in zweierlei Gestalt auf, einmal als prähistorische Moorleiche, das andere Mal als Theda Lürken, die junge, schwangere Ehefrau des Moorarbeiters. Hier beginnt die Doppelbödigkeit des Geschehens, wie es Moritz Jahn so sehr liebt; man denke an seinen heiter-schmerzlichen Gedichtband „Ulenspegel un Jan Dood". Die echte Moorfro, so erwähnt ganz beiläufig der „lütje Doktor" vom Archiv, könne wohl das Opfer eines Ehebruches gewesen sein; man kenne auch andere solche Fälle von grausamer vorgeschichtlicher Justiz, worauf Theda sich angesprochen fühlt und dem unbekannten jahrtausendealten Ehemann der Moorleiche vorwirft: „Sall woll 'n recht ollen Swien van Kerl west hebbn!" Darauf wieder fühlt sich Hinnerk verletzt, und es kommt zu einem kleinen Ehestreit. Das ganze folgende Geschehen verläuft auf diesem doppelbödigen Handlungsniveau und bekommt von daher seinen Reiz. Der Höhepunkt findet sich im Traum des Hinnerk, wo „dat oll Frauminsk" (seine Theda) und die Moorleiche — „nix as Bunk un Been" — in eine Gestalt zerfließen. Das aber ist auch die Vorbedingung, daß sich am Ende alles wieder einrenkt, Hinnerks Verhältnis zu Theda hat sich in diesen 24 Stunden gewandelt — „nadem dat wi dat oll Wickwief weer los sünd ut 't Huus."

Von Literaturwissenschaftlern wird diese Erzählung für das Musterbeispiel einer Novelle gehalten; eine „sich ereignete unerhörte Begebenheit" reißt ein Menschenschicksal von einer unerwarteten Seite auf, und diese Begebenheit ist in eine einfache Form, geradlinigen Aufbau, klare Sprache verpackt. Man kann vermuten, daß diese Geschichte, ins Hochdeutsche übertragen, farblos wirken würde. Obwohl fast die ganze Geschichte aus Dialogen besteht, sind diese keineswegs banal, sondern äußerst kunstvoll gestaltet. Bis in stilistische Einzelheiten hinein kann man verfolgen, wie der Dichter seine Motive künstlerisch formt, wobei die melodisch-pointierte Sprache der Auricher Mundart wie eine musikalische Untermalung wirkt.

Über allem schwebt ein leiser, wehmütiger Humor, wie ihn Moritz Jahn so unübertrefflich beherrscht. Er, der Nichtostfriese, hat sich bekanntlich in wenigen Jahren seines Auricher Aufenthalts — er unterrichtete am Auricher Lehrerseminar — mit bewundernswerter Einfühlungsgabe so in das ostfriesische Platt eingelebt, daß er einzigartig auf diesem Instrument zu spielen weiß, in allen Tonarten, mit wechselndem Rhythmus, mit unterschiedlichem Tempo, mit sich wandelnder Lautstärke. Wie ein Orchesterdirigent läßt er die Sprachen der handelnden Personen ertönen und wieder verklingen, so daß sich im ganzen ein einzigartiges Kunstwerk ergibt. Allerdings: Man muß sorgfältig hinhören!

Theda Lürken de schull mit de Buurmester: „Denn harrn Se hör ja man mitnähmen kunnt! Wat hebb ik dr mit to doon — ik will gien dode Lü hier int Huus hebbn!"

„Ja man Theda", sä he, „dat kunn ja nich anners, mußt sülfst seggn. Na 't Loog, denn Harrn wi dr ja noch 'n half Stünn mit rümdragen mußt. Un de Dokter, de wull dat ok nich geern; he meen, dor weern hum de Lü to neesgierig — denn queemen s' all un wulln hör bekieken. He hett de Arbeiders dat ok inschüünt, se düssen nix naseggn!"
„Denn harr he hör ja man mitnähmn kunnt na Auerk! Ik will hör nich hebbn!"
„Mörrn froh denn haalt he hör ja ok all. Vanabnd geiht dat doch nich." —

„Hier geiht dat ok nich!“
„Och wat sullt nich gahn. In de Upkamer gah ji vanabnd ja doch nich in sitten!“

De Dokter queem ok an, he lach: „Dat ’s nett van Se, dat se mi de Gefallen doot! Mörrn froh denn mutt ik doch eerst nochmal upt Moor an, äbn sehn, of dr noch wat to finn’n is up de Stä, un denn bringn Hör Mann un ik hör na Auerk hen. Ik hebb mit de Moorvaagd all dr över proot’t, dat sall hör Mann sien Schaa nich wäsen. Willn s’ hör ok noch äbn ankieken?“

„Gott sall mit bewahrn!“ sä Theda Lürken, „ ’k hebb dr all genugg van. Dode Lü de magg ’k nich mal sehn, wenn s’ noch frisk sünd.“

„Ja“, meen de Dokter, „frisk is se nu ja woll nich mähr. Ik räken, so ’n lütt Stieg Hunnert Jahren hett s’ dr woll all in säten int Moor; kunn’n ok noch mähr wäsen.“

„Denn will ’k hör wat seggn“, sä Theda Lürken, „denn harrn se hör man int Moor laten sullt, denn harr ik vannacht slapen kunnt!“

„Och“, lach he, „dor höwen s’ doch nich um upblieben! Ik nähm de Slötel mit, denn kann se der heel nich rutkaamn.“

„Na“, sä de Buurmester ok, „spöken deit s’ nich mähr, de kunn sülfst woll bang worrn, wenn s’ noch mal weer queem up de Welt! Un wenn s’ gien Frä holln will, kummst eenfach bi un haust hör een mit Schleef vör de Kopp. Büst doch anners nich bang — wat seggst du, Hinnerk?“

Hinnerk Lürken keek van een na de anner — seggn muß je ja wall wat, üm dat s’ hum all so ankeeken: „Nä“, sä he, „bang is se jüst nich, se düürt dr woll wäsen.“

„Dat magg ’k höörn“, sä de lüttk Dokter un keek scheew dör sien dikken Breel, „denn ist ja vanabnd all in Rieg, denn will w’ nu man togahn. — Rötten hebbt ji ja woll nich int Huus?“

„Nä!“ sä Theda, „in uns Huus dor gifft dat gien Rötten. Wat denkt se överhoop van mi — hebb ik mien Kraam nich good up Schick?!“

„Dat hebb ’k glieks sehn, as ’k hier in queem“, sä de lüttk Dokter. „Dor kunn’n mien Frolü noch wat van lährn, hebb ’k bi mi docht. De muß bi di mal ant Schummeln fangn, hebb ’k docht, de kreeg der Grund in!“

„Nu holln s' man up!" lach Theda, „na de Mund proten höwen s' mi nich. Wenn hör Fro dat to höörn kreeg, de sull hör woll anners wat vertelln, glöw 'k säker!"

„Kiek!" doch de lütt Dokter, „wat s' nu deiht! Un 't is hör doch recht wat to. Wenn 'n nu mal kittig is, denn magg 'n ok geern, dat de Lü dor 'n Oog för hebbt." Dat harr he ja hadd; nu kunn he driest „Adjüs" seggn.

Heimverlangen

Willrath Dreesen

Was mahnt ihr doch, mich in die Zeit zu finden? —
Weh macht mir alles, was mich lange freute:
Der Park, der Garten, Quellen unter Linden;
Und was ich schuf, ist wert, daß es mich reute.

Bin in der Fremde müd und alt geworden.
Du Kinderland, bewacht von rauhen Türmen!
O unermeßlich weites Land im Norden
In Nebelstille und in Regenstürmen!

Du kleine Stadt mit Dom und Gräberhügel,
Wo die Gespenster graue Steine hoben,
Und über Ulmen tausend schwarze Flügel
Zum Orgelbrausen auf- und niederstoben!

Und Möwen schrien um klirrende Laternen. —
O süße Angst: durch leere Gassen schleichen —
Und lange horchen, wenn aus düstern Fernen
Der alte Mahner murrte vor den Deichen. —

Und morgens rauschten an den blanken Masten
Die Segel auf zu kühnen Beutefahrten.
Ich stand am Bug und sah mit Perlenlasten
Die braunen Königinnen auf mich warten. —

Du blonder Knabe, ach, wo fährst du nun? —
In welke Hände schmieg die greisen Wangen!
Senk tief dich ein, ganz von dir auszuruhn! —
Der Schiffer wartet. — Du wirst heimgelangen.

Ein Stadtkind erlebt das Land

Willrath Dreesen

Auf der Langseite nach Westen zu war der Tannenhof nur durch eine schmale Wiese von einem Fichtengehölz geschieden. Vom Hinterhause aus und im Osten sah man die zerstreut liegenden Höfe und Ländereien der Nachbarn. Aber mit den Giebelfenstern schaute das Haus unter dem tief herabreichenden Strohdach hervor auf die rote Heide und darüber hinaus nach Süden auf das Moor, das dunkel gegen den Horizont stand, dessen klare, nach den Seiten sich ein wenig senkende Linie nur durch eine ganz feine Turmspitze unterbrochen wurde.

Weit waren sie heute aufs Moor hinausgegangen, der Großvater und sein Enkelkind, das die Kirche unter jener fernen Spitze hatte sehen wollen. Aber so weit sie auch gegangen waren: erst über die Wiese, auf der die beiden Schwarzbunten weideten, dann durch die Buchweizenfelder, wo man durch die weißen Blüten den schwarzgebrannten Boden sah; darnach über die rote Heide, die voll war von Bienengesumme — so weit sie auch noch hineingegangen waren, an den Torfstichen vorbei, bis sie die letzten braunen Haufen hinter sich hatten — mehr als die Spitze hatte Ebba doch nicht zu sehen bekommen.

Nun standen sie still. Der alte Mann zeigte mit dem Krückstock geradeaus: das Ewige Meer!

Aber so nahe auch der Kopf des gebückten Greises dem Scheitel des Kindes war — das Mädchen sah noch nichts, so daß sie noch weiter aufs Moor hinausgehen mußten.

Da lag regungslos der See, den man erst sehen konnte, wenn man auf die Höhe gekommen war. Schwarz an den Ufern, tief dunkelblau in der Mitte. Kein Schilf säumte die Ränder. Regungslos, wie ein wimperloses Auge, das wartet und lauert und keine Zeit hat, sich zu schließen, lag das Ewige Meer.

Ein Windhauch kräuselte die Fläche. Das Kind faßte die Hand des Alten und zog ihn auf der Trift, über die sie gekommen waren, mit sich fort. Von Zeit zu Zeit drehte es sich scheu um. Aber nach wenigen Schritten sah es das unheimliche Wasser nicht mehr. Da ließ es die zittrige Hand los und stand wieder still.

Das Stadtkind fühlte, wie anders hier die Welt war, als zwischen den Giebeln der Gassen. Hier war die Erde ganz rund. Kein Haus, kein Baum ringsrum. Nur dort hinten die Turmspitze, die in den Himmel zeigte; in den unergründlich tiefen Himmel, der hier so grenzenlos erhaben aussah, weil nichts außer der Turmspitze vor ihm zu stehen wagte.

Langsam, ganz allmählich drehte das Kind sich um sich selber. Rund war hier die Welt. Rot vor den Füßen und dunkel in der Ferne abgehoben von dem blauen Himmel. — Fast hatte das Kind sich ganz herumgedreht, da sah es im Westen die Sonne als eine dunkelrote Scheibe im violetten Dunst nahe über dem Horizont. Da suchte es wieder, ohne die Augen von der sinkenden Sonne abzuwenden, nach der Hand des alten Mannes. Der aber drängte nun heimwärts.

„Wenn wir nicht gehen, finden wir nicht wieder aus dem Moor. Dann trifft uns König Radbod und nimmt uns mit auf seinem Pferd mit den feurigen Augen."

Und als das Kind nun ängstlich schneller heimwärts strebte, sagte er: „Warte, warte, du lüttje Hex. Der Opa ist steif und krumm und sehr alt." Und als von dem Turm her das Vesperläuten herüberklang, stand er still mit gefalteten Händen und bewegte die Lippen.

Als sie weitergingen, sagte das Kind: „Erzähl' mir vom lieben Gott." Was sollte der alte Mann dem kleinen Ding da sagen? Er sah über das dunkle Moor, auf den roten Rand der Sonne und auf den ersten Stern, der schon im blasser werdenden Blau stand. Und ohne recht zu wollen, begann er — und stand still dabei, die Hand auf das rückwärtsgeneigte Köpfchen des Kindes gelegt: „Herr Gott, du bist unsere Zuflucht für und für." — Den ganzen schönen Psalm sagte der alte Mann, und seine Augen sahen ganz nach innen.

Dann gingen sie weiter auf der breiten Trift, die sicher dem Dorfe zuführte. Und — war es das Dunkel, was den Alten beredt machte, war es die Macht der Psalmworte, die auf die weiten Strecken seines vergangenen Lebens ein letztes stilles Licht warfen, daß der Greis, der über sie hinschaute, von ihnen erzählen mußte? — Er sprach von seinem Leben, ohne Rücksicht zu nehmen auf die Fassungskraft des Kindes; von schwerer Jugend, von Hunger und Krankheit, von kurzer Ehe und Viehsterben, von endlichem Sieg über die Not und von bescheidenem Wohlstand bei steter Arbeit.

Und seine Rede klang wie die eines alten Predigers, und doch viel mehr von Leid durchzittert und von karger Freude durchwärmt, denn er sprach von seinem Eigenen. Und das Kind lauschte, ob es auch nicht alles verstehen konnte. Es lebte mit, ob es auch nicht alle Tiefen zu durchmessen vermöchte. Und nie in ihrem Leben haben Ebba aus Priestermund die Worte ehrfurchtgebietender geklungen, ob sie den Sinn auch nur fühlen konnte:

„Unser Leben währet siebzig Jahre, und wenn es hoch kommt, so sind es achtzig Jahre, und wenn es köstlich gewesen ist, so ist es Mühe und Arbeit gewesen." —

Die Sonne war längst gesunken. — Vom Moor kamen sie allmählich auf die Heide und in die Buchweizenfelder. — Der Alte schwieg, und das Kind fragte nicht. Dann sahen sie auf den Höfen den blauen Rauch, der jeden Abend über der ganzen bewohnten Gegend lag, von den bescheidenen Herdfeuern erzählte und sich nicht trennen wollte vom Dorf. — Und endlich empfing Spitz das ungleiche Paar an der Zaunöffnung, und Stientje, die Magd, die fast so alt war wie der Großvater selbst, sagte, sie hätte schon mit der Milch und dem frisch gekochten Ei auf Ebba gewartet. —

So war der erste schöne Tag auf der Heide zu Ende gegangen. Aber als das Kind im Butzenbett lag, konnte es nicht einschlafen. Es sprach sein Abendgebet wie immer: „Vater laß die Augen dein über meinem Bette sein." —

Es meinte den lieben Gott, aber es konnte nur an den Großvater denken, der auf dem Heimwege ins Unermeßliche gewachsen war.

Hinter der dünnen Wand rasselte das einzige braune Pferd mit der Kette und stieß mitunter die Luft heftig durch die Nüstern. Auf dem Heuboden purzelten piepend die Mäuse durcheinander. Draußen vor den Fenstern lagen die beiden Schwarzbunten so nahe, daß man ihr Kauen und

behagliches Schnaufen und Brummen hören konnte. — Jetzt ging Stientje ganz langsam die Stiege hinauf und schlurrte in ihre Bodenkammer. —
Da baute das Kind aus seinen beiden Kissen für seine Wange eine Stütze, so hoch, daß es über die breite Bettplanke, die das Stroh nicht überquellen und in die Küche flattern ließ, bequem hinwegsehen und den Großvater beobachten konnte.
Der alte Mann hatte viel Schreibwerk vor sich liegen. Er war der Vorsteher des Ortes, der Witwen und Waisen Berater. Die Namen der Neugeborenen waren von ihm in die Register eingetragen. An ihn wandte sich der Pastor des nächsten größeren Dorfes, wenn er wissen wollte, wo etwas zu trösten und zu lindern war unter den Heidjern. Und sein Schiedsspruch versöhnte die Männer, wenn einmal einer dem anderen ein Wort zuviel, einen Halm zuwenig gegeben hatte. Und er schonte weder seine alten Beine noch seine nicht mehr gelenken Finger, wenn er glaubte, jemand vor den Spitzfindigkeiten der Advokaten und vor dem Irrgarten des Gesetzbuches retten zu können. —
Ein großer, mit Zahlen vollgeschriebener Bogen bekam seinen Streusand und wurde zur Seite geschoben. Einen Augenblick lehnte der Alte sich zurück und nickte nach einem dunkelgeräucherten Wandbett hinüber, auf dem in seltsam verschnörkelten bunten Buchstaben zu lesen stand:
„Der Priester und der Richter sind die Augen der heiligen Christenheit; sie sollen sehen — und helfen allen denen, die sich selber nicht helfen können.“
Den Spruch hatte Reint Hüsing in den tausend Jahre alten Gesetzen der Friesen gefunden. Den begriff er und darnach handelte er in seinem Ehrenamt. Und kam oft weiter damit, als die gelehrten Herren auf den Gerichten, die achtungsvoll zuhörten, wenn der ungelehrte Mann seine Meinung sagte, vielen seiner ratlosen Gemeindekinder zum Heile. Es konnte geschehen, daß die Herren alle ihre Paragraphen vergaßen, das Gesetzbuch zuklappten und sich dem einfachen Verstande beugten. Wie sie die Entscheidung dann hinterher mit ihren Büchern in Einklang brachten, das kümmerte den Alten von der Heide nicht. —

Der alte Mann erhob sich und nahm von einem niederen Wandbrett mit einem Griff, der erkennen ließ, daß die zittrigen Hände an ihn gewöhnt waren, die dicke, in braunes Leder gebundene Friesenchronik des Eggerik Beninga herab, setzte die Öllampe vom Tisch auf die Fensterbank und ließ sich schwerfällig auf den Lehnstuhl zur Seite des Herdes nieder. An der vom ewigen Rauch ganz schwarz gefärbten Decke spielte der rote Schein des Torffeuers. — Der Alte stieß mit dem Haken in die glühenden Stücke, daß es ganz hell in der Küche wurde und die Zinnteller auf der Anrichte aufblinkten wie Kupfer.

Das lauschende Kind im Wandbett fuhr vor dem plötzlichen hellen Schein hinter die Bettplanke zurück und lugte erst wieder hervor, als das Feuer zusammengesunken war und in dem Raum wieder das gemütliche Dunkel die Oberhand bekommen hatte.

Da saß der liebe alte Mann über das geheimnisvolle Buch gebeugt. Sein Rücken war so rund, daß er nur an einer Stelle die hohe Lehne des niedrigen Stuhles zu berühren schien. Sein Kinn reichte fast an das dicke Buch, das zwischen seinen Händen auf den Knien lag. Wenn die Rechte ein Blatt umwandte, zitterte sie und das Papier raschelte. Unaufhörlich bewegte sich der Unterkiefer auf und nieder. Nur mitunter, wenn der Kopf sich plötzlich noch tiefer auf das Buch beugte, als wollte der Alte besser sehen, blieb das Kinn unten stehen, und das Gesicht erschien größer und jünger. Aber wenn der Großvater sich wieder aufrichtete, begann dasselbe Spiel des zahnlosen Mundes von neuem, und das Kind konnte sich nicht sattsehen an dem kleinen faltigen Gesicht über dem weißen Halsbart. Alles — die gebeugte Gestalt, das braune Buch mit den gelben Blättern, das greise Gesicht — war so warm von der Öllampe und dem Herdfeuer beleuchtet.

Eine große Andacht erfüllte das Kind ganz. Wie hatte heute abend der Großvater gesagt, als er still dastand und über das endlose Moor hinzureden schien? Hörte sie nicht immer wieder diese Worte, nun sie den alten Mann über das dicke Buch gebeugt sah? —

„Und wenn es köstlich gewesen ist, so ist es Mühe und Arbeit gewesen.“ —

Da schlug der kleine Spitz unter Großvaters Stuhl ganz leise an; draußen brummte die eine Kuh; ein Gesicht erschien für einen Augenblick an dem Fenster, vor dem Großvater saß. Und gleich darauf wurde die Küchentür aufgeklinkt.

Eine kleine schwarz gekleidete Frau trat bis dicht an den Herd, so daß der Feuerschein sie ganz beleuchtete. Und das Kind im Wandbett wunderte sich, warum die Frau, die doch noch jung aussah, so viele Furchen auf der Stirn und zwei so tiefe Falten zwischen Nase und Mund hatte.

„Kannst du mi nu noch helpen, Reintohm?" sagte die Frau.

Und Großvater, der aufgestanden war, führte sie an den Stuhl auf der anderen Seite des Tisches, setzte sich selbst wieder hinter das Schreibwerk und nahm den Bogen, den er zuletzt beiseite geschoben hatte, wieder vor.

„Wie willen dat noch äben mitnanner dörgahn."

Und eine Zeitlang hörte das Kind nichts als Daten und Namen und Zahlen; nur ab und zu weinte die Frau leise. Oben links in der Ecke stand hinter einem Datum, das dreizehn Jahre zurückwies, ein Name, den das Kind auch in der Religionslehre oft gehört hatte. Der kam immer wieder vor. Und das Kind wunderte sich kaum darüber, daß der Großvater etwas mit einem der Erzväter zu schaffen hatte. Hinter dem Namen des Erzvaters stand eine Zahl, die in der obersten Zeile sehr groß klang und weiter nach unten zu immer kleiner wurde.

Und oft kam das Wort „Zinsen" vor. Dann machte der alte Mann immer ein zorniges Gesicht und sagte: „Völs to hoch! Völs to hoch!"

Als aber schließlich der Großvater mit der Faust auf den Tisch schlug und den Erzvater Abraham einen Lumpen nannte, da wunderte das Kind sich sehr. Es wußte nicht, daß die nackten Daten und Zahlen von dem unermüdlichen Ringen zweier Menschen erzählten, die mit gutem Mut vor dreizehn Jahren einen kleinen Hof gekauft und mit dem Gelde Abrahams, des Juden, bezahlt hatten.

Von Zeile zu Zeile wurden die Zahlen ein wenig kleiner. Und zwischen den Zeilen stand viel von dem Fleiße des Mannes und der Umsicht der Frau. Die letzte Zahl, die da so stumm stand, war ungefähr halb so groß, wie die erste.

„Ja, Kind", sagte der Alte, „du mußt verkopen."

Da jammerte die Frau laut auf und fing an zu reden, wie zu sich selber: Wie fleißig ihr Mann gearbeitet habe, wie stolz er gewesen, wenn er allmählich hätte abbezahlen können; und wie es nun nach dreizehn Jahren plötzlich vorbeigewesen mit seiner Kraft.

„Ja, he hett sück dodrackert", sagte der alte Mann, „hett sück um Kraft und Verstand brocht."
Und als die Frau fragte, ob es denn gar nicht möglich sei, ihrem Sohne den Stolz des Vaters, den kleinen Hof, zu erhalten, schüttelte er traurig den Kopf.
„Denn rackerst du di ook dod. Und alleen kummst du noch deeper in Schulden."

Dann blieb es lange still zwischen den beiden. Die Frau wimmerte nur mitunter. Als sie aber endlich laut aufschluchzte und rief: „Wat sall denn nur worden mit mi und min Kind?!" — da stand der Alte auf, ging um den Tisch herum, legte ihr seine Hand auf die Schulter und sagte: „Wenn wi verköfft hebben, kummst du mit din Jung bi mi. Min Stientje is old und kann Hülp bruken. Und wat aferblift, dat wahr ik för din Kind as sin Vörmund."

Da sah die Frau den alten Mann mit nassen Augen so traurig an, daß das Kind im Wandbett leise aufschluchzte. Und es war doch tapfer geblieben, als die Frau laut jammerte! — Aber es lag doch ein hellerer Schimmer auf dem blassen Gesicht der Witwe, der vorher nicht dagewesen war, als sie nun dem Großvater ohne ein Wort die Hand gab und hinausging. —

Der Alte aber stand, stützte sich mit der linken Hand auf den Tisch und starrte kopfschüttelnd in die Flammen. Endlich trat er an das Wandbrett, nahm einen anderen Schweinslederband herab, darauf in großen schwarzen Buchstaben stand: „Das Landrecht der Friesen", und setzte sich wieder in seinen Lehnstuhl. —

Das Kind im Butzenbett hörte noch ein paarmal das Papier rascheln und hatte sich schon in den Kissen zurechtgerückt; denn es war nun müde von allem Erlebten und wollte schlafen. Da fuhr es wieder auf. Denn der Großvater hatte heftig das alte Buch zugeklappt und mit der flachen Hand auf den Deckel geschlagen; und stand nun da, von dem roten Schein beleuchtet, größer als sonst. —

Und das Kind hörte Worte, die so schön und fremd klangen, wie heute abend der Psalm auf dem Moor:

„Die erste Notsache ist: Wenn das Kind in seiner Jugend gefangen und hinweggeführt wird, nordwärts über die See oder südwärts über die Berge. Dann muß die Mutter ihres Kindes Erbe versetzen oder verkaufen und das Kind lösen und ihm seines Lebens helfen. — Die andere Notsache ist: Wenn das Jahr teuer wird und der heiße Hunger über das Land fährt und das Kind Hungers sterben will, so darf die Mutter ihres Kindes Erbe versetzen und verpfänden und ihrem Kinde dafür kaufen Kuh und Ei und Korn, damit sie dem Kinde seines Lebens helfe; denn der Hunger ist das schärfste aller Schwerter. — Die dritte Notsache ist: Wenn das Kind stocknackend und hauslos ist, und die Nacht des düsteren Nebels anbricht und der kalte Winter in den Hof hineinglänzt, so sucht jedermann seine Wohnung und sein Haus und seinen warmen Herd, und das wilde Tier birgt sich in seiner Höhle und in einem hohlen Baum, auf daß es sein Leben erretten und behalten möge: Dann weinet und schreiet das unmündige Kind und zeiget auf seine nackenden Glieder und die Blöße seines Leibes und klagt, daß sein Vater, der ihm helfen und es schützen sollte gegen den Hunger und den kalten Winter, daß der so tief und so dunkel in der kalten Erde, unter den Eichenbrettern mit vier Notnägeln beschlagen, ruht. Dann darf die Mutter des unmündigen Kindes Erbe versetzen und verkaufen, denn sie ist verpflichtet, es zu schützen gegen Frost und gegen Hunger.“

Der alte Mann stellte bedächtig das braune Buch an seinen Platz und sah dann noch nach dem Kinde. Das stellte sich schlafend und machte die Augen auch nicht wieder auf. Denn bald kam wirklich der Schlaf und nahm von ihm die Lust und die Wehmut dieses Tages, an den Ebba Hüsing immer hat denken müssen, wie man morgens nach dem Erwachen sich erinnert an einen Traum, von dem man kaum weiß, ob er einen glücklich sein ließ oder traurig. Nur des einen ist man sich noch bewußt: Daß er schöner war als alles, was man bisher wachend erlebte.

Klocken-Lübbers

Bruno Loets

An de Oosterstrate, Hoek Öljemöhlenweg, harr Klocken-Lübbers sien Laden. En lüttje Laden. Un vullstoppt, dat 'n sück der neet in rögen kunn. Klocken noch un noch. 'n Stück of wat grote stahnde Klocken, Amsterdammers — mit Sünn un Maan un Steeren, mit 'n Schipp up de Bulgen, un boven drup gülden Engels mit Trumpetten. An de Müür Halfpendülen un Freesenklocken mit Seewievkes an Weerssieden und Biller derup — en Loog, en Karke. Ok neemodsche Klocken hungen dar, in Mahoni. Dernaast Barometers un Themometers. Up de Töönbank de glasen Backe mit Taschenuhren, van eenfach Nickel bit hen to de allerdürste massiv gülden, de ok repeteeren kunnen — wenn 'n up de Knopp drückte, kwam dor — ping-ping-ping — heel sachte de sülvern Slag rut, weffer Stünn dat denn nett was. Ok Feernkiekers un Vergrootglasen harr Klocken-Lübbers, un Brillen.

Achter de overvulle Laden en Kamer, ok stoppevull, ok neet groot. Links an de Binnenwand en Bett, en Eckschapp, un rechts vör 't Fenster de grote Warktafel, un dorvör in en Löhnstohl he — Klocken-Lübbers. In 't Midden van dat hele Wesewark, as en Spinne in 't Nett. So satt he dor. Un en Spinne, do leek he ok up.

In de erste Jahren van sien Leven harr he Kinnerlähmung kregen, harr 't overleeft, man harr haast kien Beenen mehr unner 't Lebent. En griese Bülte Minsch, dee sück neet mehr sülvst helpen kunn. Mörgens tegen söben kwam Franzen, van de Leerladen, en paar Husen wieder, hulp hum to 'd Bedde rut, sörgde, dat he sien Natt un Dröge kreeg, un denn drog he hum in de Löhnstohl. Un 'savends weer annersum. Ok Middags kwam he even, haalde dat Eten van Frau Albers boven un keek, of der anners noch wat nödig dä.

De heele Dag dör satt Klocken-Lübbers an sien Warktafel, meest de dicke Lupe vor 't Oog, de stücken Klocken, all de Raden und Feeren un Schruufkes bargehoch um sück to. Flietig was he man eenmal — „wat sall ick anners als arbeiden?" — un könen kunn he 't as man eene. Wenn en Kunne kwam, vörn in de Laden, reep he hum van sien Stohl ut to, wor he 't finnen kunn, wat 't kösten dä un wat dor anners noch bi hörde. Blot wenn 't heel un all neet anners kunn, wenn 't hochnödig dä, kwam he sülvst even na vörn — mit alle Gewalt schoof un drückde he sück to sien Stohl ut, swung sück up de beide grote Krücken un torkelde na de Laden. Neet een Been, um de Grund to raken. Wat en Maihte, wat en Elend! He was ok unglükkelk in sien Unglück. Bold alltiet an 't Knüttern, an 't Schellen, an 't Futern.

Eenmal was Pastor Görtemaker bi hum komen, wull as junge Pastor doch elk un eene van de Gemeente even besöken. Vörall hum, dee neet na de Karke komen kunn.

„Dat kann ick neet", knurrde Lübbers, „man dat dä ick ok neet, wenn ick dat kunn. Gahn Se mi weg mit de leeve Gott, un dat dee 't alle so mooi maakt un mit Vaderleefde regeert un wat neet alle mehr! Moet ick nicks van hebben. Is nicks van wahr."

„Man Herr Lübbers!"

„Nee, neet, wat se denken, dat ick blot an mi denke. Maken se man de Ogen open; de hele Natür, wat is 't? Een Freten un Fretenworden, nicks as Jagen un Angst, nicks as Not un Dot."

„De Herr het höör en swoor Krüs to dragen geven, man he sall höör ok dragen helpen. Wenn se dor um beden."

„Dee mi dervan ofhelpen of dor bi helpen, dee mi 't sülvst stüürt het? Dor sitt doch kien Sinn in, dat is doch kien — kien Logik is dat doch! Kaulderee! Freuet euch, hebben se preekt, as se hier komen sünd, heb 't lesen in 't Blattje, in dem Herrn, un ok noch allerwegens. Ja, see — see könen sück freien, mit de dicke faste Schunken, wor Se up stahn, wor ick nu nett tegen ankiek — un dat anner dortüssen ..." Un he keek so overdüdelk dorhen, dat de Pastor der haast en Klör van kreeg un maak, dat he der weer ut kwam.

Ja, dat dortüssen, in 't Midden, dat was alltiet in 't Midden van sien Knüttern un Futern, dat he dat neet kunn. De Mannlü vertellden sück 't 's avends in 't Weertshuus, wat he dor nu weer over seggt harr, un satten to gnifken. „Och Heer", sä Consul Behrends denn wol, „de arme Keerl het kien Frau un seker nooit en Frau kennt. Elk helpt sück as he kann. He dai ’t mit Woorden.“

De wassen derna. Noch an de Graf sä he, as dee um en neeje Brille bi hum kwam: „Gahn se dor man even sitten solange, Heer Graf. ’t is man en Kökenstoehl, man wor se dor mit up sitten gahn, sünd un doon se ja ok neet anners as anner Mannlü.“ Frauen gungen der heel neet hen. Blot Frau Behrends dürs dat, un dor kunn he ok wol mit. „Se sünd so lang un dünn“, meende he, „gor kien richtigen Frau. Mit Höör kann ’n verstannig proten. Se könen en open Woord tegen.“ „Man ick heb doch Kinner, Lübbers, denn mot ick doch sachs wol en richtige Frau wesen.“

„Dee“, nütterde he, „dee sünd denn seker mehr van höör Mann.“ Man de Mannen kwamen bi hum. Sülvst unglükkelk, kunn he toehören, wenn een mit sien Unglück, sien Arger, sien Sörge bi hum kwam. Un so mennigeen het he hulpen. Mit Rat. Un Daad. —

Ins, Saterdagmiddag, gung ’t Pingeling! Twee Wichters in de Laden, nüdelke lütte Bülten. Man he reep, al kwaad, um dat Wichters doch al en bietje bi de Wieven hören: „Rut mit jo! Hier is kien Laden för Kinner!“

„Wi wullen ok nicks kopen.“

„Denn erst recht rut mit jo!“

„Wi sullen wat brengen.“

„Wat? — Is ja wol neet wahr.“

„Doch. Hierso.“ Vörsichtig kwamen se wat dichterbi, de eene schoff de anner vör sück hen.

„Wat is dat denn, wat ji dor hebt? Ik heb nargends wat bestellt, so vööl as ick weet tominste.“

„Dat is Pudding.“

„Pudding? Worför dat dann?“

„För mörgen. För Sönndag. Kumpelment van Moder, un se muggen disse Pudding — muggen dor neet al vandage over hergahn; dee muß stahn blieven, för mörgen, för Sönndag.“

„Man nee, man nu! Un wat sünd ji denn för welken, wenn ick fragen dür?“

„Behrends, Konsul Behrends sien Kinner.“

„Nu kiek eben an! Ja, denn — denn will ik dat för dit Mal wol annehmen. Denn sett dat dor so man hen — nee, wieder links, neet tüssen de rüstige Raden, Kind!“

„Ja", meende de Oldste, „denn will wi man weer."
„Ja. Man —", un nu harr de doch weer wat funnen, um up to schellen. „Man wat sall nu mit de Kumme? Wo sall ick de weerumkriegen?"
Dat wussen se ok neet.
„Wies even!" sä he. „Kiek, dat hebt ji noch raakt. Nett so een Kumme heb ick ok, ok nett so groot. Denn gah man even bi de Schapp in de Hook, unnern, dor sünd mien paar Köpkes un Kummen. Hest hum —? Ja, dat is he. Kiek, nu nehmt man disse van mi mit, denn is dat futt weer in de Riege. Un besten Dank ok, mot ji an jo Moder seggen, höör? Kann ick doch neet over hen, dat dee mi dat stüürt het. Un dat se jo beide dor mit stüürt."
„Dat was ok mehr uns' Vader. Dee sä — man dat düren wi seker neet wiederseggen."
„Doch, doch — man driest."
„Good för Kinner, wenn se al froh wat sehn van 't grote Elend in de Welt."
He satt even still, keek up Tafel. Sien Mund trillde. Dana sä he, wat sachter: „Hier, Kinner, en Sülvergröschen. Loop ji dor nu man gau mit na Backer Siemers an de Overkante un halt jo dor twee Muulschellen för. Man grote, hör?"
„Jaha! Un besten Dank ok!" Se knicksten, un d'rut wassen se.
Dor lepen se — trippelden, hüppelden. Jung, bliede, gesund. So Kinner doch. Unschüllig noch. En paar Jahr wieder, wat biwussen — wat för nüdelke Biggen! So richtig lecker. Un he greep na de naaste Uhr as of dee so smakelkt was as 'n Biggge van Marzipan.

In en tusterge November kreeg he Bronchitis. Alltiet blot in sien lüttje Kamer, alltiet blot sitten — dor wassen Hart un Lunge man swack bi bleven. Kunnen der neet mehr tegen. Frau Albers boven sörgde för dat Nödige, Franzen broch 't na unnern; ok van anner Lü kwam dit un dat! Tille Behrends schreef, dat se alleen um de Kinner neet komen kunn, 't was ansteekend. „Gode Frau", flüsterde he, „leve Kinner . . ."

„Franzen", frog Lübbers ins, „du sörgst so troe för mi — wo sall ick di dat weer gotmaken? Al as junge Man in de Laden hiernaast hest du dor mit anfangen, un nu, sülvst Frau un Kinner, daist du 't noch."

„Ick bün Christ, Lübbers“, sä Franzen, „un dat is neet blot mien Plicht, nee, ick do dat geern. Ick bün bliede, dat uns’ Heergott mi so düdelk un ok so froh al wesen het, wat ick doon sall. He het mit di sotoseggen vör de Foten leggt. Ick höfde ’t man blot uptillen.“

„Och ja — uptillen — to ’t Bedde rut . . .“

„Laat man so, as ’t is.“

’t was so: Wenn een van de Karke kwam, kollekteeren, gaf Lübbers nicks — för de Karke? Nooit! Man Franzen kunn van hum hebben, wat he wull, so vööl un so faken as he frog. Un Franzen, un dat wuß Lübbers heel got, un dat wuß de hele Stadt, gaf ’t alle wieder —: för de Armen, bi Kranken, an de Karke. Vööl. Lübbers verdeende got un bruukte för sück sülvst haast nicks.

En Dag vör Wiehnachten wur he begraven. En lütje Sarg. En heel grot Gefolge. Mögen mugg hum so recht kien eene. Man leef harren se hum doch, alle mitnander. Klokken-Lübbers sien Laden dicht — was doch so raar. De Stadt sünner Klocken-Lübbers, dat was bold höör eegen Stadt neet mehr. Noch na Jahren.

Boven up Diek

Gerrit Herlyn

De oller Heer was mi al langer upfallen, wenn he mi bi ’t keiern in Möt kwamm; he staapde rüstig ut un was neet an ’t drittjen, so as man dat wall is bi ollerde Lü sücht. Wi säen uns „Goden Dag“ to, man mehr ok neet. Man dann sach ik hum ok mehrmalen up de Bank sitten, dar boven up Diek. He satt alltied up de buterste Kant von de Bank, as of he genug Bott laten wull, wenn noch anners een up disse Bank rüsten wull, sünner dat een de anner beletten dä. He keek over dat Water wied in de Feernte herin, as of he dar wat söken muß, wat he neet finnen kunn, man dann kunn he sük ok so weer dreihen un satt mit de Rügg na dat Water to un keek binnenlands.

Ik hebb mi ok wall is up desülvige Bank sett, man heel up Güntsied un wied genug van hum weg; ik wull hum neet lastig fallen. He sä nix un ik sä ok nix, man ik keek hum wall is schau an, omdat ik neeisgierig genug was: well was he? Wat truck hum hier alltied weer her? Wat harr he wall för Gedachten? Wo muß ik mit hum an?

Hen un her leet ik mal 'n Woord fallen over dat Weer. Eenmal harr ik 't Bladdje mitnohmen un froog, ob he dat Neeiste al lesen harr. Man he was gar neet prootsk. Un doch wurr mit de Tied d'r wat van, dat een de anner wat vertellde un dat man dit un dat van 'n anner gewahr wurr.

Warner Franzen was hier in Stadt in dat Huus raakt, wor oll Lü in wohnen. „Ik sitt sotoreken nu up Diek" sä he, man dat hett wat dürt, bet ik dar achter kwamm, wat he damit seggen wult. He hett mi dat verklaard. De Diek was för hum so wat as 'n Wennacker van sien Leven. Van hier kunn he noch alltied mal weer rüggels kieken, wo 't all west was un wo 't all komen was — man dann ok vöggels, wor man up an muß.

Wenn he binnenlands keek, dann keek he over all de Husen weg un söchde in Gedachten dat Huuske, wor he in groot worden was. Dar was man sünig Bott in west för sien Ollen un all de Kinner, de se harren. Man för hum un sien Süsters un Brörs was d'r doch·Rümte genug: dar was ja neet blot de Köken, man ok noch Kamers mit Slaperee un dann dat grote Achterhuus mit 'n Deel, twee lüttje Gulven, 'n Stück of wat Schaapstallen, 'n Swienhuck un de Hill mit Stroh un Hei darup. Wat kunnen se dar moi Verstopperke spölen un Hollen un Nüsten bauen. Un dann de Tuun bi Huus! Se harren wall is mal helpen mußt bi 't umgraven, hacken un wäden, Kohlplanten sticken un Tuffels rüden, man se harren d'r ok hör Will van hadd mit all de Früchten: Eibejen un Krüsbejen, Karsen un Plumen, Appels und Peren! Dat wassen jüst gien Soorten mit neeimoodske Namen as Delicious un Granmeer, so as se vandaag tokoop bünt, man gewohn: Keeskeappels, Schaapsnösen un Pieshundjes, Piepkanntjes un Holterperen, Wichterkes, Muultreckers un Katerklöten, man as Kinner muchen wi de jüst dann am leevsten, wenn se noch lüttjet un krumpen un suur wassen . . .

Mit de Tied was een na de anner van Huus weggahn un he, de jungste van alle de Kinner, harr dat lüttje Spill van sien

Ollen overnohmen, harr traut un mit sien Frau sülvst 'n Hörn Kinner uptrucken; de wassen all in de wiede Welt heringahn, omdat se dar na hör Menen mehr verdenen kunnen; sien Frau was al vör Jahren overleden. He harr sük sülvst neet mehr recht helpen kunnt un sodaande reselveerd, in dat Huus för oll Lü overtogahn. Sien egen Huus harr he verköfft, dat is dann futt plattreten worden „un vandaag steiht dar so 'n Bungalov up, of wo de Dinger nömt worden", leet he sük darover ut.

All dat hebb ik mit de Tied ut de oll Mann up de Diek herut kregen. Eenmal hett he dat sülvst all so tosamenbunnen: „Ik kiek alltied mal weer over 't Land un dann seh ik hier of dar unner dat dunkergrön Loov van Linnbomen de rode Pannen van so 'n Huus un darover de wiede Himmel un dann weet ik: ‚Dar koom ik her.' Man dann mutt ik mi umdreihn un de anner Kant ankieken. Dann sök ik mit mien Ogen 'n Schipp, dat dor langsseilt, un all mien Lengen un Süchten stür ik mit up de grote Reis."

„Up de grote Reise?" froog ik. „Dat is ja noch wall neet so wied? Of föhlen Se sük neet good?"

„Dat mag nu wesen, as 't will", antwoorde de oll Mann up Diek, „man kann neet alltied up de Diek blieven, wi mutten man sehn, wo wi daroverhen komen."

Gah driest mal in en Naberhus

ELISABETH POLLMANN

Gah driest mal
in en Naberhus
un holl son lüttje Proot.
Legg driest mal
bi all Sus un Brus
dien Hannen in de Schoot.
Kiek driest mal
na en olle Fründ,
de du so lang neet sehn.
Fraag, wat he maakt
un deiht upstünnt.
Och, gah doch eenfach hen.
Klopp ok mal
an en dichte Dör,
bit een di open deit,
un maak neet gliek
en groot Gereer,
wenn he di neet versteiht.
Günn hum dann
faker mal een Woort.
Sallt sehn,
he lacht di an
un hollt van süllst
sien dichte Poort
wiet open,
as he kann.

De Naber

OSWALD ANDRAE

De Naber
köfft sik
en nee Auto.

All
koopt se sik
en nee Auto.

De Naber
köfft sik
en Wäkenendhuus.
All
koopt se sik
en Wäkenendhuus.

De Naber
hett nu
ok al en Boot.
All
hebbt se nu
ok al en Boot.

De Naber
flüggt
tokumm Sömmer
na Las Palmas.
All
fleegt se
tokumm Sömmer
na Las Palmas.

De Naber
hett
Kredit upnahmen.
All
hebbt se
Kredit upnahmen.

De Naber
schull
wat süniger läwen.
Schulln se
all
wat süniger läwen?

De Naber
luurt
up en groot Vörbild.
All luurt se
up de Naber.

De Öl-Song

Oswald Andrae

Laterne, Laterne,
satt Öl in de Kaverne,
so satt,
dat 't Öl bold överschwappt.
Well will denn,
dat sik 't Öl verknappt,
dat de Priesen stiegt,
dat de Lüü berappt?
Laterne, Laterne,
Nu freut sik de Konzerne.
Dat mark di, Jung,
un wees nich dumm!
Bimmela,
bammela,
bumm.

„Die Törichten aber sprachen zu den Klugen: Gebt uns von Eurem Öl, denn unsere Lampen verlöschen. Da antworteten die Klugen und sprachen: Nicht also, auf daß nicht uns und Euch gebreche; gehet aber hin zu den Krämern und kaufet für Euch selbst."

Well will denn,
dat sik 't Öl verknappt?
De Jungfro,
de dat Öl utgeiht?
De lüttje Mann,
de Geld verkleit?
De Ölscheich,
de de Hahn dichtdreiht?
De Ölboß,
de Profit upsleit?

Laterne, Laterne,
satt Öl in de Kaverne,
so satt,
dat 't Öl bold överschwappt.
Well will denn,
dat sik 't Öl verknappt,

dat de Priesen stiegt,
dat de Lüü berappt?
Laterne, Laterne.
Nu freut sik de Konzerne.
Dat mark di, Jung,
un wees nich dumm!
Bimmela,
bammela,
bumm.

Keen Strom

EWALD CHRISTOPHERS

Vör eenig Tied weer doch miteens de Strom weg, un wi seeten in Düstern. Dat Lücht bleev weg, nich blot vör 'n Oogenblick. Bi uns weer dat dagenlang.

Een Iespanzer harr sück dor buten um de dicke Drahden leggt, un denn weeren se räten as 'n Stück Papier. Sabends weer 't düster, pickeldüster, un keen Rietstikken to Hand. Wuß nich mal, wor een Keers leeg, un leep in Düstern tägen Dischen un Stohlen an. Wat bleev, weeren blau Flecken.

Irgendwor aber muß noch van Wiehnachden een Keersenstummel liggen. Man — wor? In een Schuvlaa, sovöl wuß ick woll, doch in wecke? Ick harr Glück un funn noch wat. Baben up de Böön leegen in een Pappkarton de Saken vör uns Dannenboom. In de Keersenhollers noch 'n poar Stummels. Bäter as nix!

So kunnen wi uns tominst ok noch 'n bäten an de Flamm upwarmen, denn mit de Strom bleev ok de Heizung weg. Wo sull se loopen, wenn de elektrisch Pump dat Öl erst mal anpumpen muß. Dor seeten wi nu. Wat anfangen? Mit Radio un Fernsehen weer ok nix to maken, un wi harrn keen Batteriegerät to Huus. Läsen bi dat fluckerige Lücht, dat gung ok nich. Well will sück all de Oogen verdarben. Rein still wur dat in uns Huus, un ick muß an slechte Tieden denken, as ok woll de Strom stündenlang, un dat jüst to Abendtied, wegbleev. Damals weeren Noodtieden.

Nu weer mi dat Huulen van de Schneestörm dor buten doch leever as dat Huulen van Sirenen. Doch wat sull ick blot mit de Tied anfangen?! Am besten weer 't woll, in 't Nüst, in 't Bedd to gahn.

Nu, vör mi weer dat, ahn Strom to wäsen, nich so schlimm, doch vör uns Buren. Eenigen van hör harrn körtens erst een Goldmedallie krägen, wiel dat heele Huus mit all Maschinen up Strom leep. Nu seet dr'n Uul.

Harrn wi man de oll iesdern Abend nich up de Schrott schmäten?! Nu harrn wi hum good bruuken kunnt, denn in een Kamer dor seet ok noch 'n Schöstein. Am warmsten weer dat noch bi dat Veeh in de Stall.
Un erst all dat frisch infroren Fleesch in de Köhltruhe. Up eenmal mußt wär na de olle Method gahn: rut mit dat Fleesch, rin in de Pott, anbraden un inkaken. Köhlschappen sünner Strom, dat kann nich lang goodgahn.

Dat Neeje, wat 't vandaag so givt, mag woll good wäsen, doch wenn 't mal anners kummt, is Holland in Nood. Harrn wi man dit, harrn wi man dat, so weer 't van alle Kanten to hören. Ja, harrn wi man!

Man dürt doch nich, wenn dat Neeje kummt, alles Hals över Kopp rutsmieten, as harr dat Olle nie wat döcht. Junge, dat kann ok mal torüggslaan.
Wo säker föhlen wi uns doch mit all de Technik rund um uns to. Mag dorum heel good wäsen, dat uns of un an mal de Strom wegblievt. Anners kunnen wi noch woll wäpel woren.

Doch ick wett, schient wär de Sünn, wieken mit de Warmt ok wär de kolle Gedachden. Wi vergäten völs to licht.
Ick vör mien Part hebb mi een lüttjen Holtkist timmert. Dorin een poar Keersen packt mit 'n Dös Rietsticken. Hapentlich finn ick de Kist ok wär, wenn 't mal wär sowiet is.

Die Antwort

Oswald Andrae

Der Westwind dieser letzten Tage
singt leis und zieht mit seinem Lied
— der Klage, die ich nicht ertrage —
in das empfindliche Gemüt.

Der Nebel dieser letzten Tage
liegt lastend über Feld und Frucht
wie eine immer neue Frage,
die lauernd ihre Antwort sucht.

Die Blume dieser letzten Tage
gibt frohen Mut und Zuversicht,
als wolle sie dem Nebel sagen:
„Die Welt vergeht noch lange nicht!"

Dennoch

Berend de Vries

Sieh, es ist zwar, wenn du's recht bedenkst,
In der dumpfen Wirrnis dieses Lebens
Alle Lust nur Qual, und ach! Vergebens
Ringt in bangen, sorgenvollen Nächten,
Ob du dir auch keine Schmerzen schenkst,
Deine Seele mit den dunklen Mächten.

Doch trotz allem: Herz und Stirn empor!
Wisse: einmal dringt das Licht hervor;
Dein erschrocknes Herz, das eben noch geblutet,
Wird von heller Freude überflutet.

Die Weihnachtsgeschichte nach Lukas 2, 1–20

Peter Elster nach Evangelist Lukas

1. Dat geböörde in de Dagen, as d'r 'n Örder utgung von Kaiser Augustus, dat all' Volk muß sück inschriewen laten.
2. Dit erste Inschriewen was, as Cyrenius Vogd over Syrien was.
3. Un all moken sück up 't Pad töt Inschriewen, elk in sien Gemente.
4. Ok Joseph ut Galiläa ut de Stadt Nazareth mok sück up de Stap na Judäa in de Stadt David, de Bethlehem nömt word, inwiel he ut de Familie un de Stamm David was,
5. um sück inschriewen to laten mit Maria, sien angetraude Frau, de was in Hope.
6. As se dor do wassen, kwam de Tid, dat se von d' Been ofmuß,
7. un se broch hör Söhn tö de Welt, hör erste. Un se wickelten hum un legden hum in een Krübbe, denn vör hör was dor geen anner Bott in de Harbarg.
8. Un nu wassen dor Heders in desülvige Kuntrei up 't Land, de hullen sück dor up un paßden up hör Veh.
9. Un de Heer sien Engel trat up hör tö un de Heer sien Schien strahlde um hör tö un se verschrucken sück allmachtig.
10. De Engel aber sä an hör: „Verfehrt jö neet! Süh, ick breng jö en heel bliede Böskup, de vör all Volk gelt,
11. denn jö is vandage de Redder geboren. Dat ist Christus, de Heer, in de Stadt David.
12. Un dat sall jö en Täken wesen, ji sölen dat Kind in Kindsdöken inwickelt finnen, un dat liggt in en Krübbe.“
13. Un tö Mal was dor bi de Engel en Koppel van dat himmelske Heer, de presen Gott un säen:
14. „Ehre vör Gott in de Höchten, un Free over de Eer in de Minsken, de göd Sinns sünd.“

15. As dat geböörd was, trukken de Engels van hör weg in de Himmel, un de Heders säen anenanner: „Lat uns nu na Bethlehem gahn un dat Wark bekieken, dat dor geböört is, worvan de Heer vertellt hett.“
16. Se lepen in d’ Drafft hen un se funnen Maria un Joseph un dat Kind, dat in de Krübbe lag.
17. As se dat saggen, kregen se ’t in de Künne, wat over dat Kind in de Krübbe vertelld was.
18. Un all’, de dat hörten, verwunnerten sück over dat, wat de Heders hör vertellden.
19. Man Maria inthull all’ disse Worden un bedoch hör in hör Hart.
20. Un de Heders gungen weer torügg. Se presen Gott un gaven hum de Ehre vör all’ dat, wat se hört un sehn harren, nett a’krat so, as hör dat vertellt was.

Sagen und Märchen

Der Schinken von Werdum

Theodor Focken

Während des Dreißigjährigen Krieges wurde Ostfriesland durch das Heer des Grafen Ernst von Mansfeld schrecklich heimgesucht. Die Mansfelder hausten 14 Monate, vom November 1622 bis zum Dezember 1623, in unserer Heimat, ließen sich das Beste auftischen, was die Bewohner hatten, raubten ihnen ihr Geld und ihr Vieh, stahlen die Glocken aus den Kirchtürmen, um Kanonen aus dem Metalle zu gießen, und verübten entsetzliche Greuel.

Auch die noch vorhandene Burg in Edenserloog bei Werdum wurde von ihnen belagert, und die tapfere Besatzung war schon nahe daran, sich ergeben zu müssen, weil die Eßvorräte in der Burg zu Ende gingen. Da rettete sie eine List. Den letzten Schinken, den sie hatten, steckten sie auf eine Stange und schoben ihn aus dem Schornsteine hinaus. Als die Feinde das sahen, glaubten sie, es müsse noch Vorrat genug in der Burg vorhanden sein, und zogen ab. Die Sammlung der vaterländischen Altertümer in Emden besitzt noch ein kleines Stück von diesem Schinken, das freilich so hart geworden ist wie eine Schuhsohle.

Der fliegende Holländer

Heinrich Karstens

Vorzeiten, als der friesische Kanzler Justus von Wetter herrschte, murrten viele hier und da in den Landen, weil sie mit seinem Regiment nicht zufrieden waren. Vor allem haßten die Harlinger ihn.

Eines Morgens in aller Frühe, während die Harlinger noch schliefen, kamen Fischer von Spiekeroog und Langeoog nach dem Harlingersiel, weckten die Leute und erzählten, was sie erlebt hatten: „Heute nacht, als wir auf dem Watt fischten, genau um Mitternacht, sahen wir plötzlich ein großes schwarzes Schiff, wie noch keiner von uns es gesehen hatte. Die Segel waren schwarz und dunkel; der Wind saß dahinter und trieb das Schiff gewaltig vorwärts. Kein Mond schien, kein Stern glitzerte, und doch konnten wir genau sehen, was sich an Deck zutrug. Da hatten alle vollauf zu tun, es mögen wohl an die hundert Mann gewesen sein; und hinten, wo sonst der Steuermann steht, machte sich der Teufel am Ruder zu schaffen. Mit der einen Hand hielt er das Ruder, mit der anderen aber hatte er eine seltsame Gestalt gefaßt, die war weiß anzusehen; und jedesmal, wenn der Teufel zerrte, jammerte sie laut auf, daß uns schier die Furcht ankam. Da schrie der Teufel uns an: ‚Hier hab' ich ihn, euren Kanzler! Was zaudert ihr noch? Fahrt hin und sagt 's im Harlingerlande!' Und indem kam ein so heftiger Wirbelwind, daß wir uns kaum an Bord halten konnten. Dann war das Schiff verschwunden. Nun sind wir gekommen, es euch anzusagen." Diese Nachricht gefiel den Harlingern gar wohl, und überall herrschte große Freude.

Der Teufel hat den Kanzler aber nicht einmal in der Hölle haben wollen, sondern ihn hernach auf einen Segler gesetzt. Nun muß er einsam die Meere durchfahren, bald hier, bald dort, und darf niemals einen Hafen anlaufen. Viele Seeleute haben das Gespensterschiff gesehen; so schnell, wie es kam, verschwand es meistens auch wieder. Sie nennen es den „fliegenden Holländer".

Das Pferdegetrappel

FRIEDRICH SUNDERMANN

Vor vielen Jahren war unweit der Stadt Esens das Dorf Bense außerhalb des Norddeichs gelegen. Dies Dorf war von geringer Größe und bestand etwa nur aus drei bis vier großen Bauernhöfen. Der Landbesitz jedoch, der von den Besitzern dieser Höfe als Eigentum beansprucht wurde, war unermeßlich groß und erstreckte sich fast bis an die

Insel Langeoog hinan. Denn das Festland war damals noch weit ausgedehnter als heutzutage, und man bedurfte zum Übersetzen zur Insel keines Kahns, wie vor hundert Jahren, und keines Fährschiffes, wie gegenwärtig, sondern man nahm einen Springstock ganz gewöhnlicher Art, setzte ihn in die schmale Rille und — hupfte mit einem Schwunge hinüber. War doch damals die Entfernung selbst der Inseln zueinander nicht größer — da denn die Sage verkündet, die Insulanerinnen hätten sich auf einer Backschaufel das Brod gegenseitig zugereicht.

Weil die Benser Gutsbesitzer gegen die See keine Marken ihrer Grundstücke hatten, die Fürstliche Regierung somit auch nicht beweisen konnte, daß etwa angeschwemmtes Vorland vorhanden sei, so erhielten sich die Höfe trotz der von der Fürstlichen Regierung gegen sie angestrengten Prozesse im Besitze ihrer sämtlichen Grundstücke. Da ihnen aber einleuchtete, daß bei Bedeichung der Seeländereien sofort das Recht der Regierung auf die dann entstehenden Außendeichslande geltend gemacht werden würde, so unterließen sie es, Deiche zu legen. Dadurch wurde es später dem Teufel ein kleines, das Dorf im Nu zu vernichten, wie wir gleich hören werden.

Die Benser Gutsherren waren ungeheuer reiche Leute und lebten auch danach, flott in den Tag hinein. Ihre „Plätze" waren halbe Burgen, ihre Keller Viertelbergwerke, ihre Stallgebäude wahre Prachträume; von dem Reichtum dieser Leute an barem Gelde kann man sich eine Vorstellung machen, wenn man hört, daß ihre Stuben mit Goldstücken getäfelt, mit Silbertalern gepflastert waren. Aber dieser schreckliche Reichtum brachte schrecklichen Übermut mit sich, wie denn das öfter der Fall sein soll. So besaß das Dörfchen zwar eine Kirche, aber außer einigen frommen, gottergebenen Dienstboten und ansässigen „kleinen Leuten" sah man niemanden zum Gotteshause wallen. Im Gegenteil verboten die Dienstherrn ihren Untergebenen den Besuch der Predigt und des Abendmahls. Wie jenseits der Stadt Norden die Weesteeler durch ihren Frevel am heiligen Sakrament des Altars den Zorn des Höchsten auf sich zogen, so diesseits die Benser. Der Priester war ihnen eine völlig überflüssige Person, dem Spott und Hohn anstatt guter Naturalien und Salarien gereicht wurde. Und wäre es nur dies allein gewesen, aber leider wurde der liebe Gott in gleiche Reihe mit dem Priester gestellt und ebenso scheußlich traktiert. Die Herren Gutsbesitzer waren untereinander eng verwandt, verschwistert und verschwägert und hielten in allen Stücken getreulich zueinander, so setzten sie es am Ende durch, daß keiner ihrer Dienstuntergebenen auch nur ein einziges Mal sich seiner Christlichkeit erinnerte, wenigstens derselben keinen Ausdruck gab. Man hörte von Herren und Dienern nur Fluchen, Schwören, Toben und gottlose Reden. Wo man in weitern Kreisen, wenn sie nicht etwa ebensolche waren, von den Bensern redete, da geschah es nur mit einer Art Entsetzen und Grausen. Hatte doch der eine Bauer einem neueintretenden Großknecht, als derselbe zum ersten Mal an dem Mittagstisch sitzend, seine Kappe zum Gebet vor die Augen tat, fluchend zugerufen: „Friß, Hund von einem Knechte! Der Teufel hat mir 's gesegnet! Der liebe Gott hat keinen Teil an meinem Tische, darum friß in 's Teufels Namen!" Ein zweiter Bauer hatte als Großherr seines Besitztums offen damit in der Stadt geprahlt: „Ich bin Herr über Leib und Leben meiner Leute; soviel Personen weiblichen Geschlechts im Hause, soviel Weiber der Lust sind 's; wir alle sagen dem Teufel zu." Ein grausiges Wort und trostlos anzuhören.

Der Anführer dieser wilden, tollen Herrenbande war ein lang aufgeschossener, tannenähnlicher Mann, daher „der lange Hinnerksen" genannt. Vielfach, aber dennoch fälschlich, behauptet man heutzutage, es seien Nachkommen von ihm, ähnlich wie er und daher gleichen Namens, bis in die jüngste Zeit hinein am Leben gewesen. Von dem „langen Hinnerksen" nun wird erzählt:

Als er noch Knabe war, fand sich in der ganzen Umgegend kein gottloserer Bursch als er. Schon früh mit allem Verwerflichen bekannt gemacht, sehnte er sich nach etwas ganz Außerordentlichem, was außer ihm selten ein Mensch noch hatte, noch zu haben wünscht. Dies Außerordentliche war aber ein Bund mit dem Teufel selber. Nun erscheint aber, wie bekannt, der Teufel nur solchen Menschen, die wirklich im Herzen weder ein Härchen von Gottesfurcht, noch eine Silbe von Todesfurcht, noch irgend eine Höllenfurcht besitzen. Mancher Mensch, der zwar von ersteren nichts hat, dagegen, wenn auch unmerklich und geheim, von Erden- und Höllenfurcht befangen ist, mag noch so oft den Teufel rufen, er wird ihm nicht erscheinen. Oder, wenn derselbe ihm erscheint, so wird er sich dennoch entsetzen, und dann höhnt und spottet der Teufel nur über solchen Schwächling. Der „lange Hinnerksen" indessen hatte seinen Kontrakt mit dem Gottseibeiuns wirklich abgeschlossen, 40 Jahre mußte der Teufel ihm, darnach er dem Teufel in alle Ewigkeit dienen. In diesen 40 Herrenjahren konnte der Bauer fordern, was er wollte, es mußte ihm sofort gewährt und erfüllt werden, traf es aber einmal, daß der Teufel unvermögend sich zeigen sollte, die Forderung zu erfüllen, so war der Kontrakt null und nichtig. Und wie benutzte nicht der Herr den Diener?! Man sagt davon noch bis auf den heutigen Tag wunderbare Dinge. Da fiel es einst dem Herrn ein, eine Reise nach England zu machen. Dieselbe aber nicht zu Schiff, wie es doch allein natürlich, sondern in einer Equipage vierspännig. „Baue mir über die Nordsee eine Brücke", sagte der Übermütige, „aber in der Weise, daß sie erst dann entsteht, wenn ich anfange zu fahren; so schnell soll sie gelegt werden, daß ich im Galopp zu jagen vermag, ohne Aufenthalt haben zu müssen, und sofort hinter dem Wagen soll sie wieder abgebrochen werden." Gefordert! Gebaut! Der „lange Hinnerksen" fuhr im gestreckten Galopp über das Meer. Noch viele andere tolle und halsbrechende Teufeleien führten die beiden zusammen aus, doch ließ sich der Teufel nie in seiner wahren Gestalt erblicken. Es begab sich aber, daß während der 40 Jahre der Bauer einen neuen Großknecht anstellen mußte. Derselbe war ein frommer Mensch und hatte sich im Vertrauen auf seinen kräftigen Glauben in das Sündenhaus und Dorf begeben. Weil er still war, seine Arbeit tadellos verrichtete und ausführte, dabei männlich und entschieden auftrat, wo es galt, sich zu wehren gegen Unzucht und Unglauben, Sünde und Welt, so gewann sein Herr ein Zutrauen zu ihm. Zwar konnte es der Knecht nicht merken, denn der Bauer war auch gegen ihn nach wie vor roh und herrisch. Es dünkte aber dem Herrn im Stillen, der Knecht sei wohl einer bessern Behandlung wert; und nicht viel Zeit verging, da überließ er das Toben und Fluchen mehr seinen Nachbarn und Verwandten. Darob wurde der Teufel höchlich erzürnt und versuchte es auf alle Weise, seinen Bundesmann in die alte Bahn zurückzuführen. Und da ihm dies nicht sofort gelingen wollte, machte er sich an den Urheber dieses „Unglücks", an den Knecht, heran. Der Großknecht aber kannte nur die Gottesfurcht, nicht etwa auch Menschen- und Höllenfurcht. Zu seinen feststehenden Arbeiten gehörte es, daß er um Mitternacht aufstehen, nach den Pferden im Stalle sehen und ihnen die Krippe nachfüllen mußte. Ganz mutterseelenallein stand er dann auf dem Heuboden, warf das Heu in die Raufe, streichelte die prächtigen Tiere ein wenig und legte sich dann wieder zu Bett. Lange hatte er dies Geschäft allein verrichtet. Er wunderte sich deshalb nicht wenig, als einst zur Mitternacht ein Begleiter sich einstellte. Schweigend verrichtete der Knecht sein Werk, schweigend sah ihm der Fremde zu. Kopfschüttelnd legte sich der Knecht zu Bett. Von dieser Nacht an stellte sich der mitternächtliche Wandersmann so regelmäßig ein, als ob es ein schweres Versäumnis sei, ein einzig Mal im Stall zu fehlen. Anfangs war es dem Knechte gar nicht recht, einen so unheimlichen Beobachter zu haben, der ihm auf Schritt und Tritt folgte, bald aber gewöhnte er sich daran. Der finstre Gast war aber niemand anders als der Teufel, den es baß verdroß, daß der Knecht so wenig nach ihm fragte. Da er ihm aber wegen seiner Frömmigkeit nichts anhaben konnte, so schlug er einen andern Weg ein, ihn zu vertreiben. Als es einst wieder Mitternacht geworden war, erwachte der Knecht von einem gräulichen Lärm. Er sprang auf, kleidete sich an, nahm die Stallaterne zur Hand und ging eiligst in den Stall, woher der Spektakel zu kommen schien. Als er die Tür öffnete, fand er die Pferde losgebunden und wild und aufgeregt umherspringend und ausschlagend. Mit liebreichen Worten besänftigte er die Tiere und legte sie wieder fest. Da lachte hinter ihm der unheimliche Gast höhnisch auf und der Knecht merkte, daß es der leibhaftige Satan sei, der ihn begleitete. Noch viele Nächte hindurch ging der gleiche Lärm um Mitternacht in Szene, und der Knecht mochte es zuletzt nicht mehr ansehen. Da trat er eines Morgens zum Herrn und sprach: „Herr, der Teufel bindet jede Nacht eure Pferde ab und peinigt sie, wollt ihr dem Dinge nicht ein Ende zu machen suchen?" Der Bauer, wohl wissend, was dies zu bedeuten habe, suchte anfangs dem Knechte auszureden, daß es der Fall sei, und bat ihn, er möge die nächtliche Fütterung einstellen. Da der Knecht aber auf seiner Pflicht bestand, so sagte der Herr ihm zu, er wolle einmal mitgehen und sehen, was zu machen sei. Dabei hatte er heimlich im Sinne, sich unter Beistand des Knechtes von dem Pakt mit dem Bösen zu lösen. Der Teufel, der dieses wohl merkte, beschloß darob, den Bauer zu schänden. Als nun zur Mitternacht der Lärm im Stalle wieder anging, weckte der Knecht den Herrn und gingen beide in den Stall. Die böse Gestalt grinste dem Bauer höhnisch zu und nur der Bauer schien dies nicht zu sehen. Alle drei stiegen die Leiter zum Heuboden hinauf, und noch immer stellte sich der Bauer, als ob er den Teufel nicht sähe. Als sie oben waren, sagte ängstlich der Knecht: „Herr, der dritte steht hinter euch!" „Tue du deine Pflicht", antwortete der Bauer, „ich will die meine tun", zog ein scharfes Messer aus dem Busen und hieb damit nach dem Kopfe des Eindringlings. Aber er traf nur einen Schatten, und mit dem Schlage zugleich wurde sein Kopf erfaßt und mit einem Ruck halb umgedreht, so daß das Gesicht nach der Rückseite gewendet stand. Mit einem lauten Schrei stürzte der Unglückliche zu Boden.

Der Knecht hob ihn auf und führte ihn in 's Haus, wo sich der Bauer jammernd und wehklagend zu verstecken suchte. Auch gebot er, nichts davon zu erzählen. Obwohl nun der wahre Hergang der Begebenheit verschwiegen blieb, so munkelte man dennoch bald davon in der Nähe und Ferne. Und ob die Benser Gutsherrn den so schändlich Zugerichteten in ihrer Mitte hatten, ob sie an ihm sahen, wohin ihr wüstes Tun und Treiben endlich führen müsse, doch ließen sie nicht ab von ihrem sündhaften Wandel. Der „lange Hinnerksen" kam bald zu sterben, der Teufel holte seine Seele, die Nachbleibenden fuhren fort, wüst zu hausen. Immer voller wurde ihr Sündenmaß, immer maßloser ihre Sündhaftigkeit, immer schneller ging es zu Ende. In einer Nacht, als kein Mensch daran dachte, hob sich das Meer aus seinen Ufern. Schnell und unhörbar, glatt wie eine Schlange, flutete so unheimlich der Wasserschwall über die deichlosen Stücklande daher. Bald umschlang er das Dorf, stieg höher und höher, lautlos, leise, grausig alles begrabend. Als es Morgen geworden, schauten die innerhalb des Deiches wohnenden Leute auf eine unermeßliche Wassermenge, die bis an die Deichkappe sich türmte; von Bense war keine Spur mehr zu schauen. An Stelle des Dorfes war ein mächtiges Seegatt eingerissen, und bis auf den heutigen Tag ist es nicht gelungen, dasselbe aufzuschlämmen.

Der Bär im Stadtwappen von Esens

Wilhelmine Siefkes

Nach Esens kam einst ein Bärenführer. Er kam aber zu ungelegener Zeit, denn der Ritter Balthasar, der Herr der Festung, führte gerade Krieg mit seinen Nachbarn, und die Feinde zogen vor die Stadt und belagerten sie. So konnte der Fremde nicht wieder heraus, und seinen Bären sperrte man in einen alten Turm.

Der Junker Balthasar wollte sich nicht ergeben, doch die Kriegsscharen wichen nicht. Sie ließen niemanden in die Stadt hinein und dachten, die Esenser würden bald nichts mehr zu essen haben, und durch den Hunger würden sie sie bezwingen. Wirklich gingen die Lebensmittel drinnen zur Neige und nicht lange, so war große Not unter den Eingeschlossenen. Schon glaubten sie, sie müßten ihre Tore dem Feind öffnen, wenn sie nicht Hungers sterben wollten. Da erstand ihnen ein Retter, an den keiner dachte.

Der Bär war natürlich vergessen worden, und kein Mensch hatte ihm Nahrung gegeben. Das Tier rannte vor Hunger hin und her und versuchte, einen Ausweg zu finden. Da war aber nur eine Wendeltreppe, schmal und steil, auf der man bis oben auf den Turm steigen konnte. Der Bär tappte mit seinen schweren Schritten die Stufen hinauf, eine nach der anderen, und endlich ward es hell über ihm, und er stand oben. Doch was er suchte, um satt zu werden, fand er hier nicht. Da packte ihn wütende Verzweiflung, er stellte sich auf die Hinterbeine und faßte mit seinen Tatzen die

Brüstung, daß die Steine des alten Gemäuers sich lösten und in die Tiefe polterten. Dabei brüllte er aus Leibeskräften, daß aller Augen sich entsetzt in die Höhe richteten.

Als die Belagerer da oben einen Bären stehen sahen, erschraken sie. Sie glaubten, die Esenser hätten ihn mit Absicht dahin geführt, um ihnen zu zeigen, daß sie sogar noch solch ein überflüssiges Tier ernähren könnten und noch lange nicht daran dächten, sich zu ergeben. Und weil bei ihnen selber die Vorräte knapp wurden, beschlossen sie abzuziehen.

Der Ritter Balthasar und die Seinen trauten ihren Augen nicht, als sie den Feind der Stadt den Rücken kehren sahen. Der Bär wurde im Triumpf vom Turm geholt, und zum Dank für seine unbewußte Rettungstat setzten sie sein Bild in ihr Stadtwappen.

Weert Knurr

FRIEDRICH SUNDERMANN

Der Patron der Herrlichkeit Dornum, welcher zwar in älteren Zeiten die Handhabung der hochnot- und halspeinlichen Justiz besaß, später aber dieselbe an den Landesherrn abtreten mußte, ließ im Jahre 1741 einen armen Teufel, Weert Knurr genannt, der unbefugterweise sein Patrimonium mit Betteln und Mausereien heimgesucht hatte, ohne das übliche Gerichtsverfahren und trotz des Protestes des Landesfürsten scharfrichtern, um sein Justizrecht geltend zu machen und um ein Exempel zu statuieren für Gaudeefen, Nettebofen (Netzbuben; vermummte Räuber), Heiden und Taters.

Der Unglückliche beteuerte vergebens seine Unschuld, beschwor vergebens den Patron um Gerechtigkeit, bat um Gnade: umsonst, er mußte sterben. Als er zur Richtstätte, dem Dornumer Vorwerk, geführt worden war, und er nun den bittern Tod vor Augen hatte, rollten seine Augen in wilder Verzweiflung, bebten seine Lippen vor Übermaß des Zorns, und in wilder Wut die Hände ballend und sie Dornum entgegenschleudernd, rief er: „Fluch! Fluch auf euch, ihr Mörder!" Dann fiel sein Haupt unter dem Schwertstreich des Nachrichters.

Doch der Geist des Gerichteten ruht nicht; in jeder Neujahrsnacht, die seitdem erschienen, tritt er sichtbar auf als eine weiße, blutbespritzte Gestalt, die den Kopf im Arme trägt. Und schlägt dann die Geisterstunde, so kräht in Dornum der Hahn, und der Geist macht in demselben Augenblick einen „Hahnträ" (Hahnenschritt) vorwärts, dem Flecken entgegen. Und indem er so langsam von dem Richtplatz ab gen Dornum wandelt, wird er es zwar nicht bald, aber doch sicher erreichen. Und kommt die Stunde, in welcher dies geschehen wird, so ist der Tag der Rache da und Dornum wird vom wilden Meere verschlungen werden.

Die Seelenfahrt zum „witten Aland"

Lutz Mackensen

Am Neßmersiel hat einmal ein armer Fischer einsam mit seinem Weib gewohnt; dem ist an einer Wintersonnenwende, just um die Mittagsstunde etwas Seltsames widerfahren. Gerade als er zum Essen niedersitzt, tritt ein Fremder in die Stube. Er hat einen Dreispitz auf dem Kopf und ist nach Art der alten Emdener Handelsherren gekleidet. In fremdklingendem Tonfall fragt er: „Ben ik hier recht bej Vedder Fiskermann?" Und weiter, ohne eine Antwort abzuwarten: „Mag ik ju up eenige Woorden an?" Die Einladung zur Teilnahme am Essen überhört er, winkt den Fischer mit gemessener, fast würdevoller Bewegung zum Fenster und gibt sich ihm als Kommissionär (Geschäftsvermittler) zu erkennen, der den Auftrag habe, einen Fährmann zu mieten, der gewillt sei, so viel Seelen, als sein Schiff fasse, nach dem witten Aland überzusetzen. Der Fischer erschrickt anfangs, faßt sich aber. Sie handeln miteinander um den Preis und werden endlich einig, der Fischer soll als Fracht für jede Seele einen Krummsteert (eine Münze, 3,5 Pfennig an Wert) haben; dreitausend Seelen kann seine Schaluppe fassen. Der Fremde bezahlt sofort, prägt dem Fischer in befehlendem, scharfem Tone Ort, Zeit, Kurs und Ziel ein und verschwindet in plötzlicher, seltsamer Hast.

Zur verabredeten Stunde ist der Fischer am Platze. Sobald der Mond untergeht, fängt seine unbeladene Schaluppe langsam an zu sinken, als ob sie befrachtet würde, bis zuletzt nur noch eine Handbreit des Bordes über Wasser frei bleibt. Da vermutet der Fischer, daß die Schaluppe voll geladen sei, und stößt ab. Von seinen Fahrgästen sieht er anfangs nichts. Bei genauem Zusehen bemerkt er einige sich hin und her bewegende, ineinanderfließende Nebelflecke; ein leises Flüstern und Knistern wird zuweilen vernehmbar. Endlich landet er am witten Aland. Er sieht niemanden am Ufer, hört aber, wie die kreischende Stimme des Fremden eine endlos lange Namenliste verliest; dabei wird sein Schiff immer leichter. Als die Stimme schweigt, glaubt er, daß seine Fahrgäste alle gelandet sind, und fährt wieder heim.

Auf diese Weise wird die Reise der Seelen nach dem witten Aland jedes Mal bewerkstelligt. Dabei fiel es einmal einem Fährmann, der die Überfahrt besorgte, auf, wie die Stimme, die die Namenliste verlas, sich plötzlich unterbrach und kreischte: „Wo ist Pieter Janßen; Pieter Janßen ist nicht da!“ Da antwortete eine feine Stimme: „Ich bin Pieter Janßens Frau und habe mich unter dem Namen meines Mannes einschreiben lassen.“

Seelenfahrt zum „witten Aland“

Betrachtungen zu einer ostfriesischen Sage

GEORG CHRISTIAN VON UNRUH

Um die Mittagsstunde des Tages, da die Sonne so spät kommt und so früh geht, wie niemals wieder im Verlauf des Jahres, erschien — wie man an der Nordseeküste weiß — jahraus, jahrein bei einem Fischer im ostfriesischen Hafen Neßmersiel ein Mann in der alten Tracht der Emder Kaufherren, um ihn zu beauftragen, die im vergangenen

Jahre verstorbenen Seelen auf seinem Boot zum „witten Aland" überzusetzen. Die Sage berichtet weiter, wie der Schiffer jedesmal anfangs zögert, auf den Hinweis aber, daß „wir alle dorthin müßten", gegen einen vereinbarten Fährlohn sich bereitfindet, um Mitternacht an der verabredeten Stelle zu sein. Dort erblickt er niemanden — stellt aber fest, daß das Boot tiefer und tiefer ins Wasser sinkt, bis nur noch eine Handbreit Freibord anzeigt, daß es Zeit ist, abzusetzen. Beim „witten Aland" angekommen, hört der Fischer die Stimme des Fremden die Namen derer, die er übergesetzt hat, aufrufen, worauf das Boot leichter und leichter wird, bis es die Heimfahrt antreten kann. —

Diese Sage erzählt uns ein letztes Stück längst vergessener Religion, das über die Zeiten anderen Glaubens hinweg gedauert hat, obgleich das Christentum seit Jahrhunderten festen Fuß in Ostfriesland faßte. Die Überlieferung von der „Seelenfahrt" hat sich in ihren wesentlichen Zügen fast unverändert nachweislich über einen Zeitraum von anderthalb Jahrtausenden erhalten. Der erste, der sie niedergeschrieben hat, war der Grieche Prokop v. Cäsarea, der um das Jahr 550 n. Chr. an dem Feldzug des oströmischen Kaisers Justinian gegen das Gotenreich des Theoderich in Italien teilnahm und der — über das reine Zeitgeschehen hinaus — manche dankenswerte Kunde von der Welt der Germanen hinterlassen hat, wenn er sie auch vielfach nur vom Hörensagen kannte.

Prokop erzählt nun (Gotenkrieg IV, 20) — nach dem Bericht eines von der Nordseeküste stammenden, im kaiserlichen Heer kämpfenden Germanen —, daß der britischen Küste gegenüber ein Bauern- und Schiffervolk wohne, das den Franken, die damals den größten Teil des heutigen Frankreich beherrschten, zwar untertan, aber wegen seiner Totenfahrten steuerfrei sei. Bei ihm solle nämlich die Sitte herrschen, daß die Männer der Reihe nach die Seelen der Verstorbenen zum Totenland führten. Wer an der Reihe sei, werde um Mitternacht von dem Führer des Totenzuges zum Gestade gerufen, wo er feststellte, daß sich unsichtbare Fahrgäste in seinem Boot befinden müßten, weil es sich kaum einen Fingerbreit über dem Wasserspiegel erhob. In kürzester Frist erreichte er dann das Ziel, an dem er bemerke, daß sein Fahrzeug leichter und leichter würde, während die Stimme des Totenführers die Namen der Ankömmlinge aufrufe. — Soweit der Bericht des Griechen aus dem 6. Jahrhundert, der uns erkennen läßt, wie beständig eine Überlieferung von letzten Dingen sein kann und wie treu die Friesen an ihr festgehalten haben.

Der Kern der Sage blieb: Die Seelen der Verstorbenen, unsichtbar, aber mit körperlicher Schwere behaftet, müssen über das Wasser ins Jenseits gelangen, und ein lebender Mensch muß ihr Fährmann sein, der in bestimmter Reihenfolge — in Abstammungsfolge oder „der Reihe nach" — sein Amt um Mitternacht wahrnimmt. Am jenseitigen Ufer findet ein Aufruf der Seelen statt, den der Fährmann verstehen kann. Die Entlohnung für die Fahrt geschieht entweder als Ausgleich für gewährte Steuerfreiheit oder wird unmittelbar entrichtet. Daneben haben sich in langer, langer Zeit manche Einzelheiten verwischt. Wichtig ist aber noch, *wann* die Fahrt geschieht: Prokop kennt zwar keine bestimmte Jahreszeit, aber die Sage vom Fischer im Neßmersiel betont, daß er die Seelen zur Zeit der „Zwölften", der kürzesten Tage des Jahres, zum „witten Aland" bringt.

Wenn nun der Grieche in seinem Bericht das der britischen Küste gegenüber wohnende Fischer- und Bauernvolk auch nicht namentlich bezeichnet, darf es doch wohl als das friesische angesehen werden, zumal Friesland früher von der Scheldemündung westlich Antwerpen bis zur Weser reichte, so daß es wirklich der britischen Küste gegenüberlag. Auch der andere Hinweis, daß dieses Volk den Franken nicht steuerpflichtig war — tatsächlich aber auch nicht untertänig — trifft für die Friesen des 6. Jahrhunderts zu. Andererseits könnte das „witte Aland" an die Kreidefelsen von Dover der britischen Küste erinnern, und damit wäre ein weiteres Moment für den gemeinsamen Kern der Überlieferung festgestellt.

Die in der Überfahrtsage lebende religiöse Vorstellung ist auf dem Boden des nordgermanischen Totenrechts erstanden. Es hat eine Zeit gegeben, wo die Küstenbewohner das Totenreich auf einer fernen Insel im Norden glaubten, wohin die Abgeschiedenen auf Schiffen befördert wurden.

Damals setzte man die Verstorbenen wirklich in Booten bei, um sie so dem Meer oder später auch der Erde zu übergeben, wie es noch die Wikinger getan haben. Die Vorstellung von der Bootsfahrt ins Jenseits nahm seit dem 7. vorchristlichen Jahrhundert an der Nord- und Ostseeküste auch in der Form Gestalt an, daß man die Erdgräber mit schiffsförmiger Steinsetzung umgab, die uns noch in großer Zahl erhalten sind. Schließlich war auch noch in Skandinavien in vorchristlicher Zeit der Brauch in Übung, auf Grabsteinen Schiffe als Gedächtnis an die Totenfahrt abzubilden.

Die einstige Vorstellung von einer Überfahrt der Toten findet sich auch noch in einer anderen ostfriesischen Sage von den „grauen Eerdmanntjes", die von einem Fährmann, doch für diesen unsichtbar, auf einer Fähre bei Leerort über die Ems gesetzt werden, nachdem einer von ihnen mit dem Fischer den Fährlohn ausgehandelt hatte. Die unter Erde wohnenden Eerdmanntjes müssen wir als Seelengeister ansehen. Auch sie setzen bei Nacht über, entlohnen den Fährmann, dem sie unsichtbar bleiben, wiewohl das Boot sinkt, als trüge es schwere Last. —

Etwas Geheimnisvolles haftet diesen Sagen an, die eine letzte, im Laufe der Zeiten fast bis zur Unkenntlichkeit verwischte Erinnerung an den uralten Kult von der Jenseitsfahrt derer bewahrt haben, die nicht mehr auf dieser Erde weilen. Sie sprechen noch unmittelbar von Zeiten, die wir mit geschichtlichen Zahlen kaum messen können und aus denen sonst wenig andere Kunde erhalten geblieben ist. Nur die treue Überlieferung von Geschlecht zu Geschlecht hat uns in der Sage ein letztes Stück längst verschwundenen Glaubens unserer Vorfahren durch die Jahrhunderte hindurch erhalten!

De Jüisters

G. Terburg-Arminius

Dar is van Tiden her al väl over streden worrn un gewonelk van sülke Lüe am meisten, dei d'r gar nix van wussen, nämlich over dei Sake, of se in allen Tiden up de ostfrese Eilanden Strandroferei dreven of neit dreven hebben. De eene Partei hett „ja“ seggt, un de andere hett „nä“ seggt, und — darbi is 't bleven. Is avers gar gien Oorsaak to, hierover to striden. In frogere Tiden hebben dei up de Insels und an de Waterkant neet meer Strandroferei dreven, as se kunnden, un Börkum un Juist wassen undert 't Volk as de schlimme Strandwinkel bekennt, weil man in dei Tiden in de Strandroferi gien Unrecht sagg und disse lichte Wise, to Geld un Goot to komen, de Strandbewoner darum ok in Fleesk un Bloot overgung, so dat seit 't gar neit meer nalaten kunnen. Wo deep avers disse Leidenschaft bi de Insulaner gung, darover will wi de Volkmund vertellen laten.

As up de Insel Jüist eenige van dat Schippervolk stürven wassen, quammen sei up düsse lange Reise entelk an de Hemelsdöör. Sei funnen de Döör avers to hör groot Leid verschloten. Nu kloppden sei an. Sankt Petrüs quamm, maakde de Döör even open un froog, wat sei wullen. „In den Hemel!“ repen alle mit 'n lude un 'n groffe Stemme. De gode, sanftmodige Petrüs kennde avers so 'n Toon neet. Dei harde Woorden quammen hum verdächtig vör, so dat he sik de Saak eerst overleggde. „Wel bün ji dann, un waar koom ji här?“ froog he. — „Wi sünd Jüisters, un — “ — „Strandjäger!“ full Petrüs hör raad int Woort. „Ik weit nu genugg! Jüisters? — Hu! Nä! — So 'n Volk kann ik hier neit bruken. Gaat man wider!“

Man de Jüisters gungen neet; sei wullen neit wiken un gaffen gode Woorden, Petrüs mugg hör doch upnemen. „Wat? Ju upnemen“, meende Petrus un schüddelte sien'n Kopp. „Wat würd ik d'r van hebben? — Ji garstig Volk kunnen mi tolest de gansche Hemel mal utroven un dei för 'n groot, riekbeladen Schipp anseen un mi as armen Schlucker up de Strand setten. Nä, nä! Ju Lümmels kann ik hier neit bruken!" Un darmit tradd hei torügg un wull dei Hemelsdöör weer toschlüten.

„Dat di de Dunner!" repen de Jüisters alle mit'nander. „So geit dat man neet! Wi wullen doch seen, wel am starksten is, du of wi!" Un darmit räärden un spektakelden sei, dat 'n Aart harr. „Hoiho un haal — haalweer!" schreiden sei un störmden up Sankt Petrüs in, dei sük vör dei grosse Utfall neet to bargen wuß. „Hoiho!" repen sei weer un stemmden sük mit de Rügge ut alle Macht tegen de Poorte, dei noch neit weer dichtschloten was. Petrüs wull se tegenstaan; man sien schwacke Kraft was völlste minn, um tegen dei starke Schippers wat utterichten. Lang düürde het neit, un de Hemelsdöör floog wiet open. De Jüisters störmden mit 'n Hurra under de zalige Hemelsbewaner, so dat sei neit wußten, war hen noch här, un luut anfungen to wenen. Sankt Petrüs was in de grootste Noot; he leende sük an de Raam van de Hemelsdöör un klaagde, dat et de Steen erbarmen muß. De Fräde was in de Hemel broken. Undertüsken was dann weer en ander Mann bi de Poorte ankamen, dei ok in de Hemel begeerde. Sankt Petrüs richde ok an hum de Frage, wel un woher hei was. „Ik was Schippsmaakler", antwoorde hei. — „Schippsmaakler?" fraagde Petrüs sachte un mit 'n verschrickt Gesicht. „Ja!" sä de Mann. — „Also ok eene von dei Sorte?" versedde Petrüs mit 'n klaaglike Stemme. „Nä, nä! For di is heir gien Platz!" Doch dei Mann fung nun so hartelik an to beden, dat Petrüs hum doch upnemen mugg, wiel he dorchut gien Lust harr, up de brede Strate wider to trecken; so funn Petrüs sük tolest bewogen, hum neet meer so Knall un Fall aftewisen. Petrus was darbi en gansch bisunder Gedanke in de Kopp kamen. Disse Mann, dei dar so as 'n arme demödge Sönder vör hum stunn, dei mußte de ware Natur van dei ruge Gesellen, dei dar so in de Hemel störmt wassen, doch bäter kennen as hei. Verlicht kunn disse arme Schlucker hum van dei wüste Jüisters weer befreien helpen. Darum sä Petrüs denn to de Maakler: „Nu ja! Ik wull di ok wall in de Hemel laten, avers — dat is 't man! Wenn ik dei gotteslästerliken Jüisters man eerst weer harrut harr!"

„Jüisters? — Jüisters? Sünd dei dann hier?" froog de Schippsmaakler höögst verwundert. — „'n ganze

Schwarm", antwoorde Petrüs gansch bedröövt; „sei hebben mi Gewalt andaan." — „Un dei sölen weer harrut?" froog de Makler mit 'n eegen Toon. — „O ja — ja! Wenn 't man angaan kunn!" versedde Petrüs gansch werk. „Dat ruge Volk, dei Iesbaren, hebben mi de Hemelsfrä stöört! Höörst du denn neit, war dei Rotte Kora losleggt? Luter Unfrä un Elend! Luter wild un jammerlik Geschrei, war anders Fräde und Saligkeit was! Höörst du denn neit?" Petrüs hull de Finger up. — „Un dei sölen weer harrut?" fraagde de Maakler noch eenmal. — „O ja — ja! Gäärn, wenn 't man geit!" sä Petrüs gansch dringend. — „Dat is 'n licht Spill!" antwoorde de Maakler. „Ik sall 't boll anders maken; sall boll weer Frä wesen, war Unfrä is. Sall ik?" fraagde he. — „Gäärn, gäärn! Disse Räkels van Jüisters! Ik heff se al lange genugg kennen leert; mi verlangt d'r neet na!" antwoorde Petrüs mit 'n depen Sucht.

De Schippsmaakler tradd nu over de Schwell of Drüppel van de Hemelsdöör, dä en paar Schree vörut, namm fasten Stand, leggde sien holle Hand mit de Fingerspitzen an de Mundwinkel un reep, wat hei kunn, mit luder Stimme in de Hemel harrin: „Hallo! Jüisters — Jüisters! Schipp up Strand — Schipp up Strand — Schipp up Strand!" Wat dat hervorreep, was machteg! In de Hemel entstunn eene gewaldege Upregung. „Schipp up Strand! — Schipp up Strand! — Harruut — harruut!" repen de Jüisters achterna un bruusden as Störm und Wäär, Mann bi Mann an de Maakler un Sankt Petrüs vöörbi un to den Hemel weer rut, um — noi weer terügg to keren. De Roov was hör Leven un de Strand hör Hemel, um mit Lief un Sele to bliven — up Strand!

De Maakler avers harr noch bei Tiet 's dat beste Deel erwäält; he bleef, was he was, — in de sachte, milde Schädüüv van 't hemelsche Licht.

Die tapferen Frauen von Borkum

Heinrich Karstens

Roelf, der schwarze Seeräuber, war nie geboren worden, also konnte er auch nicht sterben. Deshalb scheute er keinen Streit und Kampf. Alle Leute an der Nordseeküste kannten ihn und fürchteten sich vor seinen Räubereien. Er hatte schon alle Inseln besucht, nur auf Borkum war er noch nicht gewesen.

Einmal, als die Borkumer Männer wieder, wie alljährlich im Sommer, nach Helgoland auf Schiffahrt gegangen waren, so daß die Frauen allein blieben, nahte der Unhold, um der Insel seinen Besuch abzustatten, und ging bei den Dünen vor Anker.

Eine Frau sah das Schiff und erkannte sofort an der Flagge den gefürchteten Räuber. Sogleich eilte sie zurück und rief die Frauen zusammen, um zu beraten, was zu tun sei. Ergeben wollten sie sich nicht, sondern tapfer kämpfen. Sie zogen die Ölröcke der Männer an, schleppten die alte Kanone vor den Ort und begannen zu schießen. Trefflich zielten die Frauen, eine Kugel nach der andern schlug auf dem Schiff ein, daß Mast und Takelwerk über Bord gingen und die Splitter flogen, und bald wurde drüben die weiße Flagge gehißt.

Gesiegt! Die Gefangenen wurden gefesselt und in den Kerker gebracht; das Schiff aber ging in Flammen auf.

Unter den Gefangenen befand sich auch die kaum erwachsene Tochter des Räubers, und weil sie wimmerte und flehte, wurden die Frauen mitleidig und lösten die Fesseln. Doch in der Nacht befreite sie ihren Vater, der löste allen andern die Kette, und sie entflohen. Sie fanden am Strande aber nur ein kleines Boot, und als sie damit losfuhren, kenterte es, so daß alle ertranken.

Der Rembertsstein bei Norden

Heinrich Karstens

Als man das Jahr 880 schrieb, fielen vom Nordmeer her wilde Seeräuber ins Friesenland ein, das waren die Normannen. Bei Norden landeten sie und begannen zu morden, rauben und plündern.

In der höchsten Not berief Erzbischof Rembert von Bremen, der sich um diese Zeit in Norden aufhielt, die Tapferen um sich und forderte sie auf, unverzüglich gegen das Seeräubervolk ins Feld zu ziehen.

Da zogen sie aus, und ein heißer Kampf begann; währenddessen kniete der fromme Rembert auf einem Stein und erflehte den Schutz des Höchsten. Lange schon wogte das Ringen hin und her, doch als die Friesen sahen, daß der Kirchenvater für sie Fürsprache leistete, drangen sie zuversichtlich und mit neuer Kraft auf die Normannen ein und errangen bald den Sieg, so daß die Feinde in wilder Hast auf ihre Schiffe eilten und flohen. Der Stein, auf dem der Erzbischof so anhaltend gebetet hatte, zeigte deutlich zwei Vertiefungen, die seine Knie eingedrückt hatten, und die Nordener gaben ihm den Namen Rembertsstein.

Der Moorkerl

Junglehrer-Arbeitsgemeinschaft Uplengen

Es ist Frühling geworden. Die Sonne hat den Winter vertrieben. Auf den Feldern wird wieder gepflügt und gesät.

Eines Abends, kurz vor den Osterferien, sitzt Familie Janssen in der warmen Küche. Vater und Opa lesen die Zeitung. Mutter setzt Tee an, und Hilke und Udo raten Städtenamen. Als Mutter den Tee einschenkt und die Kluntjes in den Tassen zerspringen, falten Vater und Opa die Zeitung zusammen.

„Onkel Harm hat heute angerufen“, sagt Vater, „er meint, wir müßten bald mit dem Torfgraben beginnen. Am Sonn-

abendnachmittag wollen wir abbunken." Opa nickt. „Je früher, desto besser. Dann hat der Torf Zeit zum Trocknen."

„Papa, darf ich mitfahren ins Moor?" fragt Udo. „Ja, vielleicht kannst du uns sogar ein wenig helfen."

Da setzt Opa seine Brille ab und schaut Udo an. „Was? Du willst ins Moor, fürchtest du dich denn nicht vor dem Moorkerl?"

„Moorkerl!" wiederholt Udo, „von dem habe ich noch nichts gehört." „Opa, erzähl doch bitte!" bettelt Hilke.

Opa trinkt seinen Tee aus, zündet seine Pfeife an und erzählt:

„Vor vielen Jahren lebte am Rande eines großen Moores ein alter Besenbinder. Er hauste in einer kleinen, halbverfallenen Hütte. Aus Heidkraut, das in großen Mengen im Moor wuchs, band er Besen. Am Freitag und Sonnabend jeder Woche fuhr er mit einer zweirädrigen Karre durch die umliegenden Dörfer. Sein kräftiger Hund mußte die Karre ziehen. Der Alte ging von Haus zu Haus und bot seine Ware an. Die Leute kauften die Besen, weil diese gut und haltbar waren, aber auch, weil sie vor dem Besenbinder Angst hatten. Sie nannten ihn den Moorkerl.

Viele unheimliche Geschichten wurden von ihm erzählt. ‚Er kann das Vieh behexen, daß es krank wird', sagten einige. Andere meinten: ‚Er lockt Menschen ins Moor, daß sie dort elend versinken. Seht nur in seine Augen, sie sind so dunkel wie das Moorwasser.'

Wenn der Besenbinder mit seinem Hund und der Karre in den Dörfern erschien, liefen die Kinder davon. ‚Der Moorkerl kommt! Der Moorkerl kommt!' riefen sie und versteckten sich.

Damals wohnte in der Nähe des Moores ein Bauer. Er hatte zwei Kinder, einen Jungen und ein Mädchen. Die Kinder sollen Heiko und Engeline geheißen haben. Ich weiß es nicht genau, denn ich habe sie nicht gekannt. Aber mein Vater hat es uns immer so erzählt.

Auch Engeline und Heiko hatten Angst vor dem Moorkerl. Eines Tages sagte ihre Mutter zu ihnen: ‚Heute müßt ihr Vater das Mittagessen ins Moor bringen. Ihr kennt ja die Stelle, wo er Torf sticht.'

Heiko nickte. Mutter gab ihm den Korb mit dem Essen. Heiko faßte seine Schwester an der Hand, dann gingen sie.

Es war ein trüber Tag. Die Sonne hatte sich hinter grauen Wolken versteckt, und ein leichter Nebel lag auf dem Land. Engeline wurde immer ängstlicher, je näher sie dem Moore kamen. ‚Heiko, da steht der Moorkerl!' flüsterte sie. ‚Ach was, das ist ein Busch, der sieht im Nebel aus wie ein Mensch', beruhigte Heiko seine Schwester und drückte ihre kleine Hand.

Dann gingen sie weiter. Der Nebel wurde immer dichter, doch der schmale Fußweg war gut zu erkennen. Schließlich hörte der Pfad auf. Heiko führte Engeline durch das Heidekraut. Der Boden wurde weich. In den Fußstapfen der beiden Kinder sammelte sich dunkles Moorwasser.

Heiko blieb stehen und überlegte. Eigentlich müßten sie schon die Stelle erreicht haben, wo der Vater Torf stach. Aber man konnte nichts sehen. Ringsum war nur grauer, dichter Nebel. Engeline fing an, leise zu weinen. ‚Weine nicht', sagte Heiko, ‚gleich sind wir beim Vater!' Er stellte den Korb auf die Erde und rief so laut er konnte: ‚Vater!

Vater!‘ Dann lauschte er, ob eine Antwort käme. Alles blieb still. ‚Vielleicht ist Vater nach Hause gegangen‘, dachte Heiko. Laut sagte er zu seiner Schwester: ‚Komm, wir gehen zurück!‘

Da verirrten sich die Kinder im Nebel, denn sie fanden den schmalen Fußweg nicht mehr. Heiko ging nach links — suchte rechts. Schließlich führte er, ohne es zu merken, seine Schwester immer weiter ins Moor hinein. Schon einige Male waren die Kinder bis zu den Knien eingesunken. Engeline weinte. Heiko tröstete sie: ‚Weine nicht, gleich sind wir wieder zu Hause.‘

Die Kinder irrten weiter umher. Schließlich kamen sie nicht mehr vorwärts. Heiko ließ den Korb fallen und hielt seine Schwester mit beiden Händen fest. Langsam, ganz langsam sanken sie tiefer ein. Schon reichte ihnen das kalte, nasse Moor bis an den Leib. Engeline schrie und versuchte, sich zu befreien. Doch je mehr sie sich bewegte, desto tiefer sank sie ein. Heiko wollte seine Schwester hochziehen, da versank er bis zur Brust. In ihrer Todesangst riefen beide Kinder um Hilfe. Das dunkle Moor schwieg.

Da kam etwas näher. Ein großer Hund tauchte im Nebel auf und verschwand wieder. Gleich darauf klatschte eine lange Leiter dicht neben den Kindern ins Moor. Erschöpft klammerte sich Heiko mit der rechten Hand an die Leiter, mit der linken hielt er seine Schwester fest. Er spürte, wie zwei Fäuste seine Schultern packten und erst ihn, dann Engeline auf die Leiter zogen.

Heiko schaute in die dunklen Augen des Moorkerls. Der alte Besenbinder lag auf der Leiter. Langsam rutschte er auf dem Bauch zurück. Zunächst brachte er Engeline auf festeren Boden. Dann holte er Heiko und führte beide in seine Hütte. Dort zog er ihnen die nassen, moorverschmierten Kleider aus und legte die Kinder warm zugedeckt auf seine Schlafstelle.

Später kam der Vater. Als er seine Kinder in der Hütte schlafend und gesund fand, drückte er lange die Hand des alten Besenbinders und streichelte den großen Hund.

Die Leute aber kauften nun die Besen von dem Moorkerl, weil diese gut und haltbar waren, und weil er zwei Kinder aus dem Moor gerettet hatte.“

Der Brautpfad

Wilhelmine Siefkes

Es war ein wunderschönes Fräulein aus dem Hause Cirksena. Viele Freier von nah und fern hielten um ihre Hand an, sie aber wies alle ab, bis eines Tages ein fremder Prinz kam. Er war reich und aus vornehmem Geschlecht und von edler Gestalt, und sie liebte ihn über alle Maßen und verlobte sich ihm.

Als die Hochzeit in der Burg zu Aurich gefeiert werden sollte, wurde die Stadt prächtig hergerichtet. Es war Himmelfahrt, und das Land lag voll Maiensonne. Das Jungvolk holte aus Wäldern und Wiesen, was es an Blüten fand, damit schmückte es den Pfad, den das Brautpaar beschreiten sollte.

Dicht gedrängt wartete jung und alt an den Straßen auf die Ankunft des Bräutigams. Die Braut aber stieg die Wendeltreppe des Turmes hinauf, um von oben herab es als erste zu gewahren, wenn der sehnlichst Erwartete nahte. Als sie ihn an der Spitze seiner Begleiter hoch zu Roß erspähte, winkte sie mit einem seidenen Tuch ihm zu. Da gab er in seiner Freude dem Pferd die Sporen, um schneller bei ihr zu sein.

Doch in der Menge der Wartenden stand einer, der dem Fremden die Braut nicht gönnte. Er hatte sie einst sich selber erwählt, aber sie hatte ihn nicht gewollt.

Als der Bräutigam fast am Ziel war, sauste etwas durch die Luft, und der Reiter brach zusammen und stürzte. Und das Tier, das in den Burghof raste, schleifte einen Toten hinter sich her.

Dieser Anblick brach der schönen Braut das Herz. Sie wurde neben dem Geliebten zur letzten Ruhe gebettet, und statt der Hochzeitsleute schritt ein paar Tage später ein Trauerzug über die verwelkten Blumen des Brautpfades.

Seit jenem Tag sieht man jedes Jahr zu Himmelfahrt in der Auricher Gegend blütengeschmückte Brautpfade, die das junge Volk kunstvoll gestaltet.

König Radbod sin Piep

Georg Ruseler

Dat ist all lang' her, do weer is 'n Bur, de wahnde nich wiet von Auerk (Aurich) af; den sin Snack gung dat eene Mal: „Dat will ick!" wenn he wat wull von anner Lü, un dat anner Mal: „Dat will ich nich!" wenn anner Lü wat von em wullen. De Bur harr 'n Deern, Wübkedina hett se heeten; de weer so risch un frisch as 'n Dannenbom, de so recht grönen deiht in 'e Vörjahrstid. Dar harr sick Folkert Hansen in verkeken, de seet in 'n Fettpott to Osterloog un weer 'n Keerl, den hörde de ganze Welt.

De gung to Wübkedina un sä: „Paß ick to di? Paßt du to mi?" „Ja", sä Wübkedina.

Do nehm he se bi de Hand un gung mit ähr to den Bur, ähren Vader, un sä: „Bur Remmert Hardekopp, din Dochder will mi, un ick will din Dochter. Segg ja darto."

„Nä, dat will ick nich", sä de Bur.

„Wat wullt du denn?" frog Folkert Hansen.

„Ick will Tabak roken ut König Radbod sin Piep, un wiel ick dat nich hebben kann, schaßt du uck nich min Dochder hebben."

„Vader!" reep Wübkedina.

„Ja, nu segg is, Bur, wenn ick dat klaar krieg, dat du Tabak rokst ut König Radbod sin Piep, kann ick denn din Dochder kriegen?"

„Ja, denn kannst du min Dochder kriegen."

„Denn vertell mi is, wo König Radbod wahnt."

„Dat will ick di vertell'n. Dat het mi drömt in 'e leßde Nacht. Do bün ick in König Rodbad sin Hus wesen. Stahn hew ick vör sin Stubendör, snurken hew ick em hört, awer upwakt is he nich, un ick hew em nich sehn, un ut sin Piep hew ick nich smökt.

Hör to, well König Rodbad is. Dat is dusend Jahr her un noch länger, do hett he regeert öwer all us Freesen. So 'n olen Heide is he noch wesen, un do is de Kaiser Karl kamen mit tein Preesters, un all de tein Preesters hewt 'n Krüz in 'e Hannen hatt, un gegen tein Krüz mit usen

Heiland, dr an hett König Radbod nich an kunnt. Do hett he sick verkrupen mußt, un nu sitt he in 'e hillige Wurt bi Ochtersum. He is nicht sturben; dar sitt he dags un slöppt, un nachs wakt he un smökt sin Piep Tabak.

Wer denn runner will to em, de möt dar stahn gahn, un so möt he seggen:

Runnersacken, runnersacken!
Wurt schall wieken, Water strieken —
Runnersacken, runnersacken!
Ick will mit König Radbod snacken.

Denn kannst du dat ja mal afluren, of du uck säker runnerkummst, un kriegst du em to sehn, denn kriegst du uck ja woll sin Piep."

Do bedankde sick Folkert Hansen, un de nächste Nacht gung he nach Ochtersum un söchde de Hillige Wurt, man dar weern Wurten so väl, dat he nich wüß, wecke darvon de richtige weer.

Bi de erste stund he still, un do streek dar 'n Voß öwer den Weg, den frog he: „Is dit de Hillige Wurt?"

„Na", sä de Voß.

Do gung he na de twede Wurt, dar hurkde 'n ol Kreih up, de frog he: „Is dat de Hillige Wurt?"

„Quark!" sä de Kreih.

Do gung he na de drüdde Wurt; dar stund 'n Lindenbom up, dar seet 'n Kattul in, de keek em an mit ähr gleunige Ogen, un he frog: „Is dit de Wurt, wo König Radbod in sitt?"

De Kattul sä nichs, awer se nickkoppde, un do wüß he, dat he dat funnen haar, wat he söken deh. He töwde, bet dat von alle de Karktorns twölf slog. Do verkrop sick de Maan achter de Wulken, un Folkert Hansen sä:

„Runnersacken, runnersacken!
Wurt schall wieken, Water strieken!
Runnersacken, runnersacken!
Ick will mit König Radbod snacken."

Dunner uck, wurd em do to Mod! De Bodden wurd em unner de Föt weglaken. As off he in 'n dunkeln Sack steken weer, so sackde he dal, un he wüß nich, off he wakde oder drömde. As he wedder to sick keem, do stund he vör 'n deftige eeken Dör, dar weer mit Kried an schreben: König Radbod von Freesland.

Eenen Ogenblick lusterde Folkert Hansen, off he em snurken hörde. Nä, un wenn he nich snurkde, slepp he ja woll uck nich, un so kloppde he denn an.

„Rinkamen!" reep dar well, de harr 'n Stimm, so rug un groff as den Swinegel sin Stachelfell.

Folkert gung rin, un do seet dar in sin Armstohl 'n olen, griesen Keerl, de seeg ut, as wenn em de Düwel säbenmal dör de Höll tagen harr.

„Gon Abend, König Radbod", sä Folkert Hansen.

„Wer büst du?" frog de ole König.

„Ick bün Folkert Hansen ut 'n Fettpott von Osterloog."

„Wat wullt du?"

„Ick wull geern din Piep hebben."

„Wat is dat, 'n Piep?"

„Dar smökt man Tabak ut."

„Wat is dat, Tabak?"

„Dat sütt ut as Torf, awer wenn he smullt, denn rückt dat as Honnig un Appelmus."

„So 'n Tabak kenn ick nich, un 'n Piep hew ick nich."

„Wat, du hest kin Piep? Un all Lü in Freesland seggt: König Radbod sitt in 'e Hillige Wurt, un dar rokt he jede Nacht sin Piep Tabak."

„De dat seggt, hett lagen. In de Nacht hojahn ick blot, un ick frei mi, wenn de Dag kummt, dat ick wedder slapen kann. Awer wat wullt du denn mit min Piep?"

„Ick will dr nicks mit, awer wat de Bur Remmert Hardekopp is, de hett sick dat in 'e Kron sett, he will mal smöken ut din Piep, un wenn he dat nich kann, denn krieg ick sin Dochder nich tor Fro."

„Och so", sä de ol König un lachde. „Nu verstah ick, nu begriep ick. Denn gah man hen, min Söhn, un gröt Remmert Hardekopp von mi un segg, in König Radbod sin Tid harr'n de Minschen noch kin Piep, un se smökden uck nich Tabak."

„Ick bitt di, schrief mit dat up", sä Folkert Hansen. „Anners glöwt de Bur mi dat nich."

„Schrieben? Dat hett sick wat", sä de König. „Dat hew ick nich lehrt. To mine Tid, do schreben blot de Preesters."

„Denn giw mi din Kron mit. Denn glöwt he mi uck."

„Dar kann nicks ut weern", sä Radbod. „Wat 'n richtigen König is, de kann allens utgeben, wat he hett, awer sin Kron, de giw he nich. Man helpen will ick di doch, dat du den Bur sin Dochder kriegst. Du gefallst mi, wiel du kin Bangbüx büst. Hier min Handschen, de gew ick di mit, un wenn de Bur denn noch ‚nä' seggt, denn schaßt du will sehn, wat dar passeert."

„Un wennehr schall ick din Handschen wedderbringen?"

„Gar nich. De kamt von sülfst wedder."

Un as he dat seggt harr, do greep he in sin rechte Tasch un in sin linke Tasch, un ut jede Tasch truck he 'n Handsch rut. Junge di, wat weern dat för Handschen! Ut Büffelledder weern de makt, un se weern hart un swor as Holschen.

„Ick dank uck", sä Folkert Hansen.

„Kin Ursak!" sä König Radbod. „Adjüs, un nu treck de Handschen an, een rechts, de anner links! Un nu seggst du lut: Gu'n Dag, Remmert Hardekopp!"

„Gu'n Dag, Remmert Hardekopp." —

„Gu'n Dag, Folkert Hansen", sä do well, un dat weer Bur Hardekopp sülfst. „Na, wedder trügg von König Radbod?"

„Ja, Bur", sä Folkert Hansen, un he wüßd nich, wat he seggen schull, so harr he sich verjagt. Wo weer dat mägelk, dat he all wedder trügg weer, un he harr dar nicks von markt!

„Wo ist denn de Piep?"

„Ja, de Piep! König Radbod lett di gröten: 'n Piep, de harr he nich, un smöken deh he uck nich. To sine Tid, do weer dat noch kine Mode wesen."

„Och wat, dat kann jeder seggen. Du büst 'n Lögenfent, du hest König Radbod gar nich sehn. Wenn he denn kin Piep hatt hett, harr he di woll wat mitgegeben von sin Hand, dat du dat schriftlich harrst."

„Dat hett he uck dahn. Von sin Hand hett he mi Handschen geben. Hier sünd se, un he lett di seggen: Nu schaßt du Folkert Hansen din Dochter geben."

„Dat will ick nich", sä Remmert Hardekopp; awer knapp harr he dat seggt, do grepen König Radbod sin Handschen em ünner de Arms, un hoch in 'e Luft swewde he. Dunner uck, verjog he sick!

Un he hörde een Stimm, deep unner de Eer weg: „Du Lump, wenn ick uck in de Hillige Wurt sitt, König von Freesland bün ick doch! Wullt du dohn, wat ick segg?"

„Dat will ick", sä Remmert Hardekopp, un do stund he wedder up den Fotbodden, un König Radbod sin Handschen, de weern weg.

Das Frauenmeer

Unbekannt

Nordöstlich von dem Dorfe Timmel findet man abseits von den menschlichen Wohnungen ein kleines Gewässer, von dem die Leute sagen, es sei unergründlich. Es heißt das Frauenmeer.

Vorzeiten, so erzählt man sich, standen an dieser Stelle drei Häuser, in denen steinreiche Frauen wohnten. Ihren unermeßlichen Reichtum gebrauchten sie aber nicht, wie es recht war. Sie lebten alle Tage herrlich und in Freuden. Ihre Hunde erhielten die leckersten Bissen, und was von den Speisen übrigblieb, wurde weggeworfen. Wie viele arme Leute hätten diese Frauen nicht glücklich machen können! Aber dazu waren sie zu hartherzig. Alle Bettler wiesen sie ohne Erbarmen von den Türen und hetzten wohl gar die bösen Hunde auf sie, so daß es zuletzt niemand mehr wagte, die Frauen um eine Gabe zu bitten.

Voll Trauer hörte der Priester des Ortes von der Unbarmherzigkeit der Frauen. Er ging eines Tages zu ihnen und hielt ihnen vor, wie sie doch so große Sünde täten, wenn sie so verschwenderisch lebten und den Armen keine Wohltaten zukommen ließen, und daß Gott im Himmel solch große Sünder strafen werde. Die Frauen aber in ihrem Übermute verlachten den Diener Gottes und wiesen auch ihm die Tür. Aber kaum hatte sich der Priester einige Schritte entfernt, da hörte er hinter sich ein Krachen und Brausen, und als er sich umwandte, sah er von den Häusern keine Spur mehr, wohl aber an ihrer Stelle ein finsteres Gewässer. Die Erde hatte sich aufgetan, und Gott der Herr hatte die stolzen Verächterinnen seiner Gebote versinken lassen in die grausigen Fluten.

Vom Fischkönig im Brockzeteler Meere

NACH HERMANN WEICHELT

Daß die Menschen Könige haben, weiß jedermann; daß die Bienen Königinnen haben, wissen auch viele; daß die Schlangen Könige haben, wissen nur wenige; daß aber die Fische Könige haben, wissen die allerwenigsten, nicht einmal alle Fischer. Und doch ist der Fischkönig hier und da gesehen und auch schon gefangen worden.

Das Brockzeteler Meer war gesegnet mit allerhand Fischen, die im Süßwasser leben. Viele Jahre hindurch hatten die Fischer reichlich gefangen und hatten zur Laichzeit die Fische geschont und waren nie zu gierig gewesen. Da kam es einigen unersättlichen Männern in den Sinn: „Wie wäre es, wenn wir einmal das ganze Meer leerfischten?"

In einer schönen Nacht gingen die Leute mit allen Mitteln auf den Fang. Am Anfang ging es gut, und immer höher wuchs ihre Gier. Endlich war alles abgefischt; die Fässer und Körbe waren gefüllt und die Boote bis zum Rande voll. Da hieß es: „Is dat de Fisk alle?“ Noch ein Zug wurde gemacht, und ein ungeheuer großer Hecht war gefangen. Der Hecht hatte nur ein Auge, das war aber so groß wie das eines Kalbes. Und dieser Fisch war der König, genannt „Eenoog Hauer“. Als die Fischer den ans Land ziehen wollten, kippte das Fahrzeug um, und alle Fische waren erlöst und schwammen davon. So ward die Habgier bestraft; denn die Fischer retteten nur mit Not ihr nacktes Leben.

Die Ayenwoldmer Glocken im Sandmeer

WILHELMINE SIEFKES

Zwischen Hatshausen und Ayenwolde lag vorzeiten ein tiefer See. Mit den Jahren ist er zugewachsen, doch die Alten nennen noch die Stelle das Sandmeer. Die Ayenwoldmer hatten schon Glocken in ihrem Kirchturm zu einer Zeit, als das noch etwas Seltenes war. Wenn ihr Läuten weit in der Runde zu hören war, dann packte die Hatshauser der Neid, denn sie hatten es noch nicht so weit bringen können. Und sie beschlossen, den Nachbarn diesen Schatz abzuholen. Das wurde damals nicht als ein Unrecht angesehen, wenn es gelang, die Glocken unbemerkt aus dem Turm und unangefochten über die eigene Dorfgrenze zu bringen.

Eine helle Winternacht hatten sie für ihr Vorhaben ausgesucht, und mit aller Vorsicht gingen sie zu Werke. Gewandte Burschen erkletterten den Turm, und so geschickt wurden die schweren Glocken herabgelassen und auf die wartenden Schlitten geladen, daß nicht ein Laut ihres ehernen Mundes zu hören war.

Die Pferde zogen an, und dahin glitten sie über den schneebedeckten Grund. Unbeschreiblicher Jubel erfüllte die Hatshauser ob des gelungenen Streiches. Und als sie die letzten Häuser des Dorfes hinter sich hatten, da ließen sie ihrer Freunde die Zügel schießen, und ihr Gelächter und ihr lustiges Peitschenknallen hallten weithin und drangen noch bis in die Ohren der schlafenden Ayenwoldmer.

Als die dahinter kamen, was der Lärm auf sich hatte, als sie ihren Glockenturm leer sahen, da eilten sie, so schnell sie konnten, den Dieben nach. Diese hatten schon das Sandmeer erreicht, als sie plötzlich merkten, daß sie verfolgt wurden. Da wollten sie den Weg abkürzen und trieben die Pferde über den zugefrorenen See. Mit einem Mal krachte das Eis, das für solche Last nicht dick genug war, und die Schlitten brachen ein. Sie konnten noch gerade die Stränge durchschneiden und die Tiere halten, da sauste das erbeutete Gut ins Meer, und entgeistert starrten die Hatshauser ihm nach.

Inzwischen waren die Ayenwoldmer herangekommen, und sie sahen nicht weniger entsetzt ihre kostbaren Glokken durch das Eis versinken. Sie blieben verloren, und keiner brachte sie wieder ans Tageslicht. Doch an stillen Abenden hört man manchmal aus der Tiefe leis und fern ein Läuten. Als nach langer Zeit der See versandete, da versuchte man, die Glocken aus dem Erdreich auszugraben. Aber niemand hat sie je wiedergesehen.

De Düfelsschür

FRIEDRICH SUNDERMANN

In Strakholt weer ins 'n Bur, de brannde de Plaats up, un dat was man 'n Strämel Tied mehr vor de Arnt. De gode Mann gunk den ganßen ankamen Dag bett hen to Düstern manken de dalschaten Müren un de swartbrannde Balken herüm, un dochd' sück kant duddig, war he nu mit all dat Gebohte henschull, dat hüm towussen was un bold unner Dack muß. As 't na Beddgahnstied togunk, un de Bur noch gien Rüst kreeg, un sien Benen vör Vermöi'ng haast still stunnen, un de Ogen all in een Spoor keeken, klappde hüm well van achtern up 'e Schuller un sä, he geew d'r woll völ üm, wenn he sien Plaats wo ehrder wo leefer wär harr;

— un wenn se mit'nanner klar worden kunnen, denn wull he de Bur dat Hus ut 'n Pükfienen uparbeiden, un klar läfern, so dra as 't verlangt worde.

De Bur harr gien Bekennskup mit de Stemm', de dat an hüm sä, un dreide sück na de frömde Kärl hen un froog hüm: wo he denn heeten dee, un war he van daan was? „Dat deit to de Sak' nix", sä de anner, „ick läfer dat Hus kant un klar na Besteck un Updragg, un ji könt man seggen, tegen wennehr dat 't stahn schall, denn steit 't ook! Un as d'r wat an mankeert, un ick mien Woort nich hollen schull, denn sünn ji van mi of un free un van 't heele Spill quiet."

Sückse Geckscheerderee verdroot de Bur bannig, un he wull de Landstriker gern van d' Hals of hebben. Darum sä he, he as Bur wull dat akzepteren, wat hüm dar anboden wurd; un de Plaats schull weer up de sülwige Stä stahn, war de olle up stahn harr, schull desülwtige Grötte, Rüümte un Geriefelkeid hebben, un muß vör de anstaande Mörgen, bivör de Han kreien dee, kant un klar wesen, dat se furt bi 't Weit'föhren gahn kunnen.

De anner sä darup hen, dat was hüm recht un good, un he wull denn man up 'e Stä mit dat Bauen bigünnen, wenn se sück över de Kösten man eens wassen. „Wat fraggst 'u denn woll?" sä de Bur. — „Nich völ", gaff de anner to 'n Bischeed, „ 't is man dat erste Kind, wat Dien Frau to Welt bringt." — De Bur leep 't bi d' Rügg up, bold kolt un denn weer heet, un dat Angstschweet floog hüm in un ut. Man he muß Säkerheit hebben, of 't denn wüddelk de Olle was, war dat he 't mit to doon harr, un so dreid' he sück heel na hüm to, un bikeek hüm van unnern hen to baven. Richtig, dat tatergäle Fell, dat strubberge pickswartte Haar, de fürige Ogen, de gleinige rode Mütz up, mit 'n Hahnenfär bi Sied to weien, un denn unner dat Lunkebeen un de Pörfoot — 't was all, as 't wesen muß.

„Tööv", dochd' de Bur, as 'e sück van den slimmsten Schreck wat vermüntert harr, de will 'k anfören. Hebb ick twalf Jahr vergews up 'n Arwe lurt, denn lurst du d'r all dien Läw un Dag vergews up. Ick raak up disse Art bi 'n nee Plaats, un uns' Maat kann up dien erste Kind luren, bet em de Gall' drüßelt.

„Good“, sä ’e to den Düfel un sagg so leidig ut, as ’e man kunn; „du settst mit tegendeß, dat de Hahn vört erste Mal kreien deit, de Plaats, un ick bitahl di mit dat erste Kind, wat ’r kummt. Well du büst, dat seh un hör ick wol, un wat ’n echte Kristenminsk is, de schull di ut ’e Spoor gahn; man leider seh ick mi nich anners to helpen, un Gott mag mi de Sünn jo wol vergefen.“ — „Denn was wi je klar mitnander“, sä de Düfel. „Ja“, sä de Bur; „dat ’k nich anners weet, sün wi klar.“ — „Denn adjü“ sä de Düfel, un weg was he, un ’n Sekünn later hörde de Bur hüm hoch in de Lucht lachen und schackern as ’n Häkster.

„Lach du man to!“ sä de Bur, un gunk hen in ’t Hus, war he ’n Kamerke funnen har. So wat van ’n bös Geweten harr ’e averst doch, un darüm dochd’ he, he wull sück v’nafend man leefer nich mehr vör sien Fraun sehn laten, de much hüm anners wol wat anmarken könen, un darüm stok ’e sück hen in ’n Kamer un gunk to Bedde.

Dat Nabershus, war se vörerst Upname in funden harren, stunn mit de Gäfel van de Brandstä of, un so freide de Bur sück man, dat sien Frau van de ganße Kram wol nich ehrder wat marken schull, as wenn se den annern Mörgen upstund un henut keek, un dat se denn ehrder löwen much, de leefe Gott harr de Plaats boet, as de Düfel ’t daan harr. Mit disse Gedachten leggde de Bur sück dal, man slapen kunn ’e doch nich ’n.

Sien leefe Frau harr hüm woll in ’e Kamer un to Bedde gahn hört, man se meende, dat dee de grote Trür, dat he sünner god’ Nacht to seggen, un sünner wat to äten över Sied gahn was. Se leet hüm still geweeren un wünskde hüm ut reine Hartensgrund woll to slapen. As se Klock tein ook to ’r Ruh gunk, un he sück darstellde, as of ’e slepp, freide dat gode Minsk sück un steeg so sachte as ’n Mus över hüm hen un nüsselde sück achter hüm in un slepp ook bold sanft un deep, um dät se ’n good Geweten harr un mö was.

Knapp twee Stünn harrn de beiden dar so lägen, do hörde de Bur, dat sien Frau weer waken dee. Gau haalde he so lanksam un deep Ahm, as een, de in ’n fasten Slap is. Man dat dürde nich lang’, do kwamm se över Enn’, buckde sück över hüm hen un lüsterde. „Waakst du?“ froog se ganz

sacht'; — sien Ahmhalen muß hör doch 'n woll nich ganz natürelk vörkamen wesen. „Ja", sä he, „ick waak nett akkraat up. Wat wullt du? Legg di man dal, du verkollst di; un slap man weer in. De Klock kann noch nich twalf wesen." — „Slapen kann ick nich weer", sä de Frau, „dar bün ick to heller wakker to." — „Och, wat kannst 'e wol nich weer slapen!" sa he, „pr'beert man ins 'n. Warüm kannst 'e denn nich slapen? Hest 'e Koppsäär of sitt di de Plaats in 'e Kopp?" — „Och nä", antwoorde se, „nich een, noch 't anner; man ick hebb so 'n schönen, prächtigen Drööm hatt. Dar bün 'k van upwaakt, un nu ick wak', is 't mehr als 'n Drööm, nu is 't up 'n Mal de reine, wisse Wahrheit." Un as se dat seggt harr, leggd' se hör Kopp an sien Kopp un flüsterde hüm sachte in 't Ohr: „Winachten krieg wi wat in 'e Weeg." — „Wat?" reep de Mann un fohr ut de Küssens herut; „weetst 'e dat wiß? Segg, of du dat wiß weetst?" — „Ja, mien Hartensjung, so wiß, as 't dien un mien is!" antwoorde dat leefe Minsk un slunk hör Arms üm sien Nack' un kunn nich uphollen, hüm to küssen un an sück to drücken. Nu wuß de Bur ook, warüm de Düfel so lacht harr, un dat kwamm hüm vör, as hörde he hüm all weer. „Och Gott! Och Gott!“ funk de arme Kerl an to jammern, un haalde sück de Haar to d’ Kopp ut; „wo schall ick ’t nu maken! Wat schall ick unglückelke Vader nu maken!“ — Un nu kwammt van Dag, dat de Düfel de Bur ’s nachts ’n nee Plaats boen wull, un dat dar de Bur den Düfel sien erste Kind vör verschrefen harr. — „Dat hett di dröömt, mien arme Jung“, sä de Frau, „kumm, laat uns upstahn un tokiken, un övertüüg di, dat buten noch allens nett so liggt und steit, as ’t güstern afend daan hett.“ — Flink weer se ut ’t Bedde un truck hör Mann ook herut, he much willen of nich; un nu mit hüm achter ’t Hus. Ja w’rhaftig! Dar laggen Steenen un Balken in den hellen, klaren Maanschien nett ackrat so, as de Dag van tovören.

— „Süste woll, dat dat nix as ’n eisken, ollen Drööm west is?“ — wull de Frau nett seggen — da sloog de Klock’ twalfen, un knapp was de letzte Schlagg d’rof, dar kwammt dör de Lucht susen un brusen as ’t dickste Hagelschur, un ehr m’ dree tellen kunn, fulln teindusend Düfels ut ’e Lucht dal, as ’n Swarm Feldflüchters up ’n Weitenkamp, nich groter as halfwassen Jungs un alltohoop mit gleinig rode Mützen un naakde Arms un Beenen. Un de olle Düfel sülfst kweem ok mit nadal, settde sück up de Spitze van d’ Püttboom, smöökde frädelk sien Piep un kumdeerde. Un nu gunk ’t löß! Hier bi ’t Schuwen un dar bi ’t Bicken, hier bi ’t Laßken un dar bi ’t Müren, hier bi ’t Sagen un dar bi ’t Richten, hier bi ’t Glaskern un dar bi ’t Decken. Dat gunk van Lopen of un to, dat gunk van Klautern un Tautern, van Mullen un Rullen un Pickern un Tickern, dat de beiden arme Tokikers Hören un Sehn vergunk. Tein Minüten, un de Müren stunnen; noch tein Minüten, un de Balken laggen; noch tein, un dat Speerwark word sett ’t un de Latten un Speers spiekert un dat Dack up ’e Latten leggt. Gliek was de Plaats klar. Hunnert satten d’r all baven up un maakden de Först. Dusend kleewden as Swaalkes an de Müren un foogden in. Nu man twee, dree Minüten noch, un de Düfel harr sien Woort hollen un de Bur muß siens ook hollen, un wat de arme Moder unner hör selige Hart droog weer in ’e Helle un Verdammtheid verköfft. — „Is dar denn heel un all nicks bi to maken?“ sä de Frau in hör Doodsangst. — „Heel un all nicks!“ sä de

Mann un bäwerde, as wenn he 't kolle Feeber harr. — „Wat hest du denn mit hüm verakkerdeert?" froog se noch eenmal; „wennehr schall de Plaats klar wesen?" — „Vör dat 'n Hahn vör 't erste Mal kreit!" antwoorde he, „un dat is noch lang' henn." — „Gott Lof un Dank!" reep de Frau; „denn is d'r vilicht noch Hülp'." As de Wind störtd' se in Hus, up 'e Dääl, na 't Honerrick to, un nu dat Hemd bisiet, un dat d'rvör geklappt, dat 't man so knallde. — „Kükrükü!" sä de Hahn; van 'e Mür fullen de Instrikers, van 'n Först trülldden de Deckers, un as de gode Frau weer na hör Mann t'rügg rönnen kweem, was dat hele Hellepack över all' Barge, un de nee Plaats stunn groot un stolt in d' heller Maanschien. — „Nu laat uns man weer na Bedd to gahn", sä de Frau, „un mörgen fro dat Hus bikiken; denn wenn de Düfel gien Ogenverkökelee spöölt hett, steit 't mörgen noch." — „Dar lur up!" sä de Bur; „de Plaats sünd wie mörgen weer kwiet, man dat deit 'r nich an, dar heww wi uns 's Kind vör redd 't. Darmit leggden de beiden sück noch 'n Settje dal.

As 't Dag wurd un de gode Lü upstunnen un tokeken, stunn dat Hus noch, kant un klar bett up 't Hammbrett an d' Achtergäfel van d' Schür, dar was 'n Gatt in blefen, war de eene Planke nich mehr inploogd worden kunnt harr. „Kiek!" sä de Bur; „de Schür, dar mankeert doch noch 'n bitje an, anners harrt verlaren west mit mi; un dat Gatt will wi woll tokrigen, laat de Timmermann man kamen."

De Timmermann kwamm un settd' dat Brett d'rin, man de anner Mörgen lagg 't an d' Grund, un dat Gatt kunn to 'n tweeden mal stoppt wurden, un to 'n darden- un veerdenmal, hen dat de Bur d'rachter kwamm, dat de Düfel sien In- und Utgank dar hullt; so leet he Lock Lock wesen.

Un so steit de Plaats mit de Düfelsschür d'rachter hen to van Dag' to, un de 't nich löven will, dat 't sück so d'rmit besaakt, as wi hier vertellt hebben, de ga na Strakholt un laat sück dat Gatt wisen.

De Sabendüwelsdiek

Georg Ruseler

Wenn säben Düwel di fräten willt, dü brückst nich bang to weern, wenn säben Engel di helpt.

Kennt ji den Säbendüwelsdiek? Nä? Ick uck nich. Den kennt nüms mehr. De is all lang' in 'e Tichelee kamen, un dar sünd Backsteen ut makt wurrn. Man stahn hett he vör Jahren — dat hett mi min Grotvader vertellt — in 'e Krumme Hörn bi Emden langs, un dar hett he dat Land wohrt vör dat solten Water. Nahsten is de See dör de Minschen ümmer wieter trüggdräben wurrn, un ut den Säbendüwelsdiek kunn 'n Hüs boet weern.

Awer de den Säbendüwelsdiek sett hett, dat is 'n Kerl wesen, un nömt hett he sick Swittert Uken Ukena. Dat weer man 'n armen Hürmann, awer he hett geern Bur weern wullt, un dat is he uck wurrn, un darto hewt em säben Düwel helpen müßt, awer uck säben Engels.

Dat ist mal Winter wesen, abends so in 'e Schummertid, un Swittert geiht von de Arbeit na Hus — duschen hett he bi 'n Bur — do sütt he dar wat kribbeln un krabeln ünner 'n Dannenbusch, un dat is witt as Snee, un dat süfzt un klagt: „O du lewe Herrgott, wat is de Himmel doch wiet!"

Swittert blift bestahn un röppt: „Na, well hewt wi denn dar?" un do krupt dar säben lütje Kinner an em ran, awer Kinner sünd dat nich; an ähre Schullers, dar hewt se Flunken an.

„Och, du lewt Minschenkind", seggt se, „wi sünd säben Engels, un wi hewt hier in 'e Krumme Hörn to dohn hatt, un nu könt wi nich wedder in 'n Himmel kamen."

„Flegt doch, ji hewt jo Flunken!"

„Wi sünd man ganz verklamt. Wi möt erst anwarmt weern, anners kamt wi nich in 'e Luft rin."

O, wo lachde do Swittert Uken Ukena!

„Anwarmen? Dat will 'k jo woll besorgen!" reep he, un do steek he een in 'e linke, een in 'e rechte Bücksentasch; twe keemen in de Jackentaschen von buten un twee von binnen, un den leßden nehm he up 'n Arm. Do drog he ähr na Hus in sine Dönz, un dar settde he ähr an 'n warmen

Aben, un to sin Fro sä he: „Nu kak mal gau 'n Pott vull Melkbree!“ Un as de gar weer, do kregen de säben Engel säben Teller un säben Läpel, un se eeten den ganzen Pott vull up.
„Sünd ji nu nog anwarmt?“ frog Swittert.
Ja dat weern se, un do makden se dat Fenster apen, un rrr! surrden se af in 'e Luft.
De leßde awer sä: „Du hest us hulpen, du lewe Minsch, segg is, wo wi di to helpen könt.“
„O, wenn ji mi helpen willt, denn helpt mi, dat ick 'n rieken Bur weer. Denn bruk ick dags nich mehr döschen to gahn; denn lat ick anner Lü döschen.“
„Wi willt sehn, wat sick dohn let“, sä de Engel, un do surrde he uck af. —
Nu passeerde dat, dat dar dat solten Water öwer dat Land keem, un de Diek, de weer broken, un dar weer völ Not. Awer as de Sünn nu wedder schienen deh, do säen de Minschen: „Ran an 'n Dießel! Den Diek, den möt wi wedder boen!“ Un dar harr jeder Bur sin Diekpand, wat he flicken un bätern müß, awer dar weer mennigeen, de kunn dat nich, em weer de Pust utgahn, un denn steek he sin Spa in dat Diekpand, un well den Spa trecken deh, de kreg den Bur sin Stä, man he muß uck den Diek boen.
Un do steek uck Geerit ten Kolmann sin Spa in den Diek, un do dachde Swittert Uken Ukena: „Nu is dat Tid. Säben Engel möt di helpen. Luk, anners kummt annerseen un lukt!“
Un he tog den Spa ut Geerit ten Kolmann sin Pand.
„Mann, wat hest du dahn?“ reep sin Fro. „Dat Pand, dat is to stur för di. Du bringst di üm.“
„Och wat, nu hewt wi 'n grode Plaats“, sä Swittert, „un mit den Diek, dar willt wi woll mit klar weern.“
Dat weer nachs in 'e Sömmertid, so week un warm weer dat, do gung Swittert Uken Ukena na buten un sung un sä:
„Säben Engel, so witt as Snee,
Säben Küken ünner min Fürstülp,
Säben Engel üm min Pott vull Bree,
Säben Himmelsengel, mi to Hülp!“
Do surrde un snurrde dat, as wenn dar säben Rebhöhner kamen dehn, un de säben Engels settden sick üm Swittert in dat Gras, un de säwde, de sä: „Wat schöt wi dohn?“

„Nu schöt ji mi helpen, dat ick 'n rieken Bur weer", sä Swittert.

„Hier hewt ji säben Spaden. Rin in dat Lock! In disse Nacht makt ji min Diekpand to!"

„Wat, dieken schöt wi?" reepen de säben Engels, „wat du di denkst! Dat ist doch kin Arbeit för us. Us Kleeder sünd güstern erst frisch wuschen. Düwelsarbeit is dat. Dar spann anner vör!" un rrr! surrden un snurrden se af un leeten em alleen.

„Na, wenn dat Düwelsarbeit is", sä Swittert, „den schöt de Düwels se uck dohn." Un do gung he up 'n Krüzweg stahn, un he sung un sä:

„Säben Engel buter säben Karken;
Säben Düwel unner de Fürstülp,
Säben Engel willt nich för mi warken,
Säben Düwel, kamt ji mi to Hülp!"

Junge di, fung dat do an to surren un snurren! Dar seet anner Puhee achter as bi de Engels, un harr Swittert Uken Ukena sick nich an den Wegwieser holen, weer he ümweiht wurrn.

„Wat wullt du ole Sünner?" frogen em de säben Düwels.

„Hier harr ji säben Spaden!" sä Swittert. „Rin in dat Lock! Disse Nacht schöt ji mi helpen, min Diekpand to maken."

„Dat willt wi dohn", säen de säben Düwel, „aber wi doht dat nich umsünst."

„Verlang ick uck nich", sä Swittert, „jeder von jo schall 'n Zägenbuck hebben mit twe Höörn, so grod!"

„Is god", säen de säben Düwel. „Säben Jahr, säben Bück! Jahr för Jahr 'n Buck. Un wenn dat säwte Jahr to Enn is, denn kriegt wi din Seel."

„Billiger geiht dat nich?"

„Kin Spier. Un dat wi to us Recht kamt, ünnerschrieben mößt du uck."

Na, wat schull Swittert maken? Wenn he de Plaats hebben wull, muß de Diek to, un wiel he dat alleen nich kunn, unnerschreew he, un as he dat dahn harr, do danzden de säben Düwel för luter Pleseer. Denn kregen se de säben Spaden, un an den annern Morrn, do stund de Diek, un he blew uck bestahn. Dat weer de Säbendüwelsdiek, de stund drehundert Jahr. —

As de Diek nu stund, do keem dat Land wedder in 'e Höchd, un Swittert Uken Ukena wurd 'n rieken Bur. Awer de Jahr, de gungen hen, un elk een Jahr leewerde he sinen Zägenbuck af; dat let he sick nich verdreten, de weer dr woll bi öwer. Awer do keem uck dat säwte Jahr, do puckerde em doch so 'n bäten dat Hart; do keem de Tid, do müß he uck sin Seel aflewern, dat stund so schreben, un wenn de Minsch sin Seel nich mehr hett, denn hett he gar nicks mehr.

Un de leßde Dag, de keem. Da gung Swittert nachts twölf Uhr na den Krüzweg hen, un dat schull em wunnern, wat nu woll kamen deh. He gung dar stahn, un denn sung he und sä:

„Säben Engel, so witt as Snee,
Säben Küken ünner min Fürstülp,
Säben Engel üm min Pott voll Bree,
Säben Himmelsengel, mi to Hülp!"

Rrr, sss! Do surrde dat in 'e Luft; dat fullt witt raf as Snee, un säben Engel settden sick rund um em to, säen fründlich „Gon Abend" un keken em an.

„Na Swittert", sä do de säwte Engel, „wullt du noch 'n rieken Bur weern?"

„Dat bün ick all", sä Swittert. „Awer dat früßt mi so."

„Büst du neelk", sä de Engel. „Dat ist doch Sömmer, un wi sünd ganz warm."

„Dat is man god", sä Swittert. „Denn bruk ick jo kin Bree wedder to kaken. Vandag könt ji mi helpen, 'n Diek schöt ji mi boen."

„Diek boen, dat könt wi doch nich."

„Wat könnt ji denn?"

„Schap höden, dat könt wi woll."

„Denn höd 't man, *ick* bün jo Schap."

Dat wull 'n se denn nu woll dohn. Man — rrr sss! gung dar wedder 'n Brusen und Susen dör de Luft, un do keemen dar säben Düwel un wull 'n Swittert Uken Ukena an den Hals, kunnen dat awer nich; denn dar weer um em de Krink mit de säben Engels.

„Makt, dat ji wegkamt!" säen de Düwels, awer de Engels, de rögden sick nich; se lachden ganz sinnig vör sick hen.

„Harr ji dat nich verstahn! Ji hewt hier nicks to dohn."

„Wie hewt hier doch wat to dohn."

„Wat denn?“ — „Schap höden möt wi.“

O, wat futerden do de säben Düwels, un se plusterden ähr Flunken, ähr gnäterswarde Flunken; man de säben Engels, de wull 'n nich wieken. Se hötden ganz geduldig ähr Schap, un dat stund mitten in den duppelden Krink von Himmel un Höll; awer de Himmel, de weer em nöger, un de Höll, de kunn dr nich ran.

Wo lang hett dat denn nu so duert? Wo lang? Blot so 'n lütje Stunn lang, von twölf bet een. Do mußden de Düwels weg, do weer ähr Tid aflopen. Se weern ganz vergrellt un se schreeden: „Du verdammte Keerl, giw us din Seel!“

„Nehmt se jo“, sä Swittert.

Ja, nehmen, dat kunn'n se man nich, un as de Klock slog, do dampden se af in ähr Höll. Swittert sin Seel, de weer jem fleiten gahn, man ähren Zägenbuck, den harrn se weg. Dat weer doch uck all wat.

Der Walrider

Heinrich Karstens

Ein oldenburgischer Schiffer ließ einst im Herbst, als die Stürme zu tosen begannen, seinen Segler in Emden vor Anker gehen, damit er ihm nicht im Winter auf hoher See zertrümmert würde. Er selbst zog in die Heimat und ließ seinen alten Steuermann als Wächter auf dem Schiffe zurück.

Um die Weihnachtszeit überkam ihn ein sonderbares Gefühl, als müsse auf dem Schiffe irgend etwas nicht in Ordnung sein, und obwohl er dem erfahrenen Steuermann vertraute, machte er sich doch auf den Weg, um nach dem Rechten zu sehen.

Als er Emden erreicht hatte und am Hafen anlangte, deuchte ihm, er habe sein Schiff im Herbst an einem andern Orte ankern lassen, als er es jetzt sah; und um sich Klarheit zu verschaffen, ging er heimlich an Bord und verbarg sich achterdecks. — Als es Nacht wurde, merkte er, daß die Anker eingezogen wurden, dann sauste das Schiff davon, daß der Wind durch Takelwerk und Wanten pfiff. Plötzlich hielt es, und er sah, daß der Steuermann an Land ging. Und als er aus seinem Versteck hervorkam, merkte er, daß er sich in einer ganz fremden Gegend befand. Er griff schnell über Bord in die Büsche und schnitt ein paar Zweige ab, dann ging er wieder in sein Versteck. — Da kam auch der Steuermann schon zurück, und fort ging's wieder in rasender Fahrt. Plötzlich gab es einen Ruck, als wäre der Kiel aufgefahren, aber dennoch stoppte es nicht. In kurzer Zeit war es wieder an der Emdener Küste, und die Anker rasselten in die Tiefe.

Am Morgen trat der Schiffer vor den Steuermann. Der meinte, er wäre eben angekommen, und er tat, als wüßte er nichts. Da stellte der Schiffer ihn zur Rede, was er in der letzten Nacht getrieben hätte; er behauptete, nicht von Bord gegangen zu sein. Der Schiffer griff jetzt zur Seite und zeigte die in der Nacht geschnittenen Zweige, da war es spanisches Rohr. — Als der Steuermann merkte, daß Leugnen vergeblich war, gestand er: „Ich bin ein Walrider und fuhr mit eurem Schiff durch die Lüfte. Doch als ich den Kurs zu tief nahm, fuhren wir einen Kirchturm an, das gab einen gewaltigen Ruck, aber euer Schiff litt keinen Schaden."

Staunend vernahm der Schiffer die Worte seines sonderbaren Steuermannes, und weil er ihm unheimlich war, entließ er ihn zum Neujahrstage.

Das Geisterschiff von Emden

Wilhelmine Siefkes

In früheren Zeiten, als die Ems noch an der alten Stadtmauer von Emden vorbeifloß, wurde der Delft des Abends zu einer bestimmten Stunde verschlossen.

Einst war ein schlimmes Unwetter. Der Sturm heulte aus Nordwest und peitschte die Ems, daß das Wasser gen Himmel sprang. Es kam aber ein großes Handelsschiff von langer Fahrt zurück und wollte in den Emder Heimathafen einfahren. Durch das Wüten von Wind und Wogen kam es glücklich bis dicht vor den Delft, und die Leute, die ihre Angehörigen erwarteten, standen Kopf an Kopf am Ufer und hörten schon des Kapitäns Stimme Befehle durch den Sturm schreien und sahen, wenn der Mond durch die jagenden Wolkenfetzen lugte, die Mannschaft sich um das Segelwerk mühen.

Auch der Hafenwärter stand da und schaute, denn sein Sohn war mit an Bord, aber der Kapitän war sein ärgster Feind, dem er nichts Gutes gönnte.

Plötzlich brüllte der Sturm, seine Riesenhand griff in die Segel und hob das Schiff wie eine Nußschale, um es dann hinabzuschleudern in die rasenden Wirbel des Stromes. Die Menschen schrieen vor Angst, und das Schiffsvolk schrie um Hilfe.

Der Hafenwärter sollte das Wachtboot herausgeben, damit man die sinkende Mannschaft retten könnte. Doch er stand und rührte sich nicht, sah nur haßerfüllt zum Kapitän hinüber und sagte: „He hett dat nich beter verdeent!" Da drängten ihn die Menschen und riefen: „Denk an dien Jung, Mann!" Und als er da endlich das Boot hergab, sank das stolze Schiff mit allem, was darauf war, vor ihren Augen in die Tiefe, und nicht einen gaben die Fluten zurück.

Wenn aber der Nordwest über den Dollart tobt und das Wasser bis in den Grund aufrührt, wenn dann um Mitternacht der fahle Mond durch dahinrasende Wolkenfetzen äugt, dann sieht man wohl das Schiff mit vollen Segeln dahergeistern und hört des Kapitäns Kommandostimme, dann klingt durch das Knallen der berstenden Segel das Klagen der todgeweihten Seeleute.

Der Schatz in Marienchor

Wilhelmine Siefkes

Vorzeiten stand am Dukelweg dicht bei Marienchor ein altes Arbeiterhaus. Im Winter, wenn der Mann keine Arbeit hatte, waren Hunger und Kummer dort zu Gaste.

Eines Nachts konnte der Arbeiter vor Sorgen nicht schlafen. Da stand plötzlich eine Gestalt vor seinem Bett und sprach zu ihm: „Morgen in der Frühe stelle dich in Emden auf die Rathausbrücke, dort wird dir einer sagen, wie du aus deiner Not herauskommst!" Der Mann schrak auf, er fand keine Ruhe mehr. Die Uhr schlug drei, da weckte er seine Frau: „Laat uns upstahn, ik will na Emden!" „Wat wullt du in Emden?" fragte die Frau, aber sie half ihm, daß er auf den Weg kam. So ging er von Marienchor nach Ditzum, ließ sich nach Petkum übersetzen, und als die Rathausuhr in Emden acht schlug, stand er auf der Brücke, die über den Delft führte. Noch war niemand draußen zu sehen, und es fing an zu schneien. Der Mann ging auf der Brücke hin und her. Gegen zehn Uhr kam ein Ratsherr an ihm vorbei und ging ins Rathaus.

Das Wetter wurde immer schlechter, es begann ein Schneetreiben, und niemand kam, der dem Mann sagte, was er tun sollte. Nach Stunden kam der Ratsherr wieder aus dem Rathaus heraus, schaute den Arbeiter verwundert an und fragte: „Wartet ihr auf jemanden, daß ihr bei diesem Wetter stundenlang hier draußen geht? Ich sah euch doch schon heute morgen auf dieser Brücke!"

Da erzählte er dem Herrn, daß ihm geträumt hatte, hier auf der Rathausbrücke würde ihm gesagt werden, was er tun solle. Der Ratsherr lachte und meinte:

„Mein lieber Mann, wenn ich das tun wollte, was mir vergangene Nacht im Traum befohlen wurde, dann hätte ich einen weiten Weg zu machen." „Was hat Euch denn geträumt, Herr?" fragte er. „Mir träumte, ich sollte nach Marienchor gehn und dort, wo am Dukelweg ein altes Haus steht, unter dem Birnbaum graben, dann würde ich einen Topf voll Geld finden. Aber ich halte nichts von Träumen. Drum geht nach Hause, guter Mann!"

Der Arbeiter eilte, so schnell ihn seine Beine trugen, heim. Es war schon Abend, als er ankam, und als seine Frau wissen wollte, was er in Emden ausgerichtet hatte, sagte er nur: „Kumm mit!" und zündete die Stallaterne an. Verwundert folgte sie ihm; er holte seinen Spaten, lief in den Garten, und unter dem alten Birnbaum fing er an zu graben, und seine Frau mußte ihm dabei leuchten.

Als er etwa drei Fuß tief die Erde ausgehoben hatte, stieß er auf etwas Hartes, und dann hob er einen Steintopf

heraus. Sie trugen ihn ins Haus, und als sie den Deckel abnahmen, trauten sie ihren Augen nicht: es blinkerte von Gold- und Silbergeld.

Nun hatte alle Not ein Ende. Und im Frühjahr wunderten sich die Leute ringsum nicht wenig, als das alte Haus niedergerissen und ein neues an seine Stelle gebaut wurde. Den steinernen Topf jedoch bewahrten sie auf und stellten ihn auf den Schrank.

Nun geschah es, daß an einem Sonntagmorgen im November ein alter Pastor aus der Nachbargemeinde in einem Kutschwagen nach Marienchor fuhr, um dort zu predigen. Weil es ein paar Tage lang geregnet hatte, war der Dukelweg grundlos geworden, die Kutsche quälte sich durch den Klei, und grade vor dem Arbeiterhaus schlug sie um. Dem alten Herrn war nichts geschehen, doch ein Rad war gebrochen. Während ein Junge ins Dorf lief, um einen Stellmacher zu holen, brachte der Arbeiter den Pastoren in seine Küche, wo er sich im „Hörn bi't Füür" von seinem Schrecken erholte. Da gewahrte er den Steintopf auf dem Schrank, betrachtete das seltsame Stück und sagte: „Es steht ja auch etwas darauf geschrieben."

„Ach“, meinte der Mann, „das ist ein altes Erbstück, aber die sonderbare Schrift darauf kann kein Mensch lesen.“

„Das ist nicht so schwer“, sagte der Geistliche, „es ist Latein und bedeutet: ‚Wenn ihr noch tiefer grabt, so findet ihr noch mehr.‘ Doch was die Worte sagen wollen, weiß ich auch nicht.“

Mann und Frau sahen sich an, und als der Pastor sie wieder verlassen hatte, beschlossen sie, noch einmal an derselben Stelle zu graben.

Sie taten es und fanden noch einen Topf, der war etwas kleiner, aber bis oben hin gefüllt mit Gold. Nun war der Arbeiter ein reicher Mann. Er ließ sich einen Bauernplatz errichten und kaufte Land und Vieh.

Weene in Ostfriesland

NACH G. TERBURG-ARMINIUS

Zwischen dem Flecken Weener, der alten Peldemühle und den Ortschaften Tichelwarf, Möhlenwarf und Weenermoor liegt eine große sandige Wiese, die Meedelande genannt. Dort stand vor vielen Jahren eine große, volkreiche Stadt mit Namen Weene. Die Einwohner waren reich; aber das viele Geld wurde ihr Verderben. Übermut, Prunksucht und Schwelgerei nahmen bei ihnen so sehr überhand, daß sie dabei Gottes und ihrer Seligkeit vergaßen. Aber endlich kam Gottes Strafgericht über die stolze Stadt. Doch nicht sogleich wollte Gott sie verderben. Wie er einst gen Ninive den Bußprediger Jonas gesandt hatte, so ließ er auch unter den Einwohnern von Weene erst seine mahnende Stimme vernehmen.

Es war an einem schönen Sonntagnachmittage. Die Bewohner von Weene saßen im Wirtshause oder gingen draußen ihrem Vergnügen nach. Nur wenige Andächtige hatten sich in dem großen Gotteshause eingefunden. Da, es mochte gegen 3.00 Uhr sein, erschien unvermerkt der mahnende Gottesbote. Ein schönes gelbes Vöglein kam in die Kirche geflattert und setzte sich auf das große Steinkreuz vor der Kanzel. Es schlug einigemal mit den goldigen Flügeln; dann hob es an zu singen:

„Noch söwen Jaar bliffst du bestaan,
und dann sall Weene undergaan.“

Danach erhob es sich und verschwand. Die Einwohner von Weene aber achteten nicht der seltsamen Mär und setzten das alte Heidenleben fort.

Bald waren die sieben Reuejahre verstrichen, und wieder war es an einem schönen Sonntagnachmittage. Noch weniger Kirchgänger als damals saßen im Gotteshause. Da kam um 3.00 Uhr abermals das gelbe Vöglein geflogen und setzte sich auf das steinerne Kreuz vor der Kanzel. Und wieder erhob es seine Stimme und sang:

„Noch söven Maand bliffst du bestaan,
und dann sall Weene undergaan.“

Die Kirchgänger vernahmen's mit geheimem Grauen; doch als sie die Botschaft weiter in der Stadt verbreiteten, wurden sie verlacht, und niemand wollte darauf hören.

Und wieder ging die angekündigte Bußzeit zu Ende, und zum dritten Male sollten die gottlosen Leute den Mahnruf vernehmen. Wieder war es Sonntagnachmittag, und die Glocken riefen die Einwohner von Weene zur Kirche. Doch fast niemand folgte dem Rufe, und die Kirche blieb beinahe leer. Als nun die Uhr die dritte Nachmittagsstunde verkündigte, da ließ sich das schöne gelbe Vöglein wieder blicken, flog durch die Kirche und ließ sich auf dem großen Steinkreuz vor der Kanzel nieder. Eine Weile saß es da still und in sich versunken; dann blickte es auf und schaute wie fragend in der leeren, öden Halle umher. Noch eine kurze Pause, dann hob es wieder an zu singen, lauter und klarer denn je:

„Noch söven Daag bliffst du bestaan,
und dann sall Weene undergaan.“

Sang's und verschwand. Die Einwohner von Weene aber gedachten nicht der Stimme. Sie aßen und tranken, sie freieten und ließen sich freien, bis auf den Tag, der sie alle hinwegnahm.

Der letzte Tag war da. Gegen Mittag zogen schwere, düstere Wolken am Himmel herauf; drückende Schwüle lag über der Stadt, als stehe ein heftiges Ungewitter bevor.

Bald fing es an zu blitzen und zu krachen, und ein dichter, schwefelartiger Nebeldampf wallte aus der Erde empor. Der Boden fing an zu wanken; es erschütterten die Häuser, und selbst die verstockten Menschen fühlten ihre Herzen angstvoll schlagen. Schreckensrufe, Flüche, Verwünschungen wechselten mit dem rollenden Donner. Noch ein fruchtbares Krachen, da zerriß die Erde, und die Stadt war verschwunden mit allem, was einen lebendigen Odem hatte. An der Stelle der volkreichen Stadt aber dehnten sich seitdem die weiten, sandigen Meedelande aus. Der Flecken Weener verdankt der untergegangenen Stadt seinen Namen.

Leute, die später in den Meedelanden nach weißem Streusand gruben, wollen hier und da auf eine Turmspitze oder ein verwittertes Kirchendach gestoßen sein. Und wer an einem schönen, stillen Sommerabend an die sumpfigen, mit Ried und Binsen überwachsenen Brüche des Meedelandes herantritt und hinablauscht, dem kann es begegnen, daß er einen schwermütigen, traurigen Klang herauf läuten hört. Es sind die Glocken im tiefen Grunde.

Die Zauberzeichen

Jakob Raveling

In alten Zeiten lebte im Steinhaus zu Bunde die Tochter eines Häuptlings. Sie war ein hübsches Mädchen von zierlicher Gestalt, doch ihr Herz war so hart und kalt wie Stein. Alle jungen Männer, die um sie warben, wies sie ab. So erging es auch einem jungen Häuptlingssohn, der ein Ritter war und sie zur Frau begehrte. Das schöne Fräulein sah ihn nicht einmal an. Doch der junge Mann liebte sie so sehr, daß er in ihrer Nähe nicht mehr leben mochte, wenn sie ihn nicht erhörte. Er beschloß, eine Kreuzfahrt in das Heilige Land zu machen und hoffte, daß ihn dabei der Tod ereilen und von seinem Liebesschmerz erlösen würde.

Nun lebte in dem Wirtschaftshaus eine alte, weise Frau. Der tat der junge Ritter von Herzen leid, und sie wollte ihm helfen, daß das schöne Mädchen ihm zugetan würde. Sie braute aus allerlei Kräutern einen geheimnisvollen

Trank, den sie ihr zu trinken gab und schrieb mit weißer Kreide sieben geheimnisvolle Zeichen an die Balken des Hauses. Da geschah mit dem Mädchen eine Wandlung. Sie mußte fortwährend an den jungen Ritter denken und schaute täglich nach Süden aus, um ihn freundlich zu empfangen, wenn er zurückkommen würde aus dem Land der Heiden. Doch er kam niemals wieder. Beim Angriff auf Antiochia fand er den Tod und wurde fern der Heimat begraben.

Als diese Nachricht in die Heimat drang, wurde das Mädchen sehr traurig. Sie mochte nicht mehr essen und trinken, und nach kurzer Zeit begrub man auch sie.

Doch auch im Grabe fand sie keine Ruhe. Nacht für Nacht ging sie in den Räumen des Steinhauses um, und die Leute, die vorbeikamen, erschraken über die weiße Gestalt, die aus den Fenstern nach Süden schaute.

Das ging eine lange Zeit so fort, und das Mädchen kam erst zur Ruhe, als das Steinhaus später in andere Hände kam. Da entdeckte der neue Besitzer eines Tages die Zeichen, die die alte Frau an die Balken des Hauses geschrieben hatte. Er meinte, sein Sohn habe sie dorthin gemalt. „Da hett de dumme Jung sien Kreienpoten ok an de Balke margelt!“ brummte er ärgerlich. „Keen Swien kann ’t lesen, un doch is de Fent all ’n half Jahr bi ’t Schrieven.“ Und ärgerlich wischte er die Zauberzeichen weg.

Seitdem wurde das Mädchen nicht mehr gesehen.

Die Felnks und die Schiffsreise

Friedrich Sundermann

Kommt einst ein Münstermann mit seinem Warenlager auf dem Buckel an einen Emshafen. Hier liegt just ein Beurtschiff zur Abfahrt nach Bremen an dem Kai (Kayung). Der Felnk spricht den Wunsch aus, die Fahrt gegen entsprechende Zahlung mitzumachen, und nach Opferung eines Guldens tritt er seinen Platz an. Das Schiff stößt vom Lande, fährt stromabwärts und gerät nach einigen Stunden in See. Als hier eine merkliche Änderung im Schaukeln zu verspüren ist, wird dem Felnk so gruselig zumut, daß er glaubt, gar sterben zu müssen. Das Schiffsvolk indessen tröstet ihn und bringt ihn zu neuer Mutentfaltung. Sie heißen ihn sich die Augen verbinden, um einen Jux zu haben. Dies Manöver wirkt aber so stark auf den innersten Menschen, daß sofort ein Ausbruch erfolgt. Immer mehr Lava entstürzt dem Vulkan, und in heller Todesangst rafft sich der Unglückliche auf, huckt seinen Ballen hoch und tritt nun zum Kapitän, mit herzbrechender Stimme sein Fährgeld zurückfordernd. Der Kapätin achtet kaum auf den Felnk und weist das Jammerbild von sich. „Wenn ji denn nich wöllt, so stappe ick ahne mienen Gülden van et Holt af" — ruft nun in heller Verzweiflung der Handelsmann und nähert sich dem Schiffsbord. Niemand hält ihn, keiner warnt ihn, und da mit Feuer zu spielen sehr gefährlich ist — so dauert es nicht lange, und Herr Hasefelnk — schwabbelt in der See. Nur die Komik seiner Zappelei vermochte das Herz der Schiffsmannschaft zu bewegen, ihn aufzufischen. Von da an hielt er stand.

Seit dieser bösen Stunde haben sich die Felnks gelobt, nie mehr das Deck eines Seeschiffes betreten zu wollen.

Das versteinerte Brot

Unbekannt

Im Emder Museum sind viele merkwürdige Sachen zu sehen. Man findet dort auch ein Brot und einen Käse von Stein, die aus dem alten Kloster Thedinga bei Leer stammen und mit denen es folgende Bewandtnis haben soll:

Als einst ein Bettler an die Tür des Klosters pochte, um sich von den Mönchen ein Almosen zu erbitten, wies man ihn mit den hartherzigen Worten ab: „Hier gibt's nichts für arme Leute." Da stieß der Bettler die Verwünschung aus: „Möge alles Eßbare im Kloster zu Stein werden!"

Der Himmel erhörte den Wunsch, und der ganze Vorrat der Mönche an Brot und Käse verwandelte sich in Stein. Die Stücke im Emder Museum sind noch stumme Zeugen dieser gerechten Strafe Gottes.

Das Fischwunder zu Leer

Wilhelmine Siefkes

Luidger, der einem angesehenen friesischen Geschlecht entstammte, war einer der großen Künder der christlichen Lehre in Ostfriesland. Viele Kirchen und Klöster verdankten ihm ihre Entstehung. So trägt das schöne Gotteshaus in Norden noch heute seinen Namen. Auch in Leer, das damals noch ein Fischerdorf war, errichtete er die erste Kirche, sie stand auf dem alten reformierten Friedhof in der Nähe des Plytenberges. Eine Lebensbeschreibung dieses ostfriesischen Apostels, die im 11. oder 12. Jahrhundert von Mönchen geschrieben wurde, wird in der Staatsbibliothek in Berlin aufbewahrt, wenn sie nicht durch den Krieg vernichtet wurde. Darin ist ein Bild zu finden mit der Unterschrift: „Das Fischwunder zu Leer". Und die Sage weiß darüber zu erzählen:

Einmal hatte Luidger in der Kirche zu Leer gepredigt, und viel Volk hatte ihm zugehört. Die Fischer wollten ihm nach ihrer Gewohnheit Fische bringen, und Luidger bat sie, sie möchten ihm einen Stör fangen. „Ach", sagten sie, „es will Winter werden, dann läßt sich kein Stör mehr fangen." Aber Luidger sprach: „Tut, wie ich euch gebeten habe! Bei dem Allmächtigen ist alles möglich."

Da fuhren sie auf die Ems und warfen ihre Netze aus. Und mit einem Mal flog etwas vor ihren Augen vom Himmel hernieder ins Wasser, und sie riefen: „Wat was dat — en Vögel of en Fiß?" Und als sie das Netz anzogen, da war es schwer wie von einem großen Fang, und siehe da, es war ein mächtiger Stör, wie sie selten einen gesehen hatten. Da waren sie des Wunderns und der Freude voll und brachten ihn dem Gottesmann.

Wie der Plytenberg entstand

WILHELMINE SIEFKES

Bei Leer liegt nahe der Ems der zwölf Meter hohe Plytenberg. Manche glauben, er war früher eine heidnische Opferstätte, andere wollen in ihm ein altes Grabmal sehen. Im Volk jedoch erzählt man sich, er stamme aus der Zeit, als es noch Riesen gab.

Zwei Riesenfräulein vergnügten sich einst auf den Inseln Baltrum und Juist. Sie freuten sich an dem glitzernden Sand und packten davon, soviel sie halten konnten, in ihre Schürzen. Dann liefen sie über das Watt bis nach Emden und gingen an der Ems entlang, jede an einem Ufer, so daß der Fluß zwischen ihnen war. Der schwere Sand aber zerriß ihre Schürzen und sickerte durch die Löcher, und so streute jede einen ganzen Streifen an der Ems entlang. Auf diese Weise sind die Deiche geworden.

Als sie dann Leer liegen sahen, bog das Wasser nach rechts ab, um die Leda aufzunehmen. Da sprang die eine Riesin mit einem Satz zu der anderen hinüber. Knacks — riß ihr Schürzenband, und all der Sand fiel auf einen Haufen. Und so entstand der Plytenberg.

Es wird auch behauptet, ein Riese wäre von Westfriesland her an die Ems gekommen. Weil kein Steg hinüberführte, sprang er einfach an das andere Ufer, sackte aber mit einem Fuß in den Schlick. Sein Schuh blieb darin stecken, und als er ihn herauszog und leerte, da wurde daraus der Plytenberg.

Erdmantjes

ALBRECHT JANSSEN

Vor mehr als fünfhundert Jahren wohnten noch die Erdmantjes im Plytenberg. Sie hatten tief im Berge ein wunderschönes Schloß von Marmor und Gold, und mitten drin war ein großer Saal, dessen Wände waren blau wie der Himmel, und drinnen leuchteten gleich Sonnen unzählige

Edelsteine. Hier lag König Radbods verschwundener Schatz, der den ganzen großen Fußboden füllte und wie Meeresflut meterhoch an den Wänden emporstieg. Alles glitzerte und gleisterte so, daß einem die Augen weh taten und man fürchten mußte, blind zu werden.

Die Erdmantjes, die unter ihrem König Sjurt den Schatz bewachten, bekam man sehr selten zu sehen. Einmal, es war in der Paaskezeit, ging eine Schar Knaben aus Leer an den Plytenberg, um dort mit ihren bunten Eiern zu lönsken. Da sahen sie, wie vor einem großen Loche zwei Erdmantjes mit grauen Kitteln, Zipfelmützen und langen Bärten saßen und sich in der Märzsonne wärmten. Als sie sich jedoch von den Kindern überrascht sahen, huschten sie wie Wiesel in die Erde. Die Jungen liefen schnell zurück und schrieen: „Wir haben die Erdmantjes im Plytenberg gesehen!" Und im Laufe des Tages wanderten viele Neugierige hinaus, um sich das Erdloch anzusehen.

Die Leute mochten die Erdmantjes gerne leiden, und wenn sie in Not kamen, gingen sie nachts so um 12 hinaus auf den Plytenberg, verneigten sich dreimal nach Osten und riefen:

„Erdmantje, Erdmantje, help mi!
Kum na min Hus, ick bä di!"

Zu Hause mußten dann sämtliche Türen offenstehen, alle Lichter gelöscht, und keiner durfte mehr außerhalb des Bettes sein. Wenn man dann zurückkam, waren die Erdmantjes inzwischen dagewesen und hatten Menschen oder Vieh wieder gesund gemacht.

Nun wohnte nicht weit vom Plytenberg auf einer einsamen Warf im Surhammerk ein Bauer, den die Leute Klaas Knieptang nannten; denn er war so geizig, daß er seinen Knechten und Mägden nicht einmal zu Weihnachten Butter auf Brot, Sirup in dem Buttermilchbrei und Kluntje im Tee gönnte. In seinem Keller hatte er ein großes Faß, das war schon beinahe ganz voll Goldstücke, und wenn er sich recht freuen wollte, ging er hinunter und wühlte mit den Händen drin.

Eines Tages saß nun Klaas an der Ems zu fischen. Es war ein wunderschöner Tag. Die bunten Kühe lagen im hohen Gras und kauten behaglich; die Lerchen kletterten jubilie-

rend in die blaue Luft hinauf, und über Wasser und Land spielten die „Moiweers-Katten". Da es kurz nach dem Essen war, fielen Klaas bald die Augen zu, und sein Kopf sank vornüber. Als er nun gerade von König Radbods Schatz träumte, ruckte es mit einem Mal an der Leine, und erschreckt sah er auf. Na, da mußte ein dicker Fisch angebissen haben! Mit einem Schwunge zog er hoch und holte einen großen, sonderbaren Fisch aus dem Wasser, der wie Gold und Silber glänzte und auf dem Kopf ein Gewächs hatte, das genau wie eine kleine Krone aussah. Gierig griffen des Bauern hagere Finger nach der Beute, und mit dem Daumen kratzte er schnell einige Schuppen weg, auch drunter schimmerte es wie Gold.

Gerade wollte Klaas Knieptang ihn triumphierend in den Sack stecken, da hätte er beinahe den Fisch vor lauter Schrecken wieder fallen lassen; denn er machte mit einem Mal den Mund auf und fing deutlich an zu sprechen:

„Bur, Bur, Hex und Nix,
Smiet mi rin un do mi nix!"

Da lachte der Bauer hell auf und sagte: „Na, das könnte dir wohl so passen! Nein, dich nehme ich mit, lasse dich erst für Geld sehen, und dann brate ich dich."

„Ach, laß mich doch wieder in die Ems! Ich bin des Dollartkönigs Sohn, und als ich heute morgen vorm Schloß meines Vaters spielte, nahm die Tide mich mit die Ems hinauf. Mein Vater wird sich gewiß schon recht ängstigen."

„Ja, das mag alles wohl sein; aber nun bist du mein."

„Wenn du mich losläßt, will ich dir auch sagen, wie du König Radbods Schatz bekommen kannst."

„Was? — König Radbods Schatz? Ja, das ist was anderes."

„Er liegt unten im Plytenberg, und die Erdmantjes bewachen ihn. Ihr König Sjurt hat den Schlüssel im Gürtel, und wenn du seine Brille aufsetzt, kannst du den Schatz im Berge sehen."

Da warf der Bauer den Wunderfisch rasch wieder ins Wasser und ging schnell nach Hause. Drei Tage saß er allein in seiner Stube und dachte nach, wie er es machen könne, Schlüssel und Brille zu bekommen. Am vierten Tag rief er endlich einen Knecht zu sich und redete lange mit ihm hinter verschlossenen Türen.

Am andern Tag war in Leer Markt, und die Knechte und Mägde sprachen schon viel darüber, ob sie wohl hin dürften. Zu ihrer Verwunderung trieb der Bur sie aber sogar an, früh hinzugehen und recht spät wiederzukommen. Als nun endlich das Haus leer war, schleppte der Knecht, der alleine geblieben war, keuchend einen Sack herbei, fegte die Stube rein und bestreute den ganzen Boden mit grünen Erbsen. Am Abend schlich er sich dann hinaus auf den Plytenberg und rief mit weinerlicher Stimme:

„Erdmantje, Erdmantje, help mi!
Kum na min Hus, ik bä di!
De Könenk, de Könenk mut komen,
Anners ward de Bur de Kolle nät nomen."

Das war aber alles erlogen, und Klaas hatte gar nicht das Fieber, sondern lag in der dunklen Stube hinter der Tür und lauerte wie eine Katze auf die Mäuse. Die alte Wanduhr schlug rasselnd 12. Jemand tappte den Gang entlang, und ein feiner Lichtstrahl sprang ins Dunkel hinein. Da — ein Schrei und Fall. Der Bauer stand schnell auf, riß seine Laterne unterm Rock hervor und beleuchtete das auf dem Boden liegende Kerlchen. Ja, es war der König. Mit seiner mageren Hand packte Klaas das zappelnde Erdmantje und erwürgte es. Schnell nahm er dann Brille und Schlüssel und versteckte beides sorgsam in seinem Bett.

Unterdessen kam der Knecht zurück, der Bauer sagte zu ihm: „Du sollst reichlichen Lohn haben. Aber erst geh hin und vergrab den kleinen Kerl im Kohlgarten. Sage jedoch keinem etwas!"

Die Erdmantjes im Plytenberg gingen die ganze Nacht nicht zu Bett und warteten immer mit Schmerzen auf ihren König. Doch der kam auch noch den nächsten Tag nicht. Im Dunkeln ging nun einer der Ältesten etwas in den Hammerk hinein, um eine Spur zu suchen. Da begegnete ihm eine Eule, die er nach dem König fragte.

„Ja, als ich gestern nacht bei Klaas Knieptangs Plaatse vorbeiflog, sah ich ihn die ‚Loone' hinaufgehen."

„Nun, dann weiß ich genug."

Weinend kam er zu den andern zurück und sagte: „Liebe Brüder, unser guter König ist tot. Nun müssen wir alle zum Lande hinaus." Da weinten sie und jammerten. Dann aber packten sie ihre Säcke, steckten jeder ein Goldstück in die Tasche und gingen vor den Berg.

Draußen war es dunkle Nacht. Die schwarzen Wolken hatten Mond und Sterne gefressen und krochen nun träge am Himmel dahin. Der Älteste zündete sein Laternchen an und ging voraus. Wie eine Herde Gänse wandelten sie alle hinter ihrem Führer her.

Als sie Leerort erreicht hatten, ging er an des Fährmanns Fenster, klopfte an und rief: „Breng' ower!" Der Fährmann fuhr aus seinem Schlafe auf, rieb sich die Augen und brummte: „Wer ist denn da noch in dunkler Nacht?" Er zog schnell Stiefel und Jacke an, nahm seine Laterne und ging hinaus. Erst sah er niemand, dann hörte er mit einemmal vielstimmiges Klagen:

„Uns' Könenk is dot,
Uns' Könenk is dot,
Nu mut wi all ut Land herut."

Und nun erblickte er auch mit einemmal zu seinen Füßen die wimmelnde Schar der Erdmantjes.

„Gott soll mich bewahren!" rief er erschrocken.

Da trat der Älteste an ihn heran und sprach: „Lieber Fährmann, bring uns hinüber, es soll dein Schade nicht sein."

Da ging er mit ihnen ans Wasser, nahm sie alle in sein Boot und ruderte sie hinüber nach der Rheiderländer Seite. Dort hob er einen nach dem andern behutsam ans Land, und jeder faßte dann in seine Tasche und gab ihm das Goldstück.

Da freute sich der Fährmann sehr und fuhr schnell zurück, weckte Frau und Kinder und erzählte ihnen alles.

„Die guten Erdmantjes", jammerte die Frau. „Ich hätte aber gerne eins gesehen."

Sechsmal war der Bauer schon nachts am Plytenberg gewesen, hatte die Brille aufgesetzt und versucht, in den Berg hineinzusehen; aber alles vergebens. Als er nun jedoch zum siebten Mal hinging, war gerade Neumond. Klaas hatte kaum die Brille aufgesetzt, da erblickte er auch schon Schloß, Saal und Schatz. Ein langer Gang, der zu seinen Füßen begann und durch eine Pforte verschlossen war, führte gerade darauf zu. Rasch probierte er den Schlüssel. Ein kleiner Freudenschrei — er paßte. Da rannte Klaas behende zurück, ging leise in seinen Stall und spannte seine Hengste vor den größten Wagen und fuhr mit ihnen hinaus an den Plytenberg. Am Himmel funkelten die Sterne; aber aus der Ems stiegen die Nebelfrauen und tanzten im Hammrich ihren Reigen, flogen dann hinauf und verhängten mit ihren Schleiern den flimmernden Nachthimmel. Als der Bauer vorm Berge hielt, zitterten ihm Knie und Hände, und beinahe hätte er beim Aufschließen den Schlüssel verloren. Als er nun im Saal war, warf er sich einen Augenblick hin und wühlte gierig mit aufgekrempelten Ärmeln im Golde. Dann schaufelte er Sack auf Sack voll und schleppte sie keuchend auf seinen Wagen. Stunde auf Stunde verrann, und er merkte es nicht. Da krähte auf seiner Plaatse ein Hahn, und die Pferde wieherten angstvoll.

Schnell rannte Klaas hinaus, schwang sich auf den Wagen und jagte den harten Kleiweg zurück.

Als er jedoch dicht vorm Großen Slot war und über die hölzerne Tille fahren wollte, stieg mit einem Mal der Wasserkerl aus der Tiefe auf, wuchs riesengroß in den Himmel hinein und streckte gierig seine langen Arme aus. —

Da bäumten sich die wiehernden Tiere hoch auf, sprangen erschrocken zur Seite und jagten ins Land hinein der Ems zu. Klaas sträubten sich die Haare, der Angstschweiß rann ihm über Stirn und Hände, und die Arme schmerzten ihm vom Ziehen am Zügel. Aber die Hengste rasten immer weiter. —

Schon wurde es hell, und der Bauer sah mit Entsetzen dicht vor sich das breite Wasser schimmern. Da schrie er laut in seiner Herzensnot:

„Erdmantje, Erdmantje, help mi!"

Zu spät — die grauen Wellen spritzten hoch auf und schluckten gierig Pferde, Bauer und Schatz. —

Der Klabautermann

Ludwig Strackerjahn

Der Klabautermann ist ein kleines graues Männchen mit roten Pausbacken und hellen, gutmütigen Augen, kaum zwei Fuß hoch. Er wohnt auf Schiffen, ist wie ein Matrose mit Pijäcker und Südwester bekleidet und trägt einen hölzernen Hammer in der rechten Hand. Er stellt sich schon beim Bau des Schiffes ein, das er bewohnen will, und hilft mit kalfatern; darum nennt man ihn auch den Kalfatermann. Ist das Schiff auf See, so behütet er es vor Brand, Strandung und andern Gefahren und paßt auf die Mannschaft auf, daß sie ihre Pflicht nicht versäumt. Dafür muß man ihm aber auch gutes Essen hinsetzen; denn er mags lecker und nimmt am liebsten Speise von des Kapitäns Tische. Er verrichtet des Nachts für die Mannschaft mancherlei Dienste. Am meisten hält er sich in des Zimmermanns Raum auf und tut die Arbeit, die eilig ist und mit der der Zimmermann nicht recht fertig werden kann. Bei stürmischem Wetter steht er oben im Mast und sorgt dafür, daß das Rechte geschieht. Er pflegt das Schiff zu verlassen, wenn die Mannschaft nichts taugt oder ein Verbrechen auf dem Schiffe begangen wird.

Einst war ein Steuermann aus Ostfriesland an Bord eines Schiffes, das im Hafen vor Anker lag. Abends ging er auf das Verdeck, um ein wenig frische Luft zu genießen. Da sah er am Ende des Schiffes ein kleines rotes Männchen und ein gleiches auf dem nächstliegenden Schiff. Er merkte wohl, daß es Klabautermännchen seien und betrachtete sie neugierig, als die beiden mit einem Male ein Gespräch begannen. „Gehst du mit mir in See?" fragte der auf dem anderen Schiff. „Nein", antwortete der auf des Steuermanns Schiffe, „ich bleibe hier; denn im Kanal geht dies Schiff unter."

„Halt," dachte der Steuermann, „wenn's so steht, gehst du nicht mit!" Am andern Morgen erzählte er dem Kaptän sein Erlebnis; dieser aber und die ganze Mannschaft lachten ihn aus. Der Steuermann ließ sich jedoch nicht irremachen, nahm seinen Abschied von dem Schiffe und ging auf ein anderes. Bei seiner Rückkehr erhielt er die Nachricht, daß sein früheres Schiff mit Mann und Maus im Kanal untergegangen sei.

De goede Hannel

Wilhelmine Siefkes

Aenmal do was der 'n Bur, dä hörde nät nett toe de Nümigsten, man hä was dodsgoed un wuß van Gott kien Quad. Hä harr ins mal sin Koeh nah 't Markt hendrewen un harr hum dor för söwen Daler verköffd.

As hä nah Huus gung un an 'n Drinkeldobbe vörbikwam, do reepen de Poggen hum in de Möte: „Ag — ag — ag — ag . . ."

„Wat rar ji — achde?" see hä. „Wat wät ji dervan, söben Daler sünd 't, un kien achde!" Man de Poggen reepen wieder: „Ag — ag — ag — ag . . .“ Do blew de Bur stahn un see: „Ji Dummsnuten, kön ji nät hören? Söben Daler hebb ’k kregen un kien achde!“ Man de Poggen kehrden sück dor nät an un quarkden wieder: „Ag — ag — ag — ag . . .“ „Nu will ’k joe ’t vörtellen!“ reep de Bur düll, halde sin Püüt toe de Büß ut un tellde hör de söwen Dalers vör. Man de Poggen bleewen bi hör „Ag — ag —ag . . .“ „Wat, ji naare Goedje“, reep do de Bur vergrellt, „tellt sülmst, wenn ji ’t nät löwen willen!“ Un dormit smeet hä hör das Geld int Water, blew stahn un doch, wenn sä mit Tellen klar wassen, sullen sä hum ’t wall weerbrengen. Man fleitepiepen — de Poggen leeten sück nät von hör „Ag — ag — ag“ offbrengen, und mit dat Geld kwammen sä ok nät ower. De Bur stunn un wachde un lurde, bit dat ’t düster wur. Do reet hum de Gedüld, un hä fung ant schellen: „Ji Dickkoppen, ji Törfsnuten, ji Glupogen, ’t Beck hei ji alltied boben Water, ji dunnerse Queteldösen, man bit söwen kön ji nät tellen! Män ji, ick wull noch langer hier as ’n mall Minske stahn un wachten?“ Un dor gung hä hen, man de Poggen gawen der nix nah un reepen noch achter hum an: „Ag — ag — ag . . .“

Nah ’n Tied of wat köffde de Bur sück ’n Koeh weer. Hä slachde hum un wull dat Fläß in de Stadt verkopen. Unnerwegs haar hä sück dat utrekend, dat hä för dat Fläß wall sovöl kriegen kunn, as beide Koehien mitnanner gullen, un dann harr hä ’t Fell noch bitoe. Futt vöran in de Stadt stunnen ’n häl Pack Hunne binanner, un de dickste dervan kwam up de Bur toelopen, sprung bi hum up un blaffde, un dat klung nett as „wat, wat, wat, wat!“

„Jewall, oll Baas“, see de Bur tegen hum, „ick verstah di wall, du röpst van ‚wat‘, wiel dat du wat van dat Fläß offhebben wullt. Man dann harr ’k wat makt, wenn ’k di wat dee!“ „Wat, wat, wat!“ blaffde de Hund un snow mit sin Nöse um dat Fläß herum. „Ja, ja“, see de Bur, „ik kenn di wall, ik wät wall, wor du in Stee büst. Dorum kun ik ’t wal doen. Man frettst du ’t ok nät up? Un steihst du mi dorför in, dat din Klanten der nät mit dör gahn?“

„Wat, wat!“ blaffde de Hund. „No, dann will ’k di ’t Fläß doen, dann kannst du ’t nah din Heer henbrengen, und ik spar min Schoehsohlen. Man dat segg ik di: binnen drä Dage hebb ik min Geld derför, dat kannst du mi mackelk in Huus brengen!“ Un de Bur lee sin häle Koeh vör de Hund dal un gung weg.

Wupps! Do kwam de Huppel Hunne anschäten, dä fullen di derower her, un „wat wat! wau wau! wuff wuff!“ klung dat dörnanner. „Hör“, see de Bur in sin Änigkeit, „nu willen sä alle wat hebben; man de dicke kumt mi der för up!“

De darde Dag lurde de Bur, dat de Hund mit sin Geld kwam. Man dor was nix toe doen. „Dor is doch nargens mehr Verlat up“, see hä verdrädelk, un upt leste mok hä sück up Patt nach de Slachter, dä de Hund hörde, un födderde sin Geld. Erst doch de Slachter, hä wull hum wat wies maken, un lachde ower de Spaß. Man do wur de Bur drädüll: „Wat“, reep hä, „nu will ji ’t int Malle jagen? Hett joe dicke Hund joe nät vör drä Dage dat Fläß van min häle Koeh brocht? Her mit min Geld!“ „Ik will joe wat nixen!“ reep de Slachter, namm ’n Bessensteel un fegde hum toe ’t Huus ut. „Dat di de Dunner!“ see de Bur, „nu will ’k doch sähn, of ik min Recht krieg of nät!“ Un hä stewelde pielliek up König sin Slöß toe un leet sück nah de König henbrengen. Dä satt dor up sien golden Thron, un nahst hum satt sin wunnermoje Dochder, un dä harr hör Lewend noch nät lachd.

„No“, froeg de König hum, „wat hest du för Pien?“ „Ochott“, jöselde de Bur, „wat hebben sä ’t schofel mit mi makt; erst de Poggen un do de Hunne, un do hett de Slachter mi noch mit de Bessen begahn.“ Un hä vertellde, wo dat alle gebört was.

As dat de Königsdochtder hörde, do fung sä luthals ant lachen. Un de König see: „In din Sake kann ’k di nät helpen. Man du hest ewen wat klar brocht, wat nümms kunnt hett: Du hest min Dochder ant lachen makt, un dorför sall sä din Frau worden. Dat hebb ik dä belowt, dä dat vörnanner kreeg!“ „Och Mann“, see de Bur verfeert, „dä will ’k gornät hebben. Äne hebb ’k all in Huus, un dor hebb ’k nett genoeg an. Gott sall mi vör mehr bewahren!“ Man do wur de König düll un see: „Du büst ja ’n groffe Keerl.“ „Ja, Heer König“, see de Bur, „dat mag wall wesen; man wat kön ji van ’n Osse mehr verlangen as ’n Stück Rindfläß.“ „Paß up“, see de König, „nu will ’k di anners komen! Rut mi di, man mit drä Dage kannst weerkomen, dann sölen die fifhunnert uptellt worden.“ „Moj“, see de Bur un gung toe de Dör ut.

Man as hä bi de Seldat vörbikwam, dä dor stunn toe uppassen, see dä tegen hum: „Jungeja. Du sallst wall düchdig wat kreegen hebben, wiel dat du de Königsdochder ant Lachen makt hest.“ „Noch nät“, see de Bur, „man mit drä Dage krieg ik fifhunnert utbetahlt!“ „He“, reep de Seldat, „wat wullt du dor wall alle mit, kunnst mi wall ’n Spierke vangeben.“

„No ja“, see hä, „wiel du ’t büst, sall ’t wat van hebben; gah man nah de König hen un laat di twähunnert gewen.“ Nun stunn der dicht bi ’n Früm’, dä harr dat alle hört, un as de Bur wieder gung, fliertjede hä hum nah un hull hum bi de Slippe un see: „Chottswunner, wat ’n Chlück, wat ’n Chlück! Wat ’n harte Dalers! Man wat will ji anfangen mit all dat chrote Cheld! ’k will joe ’t wesseln, ’k will joe ’t gewen in lüttje Stücken, haast sünner Profit!“

„Hest recht, Früm’“, see de Bur, „drähunnert hebb ’k noch intoekomen, giw mi ’t futt lüttjet, dann kannst di ’t sülmst bi de König ofhalen!“ De Früm’ hüppde van än Bän upt anner, gaw hum dat lüttje Geld un mok ’n goede Profitje.

As drä Dage um wassen, gung de Bur up ’t Slöß, as hum ’t seggt was. Do see de König: „Nu runner mit de Jacke, dann sölen sä di fifhunnert uptellen!“ „Ja“, see de Bur, „ik hebb man nix mehr toe kriegen, twähunnert hebb ’k de Seldat belowt, dä dor buten steiht, un de annern drähunnert hett de olle Früm’ mi all inwesselt tegen lüttjet Geld.“ Un hum was de Mund noch nät kold, do kwammen de Seldat un de Früm’ der ok all in un wullen hebben, wat hör toekwam. „Dat kön ji kriegen“, see de König. Un erst kreeg de Seldat twähunnert up de Puckel tellt, dat ’t man so klappde. Hä hull noch all still — ’t was nät dat erste Mal, dat hum sowat gebörde, un watt sull hä der an maken. Man as sä de Früm’ sin drähunnert vör de Büxe tellden, do gaw’t ’n Perammel un ’n Gejösel, un hä kreet un rarde: „Gottsdunner — sünd dat Dalers?“

De König mok de Sake baldadig Pelsär, un hä see an de Bur: „Wiel dat du nu nix van kregen hest, sallst du doch nät häl un dall leeg utgahn! Gah in min Schattkamer un hal di der sovöl ut, as du dragen kannst.“ „Dat sall kin Dowe hörd hebben“, see de Bur, gung hen un fläde sück de Tasken bit bobenhen vull. Dann gung hä in ’n Weertskup un tellde, wat hä kreegen harr. De olle Früm’ aberst was spinnedüll un schow sück stillkens de Bur achternah. Man dä kwam mit sin Tellerä nät in de Riege, un upt leste wur hä der franterg bi un see so vör sück hen: „De Blixemskeerl van König! Hä sull mi ’t man recht gewen hebben, dann wuß ’k, wat ik harr. So kann ’m sück duddig tellen un wät noch nät, wo ’m dran is!“

Knapp harr dat de Früm’ hörd, do doch hä: „Wacht, dat sall ’k nahseggen — hä hett up unse König schimpt! Dorför kumt hä int Kittje, un för mi fallt der sachs noch ’n moje Poschje bi of!“ Un hä der van dör un dat nah de König. As dä hörde, wat de Bur ower hum seggt harr, wur hä woedend un reep: „Futt up Stee halst mi de Keerl hierheer!“ Dat hagde de Früm’. „Bur, ji sullen gau bi de König komen“, reep hä hum in de Möte. „So“, see de Bur, „dat muggst du wall doen un in din olle Plünnen int Slöß gahn, wenn du sovöl Geld in de Püüt harrst as ik. Nee, ik wät beeter, wat dertoe hörd, ik laat mi erst ’n näje Packje maken!“ Grote Gott, doch de Früm’, tegendes is de König sin Dülligheit amenne vergahn, un de Bur kriggt nix — un ik krieg ok nix! Un in sin Schrick see hä man gau: „Och Bur, ji bünd alltied ’n goede Frün van mi west — ’k will joe ’n Packje länen, ’n moje näje Packje — ’n hooge Heer dürt ’m nät wachten laten!“

„Dat geiht ok“, see de Bur, smeet sück in de Früm’ sin Packje un gung mit hum nah de König. Dä satt dor mit ’n mieterg Gesichde un see: „Wat hebb ik dor ewen hören mußt?“ un frew um unner de Nöse, wat de Früm’ hum toedragen harr. „Och Herr“, reep de Bur, „de Früm’ hett hör de Hals vull logen! So ’n Früm’ lüggt ja alles, wat hä seggt. Dä was kumpabel un see, ik harr sin Packje an!“ „Wat?“ rarde de Früm’. „Is dat nät min Packje, hebb ick joe dat nät ut Goedigheit lähnt?“

As dat de König hörde, see hä: „Ick löw, Früm’, du büst ’n Schojer; dor sölen sä di noch ’n paar Dalers för uptellen!“ Dat gebörde futt up Stee, un de Früm’ rorde Moord un Brand. Man de Bur gung mit sin näje Packje un sin Püüt vull Geld nah Huus un see: „Dat hebb ’k rakt, dat was ’n goede Hannel!“

Grau-Törfke

Berend de Vries

Dar is ins mal een Jung west, neet groter as dree graue Törfen, und darum nöimde man hum „Grau-Törfke".

Eenmal muß Grau-Törfke sien Mouder na Stadt. Bevör se weggung, sä se tegen hör Jung: „Grau-Törfke, nu paß gout up dat Huus! Laat nüms Frömds to de Döre in."

De Jung versprook dat ok. Un sien Mouder gung je weg.

As Grau-Törfke een lüttjet Sett alleen west was, dou wurr an de Döre kloppt, un een Stemme sä: „Grau-Törfke, dou mi de Döre open. Ik hebb di heel vööl Bonbons un Sükelade mitbrocht."

As he dat hörde, makte de Jung je futt de Döre open, un vör hum stunn een olle Handelsmann mit een grote Sack.

De frömde Mann makte de Sack open, greep Grau-Törfke, stopte hum d'r in, hung sük de Sack up de Rügge un gung over Land.

Unnerwegens kreeg de Handelsmann Dörst, un as he een Weertshuus sach, doch' he, geihst herin un drinkst een Tasse Koffje; de Sack kannst ja buten laten. Un dou sach he dar een Mann, de ant Hagedoornheg'-Snieden was.

„Paß du mi even up mien Sack", sä he tegen de Mann, „dar hebb ik 'n junge Hund in."

De Mann nickkoppte un sne' wider.

As de Handelsmann in 't Weertshuus gahn was, reep Grau-Törfke gau: „Goude Mann! Maak mi de Sack open, ik bün d'r in, Grau-Törfke."

De Mann hulp em herut. Un se deden een bietje Hagedoorns un een dicke Steen in de Sack. Un Grau-Törfke bedankte sük bi de Mann un mauk, dat he de Dreih kreeg.

Unnerwegens drückte de Steen up de Doorns, un de Doorns stoken de Handelsmann in de Rügge. Dou fung he ant schellen: „Du verdamde Jung, du kriggst to Huus dien Fett, steckst mi Nallen un Spellen in de Rügge!"

As de Handelsmann in Huus kwam, sä he tegen sien Frou. „Nu hebb 'k wat Feins; een lüttje Jung." He mauk de Sack open, un dou find he je de Steen un de Doorns. Leve Tied, wat is he dou ant schellen fangen! „Wacht man, ik krieg hum doch noch“, sä he uptlesst an sien Frou.

Intüsken is Grau-Törfke ok je weer na Huus komen, un as he sien Mouder vertellde, wat he beleewt harr, do sä se: „Hör du beter up mien Woorden un laat de Döre tou.“

De Tied vergung, un na een Settje mutt de Mouder weer na Stadt, un weer sä se: „Grau-Törfke, mien leve Jung, laat de Döre tou, laat d'r nüms in, wenn ik weg bün.“

Se was noch heel neet lank van Huus weg, dou kwam de rakkerse Keerl ok al weer ansetten.

„Grau-Törfke“, reep he, „dou mi de Döre open, ik hebb heel wat Feins för di.“

„Nee“, sä Grau-Törfke, „ditmal dou ik de Döre neet open, ok neet för Bonbons un Sükelade.“

„Dann sallt du mien gollen Uhr hebben, de richtig geit!“

Dou kunn de Jung 't neet laten. He mauk een bietje de Döre open — un, swubbs, satt he weer in de Sack.

Gau gung de Handelsmann mit sien Draggetje over Land. Man as he nu een Tiedlank unnerwegens west was, un dar een Weertshuus in Sicht kwam, doch' he: 'n Hartverstarken kunnst egentlik wall bruken.

He settde sien Sack bi een Mann dale, de ant Sloot-Utgraven was. „Hör ins“, sä he tegen de Slootgraver, „wenn du uppaßt, dat mi de lüttje Hund neet ut de Sack kummt , dann kriggst du fief Grosken.“

Da harr de Slootgraver niks up tegen. De Handelsmann gung in 't Weertshuus un bestellde sük een Sööpke.

Sodra 's de olle kwade Keerl na binnen gahn was, fung Grau-Törfke ant roupen: „Goude Mann! Goude Mann! Ik bün d'r in, Grau-Törfke. Laat mit d'r even ut.“

Gau hulp hum de Mann d'r ut. Se deden düchtig vööl Eerde un Water in de Sack, un dann gung Grau-Törfke as de Brand na Huus.

Kört darna truck de Handelsmann mit sien Sack wider. Man et dürde neet lank, dou leep hum dat Natt un Dröge bi de Rügge daal. Dou reep he argerliek: „Grau-Törfke, du verdamde Jung, du maakst mi doch wall niks bi de Rügge daal? Dann kriggst du aber noch düchtig Slage.“

Man he kreeg gen Antwoord.

Un as he endelk in Huus kwam un d'r wider niks as natte Strunt in de Sack was, dou sä he tegen sien Frou: „Dat verdrütt mi. Dar gah 'k neet weer hen. De nare Jung is mi doch tou slau."

Der große Jan und der kleine Jan

ALBRECHT JANSSEN

Vorzeiten wohnte einmal in Friesland ein Riese, den die Leute den großen Jan nannten. Junge, was war das für ein Kerl! Mit einem Anlauf konnte er ohne Springstock über einen breiten Kanal springen; ein zweijähriges Rind faßte er an den Hörnern und hielt es geradeaus. Manchmal rannte er von der Ems nach der Jade, und wenn er dann abends zurückkam, sagte er zu den Leuten: „Habt ihr noch Besorgungen in Amsterdam zu machen? Ich will wohl noch vor dem Zubettgehen eben für euch hinlaufen."

Aber der große Jan war ein böser Kerl, und er quälte die Leute, wo er nur konnte. Manchmal legte er sich mittags mitten in einem Dorfe auf die Straße und hielt hier sein Mittagsschläfchen. Oder er ging am Nachmittag auf die Weiden, suchte sich die beste Kuh aus, faßte sie bei den Hörnern und drehte dem armen Tier das Genick um. Ja, in der letzten Zeit erzählten sich die Leute auch, daß er kleine Kinder aufgefressen hätte. Und wenn nur zwei Menschen zusammenkamen, sagten sie: „Was ist das doch für ein Jammer und Elend mit dem großen Jan!"

Sie wollten ihn zuletzt gern los sein und hielten eine Beratung ab. Schließlich wählte man drei der angesehensten Bauern, die sollten zu ihm hingehen und sagen: „Du kannst kriegen, was du willst, wenn du nur unser Land verlassen willst."

„Nun, wenn mich einer von euch besiegen kann, dann gehe ich ohne weiteres", lachte ingrimmig der Riese.

Da bekamen sie es ein wenig mit der Angst. „Was muß der denn alles können?"

„Das will ich euch gern sagen. Dreierlei muß er können. Erstens einen Stein zerdrücken, zweitens mit mir um die Wette werfen und drittens mit mir ein wenig über Gräben springen."

Auf einem Hofe diente nun ein Knecht, der auch Jan hieß, aber ein wenig klein geblieben war. Und darum nannten ihn die Leute den kleinen Jan. Der kleine Mann konnte aber mächtig prahlen und tat immer, als wenn er was für ein Kerl wäre.

„Ich glaube, du könntest den Riesen leicht besiegen", sagte eines Tages die Tochter des Bauern, als der Knecht wieder mächtig am Prahlen war.

„Nun ja, das könnte ich wohl; aber dann muß mir dein Vater, der Bauer, seine Tochter und seinen Hof geben."

„Einverstanden!" sagte der Bauer, der gerade hinzukam.

„Nun, dann bitte ich auf der Stelle um drei Tage Urlaub. Ich bin bereit, mit dem Riesen zu kämpfen."

Alle fingen an zu lachen; aber er bekam Erlaubnis von seinem Herrn.

Der kleine Jan machte sich sofort reisefertig, bat die Großmagd um ein Stück Brot und einen dicken, doppelten Zwieback. Dann ging er nach dem Hühnerstall, fing sich einen der Sperlinge, die den Trog nachsahen und steckte ihn unter seine Jacke.

Dann nahm er Abschied. Er hatte sich einen Weidenstock geschnitten, ihn schön geringelt und stapfte dahin, als wenn er ein reicher Viehhändler wäre.

Am andern Tage fand er den Riesen. Der besah ihn von oben bis unten und sagte dann: „Na, was willst du Schnösel hier?"

„Dich besiegen!"

„W- a- s?"

„Der Pastor predigt nur einmal für sein Geld."

„Kennst du Kerlchen denn die Bedingungen auch?"

„Ach was! Halte dich nicht mit langem Schnacken auf."

„Na, dann nur zu!"

Der Riese bückte sich, nahm einen dicken Stein auf und drückte ihn in tausend Stücke.

„Nun, wenn es weiter nichts ist", lachte der kleine Jan, bückte sich, als wenn er auch einen Stein aufhob, nahm aber heimlich seinen dicken Zwieback aus der Tasche, tat ihn dann zwischen beide Hände, zerdrückte ihn und warf dem Riesen die feinen Krümel ins Gesicht.

„Verflucht!" knurrte der große Jan. „Aber nun kommt die zweite Bedingung."

Er suchte sich einen handlichen glatten Stein und warf ihn so hoch in die Luft, daß man ihn kaum noch sehen konnte. Erst als der Riese bis fünfzig gezählt hatte, fiel der Stein wieder zur Erde.

„Nun, wenn es weiter nichts ist“, lachte der kleine Jan, bückte sich und tat, als wenn er sich auch einen passenden Stein suchte. Aber heimlich holte er seinen Sperling unter der Jacke hervor und warf den in die Luft.

Der Riese sah ihm nach und zählte und zählte. Als er schon bis hundert war, lachte der kleine Jan und sagte: „Mein Stein ist in den Himmel geflogen, der kommt nie wieder zur Erde.“

„Verflucht!“ rief der große Jan ganz laut. „Aber trotzdem hast du mich noch nicht.“

Nun gingen sie miteinander an einen ziemlich breiten Kanal.

„Mit einem Springstock mußt du hinüberspringen. He, jetzt entfällt dir wohl der Mut?“

„Nun, wenn's weiter nichts ist, über diesen kleinen Graben kann ich auch noch wohl hinüber. Ich springe dir schon nach.“

Trotz der großen Worte war es dem kleinen Jan gar nicht wohl ums Herz.

Der Riese suchte sich einen mittelmäßigen Chausseebaum aus, riß ihn aus der Erde und setzte ihn wie einen Springstock ins Wasser.

„Spring nur los!“ kommandierte der kleine Jan. „Ich für meine Person mache die Sache mit einem kleinen Anlauf.“

In dem Augenblick, als der große Mann den Sprung wagte, hielt der Kleine sich an einem Zweig fest und flog nicht nur mit ihm über den Kanal, sondern bekam sogar noch einen kleinen Vorsprung. Er sah sich um und sagte dann ein wenig höhnisch: „Na, alter Prahlhans, weiter kannst du nicht?“

Da wurde der Riese furchtbar wütend und schrie: „Das ist alles nicht mit rechten Dingen zugegangen, und es fällt mir gar nicht ein, euer Land zu verlassen, nein, nun erst recht nicht!“

„Halt, mein Freund, immer langsam an! Ich habe getan, was du wolltest, nun sollst du zum mindesten auch tun, was ich will."

„Was denn?"

„Mit zu meinem Bauern gehn und mit mir Buttermilchbrei essen."

„Nun, wenn es weiter nichts ist, dann meinetwegen. Ich habe auch schon Hunger bekommen."

Sie wanderten nun friedlich miteinander durchs Land und kamen abends nach dem Bauernhof. Der große Breitopf stand schon auf dem langen Gesindetisch.

„Sieh mal an, da kommt der kleine Jan mit dem großen Jan an!" rief plötzlich die zweite Magd und ließ vor Schreck ihren Breilöffel fallen.

Noch in der Tür stehend, fragte der kleine Jan: „Wie ist es, Großmagd, ist da noch etwas Brei für uns?"

„Ja, mehr als genug."

„Das paßt sich gut. Wir beide haben nämlich einen Bärenhunger, und außerdem haben wir beide gewettet, wer von uns am meisten Brei essen kann."

Nach diesen Worten band er sich ein Schaffell vor und setzte sich mit dem Riesen an den Tisch.

Donnerwetter, konnte der Riese essen! Er blickte gar nicht auf und aß einen Teller nach dem andern.

Der kleine Jan tat aber nur, als wenn er den Brei aß. In Wirklichkeit löffelte er alles vorne in sein Schaffell hinein. Zuletzt war der Riese satt.

„Großmagd, wieviel Teller haben wir gegessen?"

„Der Riese zwanzig und du einundzwanzig."

„Siehst du", trumpfte der kleine Kerl wieder auf, „daß ich dir auch im Essen über bin. Aber halt! Bringe bitte den großen Breitopf her!"

Erstaunt sahen ihn alle an. Was hatte der Schlauberger nun noch vor?

Er stellte sich über den großten Topf, nahm ein Brotmesser und stach sich herzhaft in den Leib. Aber es kam kein Blut, nur Buttermilchbrei spritzte heraus.

„Das kannst du sicher nicht, Riese?" fragte der kleine Jan. Alle Dienstboten fingen an zu lachen.

„Was der kleine Jan kann, kann der große auf jeden Fall."

Mit diesen Worten stellte er sich auch an den Topf und stach sich mit dem Messer in den Leib.

Aber bei ihm kam nicht Brei, sondern Blut, nichts als warmes rotes Blut. Und der Riese wurde ganz weiß im Gesicht, ein Zittern durchlief seinen Körper, zuletzt fiel er um und war tot.

Die andern waren so erschrocken, daß sie kein Wort sagen konnten; aber der kleine Jan rief lachend: „So, Bauer, nun her mit der Braut!"

Und der Bauer hielt sein Wort, gab ihm seine Tochter und später auch den schönen Bauernhof . . .

Und wenn du das nicht glauben willst, dann frage meinen Großvater, der Bruder seines Großvaters ist selber einst mit dabei gewesen.

Sprichwörter, Rätsel, Zungenbrecher, Witze, heitere Kurztexte

Well hett dat in 't Dorn'mer Slöß to seggen?

Rudolf Bielefeld

Wenn m' van Dorn'm, dat dar ja so mooi an d' Busk liggt, aver Botterbörg, Lüttje Loog, Westerholt un Terheide na Auerk löppt of mit 't Rad of Pär un Wagen fahrt, denn kummt man achter 't Moor aver Bernuthsfeld, Stürenbörgs Hof un Tannenhusen na Sandhörst. Hier liggt rechter Hand denn wär so 'n mooin Busk mit 'n witt ansträken Poort dervör, un in de Garen süggt m' denn dat Sandhörster Slöß, so as dat van Dag' noch nöömt word. Man in Würkelkeit to seggen, is dat man dat een averbläben *Endje* dervan; dat anner hebben se 1764 all släten. De Busk hett Fürst Ulrich II., de van 1628 bet 1648 aver Ostfreesland regeert hett, köfft un in dat lest Jahr van sien Regerung dar 'n mooi nütelk Slöß insetten laten. Hier weeren de Fürsten denn in de mooi Sömmertied nett so as Kön'k Ludwig XIV. in sien Slöß Werßai bi Paris. Ok in de Wintertied gungen de Fürsten bi mooi Fröstwär woll na Sandhörst, nehmen hör Kanzler un hör Fründen mit un gungen denn van dar ut na all Kanten up de Jagd.

So weeren se dar ok eenmal tüsken Karsttied un Neejahr. As se nu mal in de Sträk van de dree Bargen bi Westerholt up d' Jagd weeren, kweem dar up eenmal so 'n busigen Ostwind up, nett as wenn de Vernien ut de Lücht waihn deh, un so gungen se denn van Dreebargen wär torügg na Sandhörst, heel un dall verklömt. As nu up de breed Härd de grot Knüfen Holt so mooi in d' Glor weeren, sä de Fürst: „Kaamt, Jungens, lat uns wat an 't Für schicken, willen mal 'n deftigen Grock drinken, denn wor w' ok van *binnen* wat warm." 't dür ok nich lank — 't Water weer ja mooi in de Kak — do wurn de Glasen mit Grock broggt, un boll gung dat nu mooi van toproosten. Darbi wur nu van allerhand ut Haasketieden un van 't Auerker lest Markt vertellt, un mennig oll Döntje un Teilke kweem der wär up d' Dak. Tolest kreegen de Fürst un sien Kanzler up diss' Klottjehochtied so 'n bietje Kibbelee ut Malpleseer. Dat kweem darvan, dat de Fürst meen, in de meest Husholgens in 't heel Fürstendom Ostfreesland harr de *Fro* 't to seggen, to 'n minnsten völ mehr as de Mann; he wuß je god, wo dat darmit in d' Kanzler sien Hus bestellt weer. Man de Kanzler meen, 't weer *nett anners* um, de *Mann* harr averall 't grot Woord un weer Baas, un de Fro harr hast nicks to seggen.

Do sä de Fürst: „Mien lev' Kanzler, ditmal hebb ick aberst recht. Will w' wedden?“ „Ja, dar bün ick mit inverstahn“, sä de Kanzler. „Mooi so“, geef de Fürst torügg, „war sall 't denn um gahn? Um 'n Spann Pär of um hunnert Pund Kluntjes of um tein Buddels Wien?“ „Denn um tein Buddels Wien“, sä de Kanzler, un se bekrachtigen dat mit 'n Handslag, dat de Weddenskup sien Gerechtigkeit ok harr un gellen sull. „Man nu“, sä de Kanzler, „wo will w' dat denn nu herutkriegen, well recht van uns beiden hett?“ „Och“, sä de Fürst, „dar woll w' woll in veeruntwintig Stünn mit torecht kamen.“ Denn sä he to sien Deener: „Rop ins äbent Hey, de Kock, un Hilmer, de Fahrknecht! Ick wull woll äbent 'n Woord mit de beiden proten.“ As de beiden nu vör hum stunnen, sä de Fürst: „Mörgen maken ji beiden 'n Fahrt aver Land. Du, Hilmer, spannst de beid' best Pär vör d' Wagen, un du, Hey, nimmst de grot Höhnerkast, de dar up uns' Hof steiht, settst hum in 't Rungsel un geihst bi un deihst dar nägenunnägentig Höhner in. Mörgenfroh, Klock söben, sünd ji darmit torecht. Denn fahren ji beiden dat oll Wallpad na un wieder dör heel Ostfreesland un fragen in elker Hus, wat an d' Weg steiht: ‚Well hett dat hier in Hus to seggen, de Mann of de Fro?‘ Heet de Andwoord ‚de *Fro*‘, denn haalst du, Hilmer, een van de Kock sien Höhner ut de Kast, giffst de de Fro un seggst, dat weer 'n Präsent van de Fürst; de Fro sull dar to Neejahr mooi Höhnersopp van kaken. Kreig ji aberst de Antwoord, hier in Hus hett de *Mann* dat to seggen, denn geihst du, Hey Kock, bi un spannst Hilmer dat beste Pärd vör d' Wagen weg, bringst dat in de Stall, bindst dat an un seggst to de Mann, dat weer 'n Präsent van de Fürst.

Darmit is jo Wark dahn. Mit dat een Pärd draihn ji um, fragen nümms mehr, fahren wär na Hus un seggen mi glieks Bescheed, in wells Hus de *Mann* Baas is. Dat will ick weeten. Dar kummt mi 't jüst up an.“ De beiden gungen nu wär herut un gniffelden, wat de Fürst doch för 'n verdraihten Kärl weer un sückse Fibelkwinten bi 't Enn harr. De Fahrt sull 'n rechten Pleseerstour worn; se wullen Fürstohm up sien Frag' god Besched gäben, wenn se der wär weern.

Anner Mörgen bitieds wurn to de Kock sien Verdreet nägenunnägentig Höhner in de grot Kast in 't Rungsel sett un de beid best Pär vör de Wagen spannt, 'n Schimmel un un 'n Voß, un denn gung 't in d' vull Draft to 't Börgpoort ut, war van Dag' noch de beid' Saldaten in Währ un Wapen dar baben up de hog Pielers stahn, un denn 't oll Wallpad na. Van 'n Schersee weer in de Tieden je noch geen Prot. 't weer heel mooi heller Fröstwär, un so dakkern denn de beid Pär gau na Wall' hen. Hier fungen se nu bi dat erst Hus an. Antjemö kweem bi de Dör, un Hilmer deh sien Woord. „Wat?“ sä Antjemö. „Well dat hier in Hus to seggen hett? Nüms anners as *ick*! Mien Garrelt is so 'n gode Blot, de geiht d' Dag aver na Auerk hen to arbeiden un averlett mi de heel Budel. Wo sull 't anners ok woll gahn, wenn ick nich an allens denken deh. Nä, in *Hus* heff ick dat heel allennig to seggen; dar lat ick mi van mien Garrelt nicks tüsken proten.“ „Mooi so“, sä Hilmer, „süh, Antjemö, dar hei ji 'n mooin swarten Henn.“ „Wat? 'n Henn? Wat hett dat denn to bedüden?“ sä Antjemö. „De gifft uns Fürstohm jo as Präsent, um dat ji hier in Hus Baas sünd un nich jo Garreltohm. Dar sull ji jo un jo Garreltohm to Neejahr mooi Höhnersopp van kaken“ — un draih sück um, un he un Hey weeren mit so 'n Wuppdi wär to d' Dör ut un up de Wagen. „Wat? Wat is dat?“ reep Antjemö hör heel verballert na. „Wi hebben nu geen Tied mehr“, reep Hilmer, knaller up de Pär un fohr in Draft wieder de Weg hendal. So gung dat dör Wall na Vitterbur; in all Husen dat sülwige Spill. So kweemen se bi de Engerhafer Kark, de dotieds ok all in de süder Mür so scheef stunn as van Dag'. Do sä Hilmer an Hey: „Du, glieks kam wi up 'n Plaats, war dat van Dag' noch spökent van all Undög, de dar in oll Tieden in passert is. Dar wahnt mien Bur, bi de ick fief Jahr deent heff, ehr ick na Fürstohm kweem as Fahrknecht." „Wo steiht dat *dar* denn in Hus?" sä Hey. „Ja, dar hett sien Trientjemö dat to seggen, *de* kenn ick . Junge, Junge, dar kann 'k di wat van vertellen! Eenmal weer se saterdags nett an 't Schrubben.

Do wull he mit ful Foten äbent dör de frisk schrubbte Gang lopen na d' Vörstuf'; man do kreeg he so 'n rugen Scherfusdert van hör, dat he slupstärts as so 'n Hund, de een mit d' Swäp avergallert krägen hett, wär to d' Dör ut leep." Hey muß luthals lachen. „Man mien Bur un ick sünd in d' beste Fründskup utnanner gahn, as ick na Auerk kweem an uns Fürstohm sien Hof", sä Hilmer. So gungen se noch 'n paar Husen an un kweemen denn up d' recht Stä. Van Dag' steiht der 'n groten Plaats up, so tack un nüver as der man een in de heel Kuntrai; man do weer dat 'n old un knapp Hus. De Bur weer 'n recht pleseerl'k Enn un kunn ok baasgod 'n bietje Spaß verdragen; darum mok hum dat nu 'n wambannig Pleseer, dat de Fürst sien Trientjemö 'n *Henn* to Präsent geef, um dat se dat in Hus to seggen harr, un he frei sück doch recht, dat sien oll tro Knecht bi so 'n spaßigen Gelägenheit bi hum vörspräken deh. Hier mussen Hey un Hilmer denn ok erst recht pleistern. Dar kweem boll 'n Pann vull Speck un Eier up de Tafel, un darbi wur denn ok recht mit Lüst van oll Tieden prot't un vertellt. Man Hey un Hilmer mussen mit d' Pär un Wagen un de Höhner wieder, dat se entelk in Ostfreesland doch dat *Hus* funden, war de *Mann* dat to seggen harr — un na sowat dree Keteerührs trummeln se denn mit 'n blieden Mot wär off. Se fohren de Weg na Siegelsum dal un kweemen van hier aver Upgant na Marienhaf', un so gung dat mit leverla wieder aver Osteel, Nadörst, Bargerbuhr, Lütsbörg, Ber'm un Hag' dör d' Hager Marsch, West- und Ostdörp, Siebelshörn un 't Harkdeep na Ness. Averall heet dat: „Hier in Hus hett de *Fro* dat to seggen", un so kweem der bi elker Hus 'n Henn ut de grot Kast. Se kweemen dör Ness', averall bi de dree Buren, Börgers, Ambachtslü un Arbeiders nett dat sülwige Spill, van de Möhlen hento de Börgstä. Bi Hinnerk Westerholt sien Hus, dar nett up de Hof, gung dat wieder na Kankebeer. Hier stunn dat nettso schra. De veer Plaatsen van Kiphusen leeten se rechter Hand liggen. Dat weer hör doch alltowiet van 't Padd off.

’t harr hör dar ok säker nicks bäter gahn. So kweemen se na Dorn’m.

De grot Kast mit Höhner weer boll läg, un ’n heel paarkes weeren der man noch in. Up de Dürte weer Hey un Hilmer dat doch wat lankwielig worn, alltied een Hus an un an dat anner nich vörbi — un weeren nu doch ok recht blied, dat se in Dorn’m mit hör Fahrt to Enn kweemen un wär umdraihn kunnen. So hullen se vör de erst Plaats dar glieks an d’ linker Hand, dar gung hör dat nett so as up Kankebeer un averall. „Süh“, sä Hilmer, „ick bin doch recht blied, dat ick dat Spann Pär wär mit na Hus krieg. De lest Höhner rak wi nu ok noch gau äbent kwiet un denn geih ’t heidi aver Botterbörg wär up Auerk an.“ „Ja“, sä Hey, ’t kann ja nu nich mehr lank düren, denn is uns Wark dahn. De Maan sitt dar so heller baben Westerholt un schient so mooi up Dorn’m dal, ’t word nu mit leverla je ok Tied, dat wie wär up ’t Hus an gahn.“ So gung dat dör Dorn’m. Tolest harrn se noch nett *een eenzigsten* Henn in d’ Kast un kweemen so an ’t Poort van ’t Dorn’mer Slöß, war de Toren dotieds all nettso upstunn as van Dag’. Man in de Jahren weer der ’n Spitz up mit ’n Krüß un de veer Bokstbaen N-O-S-W, war m’ de Himmelsgägend denn so mooi an sehn kunn, un babenup weer so ’n Piel, de sück na de Wind draihn deh. „Das Abbild der öffentlichen Meinung“, harr oll Pastor Röling mal seggt, de do erst Pastor in Dorn’m weer.

De Herr van d’ Dorn’mer Herrlichkeit un Slöß weer do ok in de wiede Welt, un sien Rentmester harr he darup sett as Verwalter. As de beiden nu an ’t Poort anklingeln wullen, kweem de Rentmester nett to ’t Slöß ut. Do störr Hey sien Bürmann Hilmer so sachtjes mi de Ellbag’ an un lüster hum to: „Du, hier rak wi uns Pärd doch noch kwiet; de Oll süggt mi heel nich ut, as wenn sien Fro dat hier to seggen hett.“ — „Nu, Jungens, wat wull ji denn hier in ’t Slöß?“ frog hör de Rentmester. „Och“, sä Hilmer, „ick kam van d’ Fürst in Auerk un sull hier fragen, well dat hier in ’t Slöß to seggen hett, *ji of jo Fro?* “ He sä: „*Ick* bin hier doch de Rentmester! *Ick* heff dat hier to seggen! Dar is doch geen Twiefel an!“ „Mooi so“, sä Hey, „denn kön ji jo van de beid’ Pär hier vör d’ Wagen dat best utsöken. Fürstohm gifft jo dat to Präsent.“ Do muß de Rentmester doch recht von Harten lachen, dat hum dat heel Läbend schüttern deh; denn sä he: „Nä, Jungens, nu man geen sücks Fiebelkwintjes? Nu maakt man, dat ji wieder kamen!“ Hilmer wur nu hast wat koppsk un sä: „Man dat is säker wahr, wat ick jo segg. De Fürst hett uns süllst mit diss Frag' up Bößskup stürt. War de *Fro* dat to seggen hett, dar mutt wi 'n *Henn* ofgäben, un war den *Mann* Baas is in Hus, de sall sück denn *dat beste van de beid Pär utsöken!* Achtunnägentig Höhner heff wi all offgäben; man hier hei *ji* dat to seggen, wat wi ok woll glieks docht hebben. As jo beleevt, nu söökt jo dat beste Pärd ut!“ „Nu, Jungens, is dat so gemeent, denn kummt mi dat je ok heel god to paß. 'n Brunen heff ick. Denn nähm ick mi noch de Schimmel darto.“ Inwiels kweem sien Fro ok na buten. „Kiek ins , Bavke“, sä he, „de beid Pär hett de Fürst van Auerk stürt, ick sull mi dat beste darvan utsöken. Ick heff mi de Schimmel nahmen. Jungens, spannt hum ut un bringt hum glieks in d' Stall.“ „Wat?“ sä de Fro Rentmester, „de Schimmel? De paßt doch heel nich to uns brun Mähr. Nimm doch leverst de Voß, de paßt doch völ bäter!“ „Ja“, sä he, „dar hest je ok egentlik recht. Jungens, denn spannt mi man leverst de Voß ut!“

Up eenmal fungen de beid Knechten luthals an to lachen. De een spann de Schimmel wär vör d' Wagen, un de anner hal de lest Henn ut d' Kast un sä: „Nä, nä, Fro Rentmester, dat *Pärd* kann jo Mann nu nich mehr kriegen! Man *ji, ji* hebben dat hier to seggen, darför kriegen *ji* uns lest *Henn.* “ Darmit lang he hör de Henn to, beid sprungen s' up d' Wagen, Hilmer galler aver d' Pär, un so fohren se in vull Draft up Botterbörg an. De Rentmester un sien Fro bleeben heel verbaast un verballert stahn, he mit d' Handen in d' Task un se mit de Henn in beid Handen. „Nu segg mi ins“, sä se to hör Mann, „Du sullt 'n Pärd hebben un darför krieg ick nun 'n Henn? Nu segg mi doch een Minsk, wo geiht dat denn nu to! *Un dat lettst du di gefallen?*“

Tirrel-Topp

Rieks Janssen-Noort

Tirrel-Topp — en Been un Kopp.
Kleedje kakelbunt.
An de Stock en lange Stropp.
To, nu dreih di rund!

Tirreln un neet stillestahn.
Ik laat di kien Rüst!
Mutt di eerst mien Pietsche slann?
Dann kriggst du weer Lüst!

Tirreln, tirreln, wees neet dumm!
Anners gifft 't noch mehr!
Dreih di flietig rund herum.
Klipp neet up de Eer!

Kriddel-Duddel-Tirrel-Topp
Kriggt so mennig Slag.
Dreiht dat Been un dreiht de Kopp,
Danzt de hele Dag!

Mien lüttjeste Scholbödels beläben de Wiehnachtstied

HERMANN TJADEN

Dor sitten se, mien „Rekruten", de vör 't erstemal in hör lüttje Jungensläben son Schoolbedriev mitmaken dont. 'n paar beläben 't all för 't tweede mal, un een, de kennt de Kram sogar ut 'n FF; he studeert in 't dart Semester. Dat heet, he is mähr „passives Mitglied"; blot in d' Paus' un bi 't Melkdrinken un Brüggensäten — un wenn 't na Hus to geiht, denn is he de erste Mann.

Advent is 't. In uns Klass hangt 'n Kranz. „O, de is di fein!" „Wer von euch weiß, warum hier jetzt ein Kranz hängt!?" „Ick weet 't! De hest du dar uphangen!" Hett doch recht, de lüttje Bödel, darum hangt de Kranz dar. „Ja, ich meinte aber etwas anderes. Ob das nicht irgend etwas zu bedeuten hat, daß man nun einen Kranz an die Decke hängt!?" Seßundartig Koppen sünd up mi toricht, liggen up de Schuller, de Mund halv apen, Kidjen baben d' Ogen. 't is heel still. Man tomal wies Frerich sien Finger. „Ick weet 't. Eibens Swien word vandag slacht!" Richtig, darum säker. Wenn Naber Eibens Swien van d' Welt ofgeiht, denn mutten wi hum 'n Kranz spendeern. Nu hett 't keen Zweck mehr; denn aver 't Swienslachten to proten, dat is ja völ mojer un nödiger as de allerfeinste Adventsstimmung.

De anner Dag verklar ick mien Bödels 't so 'n bietje, dat wi nu bold Wiehnachten fiern. „Denn kummt Jesus bi uns. Dat is egentlik sien Geburtsdag. Ick will jo dat eben vertellen van domals, as 't Christkindje geboren ist.

Dor weer eenmal 'n Kaiser." „De kenn ick!" springt Jürn up, „de steiht bi uns up 't Bort. " „Nä, de is dat nee", will Hinnerk 't bäter weeten, „dat is Kaisers Kaffeegeschäft!" Dör hört d'r förwahr wat to, dat Spill richtig hentodreihn.

„De Kaiser wull all Lü tellen." Dat lett Eilt keen Ruh. „O, nett as hier; du büst vör 'n Sett je ok bi uns west to Swien tellen!" „Hett de Kaiser dar ok Swien tellt?" mutt nu Friedi weeten. „Dat löw 'k woll, Friedi." „Hest du de Kaiser do denn ok hulpen to Swien tellen?" „Nä, mien Jung, dat weer völ ehrder."

„As Maria un Joseph nu na Bethlehem reisen wullen, do gungen s' mörgens heel froh weg." „Wo laat weer dat woll sowat?" lett Jan sück hören. „Och, so um fief Ühr herum sall 't woll meest west wäsen." „Weer 't do all lecht?" „Noch neet heel un dall, Jan." „Hebben Maria un Joseph denn ok Lüchten mitnahmen?" „Nä, so lecht weer 't all." „Dat is man got", ahmt Jan up, „anners har d' Schendarm hör woll to faten kriegen kunnt." De Reis' na Bethlehem maken mien Jungens eifrig mit. Man Kasjen hett dat mit de Luchten un de Polizei noch nich ganz up. — Ick vertell van de Herbergsökeree. „Do gungen se wär na son Weertskup un frogen dor ok, off de Lüü woll 'n Bedd för hör harrn . . ." Do kummt Kasjen noch eenmal: „Har Joseph ok 'n Kattoog?" „'n Kattoog, wat meenst du dormit?" „Ick meen son rot Glas, wat achtern an 't Rad sitt." „Ochso, 'n Rückstrahler. Nä, mien Jung, Joseph har kien Rad un ok kien Handwagen. Dorum bruk he ok kien Kattoog.

In 'n Stall wur dat Jesuskind geborn." „Man good, dat Maria dor net weer", freu' Bernd sück, „well het hum denn brocht?" „De Störk doch!" gifft een hellen Stimm' hum Utkunft. Man kann so recht de Spott marken, dat Bernd noch na d' Störk fragen deit. Man de will noch mehr weeten: „Wenn de Störk nun 'n Pupp bringt un is kineen int Köken, wat denn?" „De kickt immer erst na, of de ok wiß well in Huus is", mutt ick man fell seggen. Un dormit is Bernd ok tofrä. „O, dat is man god." „Un nu kreeg dat Jesuskind en Bett ut Heu un Stroh". As ick dat segg, do kiekt lüttje Karl tomal na de Melkbuddels, de up de Heizung stahn to anwarm. Babendrin sitten de Dringhalms ut Stroh. He luurt dor scharp hen, un nett, as ick dat so moj utmal van Jesus sien armselig Lager, do hett Karl wat endeckt: „In de een Buddel is kien Strohhalm in!" Tweeunßömtig Ohren hören nix mehr van Bethlehem, man tweeunßömtig Oogen bekieken de een Melkbuddel.

Anner Dag geit dat wieder, un nu hemmen wi ok 'n fein Bild. Dat is dübbelt bekläft. Up de vöranste Siet steit drunner: „In Bethlehems Stall", un an de anner Kant kannst di „Jesus Auferstehung" bekieken. Ich hebb dat fell an d' Mürr hangen un meen, de tweede Siet hett nüms sehn. „Nu bekiekt jo dat Bild man äben fein. Kieneen dürt wat seggen. Glieks frag ick jo." — Twee Menüten is dat heel still. Na mien Meenen nähmen de lüttje Bödels de „Gesamteindruck" recht mit Verstand un Andacht in sück up. „So, nu können ji mi wat vertellen off mi fragen." Een Finger word wild hen und her hauen. „Na?" — „Wat is an de anner Siet?" — Du lewe Tied, man dat helpt nix, ick mut hum Rede un Antwort stahn. Un denn kamen de „Beobachtungen":

„Maria sull Jesus man lewer todecken, as hum dor so nackend liggen to laten, he word ja kolt. Dor kunn Joseph ja ok man 'n bietje uppassen. De steiht debi un deiht nix. Mien Pappa makt uns lüttje Püppi immer heel alleen in 't Pütjepack."

„Dor steiht ok 'n Koh." — „Nä, dat is 'n Bull!" — „Nä, 'n Koh, Herr Lehrer, wat seggst du?" Entweder hemmen wi Skandal in de Klass, off dat 'n Koh off' n Bull is — immerhin twintig tägen seßtein — off wie ėnigen uns up 'n Koh. De mut dat Christkind ja Melk gäben för sien Buddel.

„De een Hirte hett 'n groten Handstock, warum is de so grot?" Dat wer Bertus. „Dat is 'n Pulschstock, dor springt he mit övert Slooden. "

„In uns Schüür können sovöl Engels tomal heelnich rinfleegen. Denn stöten se sück de Kopp an d' Hahnbalken."

„De een Unkel het 'n langen Bort, Herr Lehrer, is dat de Wiehnachtsmann?" „Ja, dat is de Wiehnachtsmann, Jungens, de kummt nu ok bold bi jo. "

So sünd mien Lüttjesten bi dat Vertellsel van 't Jesuskind togang. Veertein Dag bruken se, bitt se sück mit heet Koppen över all de dusend Dingen, de wi Kleenigkeiten nömen, klaar worn sünd, un bit se dat Spill in d' Stall van Bethlehem heel mitbeläben dohnt, ahn sück dörn Strohhalm of anner Kram oflenken to laten. Man denn is 't good, un denn hürt nich mehr lang, bit se ut hör lüttje, gläubige Kinnerhart de Wiehnachtsgeschicht vertellen können, de uns Moder uns fröher immer um disse Tied so fein ut de Bibel vorläsen hett:

Es begab sich aber zu der Zeit, daß ein Gebot vom Kaiser Augustus ausging, daß alle Welt sich schätzen ließe, ein jeglicher in seiner Stadt . . .

Der kluge Spatz

August Dreesen

Ein Bauer fährt den ganzen Tag
den Mist nach seinem Rübenschlag,
zwei Ochsen vor dem schweren Wagen,
die wollen sich darob beklagen:
„Die Menschen wollen unser Leben,
und für das Futter, was sie geben,
erhalten sie von uns den Mist,
der für sie unentbehrlich ist,
jetzt schleppen wir auch noch die Last,
soviel, wie nur der Wagen faßt."
Ein kluger Spatz, der hört ihr Stöhnen,
beginnt die Ochsen zu verhöhnen:
„Warum macht ihr denn soviel Mist,
wenn euch der Kram jetzt lästig ist.
Ist er auch wohl nicht zu vermeiden,
verteilt ihn gleich auf Flur und Weiden,
dann kann ihn niemand mehr verladen,
und ihr bewahrt euch so vor Schaden!
Der Mist ist sehr schwer nachzuweisen,
den man erzielt auf weiten Reisen,
drum mache ich auf alle Fälle
den Mist stets auf 'ner andern Stelle!"

Riemkes up Stadt un Land

UNBEKANNT

Auerker Pogge,
Maak mi 'n Paar Schoh.
Ick heff geen Leer,
Ick heff geen Teer,
Ick heff geen Pick —
Aurick — kick — kick.

☆

Extum, Haxtum, Rah',
Dor haun se sück mit d' Spa.
In Wall'
Wahnen de Schelms und Deefe all.
De Sandhörster Heer
Ritt up appelgraue Peer.
In Wallinghusen
Dor slahn se sück mit Kusen,
De olle Wiven mit Speken,
Dat kunn woll Walkenhusen heeten.
Egels liggt bi de Sied,
De Galg' is hör neet wiet.
Popens is 'n Loog,
Karkdörp is 'n Hexenploog.

☆

Nörden is 'n grote Stadt,
De wat hett , de köfft sück wat,
Man de nix hett und nix kann kriegen,
De mag man ut Nörden blieven.

Hokke vorssee! Wel geit me
Achter up dat lange Sle?
As dat Sle dann breckt,
Dann fallen wi in de Dreck.
As dat Sle dann holt,
Dann fahren wi na Wold,
Van Wold un dat na Bunde,
Dann fahren wi all in d' Runde,
Van Bunde dann na Neeschanz,
Dar hollen de lütje Kinner 'n Dans,
Van Neeschanz na Widdelsweer,
Van Widdelsweer denn hier wer her.

☆

Wangeroog de Schone,
Spiekeroog de Krone,
Langeoog is 'n Botterfat,
Baltrum is 'n Sandfat,
Nördernee dat Roverland,
Juist is dat Toverland,
Börkmers melken Kojen
Un bruken Dreck to Brand.

☆

Wangeroog hett 'n hogen Torn,
Spiekeroog hett sin Nam verlorn,
Langeoog is noch wat,
Baltrum is 'n Sandfat,
Nördernee frett sück halv satt.
Up de Juist
Sünd alle Kojen güst,
Un kom wi up Börkem
Dor steken s' een mit Förken.

Regen

BEREND DE VRIES

En is en, un twe is twe —
        Hüpp upt Land,
        Trull int Sand —
Twe is twe, un dre is dre.
Twintig, hunnert, dusend — mehr!
        Wüpp int Water,
        Geklöter, Geklater —
Dusend, Millionen un mehr.
Regen, Regen! Kiek, wat dat gütt!
        Getrummel, Geklukker
        un Götengeslukker —
O, Lü, bargt ju Hohner un denkt an ju Pütt.

Regenlied

Arend Dreesen

Hochdeutsch: James Krüss

Horch, wie es regnet und gießt;
Triefnaß
Sitzt die Wetterhexe
Im Regenfaß.
Sie hat zehntausend Augen,
Einen Fischschwanz dazu;
Und wenn sie herauskommt,
Dann hüte dich, du!

Horch, wie sie pritschelt
und glitschelt und schwimmt,
Mit glibbrigen Händen
Den Faßrand erklimmt!
Mit zehntausend Augen
Glupscht sie und linst,
Kujoniert dich und taucht
Wieder ein und grinst.

Horch, wie es regnet und gießt.
Triefnaß
Sitzt die Wetterhexe im Regenfaß.
Noch drei Wochen so weiter,
Dann schlingt sie und frißt,
Überschwappend, was laut oder naseweis ist.

Waterhex
(Regenleed)
Arend Dreesen

Höer, wo dat rägent,
Wo ’t rägent, dat ’t gütt!
De Waterhex sitt
In de Rägenpütt;
Hett teindusend Oogen,
’n Stärt as ’n Fiß,
Un wenn se heruut kunn,
Denn hool se di wiß.

Höer, wo se pluntjet
Un plantjet un swemmt!
Mit gliddrige Hann’
An de Püttrand sück stemmt!
Mit teindusend Oogen
Gluupt se in de Dag
Un hujaant — und dumpelt
Wär daal mit Gelach.

Höer, wo dat rägent,
Wo ’t rägent, dat ’t gütt!
De Waterhex sitt
In de Rägenpütt.
Noch een Nacht so wieder,
Denn swemmt se heruut
Un sluckt alls man runner,
Wat wiesnöest un luut.

Quellenverzeichnis der Beiträge

(o. A.) Das Frauenmeer. In: Ostfriesischer Lehrerverein (Hg.). Ostfriesisches Lesebuch. Ausgabe A für ein- und zweiklassige Schulen. Teil II, Mittel- und Oberstufe. Gütersloh: Bertelsmann, 1909, S. 125—126.

(o. A.) Das versteinerte Brot. In: Ostfriesischer Lehrerverein (Hg.). Ostfriesisches Lesebuch. Ausgabe A für ein- und zweiklassige Schulen. Teil II, Mittel- und Oberstufe. Gütersloh: Bertelsmann, 1909, S. 125.

(o. A.) Ostfriesische Vornamen. In: Dunkmann, Adolf (Hg.). Ostfriesisch-plattdeutsches Dichterbuch. 3. Aufl. Aurich: Dunkmann, 1922, S. 119—122.

(o. A.) Riemkes up Stadt un Land. In: Dunkmann, Adolf (Hg.). Ostfriesisch-plattdeutsches Dichterbuch. Aurich: Dunkmann, 1911, S. 80—81.

(o. A.) Riemkes up Sünderklas. In: Dunkmann, Adolf (Hg.). Ostfriesisch-plattdeutsches Dichterbuch. Aurich: Dunkmann, 1911, S. 55.

Ahlrichs, Richard: Ackerwagen auf dem Dachfirst: Ostfriesische Volksbräuche zu Silvester — Narrenfreiheit am „Olljahrsabend". In: Ostfriesen-Zeitung vom 31. Dezember 1976, o. S.

Ahlrichs, Richard: In't Moor to Winterstied. In: Heimatbeilage „Heimatkunde und Heimatgeschichte", Folge 2, der Ostfriesischen Nachrichten vom Februar 1979, o. S.

Ahlrichs, Richard: „Paaskefür" und „Maidenkisten": Alte ostfriesische Osterbräuche geraten in Vergessenheit. In: Zeitung Rheiderland vom 10. April 1971, o. S.

Ahlrichs, Richard: Vor 100 Jahren wurden Chausseen gebaut: Die ersten festen Straßen in Ostfriesland. In: 12. Beilage „Friesische Heimat" des Anzeigers für Harlingerland vom 2. Dezember 1978, o. S.

Ahlrichs, Richard: Wenig Geld für harte Arbeit: Extrem harte Arbeitsbedingungen für die Moorpioniere Wiesmoors. In: Anzeiger für Harlingerland vom 30. August 1979, o. S.

Ahlrichs, Richard: „Wenn't Karstied is. . ." — Früher kannte man keinen Lichterbaum: So wurde einst in Ostfriesland Weihnachten gefeiert. In: Zeitung Rheiderland vom 24. Dezember 1968, o. S.

Andrae, Oswald: De bruun Ranzel. In: Andrae, Oswald. De bruun Ranzel ov: Wat' n mit mi maken kann. Fischerhude: Atelier im Bauernhaus, 1977, o. S.

Andrae, Oswald: De Naber. In: Andrae, Oswald. Hoppenröök geiht üm: Texte in niederdeutscher Mundart. Rothenburg ob der Tauber: Peter/Holstein, 1975, S. 18—19.

Andrae, Oswald: De Öl-song. In: Andrae, Oswald. Hoppenröök geiht üm: Texte in niederdeutscher Mundart. Rothenburg ob der Tauber: Peter/Holstein, 1975, S. 9—10.

Andrae, Oswald: Die Antwort. In: Andrae, Oswald. De sünn schient jeden Dag: Vertellsels un Riemels up Hoch un Platt von Hinnerk Moin. Wangerooge: Wiegleb, 1957, S. 39.

Arbeitsgemeinschaft Borkumer Lehrer: Nordsee — Mordsee. In: Arbeitsgemeinschaft Borkumer Lehrer. Das Meer: Geschichten — für Kinder erzählt (Leuchtboje-Heft 16). 3. Aufl. Leer: Zopfs, 1968, S. 28—30.

Arnd, Gisela: Ostfriesland heute. In: Arnd, Gisela/Saebens, Hans. Land im Wandel: Ostfriesland. Essen: Burkhardt, 1968, o. S.

Bielefeld, Rudolf: Die Fehne. In: Bielefeld, Rudolf. Ostfriesland: Heimatkunde. 2., neubearbeitete Aufl. Aurich: Dunkmann, 1924, S. 73—74.

Bielefeld, Rudolf: Die Moorkolonien. In: Bielefeld, Rudolf. Ostfriesland: Heimatkunde. 2., neubearbeitete Aufl. Aurich: Dunkmann, 1924, S. 77—78.

Bielefeld, Rudolf: (Ostfrieslands Landschaftsformen). In: Bielefeld, Rudolf. Ostfriesland: Heimatkunde. 2., neubearbeitete Aufl. Aurich: Dunkmann, 1924, S. 5—7.

Bielefeld, Rudolf: Well hett dat in 't Dorn'mer Slöß to seggen? In: Bielefeld, Rudolf. Ut Haasketieden: Dat tweede Bokje. Aurich: Dunkmann, 1925, S. 50—55.

Bokelmann, Siegfried: Störmnacht. In: Bokelmann, Siegfried. Der Goldene Ring: Friesische Gedichte. Hannover: Pfeiffer, 1964, S. 64.

Brandes, Johann: Das „Ewige Meer". In: Ostfriesland, (1966), H. 2, S. 1—4.

Bratfisch, Gerhard: Eine Landschaft ändert ihr Gesicht: Überschlickung der Niederung Emden—Riepe. In: Ostfriesland, (1958) , H. 2, S. 10—13.

Bredendiek, Hein: Tee. In: Bredendiek, Hein. De Büste Flora . . . un anner Vertellen to 'e Schummerstünn. Rhauderfehn: Ostendorp, 1980, S. 25—27.

Bredendiek, Hein: Törf. In: Bredendiek, Hein. De Büste Flora . . . un anner Vertellen to 'e Schummerstünn. Rhauderfehn: Ostendorp, 1980, S. 81—83.

Bruns, Rudolf : Wat uns oll Maid ut hör Jögde vertellde. In: Ostfriesland, (1957), H. 1, S. 21—22.

Christophers, Ewald: Alte demokratische Einrichtungen. In: Mader, Richard/ Christophers, Ewald. Butjadingen und Ostfriesland. Hamburg: Christians, 1980, S. 32—34.

Christophers, Ewald: (Berühmte Ostfriesen). In: Mader, Richard/Christophers, Ewald. Butjadingen und Ostfriesland. Hamburg: Christians, 1980, S. 27—28.

Christophers, Ewald: Dieken of wieken. In: Christophers, Ewald. Wor de Seewind weiht: Uns Läben unner Seils. Bremerhaven: Wirtschaftsverlag, 1979, S. 12—14.

Christophers, Ewald: Keen Strom. In: Christophers, Ewald. Middwäk Klock 8. Wilhelmshaven: Hug, 1972, S. 78—80.

Christophers, Ewald: (Maibaum). In: Christophers, Ewald. Der 6. Erdteil: Auf den Spuren der Ostfriesen. Bremerhaven: Wirtschaftsverlag, 1977, S. 39—44.

Christophers, Ewald: Se sünd all teekent. In: Christophers, Ewald. Wor de Seewind weiht: Uns Läben unner Seils. Bremerhaven: Wirtschaftsverlag, 1979, S. 148—150.

Christophers, Ewald: Süniger woren. In: Christophers, Ewald. Wor de Seewind weiht: Uns Läben unner Seils. Bremerhaven: Wirtschaftsverlag, 1979, S. 155—157.

Christophers, Ewald: Uns Plattdütsch. In: Christophers, Ewald. Middwäk Klock 8. Wilhelmshaven: Hug, 1972, S. 121—123.

Christophers, Ewald: Un wenn 't up is. In: Christophers, Ewald. Wor de Seewind weiht: Uns Läben unner Seils. Bremerhaven: Wirtschaftsverlag, 1979, S. 55—57.

Christophers, Ewald: Verkehrsadern erschließen das Land. In: Mader, Richard/ Christophers, Ewald. Butjadingen und Ostfriesland. Hamburg: Christians, 1980, S. 39—41.

Christophers, Ewald: Watt de Bur nich kennt. . . In: Christophers, Ewald. To'n ersten — to'n tweeden. Wilhelmshaven: Hug, 1972, S. 75—77.

Croon, Theodor: Schiffbruch im nördlichen Eismeer. In: Croon, Theodor. Schiffbruch im nördlichen Eismeer: Theodor Croons Aufzeichnung über seine Teilnahme an der Expedition des Kapitäns Wiggins nach dem Jenissei-Fluß in Sibirien im Jahre 1894. (Leuchtboje-Heft 20). Aurich: Ostfriesische Landschaft, o. J., S. 23—31.

Depser, Alf: Die Inselkröte: Eine nachdenkliche Betrachtung zu einem heiteren Gedicht. In: Ostfriesland, (1971), H. 3, S. 21—23.

de Vries, Berend: Dennoch. In: de Vries, Berend. Jahreskreis. Aurich: Dunkmann, 1926, S. 77.

de Vries, Berend: Grau-Törfke: Ostfriesisches Volksmärchen. In: Beilage „Unser Ostfriesland", Nr. 4, der Ostfriesen-Zeitung vom 27. Februar 1954, o. S.

de Vries, Berend: Langeoog. In: de Vries, Berend. Jahreskreis. Aurich: Dunkmann, 1926, S. 17.

de Vries, Berend: Nebel über dem Wattenmeer. In: de Vries, Berend. Nebel über dem Wattenmeer und andere Seegeschichten. Köln: Schaffstein, o. J., S. 3—13.

de Vries, Berend: Regen. In: de Vries, Berend. Schipp ahoi: Balladen und Geschichten. Hamburg: Niederdeutsche Buchgilde, 1932, S. 12.

de Vries, J. Fr., und Th. Focken: Schul- und Bildungswesen. In: de Vries, J. Fr./Focken, Th. Ostfriesland: Land und Volk in Wort und Bild. Walluf: Sändig, 1972 (Nachdruck der Ausgabe Emden 1881), S. 326—333.

Dirks, Heinrich, und Wolfgang Schöningh: Ein Walfangschiff wird ausgerüstet. In: Dirks, Heinrich/Schöningh, Wolfgang. Wal! Fall-overall. Bilder aus Emdens Grönlandfahrt in alter Zeit (Leuchtboje -Heft 7). Leer: Zopfs, 1953, S. 12—14.

Dreesen, Arend: Februar. In: Dreesen, Arend. Diek langs: Niederdeutsche Gedichte. Berlin: Grote, 1927, S. 3.

Dreesen, Arend: Vöerjahr. In: Dreesen, Arend. Diek langs: Niederdeutsche Gedichte. Berlin: Grote, 1927, S. 6.

Dreesen, Arend, Übersetzung ins Hochdeutsche Krüss, James: Waterhex (Regenleed)/Regenlied. In: Dreesen, Arend. Diek langs: Niederdeutsche Gedichte. Berlin: Grote, 1927, S. 50. Übersetzung: Friesenrat (Hg.). Friesische Gedichte aus West-, Ost- und Nordfriesland. Ins Hochdeutsche übertragen von James Krüss. Wilhelmshaven: Hug + Co., 1973, S. 33.

Dreesen, August: Der kluge Spatz. In: Dreesen, August. Smüsterpadd. Norden: (Selbstverlag), 1964, S. 75.

Dreesen, August: Plattdüütsk proot'n. In: Dreesen, August. Smüsterpadd. Norden: (Selbstverlag), 1964, S. 10 .

Dreesen, August: Uns Heimat. In: Dreesen, August. Smüsterpadd. Norden: (Selbstverlag), 1964, S. 11.

Dreesen, Willrath: (Ein Stadtkind erlebt das Land). In: Dreesen, Willrath. Ebba Hüsing. Leipzig: Staakmann, 1910, S. 12—21.

Dreesen, Willrath: Heimverlangen. In: Dreesen, Willrath. Der Eisvogel. Leer: Rautenberg, o. J., S. 26.

Dreesen, Willrath: (Focko Ukenas Entscheidung). In: Dreesen, Willrath. Sturmflut: Drama in 4 Aufzügen. Leipzig: Staakmann, 1910, S. 34—39.

Eisbein, Christian: Augenscheinliche (große) Veränderungen im ostfriesischen Wattenmeer zwischen Memmert und Oldeoog seit 1961. In: Eisbein, Christian. Augenscheinliche (große) Veränderungen im ostfriesischen Wattenmeer zwischen Memmert und Oldeoog seit 1961. Esens: Arbeitskreis Natur- und Umweltschutz Harlingerland, 1977, S. 1—14.

Elster, Peter: (nach Evangelist Lukas) Die Weihnachtsgeschichte nach Lukas 2, 1—20. In: Ostfriesland: (1972), H. 4, S. 1.

Focken, Theodor: Der Schinken von Werdum. In: Ostfriesischer Lehrerverein (Hg.). Ostfriesisches Lesebuch. Ausgabe A für ein- und zweiklassige Schulen. Teil II, Mittel- und Oberstufe. Gütersloh: Bertelsmann, 1909, S. 136.

Freyhoff, Ulrich: Auf nach Ostfriesland! In: Freyhoff, Ulrich. Seeräuber in Ostfriesland: Die Hanse und Ostfriesland um 1400. (Leuchtboje-Heft 5) . 3., überarbeitete Aufl. Leer: Zopfs, 1959, S. 7—9.

Frieling, Jann-Dieken: . . . der hat den Sinn der Schöpfung verstanden. In: Landwirtschaftliches Wochenblatt Westfalen-Lippe, (1982), Folge 12.

Frieling, Jann-Dieken: Ein Samenkorn. In: Pflug + Spaten, 29 (1981), Nr. 6, S. 1.

Herlyn, Gerrit: Boven up Diek. In: Herlyn, Gerrit. Boven up Diek: Teihn Geschichten. Weener: Risius, 1980, S. 7—8.

Herlyn, Gerrit: In't School. In: Herlyn, Gerrit. Unnerwegens van Lüttje Millm na Groothusen. Weener: Risius, 1978, S. 17— 21.

Herlyn, Gerrit: Wat wi as Kinner spölt hebben. In: Herlyn, Gerrit. Unnerwegens van Lüttje Millm na Groothusen. Weener: Risius, 1978, S. 23—25.

Herlyn, Rotraut: (Mein Aurich). In: Herlyn, Rotraud. Die zeigerlose Uhr: Geschichten aus einer ostfriesischen Kleinstadt. Emden: Bretzler, 1972, S. 3—4, 37.

Jahn, Moritz: (Ein ungewöhnlicher Nachtgast). In: Jahn, Moritz. De Moorfro. Hamburg: Fehrs-Gilde, 1950, S. 7—9.

Janssen, Albrecht: Der große Jan und der kleine Jan. In: Janssen, Albrecht. Der Wundervogel: Friesische Märchen. 2., vermehrte Aufl. Oldenburg: Schwartz, 1935, S. 89—95.

Janssen, Albrecht: Erdmantjes. In: Janssen, Albrecht (u. a.). Friesische Märchen. Wilhelmshaven: Friesen, 1919, S. 4—10.

Janssen, Albrecht: (Wieder in der Heimat). In: Janssen, Albrecht. Das Königreich im Meer. Leipzig: Holm, 1936, S. 39—48.

Janssen, Theodor: Die Allerheiligenflut von 1570 und ihre Spuren in Ostfriesland. In: Ostfriesland, (1970), H. 3, S. 3—7.

Janssen-Noort, Rieks: Abend am Deich. In: Janssen-Nort, Rieks. Deichgatt: Erzählungen, Schilderungen, Gedichte. Westrhauderfehn: Ostendorp, 1969, S. 44—46.

Janssen-Noort, Rieks: Tirrel-Topp. In: Ostfriesland, (1968), H. 1, S. 8.

Junglehrer-Arbeitsgemeinschaft Uplengen: Der Moorkerl. In: Junglehrer-Arbeitsgemeinschaft Uplengen. Das Moor: Geschichten, für Kinder erzählt. (Leuchtboje-Heft 13). 4. Aufl. Leer: Zopfs, 1964, S. 4—7.

Karstens, Heinrich: Der fliegende Holländer. In: Karstens, Heinrich. Niederdeutsche Sagen, Bd. I: Meer-Marsch-Heide. Hannover: Schlüter, 1963, S. 22—23.

Karstens, Heinrich: Der Rembertsstein bei Norden. In: Karstens, Heinrich. Niederdeutsche Sagen, Bd. I: Meer-Marsch-Heide. Hannover: Schlüter, 1963, S. 23.

Karstens, Heinrich: Der Walrider. In: Karstens, Heinrich. Niederdeutsche Sagen, Bd. I: Meer-Marsch-Heide. Hannover: Schlüter, 1963, S. 24—25.

Karstens, Heinrich: Die tapferen Frauen von Borkum. In: Karstens, Heinrich. Niederdeutsche Sagen, Bd. I: Meer-Marsch-Heide. Hannover: Schlüter, 1963, S. 15—16.

Kleinpaul, Johannes: Auf den Deichen. In: Kleinpaul, Johannes. Wanderungen in Ostfriesland. Berlin: Fontane, 1909, S. 9—11.

(nach) Leege, Otto: Vogelfreistätte Memmert. In: Becker, E. A./Mueller, F. J./Löning, G. (Hg.). Heimatkundliches Lesebuch für Ostfriesland. Bd. IV — 7./8. Schj. Hannover: Schroedel, 1956, Anhang, S. 27—30.

Lengert, Cassen: Das Meer im Moor. In: Heimatbeilage „Unser Ostfriesland", Nr. 10, der Ostfriesen-Zeitung vom 27./28. Mai 1981, o. S.

Loets, Bruno: Klocken-Lübbers. In: Ostfriesland, 1969, H. 2, S. 13—15.

Mackensen, Lutz: Das Steenhuus bei Bunde. In: Henniger, Karl/von Harten, Johann (Hg.). Niedersachsens Sagenborn. (Bd. II). 5. Aufl. Hildesheim: Lax, 1948, S. 246—247.

Mackensen, Lutz: Die Seelenfahrt zum „witten Aland". In: Henniger, Karl/von Harten, Johann (Hg.). Niedersachsens Sagenborn. (Bd. II). 5. Aufl. Hildesheim: Lax, 1948, S. 256—257.

Meyer, Tammo: Krummhörn. In: Ostfriesischer Lehrerverein (Hg.). Ostfriesisches Lesebuch. Ausgabe A für ein- und zweiklassige Schulen. Teil II, Mittel- und Oberstufe. Gütersloh: Bertelsmann, 1909, S. 121—123.

Meyer, Tammo: Schlittschuhlaufen. In: Ostfriesischer Lehrerverein (Hg.). Ostfriesisches Lesebuch. Ausgabe A für ein- und zweiklassige Schulen. Teil II, Mittel- und Oberstufe. Gütersloh: Bertelsmann, 1909, S. 128—129.

Pladies, Harry: Die Auswirkungen der Kontinentalsperre auf Ostfriesland (1806—1813). In: Pladies, Harry. Ostfriesland im Zeitalter Napoleons (Leuchtboje-Heft 19). Leer: Zopfs, o. J., S. 29—37.

Pollmann, Elisabeth: Gah driest mal in en Naberhus. In: Pollmann, Elisabeth. Over 't wiede gröne Land. Rhauderfehn: Ostendorp, 1976, S. 74.

Pollmann, Elisabeth: Mit unse Platt. In: Pollmann, Elisabeth. Over 't wiede gröne Land. Rhauderfehn: Ostendorp, 1976, S. 32.

Rast, Friedemann: (Ein Leeraner Handelshaus in schwerer Zeit [1806]). In: Rast, Friedemann. Bünting: ein ostfriesisches Handelshaus: 175 Jahre seit 1806. Leer: Bünting, 1981, S. 10—13.

Rast, Friedemann: 200 Jahre Steinbömer & Lubinus Rauchtabakfabrik Norden. In: Behrends, Berend Heiko (Hg.). 200 Jahre Steinbömer & Lubinus Rauchtabakfabrik Norden: Festschrift zum 200jährigen Bestehen. Norden: Soltau, 1969, S. 2—4, 8—11, 25—26, 30—35.

Raveling, Jakob: Das Schicksal der Häuptlingsburgen. In: Raveling, Jakob. Ostfriesische Häuptlingsburgen. Norden: Kreis- und Stadtsparkasse, 1956, o. S.

Raveling, Jakob: Die Zauberzeichen. In: Raveling, Jakob. Ostfriesische Häuptlingsburgen. Norden: Kreis- und Stadtsparkasse, 1956, o. S.

Raveling, Jakob: Genügt das ostfriesische Bauernhaus noch? In: Raveling, Jakob. Das ostfriesische Bauernhaus. Norden: Kreis- und Stadtsparkasse, 1957, S. 19—20.

Röhrig, Herbert: Die Fehne und ihre Griepeltied. In: Röhrig, Herbert. Ostfriesland: Das Land um den Upstalsboom. Bremen: Friesen, 1927, S. 48—50.

Roskam, Heinrich: Die Gefahren der „christlichen Seefahrt". In: Ostfriesland, (1967), H. 4, S. 10—11.

Ruseler, Georg: De Säbendüwelsdiek. In: Ruseler, Georg. De dröge Jan. Oldenburg: Holzberg, 1970, S. 123—128.

Ruseler, Georg: König Radbod sin Piep. In: Ruseler, Georg. De dröge Jan. Oldenburg: Holzberg, 1970, S. 129—134.

Schoolmann, Hinrich: In 't Moor. In: Schoolmann, Hinrich. De fleitende Nachtwächter un anner Haidjer-Geschichten. Aurich: Dunkmann, o. J., S. 83—85.

Schoolmann, Hinrich: November. In: Schoolmann, Hinrich. De fleitende Nachtwächter un anner Haidjer-Geschichten. Aurich: Dunkmann, o. J., S. 68—70.

Schoon, Johann: Dat leeve Brot. In: Ostfriesland, (1956), H. 2, S. 3—4.

Schoon, Johann: Hollsand. In : Ostfriesland, (1958), H. 2, S. 6—8.

Siebels, Gerhard: Ostfriesland, das schöne Nordseeland. In: Siebels, Gerhard. Führer durch Ostfriesland und seine Seebäder. Leer: Möckel, o. J., S. 15—17.

Siedel, Fritz: An Adebars Horst. In: Ostfriesland, (1968), H. 1, S. 5—10.

Siefkes, Wilhelmine: Das Fischwunder zu Leer. In: Siefkes, Wilhelmine. Ostfriesische Sagen (Leuchtboje-Heft 3). 3. Aufl. Leer: Zopfs, 1956, S. 12.

Siefkes, Wilhelmine: Das Geisterschiff von Emden. In: Siefkes, Wilhelmine. Ostfriesische Sagen (Leuchtboje-Heft 3). 2. Aufl. Leer: Zopfs, 1953, S. 31—32.

Siefkes, Wilhelmine: De goede Hannel. In: Janssen, Albrecht (u. a.). Friesische Märchen. Wilhelmshaven: Friesen, 1919, S. 18—23.

Siefkes, Wilhelmine: Der Bär im Stadtwappen von Esens. In: Siefkes, Wilhelmine. Ostfriesische Sagen und sagenhafte Geschichten. Aurich: Ostfriesische Landschaft, 1963, S. 166—167.

SIEFKES, WILHELMINE: Der Brautpfad. In: Siefkes, Wilhelmine. Ostfriesische Sagen (Leuchtboje-Heft 3). 2. Aufl. Leer: Zopfs, 1953, S. 25.

SIEFKES, WILHELMINE: Der Schatz in Marienchor. In: Siefkes, Wilhelmine. Ostfriesische Sagen und sagenhafte Geschichten. Aurich: Ostfriesische Landschaft, 1963, S. 242—244.

SIEFKES, WILHELMINE: Die Ayenwoldmer Glocken im Sandmeer. In: Siefkes, Wilhelmine. Ostfriesische Sagen und sagenhafte Geschichten. Aurich: Ostfriesische Landschaft, 1963, S. 97—98.

SIEFKES, WILHELMINE: (Kasjen und Amke, Knecht und Magd auf einem Marschenhof). In: Siefkes, Wilhelmine. Kasjen und Amke. Leer: Rautenberg/Möckel, 1952, S. 46—53.

SIEFKES, WILHELMINE: Wie der Plytenberg entstand. In: Siefkes, Wilhelmine. Ostfriesische Sagen und sagenhafte Geschichten. Aurich: Ostfriesische Landschaft, 1963, S. 14.

SINDOWSKI, KARL-HEINZ: 8000jährige Geschichte der ostfriesischen Wattküste. In: Ostfriesland, (1973), H. 2, S. 2—5.

STRACKERJAHN, LUDWIG: Der Klabautermann. In: Henniger, Karl/von Harten, Johann (Hg.). Niedersachsens Sagenborn. (Bd. II). 5. Aufl. Hildesheim: Lax, 1948, S. 262—263.

SUNDERMANN, FRIEDRICH: Das Pferdegetrappel. In: Sundermann, Friedrich. Sagen und sagenhafte Erzählungen aus Ostfriesland. Aurich: Dunkmann, 1869, S. 56—61.

SUNDERMANN , FRIEDRICH: De Düfelsschür. In: Sundermann, Friedrich. Der Upstalsboom: Ostfrieslands Volksüberlieferungen, teils aus der Historie, vor allem aber seit 1857 aus dem Volksmunde gesammelt. 1. Bd. Aurich: Dunkmann, 1922, S. 61—65.

SUNDERMANN, FRIEDRICH: Die Felnks und die Schiffreise. In: Sundermann, Friedrich. De Upstalsboom: Ostfrieslands Volksüberlieferungen, teils aus der Historie, vor allem aber seit 1857 aus dem Volksmunde gesammelt. 1. Bd. Aurich: Dunkmann, 1922, S. 157—158.

SUNDERMANN, FRIEDRICH: Sprüchwörter, die den Teufel nennen. In: Sundermann, Friedrich. Der Upstalsboom: Ostfrieslands Volksüberlieferungen, teils aus der Historie, vor allem aber seit 1857 aus dem Volksmunde gesammelt. 1. Bd. Aurich: Dunkmann, 1922, S. 66 ff.

SUNDERMANN, FRIEDRICH: Weert Knuur. In: Sundermann, Friedrich. Sagen und sagenhafte Erzählungen aus Ostfriesland. Aurich: Dunkmann, 1869, S. 21.

TERBURG-ARMINIUS, G.: De Jüisters. In: Henniger, Karl/von Harten, Johann (Hg.). Niedersachsens Sagenborn. (Bd. II). 5. Aufl. Hildesheim: Lax, 1948, S. 264—267.

(nach) TERBURG-ARMINIUS, G.: Weene in Ostfriesland. In: Henniger, Karl/von Harten, Johann (Hg.). Niedersachsens Sagenborn. (Bd. II). 5. Aufl. Hildesheim: Lax, 1948, S. 244-246.

TJADEN, HERRMANN: Mien lüttjeste Scholbödels beläben de Wiehnachtstied. In: Tjaden, Herrmann. (Unveröffentlichtes Maschinenskript gleichen Titels.)

UPHOFF, BERNHARD: Von den letzten Israeliten in Ostfriesland. In: Ostfriesland, (1956), H. 4, S. 24—26.

VAN DIEKEN, JAN: Pflanzen im ostfriesischen Volksglauben und Brauchtum: Die Stiel-Eiche. In: van Dieken, Jan. Pflanzen im ostfriesischen Volksglauben und Brauchtum. Aurich: Ostfriesische Landschaft, 1971, S. 13—16.

VAN LENGEN, HAJO: Friesische Freiheit, Upstalsboom und Sieben Seelande. In: van Lengen, Hajo. Kultur und Landschaft Ostfriesland. Essen: Ruhrspiegel, 1978, S. 41—43.

VAN LENGEN, HAJO: Ostfriesland als Kulturlandschaft. In: van Lengen, Hajo. Kultur und Landschaft Ostfriesland. Essen: Ruhrspiegel, 1978, S. 5.

von Unruh, Georg Christian: Seelenfahrt zum „witten Aland“: Betrachtungen zu einer ostfriesischen Sage. In: Ostfriesland, (1956), H. 4, S. 13—14.

(nach) Weichelt, Hermann: Vom Fischkönig im Brockzeteler Meere. In: Henniger, Karl/von Harten, Johann. Niedersachsens Sagenborn (Bd. II). 5. Aufl. Hildesheim: Lax, 1948, S. 257— 258.

Wiemann, Harm, und Friedrich Doedens: Was die Chronisten von Sturmfluten und Sturmflutschäden berichten: Die Sturmfluten beschädigen den Deich. In: Wiemann, Harm/Doedens, Friedrich. Der Goldene Ring (Leuchtboje-Heft 1). 4. Aufl. Leer: Zopfs, 1956, S. 21—24.

Wörishöffer, Sophie: (Onnen Visser bringt eine schlechte Nachricht). In: Wörishöffer, Sophie. Onnen Visser: Der Schmugglersohn von Norderney. Frankfurt: Fischer, 1975, S. 5—9.

Wolff, Julius: In Sturmes Not. In: Ostfriesischer Lehrerverein (Hg.). Ostfriesisches Lesebuch. Ausgabe A für ein- und zweiklassige Schulen. Teil II, Mittel- und Oberstufe. Gütersloh: Bertelsmann, 1909 , S. 246—248.

Wübbens, Toni: Harwst. In: Wübbens, Toni. Ut min Dörp: Gedichte von Toni Wübbens. Hannover: Feesche, 1910.

Wübbens , Toni: In 't Moor. In: Wübbens, Toni. Ut min Dörp: Gedichte von Toni Wübbens. Hannover: Feesche, 1910.

Zylmann, Peter: Meine Kindertage am Plytenberg. In: Stadt Leer (Hg.). Leer — gestern, heute und morgen. Leer: Rautenberg, 1973, S. 168—169.

Zylmann, Peter : (Landwirtschaft in Ostfriesland vor einigen Jahrzehnten). In: Zylmann, Peter. Lebenserinnerungen. O. O., o. J., S. 11, 13—15.

Bildquellen

Grote, K.-H., Seite 84, nach Skulpturen von Ingeborg Meyer-Remme: 211, 333, 342, 347, 358, 367, 379

Kaubisch, C., Seite 15, 34, 48, 64, 126, 135, 187

Sindel, F., Seite 184, 289, 305

Seite 116 entnommen aus Woebcken, Friesische Schlösser

Seite 149, 255 entnommen aus Woebcken, Kurze Geschichte Ostfrieslands

Worterklärungen

Für das Ostfriesisch-Plattdeutsche gibt es keine einheitliche Rechtschreibung. Bei den nachstehenden Worterklärungen sind des öfteren einige häufige Schreibweisen aufgeführt, bei weitem nicht alle tatsächlich vorkommenden.

Die Worterklärungen entstammen folgenden Quellen:

- *Fußnoten und Anhängen, die die Autoren der entsprechenden Beiträge selbst beisteuern*
- *„Ostfriesisches Wörterbuch" von Cirk Heinrich Stürenburg*
- *„Wörterbuch der ostfriesischen Sprache" von Jann ten Doornkaat Koolman.*

Zudem sind heute lebende Ostfriesen gefragt worden.

A

Aam, Ahn – Atem
aamen – atmen
Aant – Ente
Aben(d) – Ofen
Adder – Kreuzotter
Änigkeit (in sin Änigkeit) – Versunkenheit; Einigkeit; Einsamkeit (so bei sich)
afluren – abwarten
Afkatenseel – Advokatenseele
afmarachen – (sich) abrackern
Aker – Blechnapf
almetz, alsmetts, al(t)metts – mitunter; zuweilen
Ambachtslü – Handwerker
Ambolt – Amboß
anduken – anschmiegen; ankuscheln
ankamen – aufkommen
Ankiek – Ansehen
annerseen – ein anderer
arbarmelk – erbärmlich
arig – komisch; seltsam
Arnt – Ernte
Arte – Erbse
Arvt – Erbse
Arwe – Erbe
avertrecken, avertrekken – überziehen
awer – aber
awert – über

B

Baar – Bär
Baas – Meister; Oberster; Chef
baben, boven – oben
Backe, Bakke – Behälter
bätern – ausbessern
bät krigen – überlisten
Bäverbuck – Bekassine
bal(l)dadig – groß; ungeheuer; übermäßig; sehr
Ballken – Ballspiele
Bangbüx – Angsthase
bannig – sehr
Barkenries – Birkenreisig
Bate – Vorteil; Nutzen; Gewinn
Baversied – Oberseite
Beck – Mund; Maul
bedaaren – beruhigen

Bekennskup – Bekanntschaft
beletten – behindern; verhindern; stören
belowen – versprechen
benaut, binaut – beklommen; unerfreulich
Bent – Besengras
Benüll – Verstand
Bessem – Besen
Besteck, Bestekk – Entwurf; Bauplan
betüün – spärlich ; knapp
bewern, bevern, befern – beben; zittern
bickeln – mit getrockneten Knöcheln der Schafbeine ein Spiel spielen, wobei man die Knöchel nach bestimmten Regeln aufspringen lassen und fangen muß
bicken – aneinanderschlagen
bietje – bißchen
Bigge – Ferkel
Bikkel(tje) – Knöchel vom Schafbein
Billen – Lenden; Pobacken
bilööfen – versprechen
binnen – binden; drinnen
bitje(t) – bißchen; wenig
Blatt – Zeitung
bleien, bleihen – blühen
blek – bleich
Ble(e)k – Bleiche; Rasen; Weide
blicken – blechern
blied – lustig; fröhlich; glücklich; zufrieden
bliksem(s) – verdammt; verflucht
blixem – verdammt
blöderg – blutig
blood – bloß; nackt
Blutter – Star
Böhner, Bohner – Besen (aus Heidekraut)
bölken – rufen; schreien
Böön – Boden, Decke
bö(ö)ren – tragen; heben; aufheben
Böskup(p) – Botschaft, Einkauf; Besorgung
boen – bauen
Bra – Braten
Brook – Hose
Bost, Borst – Brust
Bott – Platz; Raum
Bottervögel – Schmetterling
Breel – Brille
Brör – Bruder
Budel – Masse
Bükspiep(e) – Hosenbein
Bült, bült – Menge; Haufen; viele
Bündsel – Knirps
Büngel – Holzstück; Holzprügel
Bür(e) – Kissenbezug; Sack; Behälter
Büs, Büx, Büks – Hose
Bulgen – Wogen; Wellen
Bunk(en) – Knoche(n)
Bur – Bauer
Burkeree – Landwirtschaft; landwirtschaftlicher Betrieb
Busebeller – Bumann; geisterhaftes böses Wesen
Buseruuntje, Buseruhntje – Brustrock; Hausjacke
Busk – Busch; Gehölz; Strauch
bustern – stürmen; brausen
buten – draußen
butendieks – hinter dem Deich
Butenwark – Arbeit im Freien
Buuk – Bauch
Buurinske – Bäuerin

D

Daak – Nebel
daal – hernieder
Dääl – Decke

Dääl – Diele, . Fußboden; Flur; Tenne
dakkern – stampfen; patschen; mit lautem Geräusch gehen
darintägen – dagegen
Dau – Tau
De(e)f – Dieb
Deer – Tier
Deern – Mädchen
Deit(en) – kleinste Münze(n); Kleingeld
Diek(en) – Deich(e)
Dießel, Diessel – Deichsel; Distel
Docke, Dokke – Bündel
Döerklepp – Türklinke; Türgriff
Dö(ö)gd – Tugend; Tauglichkeit
dögen (döcht, döggt) – taugen (getaugt)
Dönz – Stube
döschen (duschen) – dreschen (gedroschen)
Döst – Durst
Dook – Tuch
Doon – Tun; Schaffen
dotieds – damals
Dott(e) – Häufchen; Handvoll; Bündel
dow – taub
Draak – Drachen
Draf(f)t – Eile; Hast
Draggetje – Last
Dragsälen, Draggselen – Hosenträger
(de)Dreih kreegen – den „Dreh bekommen"; wegkommen
driest – dreist, kühn; verwegen
Drinkeldobbe – Tränke
drittjen – trippeln
drock, drokk – beschäftigt; mit Geschäften überhäuft; überbeansprucht mit Arbeit
drömen – träumen
drö(ö)gen – trocknen
drövergrienen – überstreichen; aufpinseln
Droom – Traum
Drüppke – Tröpfchen
Drüppel – Türschwelle
duddig – dumm; stumpfsinnig; schläfrig
dübbelt – doppelt
düll – böse, zornig
Düpde – Tiefe
dür – teuer
Düvel – Teufel
Düvelskring – Teufelskreis
dun(ners) – betrunken
dunker – dunkel; trübe
Duum – Daumen
Duv, Duw(ke) – Taube
dwats – entgegen ; quer
dwarsdör – mittendurch

E

Eek – Eiche
eeken – eichen; aus Eiche
Eenigkeit (dorch ick so in mien Eenigkeit) – Einigkeit; Einsamkeit (dachte ich so bei mir)
Eer – Erde
E(e)rdman(n)tje – Erdmännchen; Däumling, Kobolt; Zwerg
Eevtask – Eidechse
Eibejen – schwarze Johannisbeere
elk(er) – jede(r); manche(r)
enkelde – einzelner
erken(s) – eben
ewkes – eben

F

Fäling – (west) – Fale; Dummerjan; so etwas wie ein Schildbürger

faken – oft; häufig
fa(c)kjen, faktjen – Zielwurfspiel mit einem Ball
Feer – Feder
fell – schnell
Fenntjeblöm – Marienblümchen
Fent – Bursche; Junge; Kerl
Fettpott – Fettopf; in Hülle und Fülle; Überfluß; Reichtum
Fibelkwinten – Albernheiten; Marotten
Fietje-Fatjeree – Gedöns; Firlefanz
Fietze – Fahrrad
fileinig – giftig; boshaft; grausam; schrecklich; fürchterlich
finnig – boshaft
Fiß – Fisch
Fläß – Fleisch
Flarre – Fladen ; Büschel
Flaß – Flachs
Flei(t)piep – Pfeife; Flöte
Fleit – Flöte; Pfiff
fleiten – flöten; pfeifen
Fleitepiepen – Pustekuchen (bedeutet soviel wie „angeschmiert!")
Fliet – Fleiß
flietig – fleißig
Flint – Stein
flöken – fluchen
Flörke – Blüte
flüggen – fliegen
Flunk – Flügel
Foart – Fahrt
Fohr – Fuhre
Foor – Futter
fo(o)ren – füttern
Fo(o)t – Fuß
Frä – Friede
franterg – mürrisch; verdrießlich
Free – Friede
frieven, wriefen (frivvt) – reiben (reibt)
frocken – sticheln; zanken
Frolü(volk) – Frauen
fucht(ig) – feucht
Fürstülp – Feuerstülpe; Vorrichtung zum Abdecken der Herdglut
Fuke, Fuuk – Stellnetz; Reuse
furt – schnell; bald
futern – schelten; schmollen
futt – schnell
fuul – faulig; schmutzig

G

Gävel – Giebel
gapen – gaffen; glotzen; gukken
Gapert – Gaffer; Maulaffe
Gar(d)en, Garn – Garten
Gat(t) – Loch; Vertiefung
gau – schnell
geböören, geböhren – sich zutragen; sich ereignen
Geckscheerderee – Klugscheißerei
Gedrü(ü)s – Getöse; Lärm; laute Geschäftigkeit
geel – gelb
geen , gien – kein
Gelut – Laut; Ton
Gemente – Gemeinde
Gereer, Gerär – Heulen; Geheule; lautes Weinen
Geriefelkeid – Bequemlichkeit; Brauchbarkeit; Gefälligkeit
gerüst – ruhig
Gespöök – Gespenst
gieren – schreien
gitzig – geizig
glaskern – glasern; mit Glas arbeiten

gleihen – glühen; glänzen; funkeln
gleirod – leuchtend rot; feuerrot
glennde – glänzend
gleunig – glühend
gliek(s) – gleich
Glitzkebahn – Glitschbahn (Spur aus Eis, auf der man rutschen kann)
Glor – Glut
gnätersward – tiefschwarz
gniffeln – in sich lachen; sich ins Fäustchen lachen; hohnlachen
go(o)d – gut
Goedje – Zeug; Gesindel
Göt(e) – Guß; Gosse; Rinne
gojen, goijen – schleudern; werfen
Grafft – Grab
greien – wachsen; gedeihen
Greta – Pfuhlschnepfe
gris – grau
gröten – grüßen
groff – grob
grootsk – großtuerisch; angeberisch; hochmütig
Gubel – Schlamm
Güntsiet – jene Seite; an der anderen Seite
güst – unfruchtbar

H

Haasketieden – vergangene, in der Erinnerung angenehme Zeiten
haast – fast; beinahe
Haat – Haß
Haben – Hafen
Hacksehn – Fersensehne
Häg – Hecke
Häkster – Elster
Häven, Häwen – Himmel
hagen – gefallen; behagen
Haidrobientje – Rothänfling
hakenschoon – „hakensauber“ (wenn ein geschlachtetes Tier rein und ausgeweidet und abgebalgt am Haken oder auf der Leiter hängt)
Handjevörmeier – ein vorgreifender, voreiliger Mensch, der sich in alles hineinmischt
Handschen – Handschuhe
Hannel – Handel
hannig, handig – fertig; geschickt; behende
Hart – Herz
Hartverstarken – Erfrischung; Erholung; Verschnaufpause
Harwst – Herbst
ha(a)st – bald; fast
Heckpaal – Zaunpfahl
Heder – Hirte
heel – ganz
heel gien – gar kein
heelndall – ganz und gar
heesterg – heiser
heet – heiß
Heifork – Heugabel
Hemel – Himmel
hennig – mittelgroß
He(e)rder – Hirte
hiemen – keuchen; mit krankhaftem Geräusch atmen
Hill – Erhöhung; Hügel; Bretterboden über dem Stall
hillig – heilig; fromm
hochluken – hochhieven; hochziehen
Hocke, Hokke – Haufen von Korngarben
Höchte – Höhe
Höge – Freude; Lust
Höhnerfehr – Hühnerfeder
Hörn – Ecke

hojahnen – gähnen
holloogt – hohläugig
Holsche – Holzschuh; Klumpen
Holske – Holzschuh; Klumpen
Holt – Holz; Gehölz
Honerrick, Hönerrikk – Hühnerstange
Hook – Ecke; Spitze; Winkel
Hoot – Hut
Hope – Hoffnung
Hopel – Reifen
Ho(o)r(e) – Hure
Hülp(e) – Hilfe
Hürmann – Untermieter; Landarbeiter
Hukelpott – Horn oder sonstiges Gefäß, welches mit einer Blase, worin ein Rohr befestigt ist, überzogen wird, und das dadurch einen surrenden Ton erzeugt, daß man mit feuchten Fingern über die Blase streicht
Hun(n) – Hund
Huppel – Menge; Haufen; Meute
hurken – hocken
Huusmür – Hausmauer

I

Iis – Eis
iesdern, iisdern – eisern
Ihloof – Efeu
Iisders – Hufeisen
ikachtig – selbstsüchtig; egoistisch
Imme – Biene
inkummderden – bedrücken; ärgern; „wurmen"
ins – einst
inschriewen – einschreiben; eintragen
inschünen – einschärfen; einblasen; eingeben
inthollen (inthull) – behalten (behielt)
inwiel – weil

J

Jank – Neigung; Verlangen; Sehnsucht
jappen – nach Luft schnappen
Jier – Jauche
Jö(e)dennö(e)t – Erdnuß
Jögd(e) – Jugend
jöseln – winseln; wimmern; wehklagen
Jüdder – Euter
jüst – gerade
jumpen – springen

K

Kaan – Dohle
Kaar – Karre
Kaat – Hütte
kaken – kochen
Kaker – Napf
kant – gänzlich; durchaus; ganz
Kark – Kirche
Karktorn – Kirchturm
Karmelk(bree) – Buttermilch(brei)
Kars(e) – Kirsche
Katt – Katze
Kattenkopp – größere Kugel aus Ton; runder Stein
Kattul – Eule
Kaulderee – Gefasel; Gequatsche
Keerske – Kerze
keiern – spazierengehen
Keierpad – Spaziergang
Keteerührs – Viertelstunde
Ki(e)wiet – Kiebitz; Wasserschöpfmühle
Kibbelee – Streit; Zank

kiddeln – kitzeln
Kindsdok – Windel
Kippkappköegels, Kip-Kap-Kögel, Kipp-Kapp-Kögel – Laterne
kittig – flink; behende; reinlich; sauber
Klant – Genosse; Kumpan; Schurke
klau(s)tern – klettern
Klaver – Klee
Klenner – Kalender
Klock – Uhr
Klör – Farbe
klötern – rumpeln
up Klosske stricken – auf einer „Strickliesel" aus einer Garnrolle stricken
Klottje – Clique; Haufen; Bande
Klottjehochtied – Zecherei; Trinkgelage
Klücht – Spaß
Klüterbaas – Bastler; Tüftler
kluntern, klundern – poltern
Kluttentied – schlechte Zeiten
Kluut – Erdklumpen
Knaarje – Kanarienvogel
Knak(en) – Knochen
Knappbürse – Spielzeuggewehr
Knibbelke – Geringfügigkeit
Knikker(tje) – Murmeln (kleine Kugeln)
Knobeln – Verknobelung; ein Würfelspiel
Knüfe, Knöfe, Knufe – Klotz; Humpen; Kloben
Knütt – Knoten
knüttern – brummen; verdrießlich sein
Knu(u)st – Stück; Ranft
Köerl – Korn
Köken – Küche
Kööm – Schnaps
kört – kurz
Köst(j)e – Kruste
Koje (Koh) – Kühe (Kuh)
Koll – Kälte
koorken – mit der Karre umherfahren
kopen – kaufen
Koppel – Schar; Menge
Koppke, Köppke, Köppje – Tasse
Kracht – Kraft
kraken – knarren; krachen; krächzen
Kralle – Koralle
krarpen – kratzen
Krei – Krähe
kreien (kreet) – schreihen (schrie)
Kreite – Wagenleiter; Holzkiste
Kried – Kreide
Krink, Kring – Kreis; Ring; Kranz
Krintenstut – Korinthenstuten; Weißbrot mit Korinthen
kri(e)ten – laut weinen; heulen; plärren
krö(ö)jen – wegkarren; die Mühle nach dem Wind richten; kriechen
krö(ö)men – brocken
Kröpel – Krüppel
kroppen – sich brüsten; angeben
Krübbe – Krippe
Krüsbeern – Stachelbeeren
Krüsbejen – Stachelbeeren
Krüüs – Kreuz
Krüz – Kreuz
Krullerkes – Locken
kru(u)pen – kriechen
Künne, Künde – Vernunft; Verstand; Bewußtsein
Küssenbü(h)re – Kissenbezug

Küssentje – Bonbonart
kumdeeren – kommandieren
Kummher (Nu was dat en anner Kummher) – Herkommen (Nun war das viel besser)
Kumpelment – Gruß
Kuntrai, Kuntrei – Gegend
Kus(e) – Backenzahn
Kuur, Kurr – Korn (Schnaps)
kwad – böse; schlecht
kwam, kwem, kweem (kwamst) – kamen (kamst)
Kwiddje – Seeschwalbe
kwiet, quiet – frei; los; ledig; verloren

L

laat – spät
Läbend – Leib; Leben
Lägde – Niederung
länen – leihen
Läpel – Löffel
Lärreem – Lederriemen
Läv – Leben
laßken – aneinanderheften; verbinden
lecht – hell; leuchtend; Licht
Ledder – Leiter
Leddiglopen – Müßiggang; Feierabend; Freizeit
Ledekant – ein freistehendes, von allen Seiten offenes Bett
leeg – leer; niedrig
leep – schlecht; schlimm; schwach; krank
Leer, Lär – Leder
leev – lieb
Leev(te) – Liebe
lehnen – leihen
Lei – Schiefertafel
Lengen – Verlangen
levelk – lieblich
leverla(a) – allmählich; langsam
liekto – geradeaus
Liere – Drehorgel
Lögenfent – Lügner
löven – glauben
Loog – Dorf
Loov – Laub
Lü(ü) – Leute
Lü(ü)ntje – Spatz
lüttje(t), lüttk – klein(e)
luken – ziehen
Lunkebeen – Hinkebein
lu(r)ren – hervorsehen
lustern, lüstern – horchen; lauschen
Lut – Laut; Ton; Geräusch
Luun – Laune

M

Maand(je), Maan, Ma(a)ne – Mond
Maant – Monat
mack, makk – zahm; sanft; gebändigt
mackelk, makkelk – gemächlich; bequem; gut und gerne
mägelk – möglich
Mä(h)lpüt – einfaches Mehlgericht; Klütje
Maid – Magd
Maihte, Meite, Meute, Moite – Last; Mühe; Arbeit; Fleiß
mal(l)darten – ausgelassen; übermütig; toll
mall – verrückt
Malpleseer – Mißstimmung
mank(en) – (da)zwischen
mankeeren – fehlen; mangeln
Mannlü – Mann, Männer
Manntje – Männchen
Ma(a)t – Maß
Meede – Wiese
meihen – mähen

Meite – Mühe
Melkbumm – Milchkanne
Messingkram – Mischmasch
Mest – Messer
Mester(sge) – Lehrer(in)
Mesterohm – der alte Lehrer
mieterg – verdrießlich; mies
min, minn(e) – mager; klein; gering; wenig
minnelk – klein; schwächlich
Minsk(en), Minsch – Mensch(en)
miß – nicht getroffen; fehl
Mod – Mut
Moder – Mutter
möer, möj – müde
(in de)Möte – entgegen
möten – hemmend entgegentreten; (auf)halten
moi – schön; gut
Mollfröte – Maulwurf
Moor (Manns Moor is de Düfel sien Unnerfoor) – Mutter; Moor (Die Schwiegermutter kann das Haus zur Hölle machen; *nach Heye Coordes: So seggen wi hier; 2., erw. Aufl. 1975.*)
Mür – Mauer
Müürker – Maurer
mullen, mollen – ausgegrabene Erde mit dem Mollbrett (Ackergerät) über das Land fahren
Mutt – Sau; Mutterschwein
Muus(ke) – Maus

N

naar – traurig; elend
nabern – die Nachbarn besuchen
Närs – Hintern
nahrends – nirgends
nahsten – später
Nalle – Nadel
na(a)r – traurig; elend; verdammt
neelk – verdrießlich; gereizt; albern
nei hum! – geh' ran!
neje – neu
nett – geradeso
nickkoppen – nicken
nixen (Ik will joe wat nixen) – nicht bewilligen; abschlagen (Ich will dir „was husten")
noar – sehr; stark
nögen – einladen; höflich „nötigen"; jemanden höflich etwas „aufzwingen"
nöger – näher
nöit – nicht; nie
nö(ö)men – nennen
nog – genug
Nöös – Nase
Nöt – Nuß
nümig – vernünftig
nüms – niemand
nüsseln – nisten
Nüst – Nest
nütelk – niedlich
nüüt – schick; niedlich
nüver, nüfer – eifrig; achtsam; hell ; sauber; hübsch
Numan(tje) – Versteckspielart

O

Örder – Befehl
offgünstig – neidisch
Offspraak – Absprache
offrecken – erreichen
ofgroven – abgraben
ofgrunderelk – verletzend; verächtlich
O(o)g(ske) – Auge
O(o)genverkökelee – Augenwischerei; Blendwerk; Gaukelspiel

Oojvaar – Storch
Ootje – Großmutter
Orlog – Krieg
Oss(e) – Ochse
overleden – verstorben; gestorben

P

Paasken – Ostern
Pack(je) – vollständige Oberbekleidung; Päckchen
Pad, Patt – Weg; Pfad
Pahl – Pfahl
Pape – Pfarrer
Pand – Strecke; Stück
Pankook – Pfannkuchen; Eierkuchen
papieren – aus Papier
Papp – Brei
pa(a)sen – treten
Patrisen – Rebhühner
Pauluun – Pfau
Paustärt – Pfauenschwanz
Pejünt – Besengras
Pe(e)r – Pferd(e); Birne
Perammel – Lärm
Pestole – (eine) Goldmünze
Pick – Pech
pickerg – klebrig
pickern, bikkern – hacken
pielliek – pfeilgerade; schnurgerade; geradewegs
Pien – Schmerz; Qual; Pein; Not
Piep – Pfeife
pingeln – klingeln
pirsen – pinkeln; Harn ablassen
Plaats – Bauernhof
Pläseer – Spaß; Vergnügen
Plant – Pflanze
pleistern – Rast machen; sich erholen; erfrischen; kalken
pleseerlk – angenehm; gemütlich; lustig
plögen – pflügen
Ploog – Verein; Rotte; Pflug
Plünnen – abgetragene Kleidung
Plumen – Pflaumen
Pog(g) – Frosch
Pootje – Pfote
Poschje – Anteil; Summe
Preem – Stricknadel
prootsk – gesprächig
Pü(ü)t – Beutel
Pütt – Brunnen
Puhee (Dar seet anner Puhee achter) – Lärm (Da „saß mehr Dampf dahinter")
Punterboom – Heubaum; Bindebaum (wird auf den beladenen Wagen gebunden, um das Verrutschen und Herunterfallen der Ladung zu verhindern)
Purgatt – Froschloch (Loch, in das sich die Erdkröten verkriechen); Dreckloch
puuren – bohren; treiben; reizen
Puus – Katze

Q

quat, quad – böse; schlecht
Queteldös – Quatschkopf; Quasselstrippe
quiet – frei; los; ledig; verloren

R

rären, raren (rarde) – weinen; heulen (weinte; heulte)
r(a)aken (Dat hebb 'k rakt) – wohin kommen; gelangen; geraten; rühren; treffen; betreffen; verletzen; beleidigen (Das hab' ich geschafft)
rakkers – schändlich; verwerflich

Reef, Refe, Reve, Räv – Gut; Zeug; Kram
reinkant – ganz und gar; vollständig; geradezu
reselveeren – beschließen; (sich) entscheiden
Richelpahl – Zaunpfahl
Riek – Reich
Riesebree – Reisbrei
Rietstick – Streichholz
rögen – bewegen; stoßen
Rök – Geruch
Rött – Fäule; Fäulnis
Rofer – Räuber
Rootbost – Rotkehlchen
rüggels – rückwärts
Rümte – Raum
Rürg – Rücken
Rüsk(e) – Binse
Rüst – Rost; Ruhe; Rast
rüsten – ausruhen
rug – rauh
Run – Wallach
Rungsel – Laderaum (im Wagen)
Runkel – Rübe
rusteg – rostig
Rut – Fensterscheibe
Ruusje – Unordnung; Aufwand

S

sach(t)s – bequem; sehr gut; leicht; hoffentlich
säben, söben – sieben
sähr – weh
säker – sicher
Sappkook – Lakritze
Schaar – Schutz; Schatten
Schadüüv – Glanz
Schäpker – Schäfer
Schapschink(e) – Schafschinken; scherzhafte Benennung für eine Geige
Scharr – Schatten
Scheel – Zwist; Streit
Schepsel – Geschöpf
Schepelsmaat – Scheffelmaß
Schienfatt – Laterne
Schleef – großer Kochlöffel
Schloot, Slot – Graben
schöfeln – Schlittschuh laufen
schören – spalten; reißen; bersten; brechen
Schöstein – Schornstein
Schötteldook – Schüsseltuch
schofen – mies; schlecht
Schojer – Landstreicher; Taugenichts
Schoof – Strohbündel
schoon – sauber
Schoot – Schoß
schra(a) – mager; trocken; dürftig
schreeven – schreien; (laut) weinen
Schruuv, Schruuf – Schraube
schüttkoppen, schüdd(e)koppen – kopfschütteln; verneinen
Schüür – Scheune
Schufer, Schuver, Schuuf – Riegel; Schieber
schulen – Schutz suchen; verbergen; ankuscheln
Schull – Scholle
schummeln – reinigen; sauber machen
Schummertied – Dämmerung
Schunk(e) – Schenkel; Lende
Schuul – Schutz; Obdach
Schuuvlaa – Schublade
Seise – Sense
Sellskup(p) – Gesellschaft
Sett(je) – kurze Zeit; Augenblick
'n Sgät up d' Sgüpke – eine winzige Kleinigkeit
sgaffen – schaffen

Sgebelskupp, Sgebellnskopp – Maske
Sgien – Schein
simeleeren – sinnen; grübeln; nachdenken
Sleef, Schleef – großer Kochlöffel
Slaap – Schlaf
Slang – Schlange
Sle(e) – Schlitten
sleit (slagen) – schlägt (schlagen)
sliepen – schliefen
sliertjen – schleichen
slinnern – schliddern; rutschen
Slip(p) – Zipfel; Streifen; kleiner Stoffetzen
Slippkopp – Schleifkopf
slirtjen, slirken – schleichen
Slötel – Schlüssel
Sloot – Graben
slupsterts – betreten; beschämt; niedergeschlagen; kleinlaut; mit eingezogenem Schwanz
Smacht – Hunger
Smachtlapp – Hungerleider
smeden – schmieden
smöken – rauchen
smüstern – lächeln
Snack – Redensart; Geschwätz
snacken – sprechen; reden
Snieder – Schneider
snückern, snükkern – schluchzen
snurken – schnarchen
sodaande, sodan(e), sodanne – so getan; so geartet; derart; solch; daraufhin
sodrah, sodraa – sobald
söken – suchen
Sö(ö)pke – Getränk
sööt – süß
söven – sieben
solten – salzen; salzig
Sood (sleepen as'n Sood) – Brunnen; Sud (wie ein Murmeltier schlafen; fest schlafen)
soor – dürr; trocken
sotoreken – sozusagen
Spaa (up Spaa gaan) – Spaten (umgraben gehen)
Speerwark – Dachsparrenwerk; Dachstuhl
Spelle – Stecknadel
Spieker – Nagel
Spier(ke) – ein wenig; Halm; Haar
spieten – leid tun
Spil(l)wark, Spölwark, Spülwark – Vergnügen; Treiben
Spittelkees – dicke, saure Milch
spökachtig – spukhaft
spöken – spuken
Spööltüg – Spielzeug
Spraa – Star
Spröek – Spruch
spruten – sprießen
Stä, Stee – Stelle; Platz; Haus und Hof; Stall
Stap(p) (sück up de Stap maken) – Schritt; Tritt (sich auf den Weg machen); Fußtritt; Stapfe; Hufabdruck
Stemm – Stimme
Steek – Stich
Stert – Schwanz
Stick – Stock; Zweig; Geäst
stiefkoppsk – bockig; eigensinnig
Stiekelwier – Stacheldraht
stil(l)ken(s), stillkes – heimlich; verstohlen
stö(ö)nen – stützen
stö(ö)ren – stieren; anstarren
stofferg – staubig
Strämel – Striemen, Streifen
Strat – Straße

Streek – Strich; Streifen
Strip(p)e, Strip(p) – Lederriemchen
Stropp – Strick; Strang
Strunt – Ausschuß; Mist; Schund
Strunk – Strauch
Stüür (Du büst ja heel over 't Stüür!) – Steuer (Du bist ja ganz außer Fassung!; Du bist ja ganz außer Puste!)
Stüver – (alte Münze)
stu(u)r – schwer
stuv – stumpf; unmittelbar
Süchten – Sehnen; Sehnsucht
süch, sük – solche; sich
sülmst – selbst
sülvens – selbst
sünig – sparsam; geizig
Sünn – Sonne
sünner – sondern
Sünnerklaas, Sünderklas – Nikolaus
Sünnermarten, Sündermarten – Martin(-Tag)
suje-seuern – schaukeln
Swaalke – Schwalbe
swaar – schwer
Swäp, Swäp(e) – Peitsche
swäven – schweben
Sware – Schwarte
swart – schwarz
Swichtstellen, Schwichtstellen, Swichtstää – Mühlengestell; Mühlengalerie
swieren, schwieren – taumeln; schunkeln; tanzen; schwärmen; schwirren
Swinegel – Igel

T

Taal – Sprache; Rede; Erzählung
Taask – Tasche
tack – in gutem Zustand; aufrecht; kräftig
Tack – Zweig; Ast
tägen – gegen
taje, tage, taj, taaje – zäh(e)
Tan(n) – Zahn
tatergäl – tatarengelb
tegendes – währenddessen
tein – zehn
teeken – zeichnen
Teeken – Zeichen
Teekfür brannen – (Oster-) Feuer abbrennen (von an den Strand gespülten Materialien)
Teeloot – Stanniolfolie, mit der Teekisten ausgeschlagen sind
tellen – zählen
Tellerä – Zählerei
Tengel – kleiner Nagel
Tichelee, Tichelwark – Ziegelei
Ti(e)d – Zeit
Tiek – Käfer
tillen – heben
tinkeln – funkeln
Tirreltopp – Spielkreisel
Töegel – Zügel
Tö(ö)nbank – Ladentisch
töv – na gut; abgemacht
töven, töwen – warten; verweilen; ausharren
tofrä – zufrieden
Togg – Zug
tohope – zusammen
token – künftig; nächste(r,s)
tokumm – kommend; nächst
tominst – zumindest
tomööt – entgegen
Toom – Zaum
Toornhahntje – Wetterfahne (oft ein Hahn)
Top – Spitze
Torn – Turm

Toverland – Zauberland
Tran – Träne
trecken (trukken) – ziehen (zogen; gezogen)
Treckpott – Kanne, in der der Tee zieht
Tree – Schritt; Tritt
trillen – zittern; beben
trügg – zurück
trüggdräben – zurücktreiben
trüllen, trullen – rollen; werfen
tüschen – zwischen
Tüütje – Hühnchen; Schnepfe
Tuffel – Kartoffel
Tuffelfür – Kartoffelfeuer
tuffeln – latschen; langsam laufen
Tu(u)n – Garten
tuuk – ruhig; still; fügsam
tuusen – zerzausen
Tuusk – Tausch
Twe(e)dunker(n) – Zwielicht

U

ückern – mucksen; schluchzen
Undöögt – Unsinn; Schabernack
Ungelswater – Kölnisches Wasser; Riechwasser
unrüstig – unruhig
unwürrelk – unwirklich
Upkamer, Uppkamer – Kellerstube (neben der Küche)
Uprohr – Aufruhr; Unruhe
up Stee – in Ordnung
upstünns, upstünd(s) – heute
utneihen – ausreißen
utrüsten – ausruhen
Utwenstel – Ausrede
utwussen – ausgewachsen; erwachsen
Uul (Nu seet dr'n Uul) – Eule (Nun ist da der Wurm drin; nun ist man verraten und verkauft; nun hat man das Nachsehen)
Uutstüür – Aussteuer

V

väl – viel
vandaag – heute
verakkerdeeren – abmachen; vereinbaren
verdeffende(e)ren – (sich) verteidigen
verdrädelk – verdrießlich
Verdreet – Verdruß
verdreten – verdrießen
verfe(h)ren – erschrecken
vergrellt – wütend; böse; unmutig
verjagen – (sich) erschrecken
verklamen, verklö(ö)men – frieren
verklo(o)tfegen, verklo(o)tfägen – aufschwatzen
verkökeln – vorgaukeln; „vergucken"
verkruppen – verkriechen
verläden – vergangen
verlecken – undicht sein
Vermaak – Spaß; Freude; Gefallen
vermüntern – erholen
vernelen – vernichten; häßlich machen
verspaken – von Hitze und Dürre hart und rissig werden
Verstopperke – Versteckspiel
Vi(j)ole – Violine; Geige
vöggels – vorwärts
Vörjohr – Frühjahr; Frühling
vörrelk – nicht zurückgeblieben
Voß – Fuchs

W

Waak – dünne Stelle im Eis; Eisloch
Wäärlücht – Wetterleuchten
Wär – Wetter
Wäsewark – Geschaffene; Haus
wahrschauen – aufmerksam machen; warnen
Warkeldag – Arbeitstag; Alltag
warhen – wohin
Waterpool – Wasserpfütze
Weddenskup – Wette
wedder – wieder
Weeg – Wiege
Weertskup – Wirtschaft; Gaststätte; Kneipe
Weetenskopp – Wissenschaft
Weit'föhren – das Einfahren des Weizens
well – irgendjemand
Wennacker, Wendakker – der quer vor mehreren Äckern liegende Wendeacker; Wendepunkt
wennehr – wann
wennen – gewöhnen
Wenntsel – Gewohnheit
Weswark – Anwesen
Wicht – Mädchen; kleines Kind
wieken – weichen
wipp-wappen – schaukeln
wollehr – früher
wreed – tüchtig; stark; gut; von rohen und groben Sitten; grausarm; hart
Wüp(p)steert, Wip(p)steert – Bachstelze; unruhiger Mensch ohne Sitzfleisch
wullen – aus Wolle
wuracken – schuften; schwer arbeiten

Y

Ys – Eis

Das Redaktionsteam

Ahlrichs, Richard: geb. am 11. Juni 1914 in Spetzerfehn, Kreis Aurich (Ostfriesland); Sohn eines Volksschullehrers; verlebte seine Jugend in Voßbarg bei Wiesmoor; nach bestandenem Abitur am Ubbo-Emmius-Gymnasium in Leer Studium an der Hochschule für Lehrerbildung in Lauenburg, Pommern; vor dem zweiten Weltkrieg Lehrer in Prillwitz, Pommern — nach dem zweiten Weltkrieg Lehrer in Strackholt, Fiebing und Aurich (alles in Ostfriesland); zahlreiche Veröffentlichungen in Anthologien, Zeitschriften, Zeitungen und Kalendern; auch als Buchautor über Ostfriesland hinaus bekannt; Mitglied des „Schrieverkrings“ in Oldenburg.

Byl, Dr. Jürgen: geb. 1920 in Leer (Ostfriesland) als Sproß einer alten ostfriesischen Goldschmiedefamilie; begann 18jährig Buchhändlerlehre in Leer und machte später seine Gehilfenprüfung an der Reichsschule des deutschen Buchhandels in Leipzig; dann wurde er in die Wehrmacht eingezogen, kam zu einer Nachrichtenaufklärungskompanie, geriet in Gefangenschaft, aus der er 1947 aus Tiflis zurückkehrte; Studium der Slawistik, Literaturwissenschaft, Geschichte und Philosophie in Hamburg; zwischen 1952 und 1972 Buchhändler, Verlagsleiter und Verlagsredakteur in Hamburg, Leer, Bleckede und Gütersloh; ab 1972 Lehrer für Deutsch, Geschichte, Russisch und Philosophie am Gymnasium Ulricianum in Aurich; wissenschaftlich beschäftigte er sich mit russischer, deutscher und niederdeutscher Sprache und Literatur, besonders auch mit den Autoren Dostojewski (darüber 1953 Dissertation), den Brüdern Arend, August und Wilrath Dreesen, Wilhelmine Siefkes, Oswald Andrae, Rieks Janssen-Noort, Greta Schoon, Norbert Johannimloh; seit 1979 nebenamtlich Schriftleiter der Kulturzeitschrift „Ostfriesland“.

Everts, Dorothea: geb. im September 1902 in Aurich (Ostfriesland) als Älteste von sieben Kindern; als Jugendliche aktiv im „Wandervogel“; durch Versetzung des Vaters Umzug nach Potsdam; dort und in Berlin Ausbildung zur Jugendleiterin und Lehrerin; lange Jahre in diesen Berufen tätig, besonders als Privat-, Heim- und Krankenhauslehrerin; seit frühester Jugendzeit großes Interesse für Geschichte; 1945 Rückkehr nach Ostfriesland.

Fischer, Helmut: geb. 1948 in Menstede-Coldinne im Altkreis Norden (heute Kreis Aurich, Ostfriesland); nach Schulzeit in Ostfriesland 1967 Abitur am Ulrichsgymnasium in Norden; danach Studium an der Universität Bonn (Biologie, Erdkunde); seit 1974 Lehrer für Biologie und Erdkunde am Ulrichsgymnasium in Norden; aktive Mitarbeit an plattdeutschen Theateraufführungen und Medienproduktionen (z. B. Schulfunksendungen); Laiendarsteller bei plattdeutschen Bühnen.

GRIEPENBURG, ERIKA: geb. im Juni 1921 in Hannover; dort 1939 Abitur und anschließend Studium an der Pädagogischen Hochschule Hannover bis 1941; 1941 bis 1945 Lehrerin in Sensutten, Kreis Osterode (Ostpreußen); 1945 Flucht nach Ostfriesland; dort ab 1947 bis heute Lehrerin und Hauptlehrerin an Orientierungsstufen, Haupt- und Realschulen verschiedener Dörfer; jahrzehntelange Erfahrung mit ostfriesischen Landkindern; Engagement in der Pflege des Plattdeutschen.

JESCHONNEK, SUSE: geb. am 29. Juli 1922 in Greifswald (Pommern); Besuch der Baltenschule in Misdroy; Abitur 1942 in Swinemünde; 1945 Flucht nach Ostfriesland; dort gemeinsamer Aufbau einer Zahnarztpraxis mit ihrem Mann; ab 1972 bis heute Ausbildung als Erzieherin, Diplom-Sozialpädagogin, Psychodramatikerin, Gesundheitsberaterin und Familientherapeutin in Emden, Bremen und Lahnstein; 1979 bis 1982 Lehrbeauftragte für den Bereich Volksmärchen an der Fachhochschule Ostfriesland in Emden; der Bereich Volksmärchen ist seit langem bis heute auch Hobby.

SCHLECHTER, HORST: geb. 1950 in Schweiburg (Wesermarsch); ab 1970 Studium an der Pädagogischen Hochschule Oldenburg, schwerpunktmäßig in den Bereichen Deutsch, Geographie, Werken und Pädagogik; 1974 Umzug nach Großheide im Altkreis Norden (heute Kreis Aurich, Ostfriesland); ab 1974 Lehrer an der Grundschule in Berumerfehn bei Großheide in den Fächern Deutsch und Sachunterricht; besonderes Interesse für Kinderliteratur, darstellendes Spiel und Theater sowie Anthropogeographie.

SCHOLZ, DR. FRANK: geb. im Februar 1945 in Breslau (Schlesien); 1946 als Vertriebener nach Großheide im Altkreis Norden (heute Kreis Aurich, Ostfriesland); Schulbesuch in Großheide und Norden; 1964 Abitur am Ulrichsgymnasium in Norden; 1964 bis 1967 Studium an der Pädagogischen Hochschule Oldenburg (Biologie, Deutsch, Kunst, Mathematik, Pädagogik, Psychologie, Soziologie) — 1971 bis 1977 Zweitstudium in Pädagogik, Psychologie und Soziologie an den Universitäten Köln und Bielefeld; Promotion in Pädagogik; sechs Jahre Lehrer an Orientierungsstufen, Haupt- und Realschulen in Ostfriesland; seit 1979 Leiter des Ostfriesischen Kultur- und Bildungszentrums (KBZ) in Aurich; Veröffentlichungen in Pädagogik.